Exzellent präsentieren

Nils Schulenburg

Exzellent präsentieren

Die Psychologie erfolgreicher Ideenvermittlung – Werkzeuge und Techniken für herausragende Präsentationen

Nils Schulenburg
Bremen, Deutschland

ISBN 978-3-658-12302-4   ISBN 978-3-658-12303-1   (eBook)
https://doi.org/10.1007/978-3-658-12303-1

Die Deutsche Nationalbibliothek verzeichnet diese Publikation in der Deutschen Nationalbibliografie; detaillierte bibliografische Daten sind im Internet über http://dnb.d-nb.de abrufbar.

Springer Gabler
© Springer Fachmedien Wiesbaden GmbH 2018
Das Werk einschließlich aller seiner Teile ist urheberrechtlich geschützt. Jede Verwertung, die nicht ausdrücklich vom Urheberrechtsgesetz zugelassen ist, bedarf der vorherigen Zustimmung des Verlags. Das gilt insbesondere für Vervielfältigungen, Bearbeitungen, Übersetzungen, Mikroverfilmungen und die Einspeicherung und Verarbeitung in elektronischen Systemen.
Die Wiedergabe von Gebrauchsnamen, Handelsnamen, Warenbezeichnungen usw. in diesem Werk berechtigt auch ohne besondere Kennzeichnung nicht zu der Annahme, dass solche Namen im Sinne der Warenzeichen- und Markenschutz-Gesetzgebung als frei zu betrachten wären und daher von jedermann benutzt werden dürften.
Der Verlag, die Autoren und die Herausgeber gehen davon aus, dass die Angaben und Informationen in diesem Werk zum Zeitpunkt der Veröffentlichung vollständig und korrekt sind. Weder der Verlag noch die Autoren oder die Herausgeber übernehmen, ausdrücklich oder implizit, Gewähr für den Inhalt des Werkes, etwaige Fehler oder Äußerungen. Der Verlag bleibt im Hinblick auf geografische Zuordnungen und Gebietsbezeichnungen in veröffentlichten Karten und Institutionsadressen neutral.

Gedruckt auf säurefreiem und chlorfrei gebleichtem Papier

Springer Gabler ist Teil von Springer Nature
Die eingetragene Gesellschaft ist Springer Fachmedien Wiesbaden GmbH
Die Anschrift der Gesellschaft ist: Abraham-Lincoln-Str. 46, 65189 Wiesbaden, Germany

Für Roland, ohne den es dieses Buch und viele andere wunderbare Dinge nicht geben würde.

Vorwort

Die erste Präsentation, an die ich mich so richtig erinnere, erlebte ich 1997. Damals war ich gerade 20 und begann meine Ausbildung bei der Bayer AG. Das Programm, für das ich mit 19 anderen Abiturientinnen und Abiturienten ausgewählt worden war, umfasste eine Ausbildung zum Industriekaufmann, ein ausbildungs- und später berufsbegleitendes BWL-Studium an der Fachhochschule für Oekonomie und Management und eine Fremdsprachenausbildung – viel Stoff für dreieinhalb Jahre. Die Ausbildung begann mit einer Einführungswoche in einem Landhotel irgendwo in der nordrheinwestfälischen Provinz. Einer der ersten Punkte auf der gut gefüllten Agenda war die Vorstellung der Hochschule, an der wir studieren würden, durch den Kanzler und durch den Rektor.

Weder meine 19 Kollegen noch ich hatten so recht Lust auf diese beiden Präsentationen. Wir würden die Hochschule schon früh genug kennenlernen, wozu brauchten wir eine Präsentation über ihre Struktur, ihre Geschichte oder ihre Kooperationspartner? Als der Kanzler dann mit seiner Präsentation begann, steigerte das unsere Begeisterung nicht wirklich. Zwar lernten wir viel über unsere zukünftige Ausbildungsstätte, aber es war eher trockene Materie. Da die Präsentation meine Aufmerksamkeit nicht vollends gewinnen konnte, schweifte mein Blick immer wieder zum zweiten Referenten hinüber – dem Rektor. Ein (ich möchte mich für meine damalige respektlose Sicht an dieser Stelle explizit entschuldigen) kleiner alter Mann mit grauem Anzug und ausdrucksloser Miene. Das kann ja was werden, dachte ich. Die erste Präsentation ist ja schon langweilig, wie will der denn irgendetwas Spannendes erzählen? Es dauerte nicht mehr lange, bis der Kanzler fertig war. Nach einer kurzen Überleitung erhob sich der Rektor und setzte zu seinen Ausführungen an. Bitte lass es schnell zu Ende gehen, dachte ich.

Bis zum heutigen Tage habe ich nie wieder so eine herausragende Präsentation erlebt. Der Rektor war witzig, sprach uns immer wieder direkt an, schaffte es, uns für unser Studium zu motivieren und nebenbei viele wichtige Informationen rüberzubringen. Seine Mimik spiegelte seine eigene Begeisterung für die Hochschule wider, seine Stimme war so raumfüllend, klar und präsent, wie ich es von einem Menschen seiner Größe nie erwartet hätte. Eine gute halbe Stunde hingen wir an seinen Lippen. Hätten wir die Wahl zwischen einem Hollywood-Blockbuster und weiteren 30 min seiner Präsentation gehabt, wir wären sitzen geblieben. Seine Präsentation war ein einziges Feuerwerk, bei dem ein Höhepunkt dem anderen folgte. Am Ende war mir klar: So will ich auch einmal präsentieren können.

20 Jahre später habe ich unzählige Präsentationen selber gehalten und noch mehr als Zuhörer verfolgt. So gut wie unser Rektor bin ich noch lange nicht, aber ich habe ja noch etwas Zeit zum Üben. Meine Begeisterung für seine damalige Präsentation hat kein bisschen nachgelassen, auch wenn der Zauber etwas gewichen ist. Denn mittlerweile habe ich herausgefunden, was die Treiber für herausragende Präsentationen sind. Von ihnen handelt dieses Buch. Natürlich spielt die Persönlichkeit eines Präsentators immer eine bedeutende Rolle für die Qualität einer Präsentation, aber noch viel wichtiger ist der unbedingte Wille, eine tolle Präsentation zu halten. Dieser Wille in Kombination mit den richtigen Werkzeugen und Techniken versetzt jeden von uns in die Lage, unser Publikum zu begeistern.

Seit gut fünf Jahren vermittle ich diese Werkzeuge und Techniken in Präsentationsseminaren. So begeistert wie ich von der Präsentation meines damaligen Rektors sind die meisten Seminarteilnehmer von diesen Werkzeugen und Techniken: Sie sind einfach, wirksam, für jeden Erfahrungsstand geeignet und individuell anpassbar. Um über meine Seminare hinaus Menschen zu erreichen und ihnen Ansätze zur Verbesserung ihrer Präsentationen zu geben, habe ich dieses Buch geschrieben. Es ist das Ergebnis unzähliger Trainings, die ich selbst in Anspruch nehmen durfte, eigener Präsentationserfahrungen, systematischer Analysen der aktuellen Präsentationsliteratur und Feedbacks von meinen Seminarteilnehmern. Alles, was ich in 20 Jahren über das Präsentieren lernen konnte, ist in dieses Buch eingeflossen.

Allerdings ist dieses Werk, auch wenn ich es alleine geschrieben habe, eine echte Gemeinschaftsproduktion. Mit meinem guten Freund Roland, dem ich dieses Buch widme, habe ich die ersten Konzepte für die Präsentationsseminare entwickelt und viele davon gemeinsam mit ihm gehalten. Mit Roland habe ich darüber hinaus ein Kompetenzteam gegründet, um Ideen zum Präsentieren zu sammeln, weiterzuentwickeln und zu verbreiten. Bea, Dayen, Thomas und Tina haben unser Kompetenzteam tatkräftig unterstützt. Besonders hervorheben möchte ich dabei die Bereitschaft von Thomas, einen Workshoptag für ehrenamtlich tätige Menschen an der Sparkasse Bremen zu organisieren. Meine Hochschule hat mir Zeit eingeräumt, damit ich mich mit der Idee eines theoretisch fundierten Präsentationskonzeptes intensiv auseinandersetzen konnte. Meine Frau Lena hat mir Zeit und Raum zum Schreiben und Korrekturlesen zu guten wie unpassenden Zeiten gegeben. Und meine Lektorin Angela Meffert hat mich in allen Belangen unterstützt und für alle meine Wünsche eine Lösung gefunden. Euch allen möchte ich ganz herzlich danken.

Juli 2017   Nils Schulenburg

Inhaltsverzeichnis

1 Einleitung.. 1
   Literatur.. 4

2 Grundlagen exzellenten Präsentierens............................ 5
  2.1 Kommunikationstheoretische Grundlagen........................ 5
     2.1.1 Signaltheoretisches Kommunikationsverständnis............. 5
     2.1.2 Psychologisches Kommunikationsverständnis................ 8
  2.2 Psychologische Grundlagen................................... 10
     2.2.1 Neurowissenschaftliche Erkenntnisse....................... 11
     2.2.2 Verhaltenspsychologische Erkenntnisse..................... 14
  2.3 Methodische Grundlagen...................................... 17
     2.3.1 Innen- vs. Außenwirkung................................. 17
     2.3.2 Jeder Mensch ist anders................................... 20
     2.3.3 Aktionen und Funktionen................................. 20
     2.3.4 Der Werkzeugkoffer...................................... 21
     2.3.5 Regelmäßiges Training.................................... 22
  2.4 Das Grundmodell des exzellenten Präsentierens................ 24
   Literatur.. 30

3 Kernfelder exzellenten Präsentierens............................. 31
  3.1 Den Kommunikationskanal öffnen............................. 31
     3.1.1 Sympathie erzeugen...................................... 31
     3.1.2 Klarheit steigern.. 55
  3.2 Den Kommunikationskanal offen halten....................... 106
     3.2.1 Notwendigkeit für Dynamik und Interaktion erkennen...... 106
     3.2.2 Dynamik steuern... 119
     3.2.3 Interaktion schaffen...................................... 133
   Literatur.. 152

4	Unterstützende Felder exzellenten Präsentierens	155
4.1	Mensch	155
	4.1.1 Nervosität in Energie verwandeln	156
	4.1.2 Energiereserven mobilisieren	173
4.2	Materie	182
	4.2.1 Eröffnung zelebrieren	183
	4.2.2 Dramaturgie planen und steuern	199
	4.2.3 Das Drehbuch einer exzellenten Präsentation	229
4.3	Medium	231
	4.3.1 Visuelle Hilfsmittel nutzen	231
	4.3.2 Mit Stimme und Sprache wirken	249
	Literatur	283
5	**Übersicht der Werkzeuge exzellenten Präsentierens**	**285**
5.1	Chronologie des Werkzeugeinsatzes	285
5.2	Der Werkzeugkoffer	288

Stichwortverzeichnis 295

Einleitung 1

Präsentieren als Basiskompetenz
Heute gibt es kaum noch einen Beruf, in dem man ohne Präsentationsfähigkeiten auskäme. Egal ob Sie Lehrer, Arzt, Banker, Ingenieur oder Berater sind: das Präsentieren wird eine wichtige Aufgabe in Ihrem Job sein. Unabhängig von Ihrem Beruf müssen Sie auf jeden Fall präsentieren, wenn Sie Schüler, Auszubildender oder Studierender, Ausbilder oder Führungskraft sind, Managementverantwortung oder Kundenkontakt haben. Es ist fast einfacher, die Tätigkeiten aufzuzählen, in denen es nicht wichtig wäre, gut zu präsentieren. Aber nicht nur im Job, sondern auch in der Freizeit werden Präsentationsfähigkeiten immer wichtiger. Wenn Sie ehrenamtlich tätig sind, vielleicht im Vorstand eines Vereines oder Verbandes, werden Sie regelmäßig präsentieren müssen. Keine Hochzeit, keine Abschlussfeier oder Jahrgangstreffen kommt ohne eine Präsentation aus. Mittlerweile ist Präsentationskompetenz keine besondere Fähigkeit mehr, sondern eine Basisqualifikation im Beruflichen wie im Privaten.

Meine Beobachtung ist allerdings, dass viele Präsentationen nicht wirklich gut sind. Rund 80 % der Präsentationen, die ich tagtäglich sehe, können mich nicht überzeugen. Sie sind langatmig oder ihnen fehlt der rote Faden. Der Präsentator führt frontale Monologe oder versteckt sich hinter einem Rednerpult. Viele Präsentatoren wirken aufgesetzt oder unnatürlich. Ihre Präsentationen bestehen oft ausschließlich aus Folien, die bis oben hin vollgepackt sind mit Text. Ich könnte noch viele weitere Punkte nennen, die mich zu meiner Einschätzung führen. Aber viel wichtiger ist die Frage: Was sind die Gründe dafür, dass so wenige Präsentationen wirklich überzeugen?

Ich denke, zwei Gründe sind ausschlaggebend. Erstens ist das Sprechen vor Menschen unsere größte Angst (vgl. Pease und Pease 2006, S. 343). Sie ist noch stärker als unsere Angst vor Spinnen oder Schlangen. Sie hindert viele Menschen daran, sich so auf eine Präsentation vorzubereiten, wie es notwendig wäre, um Begeisterung und Leidenschaft zu vermitteln. Im Laufe dieses Buches werde ich Ihnen unter anderem zeigen, wie

Sie diese Angst besiegen und in positive Energie verwandeln können. Der zweite – und vielleicht noch wichtigere Punkt – ist, dass Präsentieren oft mit dem Halten einer PowerPoint- oder Keynote-Präsentation gleichgesetzt wird. Wenn wir eine Präsentation vorbereiten sollen, setzen wir uns oft hin und erstellen Folien. Aber eine Präsentation ist viel mehr als Text und Bilder in PowerPoint oder Keynote. Es geht um Ideenvermittlung und um Kommunikation zwischen Menschen, nämlich zwischen uns als Präsentatoren und unserem Publikum. Wir müssen uns daher ernsthaft die Frage stellen, wer wem zu dienen hat. Sind wir Präsentatoren Sklaven von PowerPoint und Keynote und dazu da, Text von Folien abzulesen und sie weiter zu klicken? Oder sind PowerPoint und Keynote unsere Arbeitsmittel, die wir nutzen können (aber nicht müssen), um unsere Gedanken zu vermitteln? Nur wenn wir dieser zweiten Sicht folgen, können wir gute Präsentationen halten und unserem Publikum einen echten Mehrwert bieten. Dann gehören unsere Präsentationen zu den guten 20 % und irgendwann vielleicht sogar zu den besten 5 %. Das ist der Anspruch dieses Buches: exzellent Präsentieren.

Werkzeuge
Im Sommer 2016 gewannen Laura Ludwig und Kira Walkenhorst sensationell Gold im Beachvolleyball bei den Olympischen Spielen in Rio. Mit ihrer Art zu spielen begeisterten sie ihre Fans und lehrten ihre Gegner das Fürchten. Viele Sportexperten stellten sich die Frage, was der Grund für ihren großen und nicht für alle zu erwartenden Erfolg war. Ein Artikel der Süddeutschen setzte sich ebenfalls mit dieser Frage auseinander. Die Erklärung war gleichzeitig der Titel des Artikels: „Werkzeuge im Kopf". Das Team um Trainer Wagner habe es geschafft, „für jede Spielsituation die notwendigen ‚Tools im Kopf' – ein Satz unsichtbarer Werkzeuge" (Kistner 2016, S. 21) zu haben.

Auch ich werde Ihnen Werkzeuge vermitteln – mehr oder weniger unsichtbare Tools für Ihren Kopf, die Sie auf fast jede typische Präsentationssituation vorbereiten werden. 41 Stück werden es sein. Sie werden Ihnen Sicherheit für Momente der Anspannung und Nervosität geben, sie werden Ihnen dabei helfen, Ihre Präsentation sauber aufzubauen, und sie werden Sie dabei unterstützen, Ihre Körpersprache, Ihre Mimik und Ihre Stimme so zu steuern, dass Sie Ihr Publikum von Ihren Ideen überzeugen werden.

Aber warum Werkzeuge? Jeder von uns ist anders und jede Präsentation ist anders. Werkzeuge sind so flexibel, dass sie von uns allen und egal, um welchen Präsentationsanlass es sich handelt, eingesetzt werden können. Egal, ob Sie unerfahren sind, was das Präsentieren angeht, oder ein alter Hase. Egal, ob Sie eine Abi-Präsentation halten oder vor einem wichtigen Kunden präsentieren müssen. Aus den 41 Werkzeugen, die ich Ihnen vorstelle, stellen Sie sich Ihren ganz individuellen Werkzeugkoffer zusammen. Dieser Werkzeugkoffer gibt Ihnen Sicherheit für Ihre nächste Präsentation. Je besser Sie diese Werkzeuge beherrschen, desto sicherer werden Sie und desto mehr weitere Werkzeuge können Sie in Ihren Koffer packen, um Schritt für Schritt noch besser zu werden.

1 Einleitung

Die Psychologie dahinter
Als ich vor über 20 Jahren mein erstes Präsentationsseminar besuchte, hat uns der damalige Trainer viele Hinweise und Tipps gegeben. Es war insgesamt ein gutes Seminar, ich habe viel mitgenommen, was ich noch heute beherzige. Aber eine Sache ist mir als nicht sehr überzeugend im Hinterkopf geblieben. Als ich bei einem seiner Hinweise nachfragte, warum er denn meine, man müsse es exakt so machen, sagte er: „Du musst nicht wissen, warum etwas funktioniert, sondern nur, dass es funktioniert." Mit allem nötigen Respekt: Was für ein Unsinn.

Ich habe eine lange akademisch Ausbildung hinter mir, die mir vor allem eines mit auf dem Weg gegeben hat: Das *Warum* ist entscheidend. In meiner Tätigkeit als Unternehmensberater, als Trainer oder als Coach gebe ich nie eine Handlungsempfehlung, die ich nicht sauber begründen kann. Typischerweise nutze ich dafür ein wissenschaftliches Modell oder eine Theorie. Nur so kann ich sicherstellen, dass meine Hinweise auch wirklich funktionieren, und muss nicht auf das Glück hoffen, dass ich zufällig richtig liege. Bei den Werkzeugen des exzellenten Präsentierens ist es nicht anders. Ich werde Ihnen zu jedem Werkzeug darlegen, *warum* es funktioniert. Dabei setze ich vor allem auf die psychologischen Hintergründe eines jeden Werkzeugs. Das hat den Nachteil, dass ich Ihnen nicht sofort sagen werde, was Sie tun sollen. Aber es hat auch den noch wichtigeren Vorteil, dass Sie sicher sein können, dass die Werkzeuge so funktionieren, wie ich es beschreibe.

Wie dieses Buch funktioniert
Dieses Buch ist anders als die meisten Präsentationsratgeber. Meine Ausführungen sind umfangreicher als anderswo, weil ich viel Wert auf Begründungen und Untermauerungen lege. Sie werden weniger Bilder und mehr Tabellen, mehr konzeptionelle Abbildungen und vor allem mehr Text zu sehen bekommen. Dieses Buch ist beinahe wie ein Lehrbuch aufgebaut, nicht so sehr wie ein Praxisratgeber. Das liegt zum einen an meinem akademischen Hintergrund, zum anderen aber auch an der Überzeugung, dass sich ein sauberes theoretisches Fundament und hohe Praktikabilität nicht gegenseitig ausschließen. Es ist zugegebenermaßen etwas unbequemer, lange Ausführungen zu lesen als überblicksartige Ratschläge. Aber sie bekommen für Ihre Mühen eine Menge zurück. Sie werden ein ganzheitliches Präsentationskonzept kennenlernen, das durch seine wissenschaftliche Fundierung dazu führen wird, dass Sie die meisten Werkzeuge nicht mehr vergessen werden. Und ehrlich gesagt: Die meisten psychologischen Hintergründe sind so spannend, dass sich ihre Lektüre lohnt.

Um Ihnen neben der theoretischen Fundierung den Blick für die Praxis offenzuhalten, finden Sie zu jedem Werkzeug Beispiele und Exkurse. Meine Top-Handlungsempfehlung zu jedem Werkzeug habe ich zudem klar herausgestellt. Wenn es Ihnen doch einmal zu lange dauert, alles zu lesen, dann finden Sie am Ende jedes vorgestellten Werkzeugs eine Übersicht meiner wichtigsten Erkenntnisse auf einen Blick.

Während meiner Ausführungen zum exzellenten Präsentieren spreche ich meistens von *uns*. Damit meine ich alle, die regelmäßig präsentieren müssen und sich verbessern wollen. Ich gehöre dazu, daher habe ich diese Form gewählt. Beim Präsentieren haben wir es alle mit ähnlichen Herausforderungen zu tun, auch wenn manche erfahrener und andere weniger erfahren sind. Aber irgendwie sitzen wir alle in einem Boot.

Die Exzellenz des Präsentierens

Seit meiner Schulzeit, die über 25 Jahre her ist, präsentiere ich. Heute halte ich fast täglich Vorlesungen, Vorträge oder Kundenpräsentationen. Exzellent bin ich noch nicht. Es ist noch ein weiter Weg, bis ich von mir behaupten würde, ich könnte exzellent präsentieren. Auch Ihnen kann ich leider keine Exzellenz versprechen. Exzellenz ist ein Anspruch, den wir beim Präsentieren haben sollten. Hinter ihm steht der Wunsch, sich immer weiter zu entwickeln und damit immer besser zu werden. Es ist ein Weg, den wir einschlagen, auch wenn wir dessen Ende vielleicht nie erreichen. Aber je weiter wir vordringen, desto sicherer werden wir und desto größer ist der Nutzen für unser Publikum.

Ich würde Sie mit diesem Buch gerne auf dem Weg zur Exzellenz begleiten. Auf diesem Weg erfolgreich zu sein, bedeutet, sich voran zu bewegen, nicht zwingend, sein Ende zu erreichen. Wenn Sie auf diesem Weg Inspiration möchten, die über meine Hinweise hinausgehen, empfehle ich Ihnen die TED Talks, die Sie bei YouTube finden. Meist handelt es sich dabei um englischsprachige Präsentationen von herausragenden Experten bestimmter Themengebiete. Ich habe dort die eine oder andere Präsentation gefunden, die aus meiner Sicht exzellent war. Viele der hier vermittelten Werkzeuge werden Sie dort wiederfinden.[1]

Wenn Sie noch immer unsicher sind, ob es sich lohnt, diesen Weg einzuschlagen, ein letztes Versprechen von mir, mit dem ich Sie vielleicht überzeugen kann: Am Ende jeder herausragenden Präsentation wartet das Glück auf Sie. Ernsthaft. Denn jede Präsentation stellt eine Herausforderung dar. Wenn wir diese Herausforderung durch eine gute Leistung erfolgreich überstehen, belohnt uns unser Gehirn dafür mit der Ausschüttung von Glückshormonen (vgl. Renn und Wiegandt 2014, S. 240). Ist ein Moment des Glücks nicht ein wunderbares Ziel, für das es sich lohnt, diesen Weg zu beginnen? Dann lassen Sie uns aufbrechen.

Literatur

Anderson, C. (2017). *TED talks – The official TED guide to public speaking*. Toronto: HarperCollins.
Kistner, T. (19. Aug. 2016). Werkzeuge im Kopf. *Süddeutsche Zeitung*, Nr. 191, 21.
Pease, A., & Pease, B. (2006). *The definitive book of body language*. London: Orion.
Renn, O., & Wiegandt, K. (2014). *Das Risikoparadox – Warum wir uns vor dem Falschen fürchten*. Frankfurt a. M.: Fischer Taschenbuch.

---

[1]Wenn Sie Fan der TED Talks sind, empfehle ich das gleichnamige Buch von TED-Präsident und Chef-Kurator Chris Anderson (vgl. Anderson 2017).

Grundlagen exzellenten Präsentierens

2.1 Kommunikationstheoretische Grundlagen

Der wichtigste Erfolgsfaktor für exzellentes Präsentieren ist *Kommunikation*. Kommunikation ist der Schlüssel für gegenseitiges Verständnis und damit beim Präsentieren ebenso wichtig wie in anderen Lebensbereichen. Seit vielen Jahren stellen sich Wissenschaftler die Frage, wie Kommunikation funktioniert, wann sie erfolgreich ist und wodurch sie gestört werden kann. Bei der Beantwortung dieser Fragen haben sich zwei unterschiedliche Strömungen herausgebildet: eine *signaltheoretische* und eine *psychologische* Strömung. Die beiden Forschungsrichtungen betrachten Kommunikation aus ganz unterschiedlichen Perspektiven: Die erste sieht Kommunikation eher als einen technischen Vorgang des Austauschs von Botschaften und lässt den Menschen dabei weitestgehend unberücksichtigt. Die zweite wiederum würdigt insbesondere Wahrnehmung und Interpretation von Botschaften durch den Menschen. Jede Strömung für sich leistet damit nur einen eingeschränkten Zugang zu erfolgreicher Kommunikation. Aus diesem Grund beruht der Ansatz des exzellenten Präsentierens aus einer Kombination von signaltheoretischem und psychologischem Kommunikationsverständnis.

2.1.1 Signaltheoretisches Kommunikationsverständnis

Die Rolle von Sender und Empfänger
Das signaltheoretische Kommunikationsverständnis wird in der Regel durch das *Sender-Empfänger-Modell* der Kommunikation verdeutlicht (vgl. Abb. 2.1). Es versteht Kommunikation als einen Austausch von Signalen, genauer: von Botschaften und Feedbacks in Signalform zwischen einem Sender und einem Empfänger.

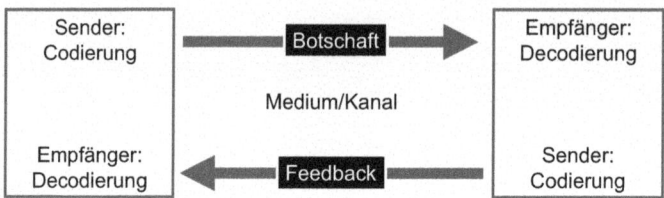

Abb. 2.1 Signaltheoretisches Kommunikationsmodell

Auf das Präsentieren übertragen nimmt der Präsentator[1] die Rolle des *Senders* ein, der seine Gedanken und Ideen an sein Publikum übermitteln möchte. Diese muss er zunächst einmal *codieren,* also in solche Sprache umwandeln, die sie möglichst treffend repräsentiert. Durch das Aussprechen entsteht die *Botschaft,* die über ein Medium oder einen Kanal ans Publikum transportiert wird. In aller Regel erfolgt dies in Form von Schallwellen durch die Luft. Die Botschaft gelangt zum Publikum, das als *Empfänger* die codierten Gedanken und Ideen wieder *decodieren* muss, um aus gesprochener Sprache Gedanken und Ideen in den eigenen Köpfen entstehen zu lassen.

Im signaltheoretischen Kommunikationsmodell reagiert der Empfänger auf eine Botschaft des Senders mit einem *Feedback.* Im Moment des Feedbacks tauschen Sender und Empfänger die Rollen: Das Publikum wird zum Sender, indem es seine Einschätzung zu den Gedanken und Ideen des Präsentators seinerseits codiert und ihm zurücksendet. Der Präsentator wird zum Feedback-Empfänger und muss es decodieren, um es verstehen zu können. Das Besondere an diesem Feedback ist allerdings, dass es sich in der Art des verwendeten Codes von der ursprünglichen Botschaft unterscheidet: Während der Präsentator seine Gedanken und Ideen in der Regel in Form von *gesprochener* Sprache codiert, nutzt das Publikum hauptsächlich *Körpersprache,* manchmal ergänzt durch ein Tuscheln oder Flüstern. Die Sprache des Publikums besteht also vor allem aus Mimik, Gestik und Körperhaltung. Das Problem dieser Sprache ist, dass sie weniger gut wahrnehmbar ist als die gesprochene Sprache des Präsentators. Das gilt vor allem für Momente, in denen das Publikum aufmerksam zuhört und kaum Körpersprache sichtbar ist. Aber bedeutet das dann auch, dass das Publikum in diesen Momenten *nicht* kommuniziert?

Mit dem Kommunikationswissenschaftler Paul Watzlawick gehe ich davon aus, dass man *nicht* nicht kommunizieren kann, dass also immer Kommunikation stattfindet, wenn Menschen interagieren. Sie ist zwar nicht immer explizit, also auffällig oder ohne Weiteres sichtbar oder gar eindeutig (vgl. Pease und Pease 2006, S. 21), aber dennoch stets vorhanden. Und damit gibt es auch immer ein Feedback des Publikums in Richtung des Präsentators, wenn auch nicht immer ein eindeutiges. Deshalb müssen wir

---

[1] Ich werde im Folgenden zu Gunsten der besseren Lesbarkeit nur den männlichen Begriff verwenden, auch wenn natürlich alle Geschlechter gleichermaßen angesprochen werden sollen.

2.1 Kommunikationstheoretische Grundlagen

unser Publikum beim Präsentieren stets aufmerksam studieren, um herauszufinden, welches Feedback in seiner Körpersprache verborgen ist.

▶ Man kann *nicht* nicht kommunizieren. Ihr Publikum sendet Ihnen permanent ein Feedback. Versuchen Sie, dieses Feedback zu entschlüsseln, so können Sie Ihre Präsentation besser auf die Belange Ihres Publikums ausrichten.

Mögliche Kommunikationsstörungen
Aus dem signaltheoretischen Kommunikationsmodell lassen sich nicht nur Grundformen der Kommunikation zwischen Präsentator und Publikum ableiten, sondern es bietet auch Anhaltspunkte für Kommunikations*störungen*. Diese stellen eine ersthafte Gefahr für den Präsentationserfolg dar, weswegen ich die wichtigsten *Ursachen für Kommunikationsstörungen* einmal genauer betrachten möchte:

1. Der Präsentator ist nicht in der Lage, seine Gedanken treffend in Sprache zu fassen, also zu codieren. Der Gedanke stimmt dann mit dem Gesagten nicht überein.
2. Eine Botschaft kann nicht eindeutig übermittelt werden, weil Störgeräusche Sprache unverständlich machen oder Ablenkungen dazu führen, dass die gesendete Botschaft vom Publikum nicht aufgenommen werden kann.
3. Das Publikum ist nicht in der Lage, eine Botschaft im Sinne des Präsentators fehlerfrei zu decodieren, weil die Botschaft Begriffe enthält, die dem Publikum unbekannt sind.
4. Der Präsentator deutet das Feedback seines Publikums oder einzelner Zuhörer falsch und lässt sich hierdurch verunsichern.

Alle Punkte können zu Informationsverlust beim Publikum oder Unsicherheit beim Präsentator führen und den Erfolg einer Präsentation maßgeblich gefährden. Der Informationsverlust durch Kommunikationsstörungen ist schlimmstenfalls so groß, dass die in den Köpfen des Publikums entstandenen Gedanken kaum mehr etwas mit dem ursprünglichen Gedanken des Präsentators zu tun haben. Die durch Kommunikationsstörungen ausgelöste Unsicherheit des Präsentators kann sogar so weit führen, dass ein Präsentator vollständig den Faden verliert (vgl. den Exkurs: Eindeutigkeit eines Kopfschüttelns). Daher ist es besonders wichtig, permanentes *explizites*, also eindeutiges und sichtbares Feedback seines Publikums einzufordern. Nur so kann sichergestellt werden, dass die Gedanken des Präsentators und die des Publikums die größtmögliche Schnittmenge aufweisen.

Aus der Praxis: Eindeutigkeit eines Kopfschüttelns
Im Rahmen meiner Tätigkeit als Berater in einem Veränderungsprojekt hatte ich einmal die Aufgabe, vor der betroffenen Abteilung zu *psychologischen Veränderungshemmnissen* und deren Überwindung zu präsentieren. Die Inhalte der Präsentation, vor allem meine Empfehlungen zur Überwindung von Veränderungshemmnissen,

hatte ich mit dem zuständigen Abteilungsleiter vorher abgesprochen. Er saß bei meiner Präsentation in der ersten Reihe.

Nach ungefähr 15 min hatte ich meine Ausführungen zu psychologischen Veränderungshemmnissen beendet und begann mit meinen Empfehlungen. Und der Abteilungsleiter begann, seinen Kopf zu schütteln, jedoch nicht zustimmend nickend, sondern eher ablehnend von einer Seite zur anderen. Ich war irritiert, schließlich hatte ich die Inhalte meiner Präsentation ja vorher mit ihm abgeklärt. Meine anfängliche Irritation verstärkte sich zunehmend und wurde schließlich zu einem deutlich spürbaren Ärger, den ich nur schwer unterdrücken konnte, weil der Abteilungsleiter auch während des weiteren Verlaufs meiner Präsentation nicht aufhörte, den Kopf zu schütteln.

Im Anschluss an meine Präsentation sprach ich ihn an und fragte ihn, was er auszusetzen gehabt hätte und warum er mir seine Bedenken nicht vorher mitgeteilt habe. Schließlich hatte ich ja vor der Präsentation das Gespräch mit ihm gesucht. Er schaute mich verständnislos an und sagte: „Wieso, es war doch alles wunderbar." Daraufhin erwiderte ich: „Aber Sie haben doch die ganze Zeit den Kopf geschüttelt." „Nein, habe ich nicht. Wieso sollte ich das tun, ich fand doch alles gut", entgegnete er.

Ganz offensichtlich war ihm sein Kopfschütteln nicht bewusst gewesen. Vielleicht war es seine Art, Energie abzulassen, so wie andere Menschen mit dem Fuß wippen, wenn sie zuhören. Oder es war einfach nur ein Tick, so wie andere Menschen mit einem Kugelschreiber spielen oder sich auf die Unterlippe beißen. Wie dem auch sei, es war wohl keine inhaltliche Ablehnung meiner Präsentation gewesen, das glaubte ich ihm jetzt. Ich ärgerte mich noch mehr, jetzt aber über mich selbst, weil ich nicht bei seinem ersten Kopfschütteln auf ihn zugegangen war und gefragt hatte: „Entschuldigung, aber in welchem Punkt sind Sie skeptisch?" Die darauf folgende Diskussion hätte Klarheit gebracht und ich hätte mich nicht die ganze Zeit auf eine offenbar missverständliche und für mich irritierende Körpersprache konzentrieren müssen.

Ich werde die möglichen Ursachen für Kommunikationsstörungen bei der Entwicklung meines Grundmodells des exzellenten Präsentierens an verschiedenen Stellen berücksichtigen, um Informationsverlust beim Publikum oder Unsicherheit beim Präsentator so weit wie möglich zu vermeiden.

2.1.2 Psychologisches Kommunikationsverständnis

Grundgesetze der Kommunikation
Grundlage für das Modell des exzellenten Präsentierens aus kommunikationspsychologischer Sicht soll Paul Watzlawicks Kommunikationsverständnis sein, das wir zum Teil ja bereits kennengelernt haben. Seine Grundgesetze der Kommunikation, die er *Axiome* nennt, lauten (Watzlawick 2014):

2.1 Kommunikationstheoretische Grundlagen

1. Man kann *nicht* nicht kommunizieren.
2. Jede Kommunikation hat einen Inhalts- und einen Beziehungsaspekt.
3. Kommunikation ist immer Ursache und Wirkung.
4. Menschliche Kommunikation bedient sich analoger und digitaler Modalitäten.
5. Kommunikation ist symmetrisch oder komplementär.

Bedeutung von Watzlawicks Axiomen für das Präsentieren

Auf den ersten Aspekt von Watzlawicks Grundregeln der Kommunikation bin ich bereits eingegangen: Es findet *immer* irgendwie Kommunikation statt, entweder verbal oder nonverbal und mal deutlicher, mal weniger deutlich. Beim Präsentieren liegt die Schwierigkeit insbesondere darin herauszufinden, wie damit umgegangen werden sollte.

Dass Kommunikation sowohl einen Inhalts- als auch einen Beziehungsaspekt hat, Watzlawicks zweites Axiom, geht darauf zurück, dass Kommunikation immer zwischen Menschen stattfindet und dass Menschen in einer *Beziehung* zueinander stehen. Diese Beziehung kann den Austausch von Botschaften fördern oder ihn hemmen, aber die Beziehung hat stets einen Einfluss auf den Informationsaustausch und dieser wiederum auf die Beziehung. Ohne beim Präsentieren eine Beziehung zum Publikum aufzubauen, kann Kommunikation also nicht gelingen.

Schon das signaltheoretische Kommunikationsverständnis hat deutlich gemacht, dass Kommunikation keine Einbahnstraße ist, sondern ein *Kreislauf,* bei dem eine Botschaft ein Feedback auslöst und dieses Feedback weitere Botschaften und Feedbacks hervorbringt. Auf jeden Kommunikationsreiz folgt eine Reaktion in Form von Kommunikation. Kommunikation ist damit immer Ursache von und Wirkung für weitere Kommunikation, so die dritte Grundregel. Damit konkretisiert sich die Beziehung zum Publikum zu einem kommunikativen Austauschverhältnis, in das sich sowohl Präsentator als auch Publikum gemäß ihren Interessen einbringen.

Watzlawicks viertes Axiom hängt eng mit dem ersten zusammen. Denn wenn wir *nicht* nicht kommunizieren können, bedeutet dies, dass wir auch dann kommunizieren, wenn wir nicht sprechen. Deshalb wird in digitale (verbale) und analoge (nonverbale) Kommunikation unterschieden. Digitale Kommunikation wird durch Regeln und Strukturen von gesprochener Sprache, zum Beispiel unsere Grammatik, dominiert. Analoge Kommunikation hingegen wird durch die Bedeutung von Körpersprache bestimmt, zum Beispiel verschränkte Arme. Die eindeutige Interpretation von verbaler und nonverbaler Sprache des Publikums ist beim Präsentieren ebenso anspruchsvoll wie das Senden eindeutiger verbaler und nonverbaler Signale ans Publikum.

Symmetrische Kommunikation, Teil von Watzlawicks fünftem Axiom, steht dafür, dass sich Gesprächspartner auf Augenhöhe begegnen und damit gleichberechtigt sind. Komplementäre Kommunikation hingegen findet zwischen über- und untergeordneten Gesprächspartnern statt. Symmetrische Kommunikation repräsentiert damit *Gleichheit* der Kommunikationspartner, komplementäre Kommunikation *Unterschiedlichkeit*. Beim Präsentieren besteht die besondere Schwierigkeit darin, *beide* Aspekte zu berücksichtigen. Denn einerseits sollte ein Präsentator seinem Publikum wertschätzend und auf

Augenhöhe begegnen, also auf symmetrische Kommunikation setzen. Andererseits ist es *seine* Präsentation, für deren reibungslosen Ablauf *er* verantwortlich ist und wozu er womöglich die Einhaltung bestimmter Regeln einfordern muss. Dann steht komplementäre Kommunikation im Vordergrund. Es muss also das richtige Verhältnis von symmetrischer zu komplementärer Kommunikation gefunden werden.

2.2 Psychologische Grundlagen

Die Psychologie als wissenschaftliche Disziplin befasst sich mit dem Wahrnehmen und Verhalten von Menschen. Sie bildet neben den kommunikationstheoretischen Grundlagen die zweite wichtige Basis für das exzellente Präsentieren. Die besondere Rolle der Psychologie ergibt sich aus der Individualität und geringen Berechenbarkeit von Wahrnehmungsprozessen und Verhaltensweisen. So kann es zum Beispiel sein, dass ein Teil Ihres Publikums Ihren Ausführungen ohne Probleme folgen kann, ein anderer Teil jedoch schon vor der ersten Folie geistig aussteigt. Dies ist oft bei formalen Inhalten, die mit Zahlen oder Formeln gespickt sind, der Fall. Wenn Sie solche Inhalte mit „Jetzt kommt ein bisschen Mathematik" ankündigen, können Sie sich sicher sein, dass viele Ihrer Zuhörer geistig dicht machen, schon bevor die erste Zahl oder Formel erscheint. Denn viele Menschen sind davon überzeugt, sie könnten mathematische Zusammenhänge nicht verstehen. Dieser Glaubenssatz ist Teil ihrer Wahrnehmung und beeinflusst ihr Verhalten, in unserem Fall die Bereitschaft, Ihren Ausführungen aufmerksam zu folgen. Dabei ist es völlig egal, ob Ihre Zahlen oder Formeln objektiv schwierig sind oder nicht. Allein die Verwendung bestimmter Signalwörter kann Aufmerksamkeit fördern oder im Gegenteil jegliches Aufmerksamkeitspotenzial vollständig zerstören. In den meisten Fällen ist es daher bessern, auf die Signalwörter *Mathematik* oder *Formel* zu verzichten und die Inhalte stattdessen Schritt für Schritt zu entwickeln.

Eine wichtige Erkenntnis der Psychologie ist aber vor allem, dass Wahrnehmungsprozesse und Verhaltensweisen individuell sehr unterschiedlich sein können und zum Teil sehr schlecht vorhersehbar sind (vgl. „Aus der Praxis: Vorstellung meines Lebenslaufes"). Auf diese und andere Erkenntnisse der Psychologie werde ich im Folgenden eingehen und sie für das Grundmodell des exzellenten Präsentierens berücksichtigen.

Aus der Praxis: Vorstellung meines Lebenslaufes
In einer meiner ersten Vorlesungen zu Beginn meiner Promotionszeit begann ich die Vorlesung damit, den Studierenden einen Überblick über meinen bisherigen Werdegang zu geben. Auf einer der ersten Folien[2] stellte ich sauber jede Etappe der letzten Jahre

---

[2]Ich verwende den Begriff *Folie* für eine einzelne Seite einer Präsentation, auch wenn es beim Präsentieren kaum noch echte Folien gibt, die mit einem Overheadprojektor angeworfen werden. Der Begriff bedeutet für mich das Gleiche wie *Slide* oder *Präsentationsseite*.

dar: Ausbildung, duales Studium, Praxiserfahrung in Marketing und Beratung, Vorlesungserfahrung, erste Publikationen. Was ich damit erreichen *wollte* war, dass sich die Studierenden ein differenziertes Bild von ihrem Dozenten machen könnten, um mir die fachliche Expertise zuzuschreiben, die ich für eine Vorlesung in diesem Fach brauchte. Was ich dann damit *tatsächlich* erreichte war, dass mich ein Großteil der Gruppe unsympathisch fand, weil der Eindruck entstand, ich müsste als allererstes damit angeben, was ich in jungen Jahren schon erreicht hatte. Ich brauchte sehr lange, um zu erkennen, was ich mit meinem gut gemeinten Versuch angerichtet hatte, und noch länger, bis ich die Sympathie der Studierenden zurückgewonnen hatte. Seitdem gibt es keine Einstiegsfolie mit Lebenslauf mehr, sondern ich erzähle meinen Studierenden frei aus meinem Leben und versuche gleichzeitig, etwas aus ihrem Leben zu erfahren.

Jede Präsentation ist eine zwischenmenschliche Beziehung, auch wenn diese nur von begrenzter Dauer ist. Der Erfolg einer zwischenmenschlichen Beziehung wird vor allem durch *gegenseitige* Wahrnehmung beeinflusst. Aus diesem Grund werde ich bei der psychologischen Fundierung meiner Ausführungen zwei Richtungen von Wahrnehmungsprozessen unterscheiden:

1. Wie nimmt das Publikum *uns* beim Präsentieren wahr und wie können wir diese Wahrnehmung derart beeinflussen, dass sie möglichst positiv ausfällt?
2. Wie nehmen wir *das Publikum* wahr und wie können wir diese Wahrnehmung oder aber das konkrete Verhalten des Publikums, das uns zu einer bestimmten Wahrnehmung veranlasst, beeinflussen, um eine Präsentation möglichst souverän zu halten?

Zur Beantwortung dieser zwei Fragen will ich wiederum zwei Schwerpunkte setzen: Einerseits einen *neurowissenschaftlichen,* bei dem ich relevante *Funktionsweisen des Gehirns* betrachte und deutlich mache, wie diese Funktionsweisen zur Maximierung von Präsentationserfolgen genutzt werden können. Andererseits einen *verhaltenspsychologischen* Schwerpunkt, der Aufschluss darüber gibt, wie Menschen in bestimmten Situationen tatsächlich wahrnehmen, bewerten und entscheiden.

2.2.1 Neurowissenschaftliche Erkenntnisse

Struktur des menschlichen Gehirns
Unser Gehirn übernimmt vielfältige Aufgaben für uns: Informationsaufnahme und -verarbeitung und darauf aufbauend Schaffung eines Weltbildes, mit dem wir uns in der Wirklichkeit zurechtfinden. Außerdem steuert es unsere Emotionen und anderen körperlichen Reaktionen sowie die Bewertung von Situationen und Personen. Schließlich trifft unser Gehirn eine Vielzahl von Entscheidungen für uns. Und das sind nur einige seiner Aufgaben. Dazu hat das Gehirn im Laufe der Evolution beeindruckende und vielfältige Strukturen entwickelt (vgl. Thompson 2012, S. 10 ff.).

Vor einigen Jahren noch waren Forscher der Auffassung, bestimmte Hirnareale, etwa der Hirnstamm und das Kleinhirn, hätten klar abgegrenzte, spezifische Funktionen. So entstand das *dreieinige Gehirn* aus Reptilhirn, limbischem System und Neocortex (vgl. Patton 2012, S. 16). Dieses Modell wird heute allerdings weitestgehend als überholt angesehen, vor allem weil Forscher feststellen konnten, dass Hirnfunktionen nicht eindeutig spezifischen Bereichen zuzuordnen sind, sondern sich eher aus der *dynamischen Interaktion* verschiedener Regionen ergeben (vgl. Roth 2015, S. 50). Außerdem wird das Gehirn mittlerweile als äußerst anpassungsfähiges Organ betrachtet. Hirnforscher verwenden hierfür den Begriff der *Plastizität*, wobei einige Forscher von einer beinahe unbegrenzten Anpassungsfähigkeit ausgehen (vgl. Birbaumer 2015).

Dynamische Interaktion und Plastizität sprechen gegen eine fixe Zuordnung von Aufgaben zu bestimmten anatomisch abgegrenzten Hirnbereichen und damit gegen das dreieinige Gehirn. Ich will daher einer Systematisierung des Neurowissenschaftlers Gerhard Roth folgen, der vier Persönlichkeitsebenen unterscheidet und diese mit Hirnarealen in Verbindung bringt (vgl. Roth 2015, S. 49 ff.), wobei ich zwei davon zusammenfassen werde (vgl. Abb. 2.2):

Ebene 1 ist die *vegetativ-affektive* Ebene. Zu ihr gehören u. a. Hypothalamus, zentrale Amygdala und vegetative Hirnstammzentren. Sie ist neben der Steuerung unbewusst ablaufender Körperfunktionen wie Stoffwechsel, Kreislauf oder Verdauung für elementar-affektive Verhaltensweisen wie Angriff, Flucht, Verteidigung oder Erstarren sowie Aggressivität und Wut zuständig. Diese Ebene ist recht dominant, das heißt, sie prüft permanent und vor allem unbewusst, ob eine dieser Handlungen notwendig ist. Löst unser Verhalten beim Präsentieren also eine hohe Aktivität der Ebene 1 beim Publikum aus, müssen wir mit verbalen Angriffen, geistiger Abwesenheit oder tatsächlicher Flucht in der Form, dass Zuhörer den Raum verlassen, rechnen. All diese Verhaltensweisen

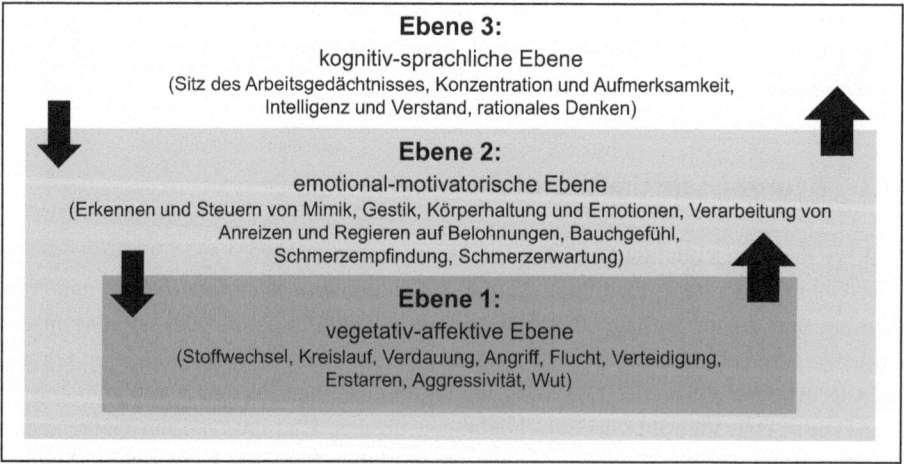

Abb. 2.2 Drei Ebenen des Gehirns und der Persönlichkeit

2.2 Psychologische Grundlagen

erschweren den inhaltlichen Fortschritt unserer Präsentation. Daher sollte es unser Ziel sein, die Ebene 1 unseres Publikums *zu beruhigen*, sodass es sich voll auf unsere Ausführungen konzentrieren kann. Wie das gelingt, werde ich im Rahmen der einzelnen Werkzeuge des exzellenten Präsentierens detailliert vorstellen.

Ebene 2 ist die *emotional-motivatorische* Ebene. Zu ihr gehören basolaterale Amygdala, das mesolimbische System sowie die limbischen Anteile der Großhirnrinde. Sie ist für das Erkennen sowie die Steuerung von Mimik, Gestik, Körperhaltung und Emotionen, die Verarbeitung von Anreizen und das Regieren auf Belohnungen und damit maßgeblich für Motivation zuständig. Sie steuert aber auch unser Bauchgefühl sowie unsere Schmerzempfindungen und Schmerzerwartungen. Die emotional-motivatorische Ebene 2 ist also unter anderem für menschliche Emotionen wie Lust und Unlust zuständig. Ganz generell lässt sich in diesem Zusammenhang feststellen, dass Menschen am liebsten solche Dinge tun, die ihnen Freude bereiten, und solche Dinge vermeiden, die ihnen Unlust oder Schmerz zufügen (vgl. Roth 2015, S. 91). Eine exzellente Präsentation setzt genau hier an und versucht, positive Emotionen zu vermitteln und Langeweile oder Stress zu vermeiden. Darüber hinaus ist das Wissen über Entstehung und Verlauf von Motivation wichtig, um unsere eigene Motivation zu steuern und unser Publikum damit anzustecken.

Ebene 3 ist die *kognitiv-sprachliche* Ebene. Zu ihr gehören vor allem spezifische Teile des Neocortex, also der Großhirnrinde. Sie ist Sitz des Arbeitsgedächtnisses, ermöglicht uns Konzentration und Aufmerksamkeit und ist verantwortlich für Intelligenz und Verstand und damit für das, was wir als *rationales* Denken und Handeln bezeichnen würden. Das Schwinden der Aufmerksamkeit unseres Publikums, was nach einer gewissen Präsentationsdauer völlig normal ist, hängt in der Regel mit der Erschöpfung dieser kognitiv-sprachlichen Ebene 3 zusammen. Der Grund ist, dass ihre Arbeit sehr energieintensiv ist (vgl. Roth 2015, S. 152), weswegen regelmäßige Pausen und inhaltliche Abwechslung geboten sind (vgl. Roth 2015, S. 145 f.).

Dominanz tieferer Hirnebenen
Wobei kann die Unterscheidung in drei verschiedene Hirnebenen nun konkret helfen? Aus Präsentationssicht kann zunächst festgehalten werden, dass nicht alle Aspekte der drei Ebenen relevant sind. Wichtig sind hauptsächlich affektiv-instinktives Verhalten (Ebene 1), Emotionen und Motivation (Ebene 2) und Konzentration, Aufmerksamkeit und rationales Denken (Ebene 3). Die anderen Aspekte beeinflussen zwar die menschliche Persönlichkeit insgesamt, haben aber keinen echten Bezug zum Präsentieren.

Für die Verarbeitung von Sachinformationen, also die eigentlichen Inhalte einer Präsentation, ist vor allem die Fähigkeit zum rationalen Denken der Ebene 3 verantwortlich. Besonders bemerkenswert hierbei ist, dass die Verbindungen der Ebenen 1 und 2 zur Ebene 3 nicht sehr stark ausgeprägt sind. Oder anders ausgedrückt: Untere Ebenen können die darüber liegenden stärker beeinflussen, als das umgekehrt der Fall ist (vgl. Roth 2015, S. 54). Damit kommt unsere Rationalität, die ja auf der obersten Ebene liegt, teilweise gar nicht zum Zuge, weil sie von unseren Instinkten oder Emotionen überlagert wird (vgl. hierzu auch Gigerenzer 2014, S. 94 f.). Ist also die Ebene1 einer Person aus unserem Publikum aktiv und auf Angriff, Flucht oder Verteidigung ausgerichtet, kann eine Sachinformation noch so wertvoll sein – sie kann nicht bis zur Ebene 3 vordringen. Gleiches gilt für die Ebene 2: Dominieren negative Emotionen unser Publikum, ist es erschöpft oder demotiviert, können Informationen nicht bis in die Ebene 3 gelangen (vgl. hierzu „Aus der Praxis: Erwachsene Menschen oder Träger von Gehirnen"). Um exzellent zu präsentieren, sollten wir uns daher immer zunächst um die Ebenen 1 und 2 unseres Publikums kümmern. Natürlich werde ich noch genau herausarbeiten, wie wir das machen. Aber wenn wir das nicht tun, nehmen wir unseren Präsentationsinhalten die Chance, ihr volles Potenzial zu entfalten.

▶ Machen Sie sich klar, dass Menschen Träger von Gehirnen sind. Halten Sie *hirngerechte* Präsentationen!

Aus der Praxis: Erwachsene Menschen oder Träger von Gehirnen?
Im Rahmen eines Präsentationstrainings für Dozenten diskutierte ich mit einem Teilnehmer einmal über die Aufmerksamkeitsspanne von Studierenden. Mein Gesprächspartner war der Auffassung, der Dozent müsse sich über die Aufmerksamkeitsspanne nicht allzu viele Gedanken machen, schließlich hätten wir es mit „erwachsenen Menschen" zu tun, und von denen könne man ja erwarten, dass sie ein hohes Maß an Eigenmotivation und Lernwillen mitbrächten. Ich hingegen war der Auffassung, dass auch erwachsene Menschen in allererster Linie Träger von Gehirnen seien und Gehirne nicht vollständig von ihren Trägern gesteuert werden könnten (vgl. hierzu zum Beispiel Birbaumer 2015, S. 247). Die durchschnittliche Aufmerksamkeitsspanne eines Erwachsenen beträgt nur wenige Minuten (vgl. Roth 2015, S. 344). Darauf müssen wir uns einstellen und ihren Gehirnen regelmäßig kleine Pausen gönnen. Das hat nichts mit Alter oder Reife zu tun, sondern mit Physiologie.

2.2.2 Verhaltenspsychologische Erkenntnisse

Echte Menschen sind nicht rational
Der Psychologe Daniel Kahneman bekam 2002 den Wirtschaftsnobelpreis für seine Arbeiten an der sogenannten *neuen Erwartungstheorie*. Dass ein Psychologe diesen Preis erhält, ist ungewöhnlich und zeigt, welchen Stellenwert Überlegungen zu Wahrnehmung und Verhalten von Menschen im wirtschaftlichen Kontext in den letzten Jahren erreicht haben.

Der Fokus der Arbeiten Kahnemans und vieler seiner Kollegen liegt darauf, *einheitliche Muster* im Wahrnehmen und Verhalten von Menschen zu erkennen. Dabei interessieren vor allem solche Muster, die *nicht rational* sind. Ist die klassische Wirtschaftslehre noch von einem Homo oeconomicus, einem vollständig rational handelnden Akteur, ausgegangen, zeigen Kahneman und seine Kollegen, dass menschliches Wahrnehmen und Verhalten in vielen Situationen nicht rational ist. Er spricht deswegen auch nicht von *Econs* (also dem Homo oeconomicus), wenn es um Menschen geht, sondern von *Humans* – von *echten Menschen*. Echte Menschen lassen sich durch rational kaum begründbare Heuristiken, Biases und Entscheidungsanomalien charakterisieren (vgl. Kahneman 2012).

▶ Eine *Heuristik* ist eine Art Daumenregel, auf deren Basis Menschen Entscheidungen treffen. „,Hol' immer drei Angebote ein, wenn du einen Auftrag vergeben willst", hieß es damals in meiner Ausbildung. Mit vollständiger Marktanalyse, wie es rational wäre, hat das nichts zu tun. Aber die goldene Regel der drei Angebote hat sich als recht nützlich erwiesen und ist gleichzeitig weitaus günstiger als die Erarbeitung einer vollständigen Marktübersicht.

▶ Von einem *Bias* ist die Rede, wenn Menschen *voreingenommen* sind. Stellen Sie sich Folgendes vor: In einem Prospekt eines Möbelhauses ist der ursprüngliche Preis eines Sofas, sagen wir „1.995 Euro", durchgestrichen und durch „jetzt nur 998 Euro" ersetzt worden. Die meisten Menschen bewerten den neuen Preis im Vergleich zum ursprünglichen Preis und denken automatisch: „Ist das günstig!" Die wenigsten von uns stellen sich hingegen die Frage nach dem Wert des Sofas und stellen dessen Preis dazu ins Verhältnis, um daraus abzuleiten, ob der Preis angemessen oder sogar günstig ist. Würden wir so vorgehen, gäbe es ja auch gar keine Notwendigkeit, darauf hinzuweisen, was das Sofa *vor* der Preissenkung gekostet hat.

▶ Eine *Entscheidungsanomalie* betrifft solche Entscheidungen, die nicht rational sind, die wir aber dennoch treffen. Oft geben wir Geld aus, obwohl wir es sparen sollten. Oft kaufen wir zwei Paar Schuhe, obwohl wir nur eines kaufen wollten (oder obwohl wir eigentlich den Wocheneinkauf besorgen sollten). Es gibt sogar Menschen, die ihren Ehering im Pfandhaus versetzen, damit sie das beim Glückspiel verlorene Geld zurückgewinnen können. Dieses durchaus typisch menschliche Verhaltensmuster hat dazu geführt, dass sich in Las Vegas oder Reno direkt gegenüber von Casinos *Pawn Shops* (Pfandleihhäuser) angesiedelt haben. Dort lässt sich recht günstig Schmuck oder andere Wertsachen kaufen, denn viele erfolglose Spieler verpfänden hier Ringe oder Ketten und können sie später nicht wieder auslösen, weil das Glück doch nicht zurückgekommen ist. *Rational* wäre es, vor Betreten eines Casinos einen maximalen Verlust und eine maximale Spielzeit festzulegen. Ist der Verlust erreicht, die gesetzte Zeit verstrichen oder hat man seinen Einsatz verdoppelt, geht man nach Hause. Aber die Wirklichkeit sieht oft anders aus, und am Ende sind alles Geld und der Ehering verloren. Wirklich nachvollziehbar ist das kaum, weswegen es Entscheidungs*anomalie* heißt.

Vor allem die emotional-motivatorische Ebene 2 unseres Gehirns und das dort sitzende Belohnungszentrum begünstigen das Denken in Heuristiken, Biases und das nicht rationale Entscheiden. Der Grund dafür ist, dass die Ebene 2 hirnphysiologisch tiefer liegt und deshalb dominanter ist als die kognitiv-sprachliche Ebene 3, die für unser rationales Handeln verantwortlich ist. Damit verliert Rationalität oft den Kampf gegen die Versuchung.

Berücksichtigung mangelnder Rationalität
Aber warum interessieren uns Heuristiken, Biases und Entscheidungsanomalien überhaupt? Schließlich geht es uns ja um Präsentationserfolge und nicht um menschliche Wahrnehmungen und Verhaltensmotivationen. Die Kenntnis bestimmter verhaltenspsychologischer Grundlagen ist vor allem deswegen wertvoll, weil Präsentationserfolg maßgeblich von der Bewertung durch unser Publikum abhängt. Die Verhaltenspsychologie befasst sich exakt mit solchen Mustern der Bewertung. Oder anders: Eine Präsentation ist dann erfolgreich, wenn sie dem Publikum gefällt. Und das Publikum ist in seiner Bewertung eben nicht derart objektiv, dass es inhaltliche Aspekte rein sachneutral analysieren würde. Viele weitere Faktoren nehmen Einfluss auf die Bewertung unserer Präsentationsleistung durch das Publikum: Hat es den Zuhörern Spaß gemacht, uns zuzuhören? War unsere Präsentation abwechslungsreich? Hat unser Publikum uns als sympathisch und glaubhaft wahrgenommen? Und so weiter. Die Beantwortung dieser Fragen erfolgt in Form einer *subjektiven* Bewertung: Wie hat dem Publikum unsere Präsentation *gefallen?* Und die Frage, ob jemandem etwas gefällt oder nicht, wird stark von Heuristiken, Biases und Entscheidungsanomalien beeinflusst. Hierzu ein Beispiel:

Kahneman untersuchte in einer seiner Studien (Kahneman et al. 1993) die Schmerzerinnerung von Patienten, die sich einer Darmspiegelung unterziehen mussten. Zum Zeitpunkt seiner Studie waren schmerzlindernde oder narkotisierende Medikamente noch nicht sehr weit verbreitet. Dabei wurden die Patienten gebeten, während der Untersuchung regelmäßig ihre aktuelle Schmerzwahrnehmung auf einer Skala von 1 bis 10 zu bewerten. Zum Abschluss der Untersuchung wurden die Patienten dann noch aufgefordert, die Gesamtsumme ihrer Schmerzen zu benennen. Das überraschende Ergebnis dabei war, dass die genannten Gesamtsummen nicht den aufsummierten Einzel-Schmerz-Werten entsprachen. Vielmehr hatten der höchste und der letzte Schmerz entscheidenden Einfluss auf die Gesamtbewertung, nicht aber etwa die Dauer des Schmerzes. Dieses Muster, das Kahneman als *Höchststand-Ende-Regel* bezeichnet, konnte in anderen Experimenten bestätigt werden. Daraus lässt sich ableiten, dass in der Rückschau auf bestimmte Ereignisse einige Eindrücke systematisch ausgeblendet und andere systematisch überbewertet werden. Das ist für uns deswegen relevant, weil die Bewertung einer Präsentation in der Regel *nach ihrem Ende* stattfindet. Oder haben Sie einen Feedbackbogen schon einmal nach dem ersten Drittel einer Präsentation ausgefüllt? Damit findet die Bewertung einer Präsentation in Form einer Rückschau statt. Deswegen greift auch hier die Höchststand-Ende-Regel. Ob unsere Präsentation als gut bewertet wird oder nicht, hängt damit maßgeblich mit unserer Fähigkeit zusammen, beeindruckende Highlights zu setzen und einen attraktiven Schluss zu finden, nicht so sehr von der Gesamtleistung.

▶ Die Bewertung Ihrer Präsentationsleistung erfolgt in der Regel *im Nachhinein* und weitestgehend auf Basis *subjektiver Maßstäbe*. Berücksichtigen Sie dies bei Ihrer Präsentationsplanung.

Neben der Höchststand-Ende-Regel gibt es eine Vielzahl an typisch menschlichen Denk- und Entscheidungsmustern, die ich im Folgenden berücksichtigen werde. Sie helfen uns dabei, uns besser auf die Wahrnehmung und Bewertung unseres Publikums einzustellen und unsere Präsentationen daran anzupassen.

2.3 Methodische Grundlagen

Mein Ziel ist es, Ihnen einen leistungsfähigen Ansatz zum exzellenten Präsentieren an die Hand zu geben. Um dieses Ziel zu erreichen, folge ich einer Methodik, also einem Plan mit verschiedenen Bestandteilen. Das mache ich einerseits, um Präsentator und Publikum mit ihren typisch menschlichen Eigenschaften umfassend zu würdigen und zu berücksichtigen. Andererseits geht es mir ja um die Vermittlung von *Werkzeugen* des exzellenten Präsentierens. Damit diese Vermittlung und die anschließende erfolgreiche Anwendung der Werkzeuge gelingen können, befasse ich mich neben den menschlichen Besonderheiten mit einigen didaktischen Aspekten.

2.3.1 Innen- vs. Außenwirkung

Gefühl vs. Überzeugungskraft
Ich verstehe den Ansatz des exzellenten Präsentierens nicht nur als eine Philosophie, sondern insbesondere auch als ein *Rüstzeug,* das uns in den verschiedensten Präsentationssituationen unterstützt. Ich werde dieses Rüstzeug systematisch und fundiert herleiten, denn es ist mir nicht nur wichtig, *funktionierende* Werkzeuge zu vermitteln, sondern ich möchte ebenfalls nachvollziehbar machen, *warum* sie funktionieren. Die kommunikationstheoretische und psychologische Basis dafür habe ich bereits gelegt. Bei meinen Empfehlungen zum Einsatz bestimmter Werkzeuge orientiere ich mich eigentlich immer an der *Außenwirkung,* die damit erzielt wird. Was meine ich damit?

Was macht eine erfolgreiche Präsentation aus? Hierzu können zwei bis zu einem gewissen Grad durchaus gegensätzliche Ansichten unterschieden werden. Die erste Ansicht geht davon aus, dass sich ein Präsentator bei dem, was er macht, vor allem gut *fühlen* muss. Der Fokus liegt also auf der *Innenwirkung* seines Handelns. Nur wenn sich etwas gut anfühlt, ist es auch authentisch. Die zweite Ansicht besagt, dass der Präsentator vor allem überzeugend auf sein Publikum *wirken* muss, wobei es einigermaßen egal ist, was er dabei fühlt. Der Fokus liegt auf der *Außenwirkung* seines Handelns. Ich folge dieser zweiten Ansicht.

Natürlich sind Innen- und Außenwirkung zu einem hohen Maß miteinander verbunden: Wenn wir uns bei unserer Präsentation sicher fühlen, strahlen wir diese Sicherheit auch aus. So überzeugen wir unser Publikum, das uns wiederum über seine Körpersprache ein positives Feedback gibt. Dadurch steigt unser Gefühl der Sicherheit weiter. Allerdings ist es auch denkbar, dass sich der Einsatz bestimmter Werkzeuge für uns zunächst *nicht* gut anfühlt, wie es beim Einsatz der Hände oft der Fall ist. Viele Teilnehmer in meinen Seminaren fühlen sich anfangs unwohl damit, ihren Händen eine feste Grundhaltung zuzuordnen, auch wenn eine solche Grundhaltung eine positive und vor allem überzeugende Wirkung auf unser Publikum hat (vgl. „Aus der Praxis: die Merkel-Raute").

Aus der Praxis: die Merkel-Raute

Es ist Bundestagswahl 2013. In der finalen Phase des Wahlkampfs ist ein Wahlwerbeplakat der CDU am Berliner Hauptbahnhof zu sehen, das nicht durch einen markigen Slogan oder eine vertrauenerweckende Mimik überzeugen soll, sondern durch eine *Handhaltung*. Gezeigt wird die *Merkel-Raute*, die Handhaltung, die Frau Merkel immer dann einnimmt, wenn sie vor einer Kamera steht. Dazu nimmt sie die Hände vor dem Bauch, die Fingerspitzen sind leicht aneinander gedrückt mit den Daumen nach oben, und sie hält die kleinen Finger ungefähr auf Bauchnabelhöhe. Ihre Hände sind damit so geformt, dass sich zwischen Daumen und Zeigefingern eine Raute bildet. Diese Handhaltung ist so sehr zum Markenzeichen von Angela Merkel geworden, dass damit Wahlwerbung betrieben wurde. Wiedererkennungswert: 100 %.

Gehen wir einige Jahr zurück: Frau Merkel dürfte sich diese Handhaltung nicht selbst ausgedacht haben. Wahrscheinlich wurde sie ihr von einem ihrer Berater empfohlen. Was glauben Sie, war die Empfindung von Frau Merkel bei ihrer ersten Merkel-Raute? „Wie angenehm", „Wie gemütlich" oder gar „Das wird bestimmt mein neues Markenzeichen"? Sicherlich nicht. Wie für jeden anderen hat sich diese Handhaltung wahrscheinlich auch für Frau Merkel richtig komisch, ungewohnt und unnatürlich angefühlt. Frau Merkel hat sich aber nicht von diesem Gefühl, der *Innenwirkung,* leiten lassen, sondern so lange weitergemacht, bis sich diese Handhaltung *normal* angefühlt hat. Sie hat darauf vertraut, dass diese Grundhaltung eine überzeugende Außenwirkung mit sich bringt. Sie hatte wohl Recht, wie sonst ist es zu erklären, dass die Merkel-Raute derart populär geworden ist, dass man mit ihr Wahlwerbung machen kann?

Die Authentizitätsfalle

Das Beispiel von der Merkel-Raute soll ein Prinzip verdeutlichen, das ich die *Authentizitätsfalle* nenne. Die Authentizitätsfalle führt mich dazu, der Außenwirkung beim Präsentieren Vorrang gegenüber der Innenwirkung zu geben. Sie tritt immer dann auf, wenn wir uns auf ein neues Verhaltensmuster einlassen sollen, wie etwa die Festlegung einer Grundhaltung für unsere Hände. Viele Menschen reagieren hierauf mit emotionaler Ablehnung und begründen diese damit, dass ein solches Verhaltensmuster für sie *nicht authentisch* sei, also nicht zu ihrer Persönlichkeit passe. In den allermeisten Fällen hat die emotionale Ablehnung aber nichts damit zu tun, dass ein Muster nicht zur eigenen Persönlichkeit passt, sondern es ist einfach nur *ungewohnt*. Immer wenn uns unser Gehirn *vorspielt,* etwas sei nicht authentisch, obwohl es einfach nur ungewohnt ist, können wir von der Authentizitätsfalle sprechen. Ich zeige Ihnen, wie dieses Phänomen entsteht.

2.3 Methodische Grundlagen

Lassen Sie mich zunächst eine zentrale Funktionsweise unseres Gehirns verdeutlichen. Zu all unseren Verhaltensmustern gibt es eine spezifische Entsprechung im Gehirn. Es existieren *Verknüpfungen von Nervenzellen*, die einige Millisekunden, bevor wir ein Verhalten zeigen, aktiviert werden. Damit hat jedes Verhalten ein *physiologisches* Pendant im Gehirn: eine Vernetzung von Nervenzellen, die greifbar, messbar und sogar mit bildgebenden Verfahren darstellbar ist. Aufgrund der hohen Flexibilität des Gehirns ist diese Vernetzung *veränderbar*. Hirnforscher sprechen in diesem Zusammenhang – Sie erinnern sich – von *Plastizität*. Wenn wir eine neue Bewegung oder ein neues Verhalten erlernen, verändert sich dabei die Vernetzung von Nervenzellen, sodass es zum neuen Verhalten irgendwann eine Entsprechung im Gehirn gibt. *Bevor* wir allerdings etwas gelernt haben, gibt es eine entsprechende Verknüpfungen noch nicht oder nur zum Teil. Bei den ersten Versuchen der Durchführung eines neuen Verhaltens kann das Gehirn also noch nicht auf ein etabliertes Netzwerk zurückgreifen und man fühlt sich unsicher. Jeder, der einmal eine Sportart oder ein Instrument neu gelernt hat, kennt dieses Unsicherheitsgefühl.

Psychologen sehen das Erlernen von Neuem daher immer auch als einen Schritt heraus aus der eigenen Komfortzone. Damit beschreibt die *Komfortzone* den Bereich von Verhaltensweisen, der durch stabile neuronale Netzwerke gesichert ist. Die *Veränderungszone*, die außerhalb der Komfortzone liegt, basiert noch nicht auf stabilen Netzwerken, sodass für sie ein Gefühl der Unsicherheit typisch ist. Damit ist der erste Grund gefunden, warum wir neue Verhaltensweisen oftmals emotional ablehnen: Sie fühlen sich nicht gut an, weil sie noch nicht durch neuronale Vernetzungen hinterlegt sind. Leider teilt uns unser Gehirn das aber nicht in dieser Form mit, sondern versteckt es oft unter dem Deckmantel der fehlenden Authentizität: Was sich nicht gut anfühlt, verkauft uns unser Gehirn als nicht authentisch.

Neben der Existenz etablierter neuronaler Strukturen bestimmt ein anderer Aspekt unsere Veränderungsneigung: Die Schaffung neuer neuronaler Verknüpfungen kostet *Energie*. Bei einem geistigen Attraktivitätsvergleich von alten und neuen Verhaltensweisen verlieren neue Verhaltensweisen oft deshalb, weil sie energieaufwendiger sind. Schließlich sind energiesparende neuronale Verknüpfungen noch nicht etabliert. Da unser Gehirn allerdings von Haus aus auf Energiesparen ausgelegt ist (vgl. Stenger 2014, S. 15), hat es das Neue oftmals schwer. Das ist der zweite Grund, warum uns unser Gehirn mangelnde Authentizität neuer Verhaltensweisen vorspielt.

▶ Unser Gehirn folgt eigenen Gesetzen und gaukelt uns daher manchmal falsche Tatsachen vor. *Glauben Sie nicht alles, was Sie denken.*

Nur weil etwas neu ist, heißt das also noch nicht, dass es nicht zu uns passt und damit nicht authentisch ist. Es passt wahrscheinlich *noch* nicht zu uns. Genau aus diesem Grund müssen wir den Dingen eine Chance geben, sich im wahrsten Sinne des Wortes zu entwickeln. Dabei sollten wir nicht zu sehr darauf achten, wie es sich anfühlt. Die *Außenwirkung* entscheidet darüber, wie gut wir bei unserem Publikum ankommen, die Innenwirkung kann uns trügen.

Insgesamt bin ich natürlich der Auffassung, dass wir uns beim Präsentieren wohl fühlen sollten. Auf dem Weg zur Exzellenz, insbesondere beim Training und Einsatz *neuer* Werkzeuge, wird es aber immer wieder dazu kommen, dass wir uns nicht rundum wohl fühlen. Das ist überhaupt nicht schlimm. Lassen Sie uns den Dingen Zeit und Raum geben, sich zu entwickeln. Dann kommt das gute Gefühl von alleine.

2.3.2 Jeder Mensch ist anders

Viele geistige Prozesse laufen bei allen Menschen mehr oder weniger gleich ab. Die Bewertung neuer Verhaltensmuster ist ein Beispiel dafür. Dennoch will ich Menschen grundsätzlich als Individuen betrachten und ihre Individualität ausreichend würdigen. Jeder Mensch ist anders. Deshalb möchte ich den Grenzgang zwischen der Einheitlichkeit bestimmter Wahrnehmungs- und Bewertungsprozesse bei uns und unserem Publikum und der Individualität jedes Präsentators wagen. Die von mir vorgestellten Werkzeuge können deswegen individuell auf Ihre persönlichen Stärken und Schwächen angepasst werden. Ich gebe am Ende eines jeden Werkzeugs daher immer Empfehlungen zur *Dosierung,* also der Stärke des Werkzeugeinsatzes. Ich bin der Auffassung, dass *alle* vorgestellten Werkzeuge für *alle Menschen* geeignet sind. Die menschliche Individualität bestimmt über die *Intensität* des Einsatzes eines Werkzeugs: Wenn Sie etwa von Natur aus eher schnell sprechen, dann sollten Sie Ihre Sprechgeschwindigkeit anders dosieren, als wenn Sie von Natur aus eher langsam sprechen. Die Notwendigkeit der Auseinandersetzung mit dem individuellen Sprechtempo gilt aber für jeden gleichermaßen.

Damit die Dosierungshinweise zu den Werkzeugen für Sie nützlich sind, müssen Sie natürlich zunächst eine Selbsteinschätzung vornehmen. Eine solche Selbsteinschätzung ist naturgemäß nicht immer ganz einfach. Teilweise ist unser Blick auf uns selbst verklärt oder wir bewerten uns übermäßig kritisch beziehungsweise unkritisch. In solchen Fällen hilft eine ergänzende Fremdeinschätzung. Ziehen Sie dazu Ihren Partner, Ihre beste Freundin oder einen vertrauten Arbeitskollegen zurate. So gelingt ein umfassender und verlässlicher Blick auf sich selbst.

2.3.3 Aktionen und Funktionen

Haben Sie schon einmal Ski- oder Snowboardunterricht genommen? Wenn nicht, ist das nicht weiter schlimm, das folgende Beispiel lässt sich auf fast jede andere Sportart übertragen. Für den Fall, dass Sie einen guten Skilehrer hatten, dann ist er nicht nur vorausgefahren und Sie in Schlangenlinien hinterher, sondern er hat Sie *individuell gecoacht.* Und wenn er richtig gut war, hat er sich mit seinem Coaching nicht auf das konzentriert, was am Ende *erreicht* werden soll, sondern auf das, was Sie *unternehmen* müssen, um dieses Ziel zu erreichen. Er hat Ihnen also nicht gesagt, dass Sie einen Schwung auf der Kante fahren sollen, sondern Sie aufgefordert, in die Knie zu gehen, Ihr Gewicht nach

2.3 Methodische Grundlagen

vorne zu verlagern und die Knie in Richtung Berg zu drehen. Ein guter Coach vermittelt Ihnen *Aktionen*, nicht *Funktionen*. Der Hinweis „Fahr mal mehr auf der Kante" ist nutzlos, denn wenn Sie wüssten, wie das geht, würden Sie es längst so machen. Es geht bei gutem Coaching also darum, *was* gemacht werden muss (Aktion), damit das richtige Ergebnis (Funktion) erreicht werden kann.

Ich orientiere mich mit meinen Ausführungen fast ausschließlich an *Aktionen*. Ich gebe Ihnen Hinweise, was Sie konkret *unternehmen* können, um sich zu verbessern. Die Funktionen, die aus diesen Hinweisen resultieren, sind vielfältig: überzeugendere Körpersprache, mehr Selbstsicherheit, mehr Freude am Präsentieren und vieles andere mehr. Sie verfolgen allerdings immer ein und dasselbe Ziel: exzellent präsentieren.

2.3.4 Der Werkzeugkoffer

Die Aktionen, die ich Ihnen empfehle, können im Sinne von *Werkzeugen* interpretiert werden. Natürlich sind es Werkzeuge im übertragenen Sinne (vgl. hierzu auch Gigerenzer 2009, S. 71 f.). Das wird nicht zuletzt aus der verhaltensorientierten Bezeichnung der einzelnen Werkzeuge, zum Beispiel *authentisch agieren* oder *sich durch Gedankensteuerung selbst motivieren*, deutlich. Dennoch ist die gedankliche Verdeutlichung von Aktionen oder Verhaltensweisen im Sinne von konkreten Werkzeugen hilfreich, um Ihre Präsentationsfähigkeiten systematisch weiterzuentwickeln.

Typisch für meine Werkzeuge sind verschiedene Merkmal, wie wir sie auch von echten Werkzeugen kennen:

1. Spezifischer Anwendungszweck: Jedes meiner Werkzeuge verfolgt einen ganz *konkreten Zweck*. So werde ich Ihnen Hinweise geben, wo Sie optimalerweise vor Ihrem Publikum stehen oder was gute Openings für Ihre Präsentation sind. Auch wenn ich Ihnen für bestimmte Zwecke mehrere Werkzeuge vorschlage, hat jedes einzelne Werkzeug doch immer nur einen Anwendungszweck. Am Ende verfügen Sie dann über unterschiedliche Werkzeuge, die Sie für eine Vielzahl an Anwendungszwecken rüsten und damit die Grundlage für Ihren persönlichen Werkzeugkoffer bilden.
2. Problembezug: Allein der spezifische Anwendungszweck eines Werkzeuges macht es noch nicht nützlich oder gar wertvoll. So hat ein Hammer zwar immer einen spezifischen Anwendungszweck, sein Nutzen und sein Wert ergeben sich aber erst dann, wenn ein *Problem* vorliegt. Sonst läge der Hammer nur im Weg herum. Der Ansatz des exzellenten Präsentierens leitet *typische Probleme* des Präsentierens systematisch her, sodass alle Werkzeuge das Ziel verfolgen, Ihnen beim Lösen dieser Probleme zu helfen.
3. Leistungsfähigkeit: Alle Werkzeuge sind so gestaltet, dass sie ihren Zweck möglichst gut erreichen. Ich verspreche Ihnen damit *äußerst leistungsfähige* Werkzeuge.

4. Einfachheit: Eine hohe Leistungsfähigkeit von Werkzeugen kann dazu führen, dass ihre Anwendungsfreundlichkeit leidet. Daher werde ich alle Werkzeuge so ergonomisch wie möglich gestalten. Sie werden *einfache* und *klar verständliche* Werkzeuge bekommen, sodass Sie diese effektiv anwenden können.
5. Konkrete Bezeichnung: Jedes Werkzeug hat einen Namen. So will ich auch die Werkzeuge des exzellenten Präsentierens mit spezifischen Namen versehen, die ich am Anwendungszweck orientierte.
6. Variable Anwendungstechnik: Als *Technik* kann eine bestimmte Art und Weise der Anwendung eines Werkzeuges erachtet werden. Ich vermittle Ihnen also nicht nur Werkzeuge per se, sondern gebe Ihnen darüber hinaus detaillierte Hinweise zur Art und Weise ihrer Nutzung. Dabei ist es mir sehr wichtig, dass die Technik sowohl *variabel* ist als auch *variiert* wird. Sie muss einerseits *variabel* sein, weil jeder Mensch anders und einzigartig ist und ein Werkzeug zum Menschen passen muss. Eine Technik muss andererseits je nach konkreter Präsentationssituation *variiert* werden. In einer Phase der Unaufmerksamkeit Ihres Publikums, zum Beispiel in der Mitte einer 60-minütigen Präsentation, müssen Sie ein Werkzeug zur Aufmerksamkeitssteuerung anders einsetzen als zu Beginn Ihrer Präsentation. Zu jedem Werkzeug gebe ich daher Hinweise zur *Intensität der Anwendung*.

Natürlich ist es nicht sinnvoll, alle vorgestellten Werkzeuge gleichzeitig einzusetzen. Wenn Sie renovieren, kaufen Sie ja auch nicht alle möglichen Werkzeuge, sondern nur solche, die für Ihr Projekt nützlich und hilfreich sind. Und genau so sollten Sie auch die hier vorgestellten Werkzeuge nutzen: Überlegen Sie, in welchen konkreten Präsentationssituationen Sie sich verbessern möchten, und legen Sie dann all die Werkzeuge in Ihren persönlichen Werkzeugkoffer, die für diese Präsentationssituationen nützlich und hilfreich sind. Achten Sie dabei darauf, dass Sie sich nicht nur für unterschiedliche Werkzeuge entscheiden, sondern immer auch überlegen, in welcher Intensität und Variabilität Sie ein Werkzeug anwenden wollen. So entfalten die Werkzeuge ihre maximale Funktionalität.

2.3.5 Regelmäßiges Training

Auch beim Präsentieren macht Übung den Meister (vgl. McGowan und Bowman 2014, S. 32). Aus einem *Kennen* der verschiedenen Werkzeuge und ihrer Anwendungsmöglichkeiten muss ein *Können* werden. Das funktioniert nur, wenn Sie die Anwendung der unterschiedlichen Werkzeuge regelmäßig trainieren. Schon bei der Vorstellung der *Authentizitätsfalle* habe ich auf die Notwendigkeit von Übung zum Zwecke der Gewöhnung an bestimmte Verhaltensweisen hingewiesen. Allerdings ist ein Sich-Gewöhnen nur der erste Schritt. Wenn unser Anspruch *exzellentes* Präsentieren ist, dann geht es natürlich nicht nur um Gewöhnung, sondern um herausragende Leistungen im Einsatz unserer Werkzeuge. Um diese zu erreichen, ist regelmäßiges *Training* notwendig.

2.3 Methodische Grundlagen

Es ist egal, ob Sie sich zunächst an den Einsatz eines bestimmten Werkzeuges gewöhnen oder ob sie dessen Einsatz perfektionieren wollen. Der Weg ist immer der gleiche und besteht aus vier Schritten:

1. Planung: Überlegen Sie schon bei der Planung Ihrer Präsentation, welche Werkzeuge Sie einsetzen wollen und wie Ihnen der Einsatz während der Präsentation am besten gelingen kann. Wenn Sie etwa das Werkzeug zur Schaffung einer positiven Präsentationsatmosphäre anwenden möchten, dann sollten Sie sich vorher genau überlegen, wie und wann Sie Ihr Publikum bitten, bis zum Ende der Präsentation nicht auf die Smartphones zu schauen. Kommt diese Bitte zu früh, zu spät oder mit dem falschen Zungenschlag, kann das auf die Stimmung schlagen und die Vermittlung Ihrer Gedanken und Ideen gelingt nicht mehr. Eine gute Planung des Einsatzes Ihrer Werkzeuge ist also das A und O.
2. Vorbereitung: Wenn Sie sich entschieden haben, welche Werkzeuge Sie einsetzen möchten, sollten Sie deren Einsatz vorbereiten, indem Sie Ihre Präsentation intensiv üben. Je spielerischer, leichter, sicherer und überzeugender eine Präsentation wirkt, desto mehr Vorbereitung steckt dahinter. Ex-US-Präsident Barack Obama ist ein großartiger Präsentator und hat sicherlich eine große Portion Talent mitbekommen. Aber auch er performt nicht optimal, wenn er sich nicht sorgfältig vorbereitet (vgl. McGowan und Bowman 2014, S. 32 f.).

    Natürlich hängt der Einsatz einiger Werkzeuge von der Mitarbeit Ihres Publikums ab, sodass eine Vorbereitung teilweise nur eingeschränkt möglich ist. In einem solchen Fall sollten Sie *unterschiedliche Szenarien* durchspielen und überlegen, wie Ihr Publikum reagieren könnte. Bereiten Sie sich auf jedes Szenario separat vor und spielen Sie es so realistisch wie möglich durch (etwa indem Sie einen Dialog mit einer widerspenstigen Zimmerpflanze führen).

    Fällt es Ihnen bei Ihrer Vorbereitung schwer, Spannung aufzubauen, stellen Sie eine Kamera auf und filmen Sie sich. Eine laufende Kamera hat ungefähr die gleiche Wirkung auf uns wie die tatsächliche Anwesenheit eines Publikums.
3. Am allerwichtigsten ist, dass Sie Ihre Präsentation *laut* üben. Durch*denken* und durch*sprechen* sind zwei völlig unterschiedliche Dinge. Ihre echte Präsentation lebt von Ihrer Stimme und Ihrer Sprache, weswegen Sie Stimme und Sprache schon beim Üben besondere Aufmerksamkeit schenken sollten.
4. Durchführung: Übung macht den Meister bedeutet vor allem, dass Sie den Einsatz Ihrer Werkzeuge dann perfektionieren, wenn Sie sie unter realistischen Bedingungen üben, also bei echten Präsentationen. Vorbereitung ist unerlässlich, aber das beste Training ist der Wettkampf selbst. Suchen Sie so oft es geht Gelegenheiten zum Präsentieren, sodass Sie Ihre Werkzeuge unter Realbedingungen einsetzen können. Je lauter die Stimme in Ihrem Kopf sagt „Diese Präsentation soll lieber jemand anderes halten", desto eher sollten *Sie* diese Präsentation halten. Begeben Sie sich aktiv aus Ihrer Komfortzone heraus. Wenn möglich, nehmen Sie sich während Ihrer Präsentation einen Augenblick Zeit, um den Einsatz ihrer Werkzeuge zu reflektieren. Überlegen Sie, was Ihnen gerade gut

gelingt und was noch nicht. So bekommen Sie die Chance herauszufinden, ob Sie mit Ihrem Werkzeugeinsatz zufrieden sind oder ob Sie noch nachsteuern möchten. Und Ihr Publikum bekommt eine kurze Verschnaufpause.
5. Kontrolle: Niemand kann Ihnen die Aufgabe abnehmen, Ihre eigene Präsentationsleistung zu bewerten. Egal, ob Ihr Publikum mit Ihnen zufrieden war oder nicht: Nehmen Sie sich nach jeder Präsentation Zeit, um zu reflektieren, was Ihnen *Ihrer Ansicht nach* gut gelungen ist und wo Sie sich weiter verbessern möchten. Natürlich wollen Sie in allererster Linie Ihr Publikum begeistern, aber dieses Ziel erreichen Sie langfristig nur über eine regelmäßige und ehrliche Selbstreflexion. Ihre Erkenntnisse aus dieser Selbstreflexion sind dann die Grundlage für die Planung Ihrer nächsten Präsentation. So wiederholen sich alle vier Schritte immer und immer wieder.

▶ Exzellentes Präsentieren erreichen Sie nur durch sorgfältige Planung, intensive Vorbereitung, häufiges Halten echter Präsentationen und ehrliche Selbstreflexion nach jeder Präsentation. Immer und immer wieder aufs Neue.

Wenn Sie noch nicht so oft präsentiert haben, sollten Sie am Anfang eher weniger Werkzeuge nutzen. Je häufiger Sie diese Werkzeuge nutzen, desto stärker automatisieren Sie deren Einsatz, sodass die Anwendung irgendwann intuitiv und ohne bewusste Steuerung gelingt. Sind Sie an diesem Punkt angelangt, variieren Sie den Einsatz Ihrer Werkzeuge oder erweitern Sie Ihren individuellen Werkzeugkoffer Schritt für Schritt. Mit Ihrer Präsentationserfahrung wächst die Bandbreite an Werkzeugen, die Sie sicher und zielgerichtet einsetzen können. Damit steigt Ihre Chance, in immer neue Präsentationssituationen vorzudringen und für diese neuen Situationen neue Werkzeuge einzusetzen. Es entsteht ein Wachstumsprozess, an dessen Ende die *Exzellenz des Präsentierens* auf Sie wartet.

2.4 Das Grundmodell des exzellenten Präsentierens

Präsentieren – eine Definition
Nachdem ich nun verschiede Grundlagen zum Präsentieren vorgestellt habe, möchte meinen Ansatz konkretisieren. Zunächst stelle ich Ihnen dazu mein Verständnis von *Präsentieren* vor. Auch wenn dieses Verständnis etwas ungewöhnlich ist, trifft es doch das, worum es beim Präsentieren immer geht. Denn für mich bedeutet Präsentieren, *eine Idee von Mensch zu Mensch* zu vermitteln.[3]

---

[3]Ganz allein bin ich mit dieser Sichtweise allerdings nicht. Auch für Chris Anderson, Präsident der TED Talks, geht es bei einer Präsentation stets darum, eine Idee zu vermitteln. Er beschreibt es so: „Ihre wichtigste Aufgabe als Präsentator ist es, etwas von herausragender Bedeutung für Sie in den Köpfen Ihrer Zuhörer wiederentstehen zu lassen. Wir nennen dieses Etwas eine Idee." (Anderson 2017, S. 12, eigene Übersetzung aus dem Englischen).

2.4 Das Grundmodell des exzellenten Präsentierens

▶ Immer wenn wir eine Idee von Mensch zu Mensch vermitteln wollen, halten wir eine Präsentation.

Die Besonderheit dieses Verständnisses ist, dass ich *den Menschen* in den Fokus rücke, so wie es meines Erachtens sein sollte. In Wirklichkeit ist es allerdings oft anders. Bei vielen Präsentationen steht nicht der Mensch im Mittelpunkt, sondern eine PowerPoint-Präsentation[4] oder ein Verkaufsprospekt. Der Mensch gerät in den Hintergrund, er degeneriert zum reinen Überbringer von Informationen. Das ist insofern problematisch, als ein Informationsübermittler zwar eine Idee vortragen, sie jedoch nicht verständlich und überzeugend *vermitteln* kann. Erinnern Sie sich bitte an die möglichen Kommunikationsstörungen, die ich Ihnen in den kommunikationstheoretischen Grundlagen vorgestellt habe. Um diese zu vermeiden oder zu beheben, ist ein *tief gehendes Verständnis* der in einer Präsentation zu vermittelnden Idee notwendig, sodass ein Präsentator sie seinem Publikum frei und so, wie es individuell zu ihm passt, erläutern kann. Dreh- und Angelpunkt müssen daher immer der Präsentator als Mensch und seine Fähigkeit sein, Inhalte zielgruppengerecht zu transportieren, um so für gegenseitiges Verständnis zwischen Präsentator und Publikum zu sorgen. Das geht nur, wenn der Mensch im Mittelpunkt steht.

Eine zweite Besonderheit dieses Präsentationsverständnisses ist seine Breite: Für mich ist alles eine Präsentation, bei dem es um die Vermittlung einer Idee von Mensch zu Mensch geht. Egal, ob Kunden- oder Verkaufsgespräch, Vortrag vor den eigenen Mitarbeitern oder Vorgesetzten, Vorlesung, Fachvortrag, freie interaktive Rede und so weiter. Eine Präsentation braucht keine Bühne, von der aus ein Präsentator auf sein Publikum hinabschaut. Sie kann auch im Sitzen stattfinden, wie etwa bei einem Verkaufsgespräch, bei dem sich Verkäufer und Kunde gegenübersitzen. Meiner Auffassung nach ist der Bereich, im dem sich ein Präsentator bewegt und den er für die Zwecke seiner Präsentation nutzen kann, *immer* seine Bühne. Auch braucht es keine besonderen Hilfsmittel wie etwa eine Präsentationssoftware, damit ich von einer Präsentation spreche, auch wenn solche Hilfsmittel in vielen Fällen natürlich hilfreich sind. Ein freier Vortrag, lediglich durch den Einsatz der eigenen Hände unterstützt, ist bereits eine Präsentation.

Fast ist es leichter darzulegen, wann es sich *nicht* um eine Präsentation handelt. So gehören meiner Ansicht nach die Gesprächsmoderation und die klassische Rede nicht dazu. Das liegt daran, dass ein Moderator zwar den Ideenaustausch beflügeln kann, er seine eigenen Ideen jedoch zurückhalten sollte. Auch spielt der Kontakt zwischen Moderator und Publikum eine eher untergeordnete Rolle. Gleiches gilt für eine Rede im klassischen Sinne: Wenn sich unser Bundespräsident in seiner Weihnachtsansprache an uns wendet, haben wir keine Möglichkeit, mit ihm zu interagieren – oder umgekehrt. Er wird seinen Text unbeirrt vortragen, egal ob wir seine Ideen nachvollziehen können oder nicht. Also braucht eine Präsentation immer ein bestimmtes Maß an *inhaltlicher Interaktion*

---

[4]oder Keynote in der Apple-Welt.

zwischen Präsentator und Publikum. Sind diese Voraussetzungen erfüllt, handelt es sich um eine Präsentation.[5]

Ist jedes Gespräch damit automatisch eine Präsentation? Natürlich nicht. Es geht vielmehr um die Frage, welches *Ziel* ein Gespräch verfolgt. Wollen Sie eine Idee vermitteln? Dann ist es sehr wohl eine Präsentation. Wollen Sie sich nett unterhalten? Dann ist es keine. Alle Präsentationen sind Gespräche, weil Interaktion ein entscheidender Bestandteil einer Präsentation ist. Aber nicht alle Gespräche sind Präsentationen. Und natürlich sind die Grenzen fließend. Daher werde ich mich mit *typischen* Präsentationen befassen, etwa der Kundenpräsentation, der Präsentation vor Führungskräften oder den eigenen Mitarbeitern und Kollegen.

Und was sind die notwendigen Voraussetzungen, damit unsere Präsentationen vor Kunden, Führungskräften, Mitarbeitern und Kollegen überhaupt erfolgreich sein *können*? Erstens: Man muss uns zuhören *wollen*. Dazu müssen wir die Aufmerksamkeit unseres Publikums gewinnen, sodass wir überhaupt die Chance bekommen, unsere Idee zu vermitteln. Aus signaltheoretischer Kommunikationssicht kann man sagen, dass ein Kanal zwischen uns als Sender und unserem Publikum als Empfänger *geöffnet* werden muss. Ist uns das gelungen, müssen wir ihn zweitens nur noch *offen halten* bis wir unsere Idee vermittelt haben.

▶ Die notwendige Voraussetzung für exzellentes Präsentieren besteht darin, einen Kanal zwischen Präsentator und Publikum zu öffnen und diesen während der gesamten Präsentation offen zu halten.

Vier Kernfelder exzellenten Präsentierens
Um einen Kanal zu öffnen und anschließend offen zu halten, gibt es vier *Kernfelder* exzellenten Präsentierens: zwei zum Öffnen eines Kanals und zwei, um ihn offen zu halten. Es handelt sich dabei um die Kernfelder *Sympathie* und *Klarheit* sowie um die Kernfelder *Dynamik* und *Interaktion*.

Unter *Sympathie* kann das *Erleben eines Zuneigungsgefühls* verstanden werden. Nur wenn uns unser Publikum ein solches Zuneigungsgefühl entgegenbringt, hört es uns gerne und vor allem *freiwillig* zu. Dass *freiwilliges* Zuhören alles andere als selbstverständlich ist, liegt daran, dass eine typische Präsentationssituation ein Über-Unterordnungs-Verhältnis mit sich bringt: Der Präsentator ist aufgrund verschiedener Gründe dem Publikum objektiv *überlegen*. Zum Beispiel ist seine Position beim Präsentieren oft

---

[5]Wir können nun darüber streiten, ob es sich auch dann um eine Präsentation handelt, wenn Sie Ihren Partner davon überzeugen wollen, Urlaub auf Mallorca zu machen. Schließlich wollen Sie eine Idee von Mensch zu Mensch übermitteln und interagieren dabei mit Ihrem Publikum (Ihrem Partner). Auch wenn ich mich hier eher mit beruflichen Kontexten befasse, wozu die Wahl des gemeinsamen Urlaubs sicherlich nicht gehört, können Sie die vorgestellten Werkzeuge natürlich auch für private Zwecke einsetzen. Ihre Chancen, den nächsten Urlaub auf Mallorca zu verbringen, werden deutlich steigen.

erhöht, weil er von einer Bühne aus präsentiert. Außerdem hat der Präsentator während einer Präsentation das Rederecht, das Publikum muss zuhören. Oft hat der Präsentator darüber hinaus einen Wissensvorsprung gegenüber dem Publikum und ist diesem daher inhaltlich überlegen. Es gibt viele weitere Punkte, die dieses Über-Unterordnungs-Verhältnis untermauern. Sie alle führen dazu, dass das Publikum oder vielmehr die vegetativ-affektiven Ebenen 1 ihrer Gehirne, die ja unter anderem für Angriff, Flucht und Verteidigung zuständig sind, mit der Notwendigkeit der Unterordnung konfrontiert werden und bewerten müssen, ob eine solche Unterordnung in Ordnung ist. Was wäre eine aus Sicht des Präsentators wünschenswerte Reaktion der vegetativ-affektiven Ebenen 1 des Publikums hierauf? Richtig, nichts! Keine Reaktion. Ruhe. Also eine *Akzeptanz* der Unterordnung und eben keine Reaktion mit Angriff, Flucht oder Verteidigung. Und der Schlüssel zu dieser Null-Reaktion ist *Sympathie* (vgl. 2015, S. 225). Wenn wir beim Präsentieren sympathisch auf die Gehirne unseres Publikums wirken, werden diese sich nicht gegen uns wehren, also ruhig bleiben. So entstehen wunderbare Voraussetzungen dafür, dass man uns zuhören *möchte*. Deshalb ist Sympathie der Schlüssel zur Aufmerksamkeit. Der Mediziner und Neurowissenschaftler Joachim Bauer formuliert es so: „Je sympathischer […] wir jemanden erleben, desto stärker aktiviert schon die bloße Begegnung unser Motivationssystem" (Bauer 2012, S. 112).

Allerdings reicht die Steuerung von Sympathie alleine nicht aus, um einen Kanal zwischen Präsentator und Publikum zu öffnen. Der zweite, hierfür ebenso wichtige Punkt ist die Steuerung der *Klarheit*. Darunter verstehe ich nicht etwa eine klare Aussprache oder einen klaren Gedanken- und Argumentationsgang in unseren Präsentationen. Vielmehr geht es mir um die Klarheit in unserer *Außenwirkung*, die maßgeblich über unsere Gestik, Mimik und Körpersprache deutlich wird (vgl. Roth 2015, S. 219). Synonyme für Klarheit sind *Sicherheit, Überzeugung, Eindeutigkeit* und *Stärke*, das Gegenteil sind *Unsicherheit, Unterwürfigkeit, Angst* und *Unordnung*. Ein *klarer* Präsentator zeigt in seiner Körpersprache *keine* Unsicherheit, Unterwürfigkeit oder Angst. Auch bewegt er sich *nicht* ungeordnet vor seinem Publikum hin und her. All diese Punkte würden nämlich eine Gefahr für unsere Glaubwürdigkeit darstellen, wie ich nun zeigen möchte.

Die Gefahr des Glaubwürdigkeitsverlustes beim Präsentieren hängt eng mit einer menschlichen Entscheidungsanomalie zusammen – dem sogenannten *Übertragungsfehler*. Dabei werden Informationen von einem Zusammenhang falsch in einen anderen übertragen. Der wohl berühmteste Übertragungsfehler ist der sogenannte Halo-Effekt[6]. Hierbei überstrahlt *eine* Eigenschaft eines Menschen alle anderen Eigenschaften, sodass *eine* Einschätzung nur auf Basis der einen *strahlenden* Eigenschaft erfolgt. Bei fehlender Klarheit tritt ein *negativer* Halo-Effekt ein: ausgestrahlte Unsicherheit, etwa durch einen unsicheren Stand, Unterwürfigkeit, etwa durch eine Schrägstellung des Kopfes und Freilegen des Halses, Angst, etwa durch eine weit vom Publikum entfernte Stellung, oder Unordnung, etwa durch ungeplante Präsentationswege, werden fälschlicherweise auf

---

[6]Wobei *Halo* aus dem Englischen stammt und für *Heiligenschein* steht.

unsere fachliche Expertise übertragen. Deswegen wird auch von einem Übertragungsfehler gesprochen. Folge ist eine Abwertung unserer Leistung durch das Publikum (vgl. Roth 2015, S. 225). Diese Abwertung ist allerdings unangemessen, da klare Ausstrahlung und fachliche Expertise rein gar nichts miteinander zu tun haben.

Dass menschliche Schlüsse nicht unbedingt logisch sind, haben wir ja bereits festgestellt. Daher steigt die Gefahr eines negativen Halo-Effekts, der in den Köpfen unseres Publikums mangelnde fachliche Expertise verankert, mit abnehmender Klarheit immer weiter an. Aber die gute Nachricht ist, dass dieser Zusammenhang auch umgekehrt gilt: Je stärker unsere Klarheit ausgeprägt ist, desto mehr fachliche Expertise schreibt man uns zu und desto eher und bereitwilliger schenkt uns unser Publikum Aufmerksamkeit. Insgesamt leistet Klarheit damit einen entscheidenden Beitrag zum Öffnen eines Kanals zwischen uns und unseren Zuhörern.

Ich möchte an dieser Stelle betonen, dass Sympathie und Klarheit keine widersprüchlichen Eigenschaften oder Verhaltensweisen einer Person sind. Ein Mehr an Sympathie führt nicht zu einem Weniger an Klarheit und umgekehrt. Sympathie und Klarheit sind zwei voneinander unabhängige Faktoren, die individuell gesteuert werden können. Bei einer exzellenten Präsentation sind beide hoch ausgeprägt.

Ist ein Kanal erst einmal geöffnet, besteht die Herausforderung darin, ihn für den weiteren Verlauf der Präsentation *offen zu halten*. Das wird mit zunehmender Präsentationsdauer immer schwieriger, da die Aufmerksamkeit des Publikums bereits nach 15 min signifikant abnimmt. Also ist es unsere Aufgabe beim Präsentieren, uns permanent dahin gehend ein Bild zu machen, ob der Kanal zu unserem Publikum noch offen ist oder ob er zusammenzubrechen droht. Ist Letzteres der Fall, können wir über den Einsatz von *Dynamik* und *Interaktion* gegensteuern.

Dynamik zielt darauf ab, aus jeglicher Art von Gleichförmigkeit auszubrechen und neue Reize zu setzen. Denn entscheidend ist, dass sich ein Publikum früher oder später an jede Art des Präsentierens gewöhnt, was zu nachlassender Aufmerksamkeit führt. Dabei ist es fast egal, wie mitreißend wir präsentieren, ob wir uns viel bewegen oder laut und deutlich sprechen. Sind Bewegungsintensität, Lautstärke und Betonung gleich, gewöhnt sich ein Publikum schnell daran. Der einzige Ausweg ist, bewusst *Brüche und Abwechslungen* zu schaffen und damit neue Impulse und Reize zu setzen, die das Publikum wieder aktivieren.

Ergänzend zur Dynamik setze ich auf *Interaktion,* also den direkten Kontakt zwischen Präsentator und Publikum, um einen einmal geöffneten Kanal offen zu halten. Über Interaktion als wesenseigenes Merkmal einer Präsentation im Unterschied zu einer Rede habe ich ja bereits gesprochen. Meiner Überzeugung nach verfolgt eine Präsentation immer den *Zweck* der Interaktion zwischen Menschen. Sie ist keine Einbahnstraße, in der Gedanken nur in eine Richtung fließen, sondern ein *Austausch* von Gedanken. Allerdings ist Interaktion bei Weitem nicht nur *Zweck* einer jeden Präsentation, sondern auch *Mittel*, um einen einmal geöffneten Kanal offen zu halten. Dazu setzt Interaktion über verschiedene Ansätze darauf, das Publikum gezielt in eine Präsentation einzubinden.

2.4 Das Grundmodell des exzellenten Präsentierens

Diese Ansätze reichen von der aktiven Ansprache einzelner Personen, wenn deren Aufmerksamkeit zu schwinden droht, bis hin zur Einbindung ganzer Gruppen, um die kollektive Aufmerksamkeit zurückzugewinnen. Alle Ansätze, egal ob sie sich an eine oder mehrere Personen oder ganze Gruppen richten, verfolgen dasselbe Ziel: Die unsichtbare Mauer, die häufig zwischen Präsentator und Publikum liegt, zu durchbrechen.

▶ Bei einer Präsentation liegt oft eine unsichtbare Mauer zwischen Ihnen und Ihrem Publikum. Sie distanziert Sie von Ihren Zuhörern und gefährdet damit die Erreichung Ihrer Präsentationsziele. Reißen Sie diese Mauer ein, indem Sie eine große Nähe zu Ihrem Publikum aufbauen.

Besonders wichtig ist es mir, noch einmal zu betonen, dass für Präsentationserfolge immer Menschen verantwortlich sind. Oder um es noch etwas deutlicher herauszustellen: *Wir* sind dafür verantwortlich, einen Kanal zwischen uns und unserem Publikum zu öffnen und diesen Kanal offen zu halten. Keine herausragend gestalteten Folien, keine noch so spannenden Informationen und auch keine noch so großartige Bühne sind in der Lage, uns diese Verantwortung abzunehmen.

▶ Der Mensch ist für Präsentationserfolge verantwortlich, er steht im Fokus. Der wichtigste Erfolgsfaktor bei einer Präsentation sind Sie – der Präsentator.

Drei unterstützende Felder
Nur durch die Steuerung der vier Kernfelder Sympathie, Klarheit, Dynamik und Interaktion können wir den Anspruch an exzellentes Präsentierens noch nicht erfüllen. Zwar bilden sie die notwendige Voraussetzung dafür, es fehlen aber noch einige andere wichtige Aspekte, die ich in drei unterstützende Felder einordnen möchte. Es sind die Felder *Mensch, Materie* sowie *Medium*.

Die besondere Rolle des *Menschen* für den Präsentationserfolg habe ich gerade dargelegt. Aufgrund dieser besonderen Rolle werde ich zwei eng mit dem Menschen verbundenen Facetten weitere Aufmerksamkeit schenken: der Nervositäts- sowie der Motivations- und Willenssteuerung. Bei der *Materie* befasse ich mich dann intensiv mit der Frage, wie eine Präsentation inhaltlich aufgebaut sein sollte. Dabei sind zwei Aspekte von besonderer Bedeutung, nämlich die Eröffnung einer Präsentation sowie die Planung und Steuerung ihre Dramaturgie. Schließlich geht es mir im *Medium* um den Einsatz visueller Hilfsmittel sowie von Stimme und Sprache.

Auch wenn ich der festen Überzeugung bin, dass die Rolle des Menschen in Präsentationen nicht stark genug gewürdigt werden kann, sind es doch alle Kern- und unterstützenden Felder *zusammen*, die exzellentes Präsentieren ermöglichen (vgl. Abb. 2.3). Zu allen Feldern werde ich im Folgenden verschiedene Werkzeuge entwickeln, die Sie auf dem Weg zum exzellenten Präsentieren begleiten sollen.

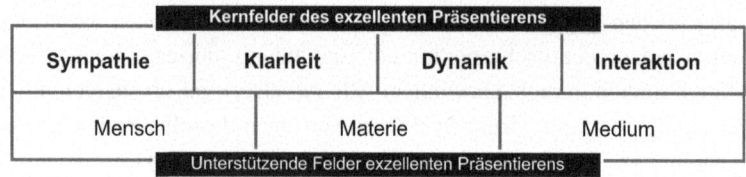

Abb. 2.3 Das Grundmodell exzellenten Präsentierens

Literatur

Anderson, C. (2017). *"TED Talks – The Official TED Guide to Public Speaking"*. Toronto: HarperCollins.
Bauer, J. (2012). Unser flexibles Erbe. In A. Jahn & A.-M. Bassimir (Hrsg.), *Wie das Denken erwachte – Die Evolution des menschlichen Geistes* (S. 104–115). Stuttgart: Schattauer.
Birbaumer, N. (2015). *Dein Gehirn weiß mehr, als du denkst – Neueste Erkenntnisse aus der Hirnforschung*. Berlin: Ullstein.
Gigerenzer, G. (2009). *Bauchentscheidungen – Die Intelligenz des Unbewussten und die Macht der Intuition*. München: Goldmann.
Gigerenzer, G. (2014). *Risiko – Wie man die richtigen Entscheidungen trifft*. München: btb.
Kahneman, D. (2012). *Schnelles Denken, langsames Denken*. München: Siedler.
Kahneman, D., Fredrickson, B. L., Schreiber, C. A., & Redelmeier, D. A. (1993). When more pain is preferred to less: Adding a better end. *Psychological Science, 4*(6), 401–405.
McGowan, B., & Bowman, A. (2014). *Pitch perfect – how to say it right the first time, every time*. New York: HarperCollins.
Patton, P. (2012). Viele Wege führen zur Intelligenz. In A. Jahn & A.-M. Bassimir (Hrsg.), *Wie das Denken erwachte – Die Evolution des menschlichen Geistes* (S. 14–22). Stuttgart: Schattauer.
Pease, A., & Pease, B. (2006). *The definitive book of body language*. London: Orion.
Roth, G. (2015). *Bildung braucht Persönlichkeit – Wie Lernen gelingt*. Stuttgart: Klett-Cotta.
Stenger, C. (2014). *Lassen Sie Ihr Hirn nicht unbeaufsichtigt! – Gebrauchsanweisung für Ihren Kopf*. Frankfurt a. M.: Campus.
Thompson, R. F. (2012). *Das Gehirn – von der Nervenzelle zur Verhaltenssteuerung*. Heidelberg: Spektrum.
Watzlawick, P. (2014). *Die Axiome von Paul Watzlawick*. http://www.paulwatzlawick.de/axiome.html. Zugegriffen: 31. Mai 2017.

Kernfelder exzellenten Präsentierens 3

3.1 Den Kommunikationskanal öffnen

Um einen leistungsfähigen Kommunikationskanal zu unserem Publikum zu öffnen, sind nach dem Ansatz des exzellenten Präsentierens zwei Kernfelder zu steuern: *Sympathie* und *Klarheit*. Beide Kernfelder und die zu ihnen gehörenden Werkzeuge möchte ich Ihnen nun vorstellen.

3.1.1 Sympathie erzeugen

Lässt sich Sympathie steuern? Viele Menschen bezweifeln das. Sie sind der Auffassung, Menschen sind halt wie sie sind, was das jeweilige Ausmaß an Sympathie einschließt. Ich stimme dieser Auffassung nicht zu, vielmehr bin ich der Überzeugung, dass Sympathie, ebenso wie Klarheit, Dynamik und Interaktion, sehr wohl steuerbar ist. Denn es geht mir ja nicht darum, Persönlichkeitseigenschaften zu verändern, sondern die Art und Weise, wie eine Person auf eine andere *wirkt*. Damit setze ich an Aspekten der *Ausstrahlung* an. Was wir ausstrahlen, können wir sehr wohl beeinflussen.

Um eine möglichst sympathische Ausstrahlung zu erreichen, stehen vier Werkzeuge zur Verfügung: *innere Haltung des Lächelns finden, authentisch agieren, Wertschätzung zeigen* und *auf Augenhöhe begegnen*.

3.1.1.1 Innere Haltung des Lächelns finden

Die Kraft des Lächelns
Kaum ein Gesichtsausdruck hat so viel Kraft wie ein Lächeln (vgl. Pease und Pease 2006, S. 66 ff.). Spüren wir bei unserem Gegenüber ein echtes Lächeln, breiten sich in uns positive Gefühle aus. Verantwortlich hierfür sind sogenannte Spiegelneuronen. Diese besonderen

Nervenzellen sorgen dafür, dass bei uns eine Emotion erzeugt wird, obwohl jemand anders ein bestimmtes Verhalten zeigt (vgl. Mischel 2014, S. 110). Haben Sie sich nicht auch schon einmal gewundert, warum Gähnen ansteckend ist? Oder warum wir weinen müssen, wenn wir einen traurigen Film sehen, obwohl es uns ja eigentlich gut geht? Verantwortlich sind in beiden Fällen Spiegelneuronen. Sie sind die körperliche Grundlage für Empathie – unser Vermögen, die Gefühle anderer nachzuspüren. Ein Lächeln tritt im Normalfall immer dann auf, wenn wir uns gut fühlen, und dieses Lächeln steckt andere an. Sie sind empathisch und können unsere Stimmung daher nachempfinden. So entstehen bei unserem Gegenüber ebenfalls positive Gefühle (vgl. Pease und Pease 2006, S. 71 f.).

Die Kraft eines Lächelns ist so stark, dass wir uns ihr kaum wiedersetzen können. Der Begriff *Charisma* stammt ursprünglich aus dem Griechischen und bedeutet so viel wie *von göttlicher Gnade*. Charismatische Menschen scheinen also dem Wortursprung folgend nicht einmal das Göttliche gegen sich aufbringen zu können. Und was assoziieren wir als Erstes mit dem Begriff *charismatisch?* Ein Lächeln! Stellen Sie sich den charismatischsten Menschen vor, den Sie kennen. Er wird Ihnen vor allem durch sein mitreißendes Lächeln im Gedächtnis geblieben sein.

Damit sich die Kraft eines Lächelns bei einer Präsentation entfalten kann, muss zunächst eine Gegenkraft überwunden werden. Denn während ein Lächeln unser Gesicht durch die Kontraktion verschiedener Muskeln um eine Ebene anhebt, ziehen Anspannung und Nervosität es wieder nach unten. Aus diesem Grund ist es relativ schwierig, beim Präsentieren zu lächeln. Ohne Zweifel bringt ein Lächeln aber viel positive Energie mit sich (vgl. McGowan und Bowman 2014, S. 23), sodass sich die Frage stellt, wie ein Lächeln unter den schwierigen Rahmenbedingungen einer Präsentation gelingen kann.

Echtes von falschem Lächeln trennen
In der US-amerikanischen TV-Serie *Lie to me* entlarven der Psychologe Dr. Cal Lightman und sein Team Lügner dadurch, dass sie sogenannte Mikroausdrücke in deren Körpersprache, vor allem in deren Mimik, richtig interpretieren. Die fiktiven Geschichten um Dr. Lightman gehen zurück auf die Arbeiten des Psychologen Paul Ekman. Er ist davon überzeugt, dass Menschen, egal woher sie stammen, bestimmte Stimmungen oder Gefühle mit derselben Mimik ausdrücken. Diese Mimik, so Ekman, sei gar nicht oder nur sehr schwer kontrollierbar. So zeige sich etwa Angst dadurch, dass die oberen Augenlieder maximal angehoben würden, während die unteren angespannt sein. Die Brauen würden hochgezogen, die Lippen horizontal verzerrt (vgl. Ekman 2010, S. 224).

Beim Lächeln ist es das Gleiche: Unsere Mimik wird durch zehn verschiedene Muskeln beeinflusst, von denen wir einige nicht willentlich steuern können (vgl. Roth 2015, S. 221). Besonders wichtig beim Lächeln ist der *Augenringmuskel*, der uns ein Lächeln um die Augen zaubert. Der Augenringmuskel ist allerdings nicht kontrollierbar. Wenn wir also ohne den Einsatz des Augenringmuskels lächeln, handelt es sich um ein falsches Lächeln, auch amerikanisches Lächeln genannt, weil die teilweise etwas oberflächlich anmutende Freundlichkeit vieler US-Amerikaner von hochgezogenen Mundwinkeln begleitet wird. Nur, wer mit den Augen lächelt, lächelt aufrichtig. Über die Jahre entstehen bei aufrichtig lächelnden Menschen so die schönsten Fältchen, die es gibt: unsere Lachfältchen. Aus diesem Grund finden wir Menschen oft sympathisch, ohne dass sie tatsächlich lächeln müssen. Allein ihre Lachfältchen zeigen uns, dass ein hohes Maß an Freude ihr Leben bestimmt (vgl. hierzu auch den Exkurs: Lachyoga und Botox).

> **Exkurs: Lachyoga und Botox**
> Eine meiner Lieblingssendungen im deutschen Fernsehen ist der Weltspiegel. Es ist ein großer Luxus für uns Deutsche, überall auf der Welt Korrespondenten zu haben, die über Politik, Gesellschaft, Wirtschaft und andere Themen aus aller Welt berichten. Als ich eines Sonntags den Weltspiegel einschaltete, sah ich eine Szene aus Japan. Ein gutes Dutzend Senioren saß in einem Kreis auf einer Wiese. Was sie machten, irritierte mich zunächst sehr: Sie lachten auf eine Art und Weise, die mehr als künstlich war und damit schon wieder amüsant wirkte. Aus vollem Hals lachte jeder so laut und solange er konnte. Dieses Lachen hatte etwas Mechanisches an sich, denn es war kein natürliches Lachen. Was sollte das?
>
> Die Logik hinter dieser Übung, die tatsächlich *Lachyoga* heißt, ist einfach: Ein Lachen ist nicht zwingend die *Wirkung* guter Laune, sondern kann diese ebenso *auslösen*. Unser Körper funktioniert nicht nur im Sinne klassischer Ursache-Wirkungs-Ketten nach dem Prinzip: Wenn ich glücklich bin, dann lache ich. Es geht auch anders herum: Wir werden glücklich, *wenn* wir lachen (vgl. Ekman 2010, S. 51). Ursache und Wirkung lassen sich umkehren. Durch Lachyoga können wir uns gute Laune herbeilachen. Und das Tolle dabei ist, dass es funktioniert. Es ist für Außenstehende zwar befremdlich, Menschen beim Lachyoga zu beobachten, insbesondere wenn es viele sind. Aber der Zweck heiligt ja manchmal die Mittel. Probieren Sie es einmal aus, Sie werden überrascht sein, wie gut es funktioniert.
>
> Das Beispiel des Lachyoga zeigt, dass Lachen nicht nur eine positive Wirkung auf andere hat, sondern auch auf uns selbst. Und sollten Sie vielleicht mit dem Gedanken spielen, sich Botox gegen Ihre Falten spritzen zu lassen, bedenken Sie, dass Botox Ihre Stirnmuskeln und damit einen wichtigen Teil Ihrer Mimik lähmt. An einem echten Lächeln sind auch unsere Stirnmuskeln beteiligt, sodass Sie gebotoxt nur mehr maskenhaft lächeln können. Das Fatale daran ist, dass sich die positive Wirkung eines Lächelns auf uns selbst eben nur dann entwickeln kann, wenn unsere Mimik mitspielt – wie beim Lachyoga. Ist die Mimik gelähmt, bemerkt das Gehirn nicht, dass wir gerade lachen, und es stellt sich auch keine gute Laune ein (vgl. Davidson und Begley 2016, S. 204). Es lebt sich fröhlicher ohne Botox und mit einem Lächeln im Gesicht.

Verantwortlich für Prozesse der Gesichtserkennung und -interpretation ist die Amygdala. Sie ist Teil der emotional-motivatorischen Ebene 2 unseres Gehirns (vgl. Roth 2015, S. 222). Sie und die mit ihr verbundenen Strukturen können sehr gut Glaubwürdigkeit oder Unglaubwürdigkeit von Gesichtsausdrücken voneinander trennen. Ein glaubwürdiges Lächeln geht *immer* mit einem Lächeln der Augen einher. Wenn ein echtes Lächeln aber nicht vollständig steuerbar ist, weil wir den Augenringmuskel nicht kontrollieren können, wie kann ein Lächeln dann als ein Werkzeug zur Steigerung von Sympathie eingesetzt werden? Würde es nicht maximal in einem falschen Lächeln enden?

Das stimmt wahrscheinlich, wenn wir die am Lächeln beteiligten Muskeln *direkt* steuern wollten. Deswegen heißt dieses Werkzeug auch nicht einfach nur *Lächeln,* sondern *innere Haltung des Lächelns finden.* Denn ich gehe ja davon aus, dass ein Lächeln ein positives inneres Gefühl nach außen spiegelt. Damit ist das positive Gefühl die *Ursache* und das Lächeln ihre *Wirkung.* Wenn wir eine innere Haltung des Lächelns finden, weil wir uns in eine positive Stimmung versetzen, dann kommt das Lächeln als Ausdruck dieser Stimmung von ganz alleine. Und unsere Stimmung ist zu einem hohen Anteil steuerbar, denn wir können ganz bewusst entscheiden, woran wir denken wollen, also welche Gedanken wir zulassen und welche nicht.

Unser Kopfkino
Der Begriff *Kopfkino* steht dafür, dass unsere Gedanken uns einen Film vorspielen, der nichts mit der Wirklichkeit zu tun hat: Ihr Partner ist mit einer Kollegin oder einem Kollegen auf Geschäftsreise und hat sich nach dem Abendessen noch nicht gemeldet. Schon erfindet unser Gehirn in den vielfältigsten Bildern eine Geschichte darüber, was die beiden wohl miteinander treiben. Das sind in der Regel nicht Geschichten darüber, dass sie noch schnell eine Präsentation für den nächsten Tag vorbereiten. *Kopfkino* hat einen negativen Beiklang. Eigentlich wollen wir kein Kopfkino haben, weil wir die Bilder darin in der Regel nicht mögen. Daher möchte ich ab hier auch nicht mehr über Kopfkino an sich, sondern über *unser* Kopfkino sprechen. Denn in unserem Kopfkino entscheiden wir ganz alleine, welche Bilder gezeigt werden. Wir steuern unsere Gedanken selbst und überlassen diese Aufgabe keinen automatisierten Prozessen unseres Gehirns.

Schon lange weiß die Psychologie, dass das bewusste und aktive Richten von Aufmerksamkeit weg von negativen und hin zu positiven Aspekten die eigene Stimmung maßgeblich beeinflussen kann. Sogar Depressionen lassen sich so bewältigen (vgl. Berndt 2016, S. 210 ff.). Diese Herangehensweise ist deswegen Grundlage vieler Meditationsübungen. Eine Grundtechnik der Meditation lenkt die Aufmerksamkeit vollständig auf die eigene Atmung und weg vom Denken an sich (vgl. Kabat-Zinn 2013, S. 99). Kommen während der Meditationsübung Gedanken auf, sollen diese abgeschüttelt und die Aufmerksamkeit soll wieder vollständig der eigenen Atmung zugewandt werden. In unserem Kopfkino funktioniert es ähnlich: Wir lenken unsere Gedanken bewusst auf positive Aspekte unserer Präsentation und auf die damit verbundenen Emotionen. Entstehen negative Gedanken, etwa Angst, Nervosität oder Zweifel, schütteln wir diese ab und lenken unsere Gedanken aktiv auf das Positive zurück.

Möchten Sie diese Herangehensweise ausprobieren, sollten Sie sich im Vorfeld Ihrer Präsentation ausreichend Zeit nur für sich und Ihre Gedanken nehmen. Suchen Sie sich hierfür einen Ort, an dem Sie ungestört sein können (was unter Umständen auch mal eine WC-Kabine sein kann). Steuern Sie Ihre Gedanken nach dem folgenden Muster:

1. Worauf freuen Sie sich?
   Es gibt immer etwas, worauf Sie sich beim Präsentieren freuen können. Sie haben die Chance, Ihr Wissen zu teilen, Sie haben Gelegenheit, den Vorstand zu beeindrucken, Sie sehen alte Kollegen wieder oder Sie wissen schon jetzt, dass Sie sich nach Ihrer Präsentation mit etwas Besonderem belohnen werden.
2. Welches Bild verkörpert den Grund für Ihre Vorfreude am besten?
   Versuchen Sie, ganz konkrete Bilder in Ihrem Kopf zu entwickeln, die Ihre Vorfreude am besten repräsentieren: Das Bild eines begeisterten, aufmerksamen Zuhörers, der gerade etwas dazugelernt hat. Das Bild des Vorstandes, der überrascht von seinen Unterlagen aufblickt, weil er mit einer bestimmten Aussage von Ihnen nicht gerechnet hat. Das Gesicht Ihres Kollegen, auf den Sie sich freuen, oder das Bild der Belohnung, mit der Sie Ihre erfolgreiche Präsentation feiern werden.
3. Genießen Sie das gute Gefühl und lassen sich von davon ganz einnehmen.
   Schauen Sie sich die Bilder in Ihrem Kopfkino ein paarmal hintereinander an und genießen Sie sie. Lassen Sie den Bildern Zeit, ihre Wirkung zu entfalten und Sie damit positiv aufzuladen. Auch wenn dies einige Minuten in Anspruch nimmt, diese Zeit ist es wert, denn sie wird Ihre innere Haltung maßgeblich positiv beeinflussen.

In den verhaltenspsychologischen Grundlagen habe ich Ihnen Heuristiken, Biases und Entscheidungsanomalien vorgestellt. Die drei eben vorgestellten Schritte funktionieren aufgrund eines Bias', nämlich des *Primings*. Unter Priming verstehen Psychologen ein Voreingenommensein aufgrund bestimmter Vorabinformationen. In Experimenten wurde zum Beispiel herausgefunden, dass Probanden im Vergleich zu einer Kontrollgruppe relativ langsam liefen, wenn ihnen zuvor Begriffe vorgelegt worden waren, die mit einem hohen Alter in Verbindung stehen. Es waren Begriffe wie *glatzköpfig* oder *Falte*. Einer Kontrollgruppe wurden keinerlei altersbezogene Begriffe gezeigt, und diese verlangsamte auch ihre Laufgeschwindigkeit nicht (vgl. Kahneman 2012, S. 73). Dieser Effekt wird auch als *Florida-Effekt* bezeichnet, weil Florida in den Köpfen vieler Amerikaner ein Paradies für ältere Menschen ist. Die drei Schritte der Gedankensteuerung verfolgen ebenfalls das Ziel des Voreingenommenseins, und zwar durch positive Emotionen, die wir uns bewusst in den Kopf rufen. Die Leistungsfähigkeit des Primings bei der Entscheidungsfindung, aber auch bei der Entwicklung einer positiven emotionalen Haltung, ist in diversen psychologischen Studien belegt worden (vgl. Kahneman 2012, S. 72 ff.).

▶ Nehmen Sie sich vor jeder Präsentation ausreichend Zeit und Ruhe, um eine innere Haltung des Lächelns zu finden. Entwickeln und visualisieren Sie dafür vor Ihrem inneren Auge starke Bilder, die in der Lage sind, positive Emotionen in Ihnen auszulösen.

Empfohlene Dosierung
In meinen Trainings kommt in Bezug auf die innere Haltung des Lächelns oft der Einwand, es sei ja nicht immer angemessen zu lächeln, insbesondere in Präsentationen, in

denen schlechte Nachrichten transportiert würden. Das ist selbstverständlich richtig, ein Lächeln muss zu Anlass und Inhalt einer Präsentation passen. Und Anlass zum Lächeln ist nicht immer gegeben, sodass man den Einsatz dieses Werkzeuges sensibel steuern muss. Die Gefahr, dass wir an einer falschen Stelle lächeln, ist aber eher gering, denn wir haben normalerweise so viel Fingerspitzengefühl, dass wir spüren, ob ein Lächeln angemessen ist oder nicht. Zwar herrscht in Präsentationssituationen oft eine besondere Anspannung, aber die kann unser Fingerspitzengefühl nicht gänzlich ausschalten. Wie leistungsfähig unser Fingerspitzengefühl sein kann, hebt der Psychologe Gerd Gigerenzer immer wieder hervor, wobei er lieber von *Bauchgefühl* oder *Bauchentscheidungen* spricht (vgl. Gigerenzer 2009, S. 11 ff.). Wir sollten uns nicht zu viele Gedanken machen, wann es richtig ist zu lachen und wann nicht, unser Bauchgefühl wird uns hierbei gut leiten.

In Bezug auf die richtige Dosierung des Lächelns sollten wir vor allem darauf achten, dass das Lächeln kein permanenter oder gar maskenhafter Gesichtsausdruck wird, auch wenn die innere Haltung des Lächelns optimalerweise während unserer gesamten Präsentation anhält. Vielmehr ist ein Lächeln vor allem dann wirksam, wenn wir in unserer Präsentation mit dem Publikum *im direkten Austausch* stehen. Zwar ist ein hohes Maß an Interaktion ganz generell eine wichtige Grundlage des exzellenten Präsentierens, aber natürlich gibt es Präsentationsphasen, die eher informationsbezogen sind, und wiederum andere, die eher personenbezogen sind. Vor allem während der personenbezogenen Phasen, also in Dialogen mit dem Publikum oder Frage-und-Antwort-Runden, ist ein Lächeln besonders wirksam.

Auf einen Blick
- Weil Menschen grundsätzlich empathisch sind, steckt unser Lächeln unser Publikum an.
- Aber: Nur ein echtes Lächeln wirkt – man sieht es an den Augen. Verantwortlich dafür ist der Augenringmuskel, den man nicht bewusst beeinflussen kann. Daher müssen wir eine innere Haltung finden, die uns lächeln lässt.
- Diese innere Haltung entsteht durch aktive Gedankensteuerung, weg von Ängsten und Unsicherheiten, hin zu den positiven Aspekten unserer Präsentation. Dazu sollten wir uns vor unserer Präsentation die Frage stellen, worauf wir uns beim Präsentieren am meisten freuen.

3.1.1.2 Authentisch agieren

Wie Authentizität zu Sympathie führt
Der Begriff *Authentizität* stammt aus dem Griechischen und bedeutet *echt* sein. Jemand ist demnach authentisch, wenn er nicht aufgesetzt oder unnatürlich agiert, sondern ganz er selbst ist. Was zunächst einigermaßen trivial klingt, ist bei genauerer Betrachtung

deutlich komplizierter. Denn Menschen haben grundsätzlich eine komplexe Persönlichkeitsstruktur, die zudem dynamisch ist, sich im Lauf der Zeit also verändern kann. Ganz man selbst sein, heißt demnach vor allem, komplex und dynamisch zu sein. Wenn wir bei einer Präsentation das Ziel verfolgen würden, die ganze Komplexität und Dynamik unserer Persönlichkeit unserem Publikum zu offenbaren, würde vermutlich nicht mehr viel Zeit für die Idee bleiben, die wir vermitteln wollen. Daher geht es beim Einsatz von Authentizität nicht so sehr um ein vollständiges Offenbaren der eigenen Persönlichkeit, sondern eher darum, einen einzelnen persönlichen Aspekt von sich preiszugeben.

Diese Offenbarung von etwas Persönlichem, etwas Echtem, ist auch der Grund dafür, warum Authentizität einen wichtigen Beitrag zur Sympathiesteigerung leistet. Denn immer wenn wir etwas Persönliches von uns preisgeben, machen wir uns angreifbar, weil jede persönliche Information auf die eine oder andere Art und Weise gegen uns verwendet werden könnte. Sich angreifbar machen, bedeutet aber auch, dass man seinem Gegenüber dahin gehend vertraut, die persönliche Information eben *nicht* für einen tatsächlichen Angriff auszunutzen. Authentizität schafft also ein Klima des Vertrauens, und dieses Vertrauensklima macht sympathisch.

Über Authentizität habe ich bereits im Rahmen von Innen- und Außenwirkung beim Präsentieren gesprochen. Dort ging es mir hauptsächlich um die Frage, ob wir immer so präsentieren sollten, dass wir uns wohl damit fühlen, oder ob es auf die Außenwirkung ankommt. Ich habe mich für die Außenwirkung ausgesprochen. Und ich hatte davor gewarnt, mangelnde Übung mit mangelnder Authentizität gleichzusetzen. Hier will ich mich mit einer anderen Facette der Authentizität befassen. Es geht mir darum herauszufinden, was wir von uns preisgeben können, das unser Publikum als ein Sich-Öffnen wahrnimmt und das unsere Sympathie so positiv beeinflusst.

Durch das Preisgeben von Gefühlen authentisch agieren
Dieses Werkzeug heißt bewusst nicht *authentisch sein,* sondern *authentisch agieren. Sein* ist eher eine passive Haltung. Mir geht es hier aber um ein *aktives* Preisgeben von etwas Persönlichem. Meiner Überzeugung nach sollte es dabei nicht um persönliche Informationen wie Alter, Werdegang, Familienstand und so weiter gehen, sondern um echte *Gefühle.* Denn Gefühle sind immer etwas Bedeutendes und werden von unserem Publikum auch immer als etwas Bedeutendes erkannt. So ergibt sich die Möglichkeit, innerhalb einer kurzen Zeitspanne einen tiefen authentischen Eindruck zu hinterlassen.

Bevor ich darauf eingehe, wie Sie Ihre Gefühle bestimmen und formulieren können, möchte ich über den *Zeitpunkt* sprechen, zu dem das Preisgeben von Gefühlen erfolgen sollte. Ganz zu Beginn einer Präsentation ist der richtige Moment hierfür. Hier ist eine gute Struktur für die Eröffnung einer Präsentation, wobei ich auf einzelne Bestandteile dieser Struktur später noch genauer eingehen werde:

1. Begrüßung des Publikums mit einem Lächeln und Wertschätzung der Anwesenheit des Publikums
2. Persönliche Vorstellung mit Namen und weiteren persönlichen Informationen

3. *Einen authentischen, emotionsbasierten Satz formulieren*
4. Ein Nutzenversprechen abgeben
5. Ein passendes inhaltliches Opening wählen

Verstehen Sie mich nicht falsch: Natürlich sind persönliche Informationen wie Alter, Werdegang oder Familienstand wertvoll, weil sie unsere Persönlichkeit greifbar machen. Lassen Sie uns solche Details ruhig mit unserem Publikum teilen, denn es wird uns dadurch besser kennenlernen. Der Einfluss auf unsere Sympathie ist allerdings bei einem authentischen *emotionsbasierten* Satz um ein Vielfaches stärker. Ein solcher ist mehr als die reine Nennung persönlicher Informationen.

Bei der Formulierung eines authentischen, emotionsbasierten Satzes sind zwei Schritte zu unterscheiden: Erstens das *Finden* eines authentischen Gefühls und zweitens das *Kommunizieren* dieses Gefühls. Um ein authentisches Gefühl zu finden, ist es wichtig, *deutlich vor* Präsentationsbeginn, zum Beispiel auf dem Weg zur Präsentation, einen Moment der Ruhe zu finden und in sich *hineinzuspüren* (vgl. „Aus der Praxis: Was bewegt mich heute?"). Was bewegt Sie in Bezug auf Ihre Präsentation? Auf welche Inhalte freuen Sie sich am meisten? Welche Faktoren verunsichern Sie? Das Gefühl, das am stärksten oder am wichtigsten für uns ist, sollten wir festhalten und ganz bewusst und intensiv wahrnehmen. Dann können wir überlegen, in welche Aussage wir unsere Emotion am besten verpacken können. Einige typische Aussagen sind wie folgt aufgebaut:

- Heute bewegt mich besonders …
- Ich habe das zwar schon sehr oft gemacht, aber heute …
- Meine Begeisterung für dieses Thema ergibt sich aus …
- Ich bin besonders gespannt, ob ich Sie von … überzeugen kann.
- Ich bin ein bisschen aufgeregt, weil ich heute …

Aus der Praxis: Was bewegt mich heute?

Vor jeder meiner Präsentationen – in der Regel, wenn ich auf dem Weg zum Präsentationsort bin – höre ich in mich hinein und überlege, was mich gerade bewegt. Oft halte ich ein und dieselbe Präsentation mehrmals. Aber der Start in die Präsentation ist niemals derselbe, auch wenn ich meine Person und meine Tätigkeit auf nahezu identische Weise vorstelle. Den Unterschied macht immer die Emotion, die mich an dem jeweiligen Tag bewegt, denn die ist bei jedem Mal anders. Sie ist stark von meiner Tagesform, von meinen Erlebnissen am jeweiligen Tag oder von den immer neuen Rahmenbedingungen eines Vortrages abhängig. Als feststand, dass Donald Trump Präsident der USA wird, ging es mir anders als nach dem Brexit-Votum der Briten und wiederum anders als kurz nach meiner Hochzeit: Unsicherheit, Verständnislosigkeit, Glück – das waren die Emotionen der jeweiligen Tage.

Über das Finden einer echten Emotion und das Formulieren eines authentischen Satzes schaffe ich es, jede Präsentation als etwas Einzigartiges zu begreifen. Und ganz nebenbei habe ich ein wunderbares Einstimmungsritual für meine Präsentationen gefunden: Welches Gefühl bewegt mich heute?

3.1 Den Kommunikationskanal öffnen

Es gibt unzählige Möglichkeiten, einen authentischen, emotionsbasierten Satz zu formulieren. Wichtig ist allerdings, dass eine *echte* Emotion wie Freude, Begeisterung oder Aufregung deutlich wird. Nur eine echte Emotion bewegt unser Publikum. Auswendig gelernte Sätze, die keine echten Emotionen widerspiegeln, haben keine Authentizitätswirkung.

Auf positives Priming setzen
Egal, welchen Satz Sie als Ihren authentischen, emotionsbasierten Satz wählen: Machen Sie sich niemals selbst schlecht. Eine Aussage wie „Ich bin schrecklich nervös" oder „Ich hoffe, ich vergesse gleich nicht wieder die Hälfte" mag bei einer Präsentation der Wahrheit entsprechen, aber er hilft nicht weiter. Er ist nicht in der Lage, Nervosität abzubauen, weil er sich nicht gegen die Ursachen von Nervosität richtet. Darüber hinaus führt er zu einem negativen *Priming* unseres Publikums.

Unter Priming hatten wir ein Voreingenommensein aufgrund bestimmter Vorabinformationen verstanden. Die Forschung zum Priming zeigt, dass sich Menschen leicht durch Vorabinformationen beeinflussen lassen. So wurden Teilnehmer eines Experimentes in zwei unterschiedliche Versuchsgruppen eingeteilt. Der ersten Gruppe wurde die Frage gestellt, ob die Durchschnittstemperatur in Deutschland höher oder niedriger als 20° sei, der zweiten, ob sie über oder unter 5° liege (vgl. Kahneman 2012, S. 156 f.). Allen Teilnehmern wurden anschließend für Bruchteile von Sekunden Begriffe gezeigt, die sie erkennen sollten. Den Teilnehmern der 20-Grad-Gruppe fiel es viel leichter, Sommer-Begriffe wie *Strand* oder *Sonne* zu erkennen, denn sie waren auf Sommer geprimt. Den Teilnehmern der 5-Grad-Gruppe fiel es hingegen leichter, Winter-Begriffe wie *Frost* oder *Ski* zu erkennen, denn sie waren auf Winter geprimt.

Das in diesem Experiment nachgewiesene Priming wird auch als *Ankereffekt* bezeichnet, weil sich eine Vorabinformation im Kopf *verankert*. Mit einer Aussage wie „Ich bin schrecklich nervös" oder „Ich hoffe, ich vergesse gleich nicht wieder die Hälfte" setzen wir einen *negativen* Anker. Die Folge ist, dass unser Publikum viel mehr auf Anzeichen von Nervosität achtet oder darauf, ob wir an irgendeiner Stelle womöglich den Faden verlieren, als auf positive Aspekte unserer Präsentation. Immer wenn wir einen negativen Anker setzen, achtet unser Publikum sehr selektiv auf negative Aspekte. Folglich müssen wir *positive* Anker setzen: „Ich freue mich wirklich auf die heutige Präsentation mit Ihnen, denn …" oder „Meine Begeisterung für das Thema ergibt sich aus … und ich möchte Sie heute mit dieser Begeisterung anstecken." Positives Priming führt zu positiven Emotionen bei unserem Publikum.

Und was ist, wenn es keine positive Emotion gibt? Diesen Einwand höre ich häufig in meinen Trainings und ich begegne ihm eigentlich immer auf dieselbe Art und Weise. Ich bin der festen Überzeugung, dass es immer um die Perspektive geht, aus der wir eine Emotion betrachten. Lassen Sie mich hierzu einmal das Thema *Nervosität* aufgreifen. Das positive Pendant zur Nervosität ist die *Aufregung,* so wie das positive Pendant zur *Angst* die *Spannung* ist. Zu jeder negativen Emotion gibt es auch ein positives Gegenstück: Erinnerung zur Trauer, Bewältigung zum Schmerz. Problematisch ist, dass negative Emotionen oft stärker sind als positive, wir sie also intensiver spüren als ihre Gegenstücke. Dennoch existieren die positiven Emotionen weiterhin, auch wenn sie vielleicht etwas tiefer vergraben sind. Wir müssen sie nur finden und unsere Aufmerksamkeit *bewusst* auf sie lenken.

Nervosität entsteht immer dann, wenn eine Aufgabe eine hohe Bedeutung oder eine besondere Wichtigkeit hat. Um diese erfolgreich zu bewältigen, stellt uns unser Körper Adrenalin zur Verfügung. Und es sind die Auswirkungen des Adrenalinschubs, die sich unangenehm anfühlen. Damit bedeutet Nervosität aber eigentlich nur, dass uns etwas bedeutsam oder wichtig ist, wir also eine Sache ernst nehmen. Dennoch sagt niemand: „Ich spüre, wie wichtig es mir ist, Ihnen heute eine tolle Präsentation zu bieten." Eigentlich gehen diese Aussage und „Ich bin schrecklich nervös heute" auf den gleichen Ursprung zurück. Nur weil das Gefühl der Nervosität als intensiver empfunden wird, wählen wir die negative Aussage, auch wenn die positive dieselbe Daseinsberechtigung hat. Seltsam, oder?

▶ Formulieren Sie Ihre authentischen, emotionalen Sätze immer positiv. Machen Sie sich niemals selbst schlecht. Wenn Sie der Meinung sind, es gibt gerade keine positive Emotion, suchen Sie weiter, denn jedes Gefühl lässt sich auch aus einer positiven Perspektive betrachten. Konzentrieren Sie sich ganz auf diese positive Perspektive.

Empfohlene Dosierung
Authentisch agieren ist ein Werkzeug, das zu Beginn einer Präsentation eingesetzt werden sollte: Einmal zu Beginn über eine echte Emotion zu sprechen ist sehr viel wirksamer als der wiederkehrende Versuch Emotionen zu vermitteln. Letzterer kann sogar störend wirken. Damit will ich nicht sagen, wir müssten im Laufe unserer Präsentation nicht mehr authentisch sein. Ganz im Gegenteil: Wir sollten zu keinem Zeitpunkt versuchen eine Maske aufzusetzen oder unserem Publikum etwas vorzuspielen. Die wenigsten von uns sind von Natur aus in der Lage, überzeugend zu schauspielern, weswegen die meisten guten Schauspieler eine lange Ausbildung absolvieren müssen. Aber dieses Werkzeug beinhaltet ja ein ganz bestimmte Herangehensweise: Emotion finden und Emotion kommunizieren. Diese Technik sollte nur einmal und zwar zu Beginn angewendet werden.

Je weniger emotional Sie von Natur aus sind, desto intensiver sollten Sie dieses Werkzeug anwenden und desto mehr Wert sollten Sie auf das Finden und Kommunizieren einer authentischen Emotion legen. Fällt es Ihnen generell relativ leicht Emotionen zu zeigen, desto weniger Wert müssen Sie auf den Einsatz dieses Werkzeug legen. Insgesamt gibt es meines Erachtens nach aber kaum Präsentationssituationen, in denen auf dieses Werkzeug vollständig verzichtet werden sollte. Egal ob eine Kundenpräsentation um einen wichtigen Auftrag oder die Bekanntgabe einer Wachstumsstrategie nach schlechten Quartalszahlen: eine positive Emotion ist der Schlüssel zur zwischenmenschlichen Verbindung und diese ist Voraussetzung dafür, eine Idee glaubhaft vermitteln zu können.

3.1 Den Kommunikationskanal öffnen

> **Auf einen Blick**
> - Authentizität schafft Sympathie, weil wir durch das Preisgeben von etwas Persönlichem menschlich wirken.
> - Insbesondere das Preisgeben von Emotionen steigert das Sympathieempfinden unseres Publikums.
> - Um authentisch zu agieren, eignet sich der Einsatz authentischer Sätze zu Beginn unserer Präsentation. Diese müssen echte, aktuelle Emotionen widerspiegeln.
> - Auch wenn wir uns vor einer Präsentation unwohl oder unsicher fühlen, sollten wir uns niemals selbst schlecht machen. Wir sollten positive Emotionen betonen.

3.1.1.3 Wertschätzung zeigen

Wie Wertschätzung funktioniert

„Heutzutage kenne die Leute von allem den Preis und von nichts den Wert", so formulierte es Oscar Wild in seinem Roman *Das Bildnis des Dorian Gray*. Anspielen dürfte er damit auf ein hohes Maß an Oberflächlichkeit, mit dem wir häufig durchs Leben gehen. Dadurch sehen wir nur das Offensichtliche, aber nicht den wahren Kern einer Sache oder eines Menschen. Da es mir beim exzellenten Präsentieren um die Übermittlung einer Idee *von Mensch zu Mensch* geht, möchte ich auf deren wahren Kern eingehen.

Um zum wahren Kern eines Menschen vorzudringen, bedarf es einer intensiven Wahrnehmung unseres Gegenübers. Wir müssen uns Zeit fürs Hinsehen, Hinhören und Hinfühlen nehmen, um möglichst viele Facetten erfahren zu können. In James Camerons Blockbuster *Avatar* findet diese Art der Wahrnehmung bei den auf Pandora lebenden Na'vi Ausdruck in dem Satz „Ich sehe dich!" So signalisieren sich die Na'vi, dass sie sich voll auf den anderen einlassen und ihn in das Zentrum der eigenen Aufmerksamkeit stellen. Wertschätzung bedeutet also vor allem, einen anderen Menschen *sehen zu wollen* und ihm dazu volle Aufmerksamkeit zu schenken. Damit geht der Fokus weg von der eigenen Person und hin zum Gegenüber.

Das Herausfordernde bei der Verlagerung unserer Aufmerksamkeit von uns auf andere liegt darin, Eigenschaften oder Verhaltensweisen anderer nicht zu *bewerten*. Sie kennen das bestimmt auch: Fast automatisch sagt uns unser Gehirn, dass wir jene Eigenschaft einer Person gut finden, jenes Verhalten unangemessen, die Kleidung völlig unpassend für den Anlass, aber die Begleitung ganz attraktiv und so weiter. Solche assoziativen Bewertungen haben nichts mit Wertschätzung zu tun, egal ob sie positiv oder negativ sind. Warum? Dazu müssen wir uns zunächst einmal klar machen, wie assoziative Bewertungen entstehen.

Sie kommen, weil wir ständig tief in uns verwurzelte Wertvorstellungen und Normen mit Eigenschaften und Verhaltensweisen anderer abgleichen. Es handelt sich hierbei um eine Art automatisierten Prüfprozess unseres Gehirns, der ohne unser Zutun permanent in unserem Unterbewusstsein abläuft (vgl. Ekman 2010, S. 29). Stößt dieser Prozess auf eine positive oder negative Abweichung einer Eigenschaft oder eines Verhaltens anderer von unserer Wert- und Normvorstellung, gibt er automatisch die Bewertung „gut" bzw. „schlecht" aus. Das Entscheidende hierbei ist, dass Dreh- und Angelpunkt dieser Bewertung *unsere* Werte und Normen sind. Der Fokus liegt also auf uns selbst. Wertschätzung hingegen legt den Fokus auf einen *anderen* Menschen: Ich sehe *dich!*

Voraussetzung, um Wertschätzung zeigen zu können, ist daher in einem ersten Schritt, Wahrnehmung und Bewertung zu trennen. Das ist nicht ganz einfach, weil es zumindest in den Anfängen wertschätzenden Verhaltens viel mentale Energie erfordert. Denn leider können wir assoziative Bewertungsprozesse nicht einfach ausschalten, denn sie erfüllen in der Regel eine Schutzfunktion, weil wir häufig sehr schnell darüber entscheiden müssen, ob uns eine Sache schadet oder nützt. Damit sind diese Prozesse Teil der vegetativ-affektiven Ebene 1 unseres Gehirns. Also müssen wir eine Art Gegenkraft aufbauen, die automatisierte Bewertungen zurückweist: „Nicht werten!" ist das Ziel dieser Gegenkraft. Dazu muss die kognitiv-sprachliche Ebene 3 mobilisiert werden, da sie die Ebene ist, die wir willentlich am ehesten steuern können.[1]

Die Suche nach dem Schätzenswerten
Wertschätzung versucht also, Bewertungen von Eigenschaften oder Verhaltensweisen anderer, insbesondere negativer, zu vermeiden. Dass das nicht immer ganz einfach ist, weiß jeder, der während einer Präsentation schon einmal kritische Fragen oder Kommentare ertragen musste. Aber auch in einer solchen Situation sollten wir versuchen, die schätzenswerten Eigenschaften oder Verhaltensweisen unserer Zuhörer in den Vordergrund zu stellen. Das schaffen wir durch *Reframing* (vgl. „Aus der Praxis: Die kritische Zuhörerin").

Aus der Praxis: Die kritische Zuhörerin
Anfang 2016 habe ich eine Präsentation zur Führung der Generation Y, also aller zwischen 1980 und 2000 Geborenen, gehalten. Der Präsentation folgte eine offene Diskussionsrunde. Meine Erfahrung hat mir gezeigt, dass solche Runden nicht nur für konstruktive Fragen und Beiträge genutzt werden, sondern von einigen Zuhörern auch, um sich selbst im Schutze des Publikums zu profilieren. Das war auch hier der Fall: Eine Zuhörerin führte mit kritischer Mimik und beinahe aggressivem Ton aus, ich hätte Aspekte einseitig betrachtet und aktuelle Erkenntnisse der Forschung ignoriert, sodass meine abgegebenen Empfehlungen falsch seien. Es war rundherum eine negative Bewertung meiner Ausführungen, wie sie sich wohl niemand wünscht.

---

[1]Tatsächlich ist es möglich, assoziative Bewertungsprozesse zum Beispiel durch Achtsamkeitsmeditation zu stoppen. Allerdings scheint dies nur durch langes und sehr intensives Training möglich zu sein (vgl. Kabat-Zinn 2013, S. 79 oder Birbaumer 2015, S. 226 ff.). Der Lohn dafür ist eine breitere und unvoreingenommenere Wahrnehmung von Sinneseindrücken.

Früher hätte ich mich in einem solchen Fall erstens geärgert und meine Erkenntnisse zweitens massiv verteidigt. Das mache ich mittlerweile nicht mehr. Warum? Lassen Sie uns dazu die geschilderte Situation einmal genauer betrachten: Die Äußerungen der Zuhörerin haben mein assoziatives Bewertungssystem alarmiert, denn sie hat aus meiner Sicht wichtige Werte und Normen verletzt. Da wäre zum Beispiel, dass man in ordentlichem Ton und wertschätzend miteinander redet, dass man nicht den Schutz einer Gruppe ausnutzt, um sich zu profilieren, oder dass man nicht mit wissenschaftlichen Behauptungen daherkommt, die in einer Diskussionssituation gar nicht überprüft werden können.

Mittlerweile kann ich den Impuls von Emotionalität und Rechtfertigungsdrang ganz gut kontrollieren, auch wenn es etwas Energie kostet. Ich versuche stattdessen, das Positive an einer solchen Kritik herauszustellen. Was das ist? Die Dame hat sich an der Diskussion *beteiligt!* Wie schrecklich ist ein Vortrag, der endet, und niemand hat irgendetwas gefragt oder gesagt. Wie schön ist der Mut, sich zu beteiligen und eine Einschätzung abzugeben. Das wiegt schwerer als eine womöglich auch durch ein Stück persönlicher Eitelkeit überbewertete Verfehlung in Ton, Mimik oder Inhalt. Also war meine Antwort: „Viele Dank für Ihre Einschätzung, was denken denn die anderen darüber?" Und am Ende blieb von der inhaltlichen Kritik nicht mehr viel übrig.

Was hat das eben genannte Beispiel mit *Reframing* zu tun? *Framing* bedeutet zunächst, dass wir Informationen nicht unvoreingenommen wahrnehmen, sondern immer in einem Zusammenhang. Anders ausgedrückt heißt das, dass Informationen immer mit einem *Informationsrahmen* daherkommen (vgl. Kahneman 2012, S. 447 ff.). Dieser Informationsrahmen bestimmt den Inhalt einer Botschaft mit. Das kann zum Beispiel ein bestimmter Ton oder eine bestimmte Mimik sein, in dem eine Botschaft übermittelt wird. Passt dieser Informationsrahmen nicht in unser Konzept von Werten und Normen, passt die Botschaft auch nicht hinein, egal, wie sie lautet. Sind wir also mit dem Ton einer Botschaft nicht einverstanden, dann ist der Inhalt fast egal.

Reframing steht nun dafür, einer Botschaft willentlich einen *anderen* Informationsrahmen zu geben. So kann man eine Aussage in einen positiven Kontext stellen, damit die Botschaft insgesamt positiv wird. In Bezug auf mein Beispiel war der Informationsrahmen für mich zunächst negativ: kritische Mimik und unangemessener Ton. Ich habe einen positiven Rahmen gesucht und gefunden: Diskussionsbeteiligung. Reframing bezeichnet das Bemühen, das Positive an Eigenschaften und Verhalten von Menschen hervorzuheben, anstatt das Negative zu suchen.

Drei Ebenen der Wertschätzung
Lassen Sie mich die bisherigen Ausführungen zu diesem Werkzeug kurz zusammenfassen: Wertschätzung stellt das Gegenüber in den Fokus der eigenen Wahrnehmung, kontrolliert dazu die eigenen assoziativen Bewertungen und gibt Eigenschaften und Verhaltensweisen einen positiven Rahmen. So weit zur Grundhaltung der Wertschätzung.

Aktiv gezeigt werden kann Wertschätzung dann auf drei Ebenen – auf einer Verhaltensebene, auf einer Sprachebene und auf einer körperlichen Ebene: Man zeigt wertschätzendes *Verhalten,* man *spricht* wertschätzend zu einem anderen Menschen bzw. man nutzt wertschätzende *Berührungen.*

Die wohl am weitesten verbreitete Art der Wertschätzung ist das wertschätzende Verhalten. Pünktlich zu sein, sich gut auf Fragen seines Publikums vorzubereiten, Feedback einzufordern, all das ist wertschätzendes Verhalten (für weitere Beispiele vgl. Tab. 3.1). Allerdings hat wertschätzendes Verhalten einen Nachteil: Es ist nicht *explizit.* Zwar kann unser Publikum aus dem, was wir tun, schlüssig ableiten, dass wir es wertschätzen, aber die Wertschätzung wird dennoch nicht unmittelbar sichtbar.

Anders ist das bei wertschätzender Sprache und wertschätzenden Berührungen: „Ich weiß es sehr zu schätzen, dass Sie sich Zeit für meinen Vortrag nehmen", oder: „Danke, dass Sie heute gekommen sind", sind *explizite* Formen der Wertschätzung. Sie sind unmissverständlich und direkt. Und eine persönliche Begrüßung jedes Zuhörers mit Handschlag, sofern die Größe Ihres Publikums es zulässt, verdeutlicht Wertschätzung durch körperliche Nähe.

Lassen Sie uns die sprachliche Wertschätzung einmal etwas genauer betrachten. Durch die Motivationsforschung ist bekannt, dass Lob und Anerkennung besonders gute, weil sehr wirksame und vor allem nachhaltig leistungsfähige, Motivatoren sind. Schlecht hingegen ist eine teilweise noch weit verbreitete Unart, die da heißt: „Nicht gemeckert ist genug gelobt." Auch Lob und Anerkennung müssen *explizit* sein, damit sie ihre Motivationswirkung entfalten können. Denn nur dann stellen sie eine für den anderen auch wirklich erkennbar Wertschätzung dar.

Aber warum wird immer noch so selten explizit gelobt? Der Hauptgrund ist wohl, dass explizites Loben und Anerkennen von vielen Menschen als schwierig wahrgenommen wird. Nicht zu meckern, ist auf jeden Fall viel leichter. Tatsächlich ist Loben und Anerkennen gar nicht schwer, solange man sich an die Daumenregel *Person – Sache – Wertschätzung* hält: Du (Person) hast das (Sache) gut gemacht (Wertschätzung). Oder: Danke (Wertschätzung), dass Sie (Person) heute zu meinem Vortrag gekommen sind (Sache). Die Reihenfolge ist egal, solange alle drei Elemente enthalten sind.

Tab. 3.1 Beispiele für Wertschätzung in Präsentationssituationen

Ebene	Beispiel
Verhaltensebene	Sich über anwesende Zielgruppe genau informieren, sorgfältige Vorbereitung der eigenen Präsentation und der Technik, Branchenkenntnisse und Wissen der Zuhörer abfragen, Zwischenfeedback einfordern: „Bin ich verständlich?", Fragen des Publikums einfordern, nicht beantwortete Fragen im Nachgang per Mail klären
Sprachebene	Fürs Kommen und die Teilnahme bedanken, mit Namen ansprechen, für aktive Mitarbeit loben
Körperliche Ebene	Zur Begrüßung und Verabschiedung Hände schütteln

▶ Versuchen Sie, so oft wie möglich explizite Wertschätzung zu zeigen. Folgen Sie dabei dem Muster *Person – Sache – Wertschätzung*.

Der Einsatz körperlicher Wertschätzung wird in meinen Seminaren immer als etwas sehr Heikles wahrgenommen, vor allem, weil man Gefahr läuft, die körperliche Komfortzone des Gegenübers zu verletzten. Aber dazu gleich mehr. Zunächst möchte ich verdeutlichen, warum körperliche Wertschätzung die *stärkste* Form der Wertschätzung ist.

Wie begrüßen sich Liebende? Mit Küssen, also körperlich. Wie begrüßen sich gute Freunde? In Frankreich und einigen anderen Ländern auch mit Küssen, in Deutschland, indem sie sich in den Arm nehmen. Also auch körperlich. Sprachliche Wertschätzung kommt zwar in der Regel hinzu, aber die körperliche Nähe hat die größte Kraft.

„Körperliche Nähe hat in einem professionellen Kontext nichts zu suchen", höre ich allerdings oft in meinen Seminaren. Das stimmt meines Erachtens nur zum Teil, denn etwa über das Händeschütteln kann die Kraft der körperlichen Wertschätzung genutzt werden, ohne dabei die Komfortzone des Gegenübers zu verletzten. Diese Komfortzone ist ungefähr so groß wie der waagerecht nach vorne ausgestreckte Arm eines Menschen (vgl. Pease und Pease 2006, S. 194). Wenn wir einer anderen Person die Hand schütteln, dann befinden wir uns mit unserem Körper in der Regel außerhalb dieser Komfortzone, und sie wird nicht verletzt. Damit ist das Händeschütteln eine wunderbare Möglichkeit der körperlichen Wertschätzung im professionellen Kontext.

> **Exkurs: Wann beginnt eine Präsentation?**
> Haben Sie sich auch schon einmal die Frage gestellt, wann genau eine Präsentation beginnt? Auf diese Frage gibt es verschiedene Antworten: Wenn die erste Folie aufgerufen wird, wenn man sich seinem Publikum vorstellt oder wenn man auf die Bühne geht. Und in der Tat ist der Beginn der Präsentation im engeren Sinne der Zeitpunkt, wenn wir uns unserem Publikum vorstellen und unsere ersten Inhalte präsentieren. Betrachten wir das Präsentieren aber in einem etwas breiteren Kontext vor dem Hintergrund meiner Definition *eine Idee von Mensch zu Mensch vermitteln*, dann beginnt eine Präsentation dann, wenn wir den Menschen begegnen, denen wir unsere Idee vermitteln wollen.[2] Und diese Situation ist fast immer *vor* dem Gang auf die Bühne, der eigenen Vorstellung oder der ersten inhaltlichen Folie.
>
> Ein guter Start in eine Präsentation ist daher eine direkte Begrüßung unserer Zuhörer per Handschlag. Denn so können wir von Beginn an Wertschätzung zeigen und schon vor der ersten Folie ihre Sympathie positiv beeinflussen. Dabei ist die Größe des Publikums fast egal: Solange wir rechtzeitig am Präsentationsort sind, sodass alle Vorbereitungen abgeschlossen sind, bevor der erste Zuhörer kommt, können wir alle

---

[2]In einem noch größeren Kontext beginnt eine Präsentation entweder beim In-sich-hinein-Spüren auf der Suche nach einem *authentischen Satz* oder sogar noch früher, beim Finden einer *inneren Haltung des Lächelns*.

Eintreffenden persönlich mit Handschlag begrüßen. Das ist der beste Eisbrecher, den es gibt.

„Aber mehr als Hände schütteln geht auf keinen Fall!" Auch diese Aussage höre ich oft, stimme aber auch ihr in dieser Absolutheit nicht zu. Natürlich gilt es, einige Punkte zu berücksichtigen, wenn man mehr körperliche Wertschätzung als Händeschütteln zeigen möchte. Es geht etwa um die Frage, ob sich nur Männer, nur Frauen oder Mann und Frau gegenübersehen. Bei Personen unterschiedlichen Geschlechts ist sicherlich mehr Sensibilität und tendenziell auch mehr Distanz geboten als bei Personen gleichen Geschlechts. Dennoch gibt es für alle Konstellationen die Möglichkeit, körperliche Wertschätzung zu zeigen, ohne jemandem zu nahe zu treten.

Zunächst kann das klassische Händeschütteln darüber gesteigert werden, dass nicht nur mit einer, sondern mit zwei Händen geschüttelt wird. Die zweite wird hinzugenommen und berührt die Handaußenseite des Gegenübers oder legt sich oben auf die sich schüttelnden Hände. Ebenfalls möglich ist es, mit der zweiten Hand den Unterarm des Gegenübers zu berühren oder den Ellenbogen oder die Schulter. Dabei nimmt die körperliche Nähe Schritt für Schritt zu: von Hand auf Hand bis Hand auf Schulter. Und genau so kann körperliche Wertschätzung Schritt für Schritt gesteigert werden, wobei stets sehr genau darauf geachtet werden sollte, wie der Gegenüber auf das eigene Verhalten reagiert. Der Wunsch nach mehr Distanz, der sich durch ein unwillkürliches Wegdrehen oder durch einen Schritt zurück äußert, sollte ernst genommen und gewürdigt werden.

Eine weitere Möglichkeit der körperlichen Wertschätzung ist die *angedeutete* Berührung, etwa an Ellenbogen, Oberarm oder Schulter: Kurz bevor die eigene Hand den Körper des anderen berührt, hält die Bewegung kurz inne und wird dann wieder zurückgezogen. Wenn angemessen, kann so körperliche Nähe aufgebaut werden, ohne dass eine tatsächliche Berührung stattfinden muss. Natürlich können die genannten Körperstellen (Hand, Unterarm, Ellenbogen, Oberarm, Schulter) irgendwann auch tatsächlich berührt werden (vgl. Pease und Pease 2006, S. 55 f.). Dafür sollte aber ein von beiden gleichermaßen geteiltes Vertrauensverhältnis vorliegen.

Publikum mit Namen ansprechen
Auf eine Art der Wertschätzung bin ich noch nicht eingegangen: das Ansprechen seines Publikums mit *Namen*. Im Vertrieb teilweise bis zum Exzess betrieben, hat das Ansprechen einer Person mit Namen richtig dosiert eine wunderbar wertschätzende Wirkung (vgl. McGowan und Bowman 2014, S. 26). Der Grund hierfür liegt wohl darin, dass nichts besser das eigene Selbst verkörpert als der Name. Hirnforscher haben festgestellt, dass es keine spezifische Hirnregion gibt, in der das eigene Selbst abgebildet wird, sondern es durch vielfältige Prozesse in unterschiedlichen Bereichen entsteht (vgl. Roth 2014, S. 72 f.). Das Selbst ist damit nicht wirklich konkret greifbar, weil es auf vielen Ebenen gleichzeitig stattfindet. Das Ansprechen seines Gegenübers mit dem Namen führt dazu, dass dessen Selbst eine konkrete Form annimmt und hervorgehoben wird. Mehr Wertschätzung ist kaum möglich.

3.1 Den Kommunikationskanal öffnen

▶ Der Name repräsentiert das Selbst eines Menschen. Lernen Sie die Namen von Menschen und sprechen Sie sie wohl dosiert mit ihren Namen an. Es gibt kaum eine wirksamere Form der Wertschätzung.

Menschen mit ihrem Namen anzusprechen, ist zwei Kategorien zuzuordnen: wertschätzendem Verhalten und wertschätzender Sprache. Das *Lernen* von Namen ist das entsprechende Verhalten, den Namen dann *auszusprechen,* die wertschätzende Sprache. Das Hören des eigenen Namens wirkt sich auf die emotional-motivatorische Ebene 2 des Gehirns ungefähr so belohnend aus wie ein *Danke* oder *gut gemacht*.

Die Herausforderung beim Ansprechen mit Namen besteht hauptsächlich im wertschätzenden Verhalten. So betonen viele meiner Seminarteilnehmer, sie könnten sich keine Namen merken. Ich entgegne dann immer, dass hier wohl zwei Dinge verwechselt würden: etwas nicht *können* und etwas nicht *gewohnt* sein. Namen zu lernen, ist Übungssache wie alles andere auch. Je häufiger und intensiver man Namen lernt, desto mehr gewöhnt man sich daran

- nachzufragen, wenn man einen Namen nicht verstanden hat,
- den Namen laut zu wiederholen,
- sich Eselsbrücken zu Namen zu bauen und
- Namen regelmäßig auszusprechen.

Hinzu kommt: Je häufiger man Namen lernt, desto mehr Namen kennt man und desto leichter fällt es einem, sich Namen zu merken. Schließlich muss man sie nicht mehr ganz neu lernen, sondern sich nur noch an sie erinnern.

Aber natürlich ist darauf zu achten, dass der Name nicht zu häufig genutzt wird. Fällt ein Name immer und immer wieder, wirkt es oft allzu berechnend und wie bei den angesprochenen Vertriebsbemühungen manipulierend. Beim Angesprochenen treten in solchen Fällen oft emotionale Widerstände an die Stelle eines Gefühls der Wertschätzung.

Nun werden Sie vielleicht anmerken, dass es bei einer normalen Präsentation kaum möglich sein wird, die Namen aller Teilnehmer zu lernen. Oder dass es sich gar nicht lohnt, alle Namen zu lernen, da man viele Teilnehmer eh nie wieder sehen wird. Das ist sicherlich für manche Präsentationen richtig. Aber im Geschäftskontext wissen Sie nie, wann Sie einen Zuhörer wiedertreffen. Außerdem freut sich jeder Mensch darüber, wenn Sie sich an seinen Namen erinnern können, insbesondere wenn die letzte Begegnung schon etwas her ist. Natürlich müssen Sie nicht die Namen aller Zuhörer lernen. Aber wir können uns zum Beispiel im Vorfeld einer Präsentation eine Namensliste geben lassen und *einige* Namen lernen. Es ist gar nicht schlimm, wenn wir nicht alle Namen beherrschen, denn Wertschätzung wird dadurch deutlich, dass wir dem Prinzip *Menschen mit Namen ansprechen* folgen. Das gilt für die Angesprochenen und alle anderen gleichermaßen. Oder wir machen zu Beginn einer Präsentation eine kurze Kennenlernrunde und schreiben uns die Namen der Anwesenden auf. Solche Runden dauern nicht lange. Noch eine Möglichkeit besteht darin, frühzeitig am Präsentationsort zu sein und Kontakt mit ausgewählten Personen zu suchen. Gespräche mit diesen Personen können einen Beitrag dazu leisten, Nervosität abzubauen, und wir können in diesem Zuge gleich ein paar Namen lernen. Wenn wir dann zu Beginn unserer Präsentation auf diese Gespräche eingehen und die Namen unserer Gesprächspartner nennen, gelingt uns ein wunderbar wertschätzender Einstieg.

Auf einen Aspekt möchte ich im Zusammenhang mit der Ansprache mit Namen noch hinweisen: Wir sollten die Verwendung von Namensschildern oder Aufklebern mit Namen möglichst vermeiden. Das mag zunächst widersprüchlich klingen, wenn ich mich dafür ausspreche, Namen zu lernen, denn Namensschilder oder Aufkleber sollen uns ja das Ansprechen einer Person mit Namen erleichtern. Allerdings führt die Verwendung von Namensschildern oder Aufklebern ob der menschlichen Bequemlichkeit oft dazu, dass man Namen gerade *nicht* auswendig lernt, da man sie ja jederzeit nachlesen kann. Dann entsteht die unangenehme Situation, dass man dem Gegenüber aufs Revers gucken muss, um ihn korrekt anzusprechen. Außerdem entsteht eine Erwartungshaltung, korrekt mit Namen angesprochen zu werden, er steht ja schließlich da. Das ist alles nicht wirklich hilfreich, wenn es darum geht, Wertschätzung auszudrücken. Lassen Sie uns lieber den harten Weg gehen: sich vorstellen, Namen erfragen, Namen wiederholen, Eselsbrücke bauen und mit Namen ansprechen.

Insgesamt gibt es also keinen Grund dafür, Namen *nicht* zu lernen. Wie viele Namen es sind, hängt sicherlich von unserer Übung und der jeweiligen Präsentationssituation ab, aber zwei oder drei neue Namen gehen immer.

Beispiele für Wertschätzung
Auch wenn ich die besondere Rolle des Namens als explizite Möglichkeit der Wertschätzung hervorgehoben habe, sehe ich doch auf allen drei Ebenen der Wertschätzung geeignete Möglichkeiten, Sympathie zu steigern. Ich habe daher einige Beispiele aufgeführt, die als Anregung wertschätzenden Verhaltens, wertschätzender Sprache oder wertschätzender Körperlichkeit gesehen werden können (vgl. Tab. 3.1).

Empfohlene Dosierung
Insgesamt darf Wertschätzung durchaus hoch dosiert eingesetzt werden. Schließlich ist es äußerst hilfreich, das Gegenüber in den Fokus der Aufmerksamkeit zu setzen, wenn es darum geht, Ideen von Mensch zu Mensch zu vermitteln. Generelle Grenzen bestehen natürlich dann, wenn ein Maß an Wertschätzung gewählt wird, das nicht mehr glaubhaft vermittelt werden kann.

Wenn Sie anderen Menschen und deren Ideen eher skeptisch oder kritisch gegenüberstehen, dann empfehle ich Ihnen tendenziell eine höhere Dosierung und bewusstere Anwendung dieses Werkzeuges. Sehen Sie von Natur eher die positiven Eigenschaften anderer und schaffen Sie es sehr leicht, deren Schwächen auszublenden, dann brauchen Sie dieses Werkzeug wahrscheinlich nicht zu intensiv anzuwenden, da Ihnen wertschätzender Umgang schon intuitiv gut gelingt.

> **Auf einen Blick**
> - Wenn wir unserem Publikum Wertschätzung entgegenbringen, bekommen wir dafür Wertschätzung zurück.
> - Wertschätzung richtet den Blick aktiv auf die positiven Eigenschaften anderer. Um sie zu erkennen, müssen wir den Blick für die Menschen in unserem Publikum schärfen.
> - Wertschätzung kann auf drei Ebenen stattfinden: auf einer Verhaltens-, auf einer sprachlichen und einer körperlichen Ebene. Alle drei Ebenen fördern Wertschätzung, auch wenn sprachliche und körperliche Wertschätzung besonders stark sind.
> - Das Ansprechen unserer Zuhörer mit Namen hat eine besonders wertschätzende Wirkung.

3.1.1.4 Auf Augenhöhe begegnen

Über-Unterordnungs-Verhältnisse bei Präsentationen

Eine klassische Präsentationssituation zeichnet sich dadurch aus, dass der Präsentator im Vergleich zum Publikum *erhöht* steht: Oft gibt es eine Bühne, sodass sich der Präsentator auf einer anderen räumlichen Ebene befindet. Präsentator und Publikum begegnen sich nicht auf Augenhöhe, denn der Präsentator schaut auf sein Publikum *herab,* das Publikum blickt zu ihm *hinauf.* Aber auch ohne Bühne lässt sich ein objektives Über-Unterordnungs-Verhältnis feststellen, denn der Präsentator *steht,* während sein Publikum *sitzt,*[3] sodass das Publikum zum Präsentator aufschauen muss. Hinzu kommt eine ganze Reihe an weiteren Punkten, wie etwa die Tatsache, dass der Präsentator die Rahmenbedingungen einer Präsentation vorgibt, die ein Über-Unterordnungs-Verhältnis unterstreichen: Wer darf wann reden, über welche Punkte wird diskutiert, wann wird Pause gemacht und so weiter. Dass der Präsentator während einer Präsentation verbindliche Rahmenbedingungen vorgibt, ist durchaus sinnvoll, denn er hat ja ein ganz bestimmtes Präsentationsziel zu erreichen und nur er kann abschätzen, welche Rahmenbedingungen dafür erforderlich sind. Die Konsequenz ist jedoch, dass bei jeder Präsentation eine Art Hierarchie entsteht.

Problematisch ist das Über-Unterordnungs-Verhältnis vor allem aus unbewusstpsychologischer Sicht des Publikums. Die vegetativ-affektive Ebene 1 der Publikums-Gehirne nimmt wahr, dass sie sich gerade unterordnen muss. Eine solche Unterordnung geht immer mit einem Gefühl des Ausgeliefertseins und der Abgabe von Kontrolle an die übergeordnete Person einher. Damit ein Gehirn dieses Ausgeliefertsein akzeptieren kann,

---

[3] Eine Ausnahme bilden Stufenhörsäle, etwa an Hochschulen. Da solche Räume selbst dort eher die Ausnahme bilden, von anderen typischen Präsentations-Räumlichkeiten ganz zu schweigen, werde ich im Folgenden von einer klassischen, ebenerdigen Anordnung des Publikums ausgehen.

muss es eine Legitimation hierfür finden. Die vom Gehirn automatisch gestellte Frage: „Warum akzeptiere ich es gerade, mich unterzuordnen?" muss sinnvoll beantwortet werden. Und die Antwort auf diese Frage sollte lauten: „Weil es für mich einen *Nutzen* hat, wenn ich mich unterordne." Dieser Nutzen stellt dann ein Gegengewicht zur wahrgenommenen Unterordnungspflicht dar. Anders ausgedrückt heißt das, dass die *Kosten* einer Unterordnung durch den *Nutzen* einer Unterordnung zumindest ausgeglichen, wenn nicht gar überkompensiert werden müssen.

Es gibt viele Indizien dafür, dass sich ein Zuhörer in seiner Unterordnungsrolle unwohl fühlt und ein Gehirn auf die Frage nach dem Sinn einer Unterordnung keine Legitimation finden kann, der Nutzen einer Unterordnung also nicht erkannt wurde. Die wohl deutlichsten Indizien hierfür sind die Art, wie Fragen gestellt oder Kommentare geäußert werden sowie Seitengespräche und andere für die Präsentation wenig hilfreiche Verhaltensweisen. Denn sind Fragen übermäßig kritisch oder zielen sie darauf ab, uns bloßzustellen, ist das oft ein Anzeichen dafür, dass der entsprechende Zuhörer eine Begegnung auf *Augenhöhe* zurückgewinnen will. Gleiches gilt für Nebengespräche und Tuscheleien: „Ich muss dem da vorne nicht zuhören, der hat mir gar nichts zu sagen. Ich ordne mich nicht unter." ist in vielen Fällen die implizite Botschaft dahinter (vgl. „Aus der Praxis: Die Dozentenkonferenz").

Aus der Praxis: Die Dozentenkonferenz
Als Professor für Betriebswirtschaftslehre darf ich regelmäßig an Dozentenkonferenzen teilnehmen. An meiner Hochschule ist es gängige und wie ich finde sinnvolle Praxis, alljährlich Dozententage durchzuführen, auf denen die Lehrenden unterschiedliche Seminare besuchen können, um sich in verschiedenen Bereichen weiterzubilden. Dabei ist es üblich, dass alle Teilnehmer dieser Dozententage zu Beginn von der Hochschulleitung begrüßt werden, bevor sie sich in einzelne Gruppen für ihre Trainings aufteilen.

Bei den Dozententagen im Jahr 2015 durfte ich ein Training zum exzellenten Präsentieren für unsere Dozenten halten. Die Standortleiterin, ebenfalls Professorin und eine gestandene Frau, nahm die Begrüßung vor, die für eine halbe Stunde angesetzt war. Was sich dabei abspielte, war für mich kaum zu glauben: Ständig kamen Dozenten verspätet in den Raum. Sie stellten sich nicht einfach unauffällig in die letzte Reihe, sondern drängten sich durch die Reihen, um Plätze zu bekommen, und begrüßten ihre Kollegen. Andere unterhielten sich nicht gerade leise mit dem Nachbarn. Wiederum andere tippten auf ihren Smartphones oder ebenfalls nicht gerade leise auf ihren Rechnern. Unsere Standortleiterin tat mir ob so viel schlechtem Benehmen wirklich leid. Sie selbst ließ es geschehen, wohl weil sie niemandem zu nahe treten wollte.

Ich bin der festen Überzeugung, dass es nicht Gleichgültigkeit war, die bei den meisten Zuhörern, überwiegend tatsächlich Professoren, zu diesem Verhalten geführt hat. Ich glaube, es war ihr Unwille oder ihre Unfähigkeit, sich für eine halbe Stunde unterzuordnen. Insbesondere Professoren, aber auch Top-Manager oder andere Führungspersonen, sind es schlichtweg *nicht gewohnt,* sich unterzuordnen. Vielmehr sind es immer andere, die sich ihnen unterordnen müssen. Gerade solchen Personen müssen wir in unseren Präsentationen gute Gründe geben, damit ihnen eine Unterordnung vor allem in der Rechtfertigung vor sich selbst leicht fällt.

Aber wieso ist gerade Sympathie der Schlüssel, um trotz einer Hierarchie eine Begegnung auf Augenhöhe sicherzustellen? Zum einen fällt es Menschen generell leichter, andere zu akzeptieren und sich ihnen unterzuordnen, wenn sie sie sympathisch finden. Damit ist Sympathie die *Voraussetzung* für die Akzeptanz eines Über-Unterordnungs-Verhältnisses. Außerdem finden Menschen andere Menschen immer dann sympathisch, wenn das Austauschverhältnis auf einer emotionalen Ebene für sie von Nutzen ist: Wir mögen andere, wenn sie uns Freude verschaffen oder wir diese gemeinsam mit ihnen erleben können. Damit ist Sympathie nicht nur *Voraussetzung* für die Akzeptanz einer Unterordnung, sondern auch *Folge* des emotionalen Nutzens, der durch die Akzeptanz einer Unterordnung entsteht. Ich werde nun zeigen, wie ein solcher emotionaler Nutzen für unser Publikum zu erreichen ist, welche *Aktionen* wir also ergreifen können, um Augenhöhe wiederzustellen und dadurch die Sympathie unseres Publikums zu gewinnen.

Emotionen steuern
Emotionaler Nutzen bedeutet für mich, dass sich unser Publikum wohlfühlen soll, wenn es in unseren Präsentationen sitzt. Um das zu erreichen, müssen wir ihm unmissverständlich deutlich machen, dass wir uns nicht für etwas Besseres halten, auch wenn wir auf der Bühne stehen und einige Rahmenbedingungen vorgeben. Vielmehr sollte das Publikum spüren, dass wir uns als gleichwertig erachten und uns auf Augenhöhe mit ihm sehen. Dazu empfehle ich in Anlehnung an die Verhandlungsexperten Roger Fisher und Daniel Shapiro die Nutzung von *Verbindung, Status* und *erfüllenden Rollen* (vgl. Fisher und Shapiro 2006):

- *Verbindung* repräsentiert eine persönliche Nähe zwischen zwei Personen aufgrund von Gemeinsamkeiten. Zur Schaffung einer Verbindung müssen Gemeinsamkeiten herausgearbeitet und angesprochen werden.
- Unter *Status* kann die Bedeutung einer Person im Vergleich zu anderen Personen verstanden werden. Die Anerkennung des Status einer Person, egal ob es sich um den Status im beruflichen, privaten oder einem anderen Umfeld handelt, stellt dessen Expertenwissen in einem bestimmten Bereich heraus.
- *Erfüllende Rollen* betrifft die Frage, inwiefern an eine bestimmte Person eine Verhaltenserwartung gestellt wird, die mit ihren persönlichen Vorlieben besonders stark übereinstimmt. Dabei ist eine Rolle dann besonders erfüllend, wenn sie einen klaren Zweck hat, für die betroffene Person eine hohe persönliche Bedeutung mitbringt und keine vorgeschobene oder künstlich erzeugte und damit unbedeutende Funktion hat.

▶ Eine Präsentation bringt immer Hierarchieunterschiede mit sich. Wirken Sie diesen entgegen, indem Sie bei Ihrem Publikum durch Verbindung, Status und erfüllende Rollen positive Emotionen schaffen und ihm so auf Augenhöhe begegnen.

Um in Präsentationen über *Verbindung* positive Emotionen erzeugen zu können, müssen zunächst Eigenschaften unserer Zuhörer bestimmt und Gemeinsamkeiten mit uns herausgearbeitet werden. Bei entsprechender Gruppengröße bietet sich dazu zu Beginn einer Präsentation eine kurze Vorstellungsrunde an. Sie kann neben der beruflichen Tätigkeit und der Erwartung der Zuhörer an unsere Präsentation auch den bisherigen Werdegang, private Vorlieben oder „Was wir sonst noch übereinander wissen sollten" thematisieren. Im Zuge dieser Abfrage können wir dann immer wieder etwaige Gemeinsamkeiten mit den einzelnen Zuhörern hervorheben. Ist das Publikum für eine Vorstellungsrunde zu groß, können wir zu Beginn oder während unserer Präsentation immer wieder spezifische Fragen stellen, wie zum Beispiel:

- „Wer von Ihnen hat ebenfalls schon einmal … erlebt?"
- „Welche Erfahrungen haben Sie mit … gemacht?"
- „Wer von Ihnen ist wie ich der Meinung, dass …?"
- „Wer von Ihnen würde sich auch zur Gruppe der … zählen?"

Bei der Nutzung solcher Fragen sollten wir darauf achten, die entsprechenden Antworten irgendwie festzuhalten, vor allem wenn wir bestimmte Teilnehmer in einer anderen Präsentation wiedersehen werden. Denn es ist unangenehm, ein und denselben Sachverhalt mehrfach abzufragen, weil man ihn vergessen hat. So suggerieren wir eher Gleichgültigkeit, als dass wir Verbindung schaffen. Es braucht also ein wirksames Informationsmanagement zur Schaffung positiver Emotionen durch Verbindung, zum Beispiel durch ein *Teilnehmerbuch*. In ein solches Buch können wir spezifische Eigenschaften unserer Zuhörer eintragen und sie uns vor der nächsten Präsentation noch einmal ins Gedächtnis rufen. Außerdem können wir Teilnehmerlisten und Feedbackbögen darin abheften.

Bei der Schaffung positiver Emotionen über die Berücksichtigung des *Status'* unserer Zuhörer ist es ebenso wie beim Punkt *Verbindung* wichtig, zunächst relevante Informationen zu sammeln, also das Expertenwissen einer Person erst einmal in Erfahrung zu bringen. Da allerdings jeder Mensch in irgendeinem Bereich besondere Eigenschaften oder Fähigkeiten und damit einen besonderen Status hat, ist die nicht zielgerichtete Abfrage von Besonderheiten relativ nutzlos: „Wer von Ihnen kann denn in irgendeinem Bereich etwas ganz Besonderes?" dürfte eher für Verwirrung sorgen. Daher ist es wichtig, im Zuge der *Vorbereitung* einer Präsentation zu überlegen, wo wir denn einen Experten gebrauchen könnten. Für welchen Abschnitt der Präsentation ist es hilfreich, jemanden zu haben, mit dem wir fachlich diskutieren können oder der eine weitere inhaltliche Perspektive eröffnet? Haben wir solche Abschnitte gefunden, können wir uns zu Beginn der Präsentation auf Expertensuche machen. An geeigneten Stellen können wir immer wieder mit ihnen in Kontakt treten und auf ihr Wissen oder ihre Fähigkeiten zurückgreifen.

Mögliche Fragen zur Ermittlung des Status unseres Publikums könnten lauten:

- „Wer von Ihnen arbeitet in der Branche …?"
- „Wer von Ihnen ist länger als … Jahre in seinem Unternehmen?"
- „Wer von Ihnen hat eine Ausbildung/ein Studium/eine Fortbildung zum … gemacht?"
- „Wer von Ihnen hat Führungsverantwortung?"

Und natürlich gilt auch hier: Informationen sammeln und festhalten, denn darüber stärken wir ganz nebenbei die individuelle Verbindung zum jeweiligen Zuhörer.

Die Vergabe *erfüllender Rollen* in Präsentationen ist nicht ganz einfach und eignet sich eigentlich nur, wenn unser Publikum relativ klein ist und wenn wir wiederholt vor ein und demselben Publikum präsentieren, etwa bei Schulungen, Trainings oder Vorlesungen. Denn um einem Zuhörer eine erfüllende Rolle zuzuordnen, müssen wir zunächst einmal herausfinden, was ihm lieb und wichtig ist, was also seine *Motive* sind. Die Ermittlung menschlicher Motive ist schon dann herausfordernd, wenn man dafür unbegrenzt Zeit hat und nur diese Aufgabe im Fokus steht. Beides ist bei einer Präsentation nicht der Fall. Da wir eine Motivbestimmung mehr oder weniger parallel zu unseren inhaltlichen Ausführungen durchführen müssen, bieten sich hierfür nur kleine Gruppen an. Nur dann haben wir ausreichend Gelegenheit dafür, für jeden einzelnen Zuhörer Motivvermutungen aufzustellen und diese zu prüfen.

Sollten die Rahmenbedingungen stimmen, ist die Vergabe erfüllender Rollen allerdings eine sehr gute Möglichkeit, positive Emotionen zu schaffen. Dazu bietet sich folgendes Vorgehen an:

1. Überlegen Sie, welche Rolle jeder einzelne Zuhörer gerne übernehmen würde. Erstellen Sie dazu eine Hypothese im Geiste, die ungefähr: „Ich könnte mir vorstellen, Herr Müller mag …" lautet.
2. Vergeben Sie zu den jeweiligen Vorlieben passend entsprechende Aufgaben. Zum Beispiel lässt sich gut zwischen Personen trennen, die sich gerne und viel beteiligen, und anderen, die sich lieber zurückhalten. Wenn Sie merken, dass sich bestimmte Personen intensiv beteiligen wollen, dann sprechen Sie sie irgendwann einfach direkt an, auch wenn sie sich nicht gemeldet haben. Oder Sie sehen, dass jemand mit einem Tablet arbeitet. Bitten Sie diese Person bei diskussionsintensiven Punkten, doch einmal im Netz nach einer Erklärung oder Definition zu suchen. Es gibt viele andere Aufgaben mehr, die wir durch aufmerksames Beobachten unseres Publikums bestimmen können.
3. Reflektieren Sie kritisch, ob die vergebene Aufgabe der entsprechenden Person wirklich Spaß macht oder ob sie sie nur aus Pflichtbewusstsein erfüllt. Wenn Letzteres der Fall ist, revidieren Sie Ihre Hypothese. Gefällt der Person die Aufgabe, behalten Sie Ihre Hypothese im Hinterkopf oder notieren sich diese in Ihr Teilnehmerbuch.

Der Nutzen der Schaffung individueller Verbindungen, der Berücksichtigung des Status unserer Zuhörer und der Vergabe erfüllender Rollen ist also ein emotionaler: Wir erkennen die Stärken unseres Publikums an und ermöglichen damit die gegenseitige Begegnung auf Augenhöhe. So können wir die bereits angesprochenen emotionalen Kosten einer Unterordnung ausgleichen oder überkompensieren.

Empfohlene Dosierung
Die Dosierung dieses Werkzeuges hängt von zwei Aspekten ab: Erstens von der Frage, wie sehr Sie als Mensch dazu neigen, ein Über-Unterordnungs-Verhältnis zu forcieren. Zweitens davon, wie sehr die Rahmenbedingungen Ihrer Präsentation ein Über-Unterordnungs-Verhältnis unterstreichen.

Wenn Sie von Haus aus eher eine Respekt einflößende Person sind oder andere Sie häufig als natürliche Autorität bezeichnen, empfehlen ich Ihnen tendenziell einen stärkeren Einsatz dieses Werkzeugs. Ihnen wird dadurch nichts von Ihrer Autorität genommen, sondern sie wird um den Faktor Sympathie *ergänzt*. Dadurch wird man Ihnen lieber und vor allem in einer positiveren Grundstimmung zuhören. Sind Sie schon von Haus aus auf die positiven Emotionen anderer bedacht und haben Sie bereits Strategien gefunden, diese zu fördern und zu nutzen, ist eine schwächere Dosierung möglich.

Präsentieren Sie häufig unter Rahmendbedingungen, die ein Über-Unterordnungs-Verhältnis zwischen Ihnen und Ihrem Publikum unterstreichen, zum Beispiel auf Bühnen oder mit großer räumlicher Distanz zum Publikum? Nutzen Sie zum Sprechen oft ein Mikrofon? Sprechen Sie eher vor großen bis sehr großen Gruppen? Und greifen Sie in Ihren Präsentationen auf spezifische Regeln zurück, etwa Diskussions- oder Pausenregeln, wie zum Beispiel bei Trainings oder Vorlesungen? Dann sollten Sie die Begegnung auf Augenhöhe relativ hoch dosieren. Sind die eben genannten Faktoren relativ gering ausgeprägt, bis hin zu hoher räumlichen Nähe zum Publikum (vgl. hierzu den Exkurs: Der Nähe-Effekt), ist das Über-Unterordnungs-Verhältnis schwächer ausgeprägt und eine geringere Dosierung dieses Werkzeuges ist möglich.

Exkurs: Der Nähe-Effekt
Die Psychologie kennt verschiedene menschliche Verhaltensweisen, die nicht ganz logisch erscheinen. Ob Sie jemand mag oder nicht, können Sie nicht nur dadurch beeinflussen, dass *Sie* jemandem helfen oder ihn unterstützen, sondern auch darüber, dass Sie jemanden dazu bringen, *Ihnen* zu helfen (vgl. Aronson et al. 2011, S. 181 f.). Dieser Effekt heiß Benjamin-Franklin-Effekt, weil der amerikanische Gründervater erstmals auf diesen Kniff gekommen sein soll.

Ein anderer und im Zusammenhang mit der Schaffung von Sympathie besonders wichtiger psychologischer Effekt ist der sogenannte *Nähe-Effekt*. Er besagt, dass Menschen ihre Zuneigung zu Ihnen steigern, je häufiger Sie ihnen nahe sind (vgl. Kitz und Tusch 2013, S. 150 ff.). Warum es diesen Effekt gibt, ist noch nicht abschließend geklärt, aber es gibt zahlreiche Beispiele, in denen Menschen versuchen, sich diesen Effekt zunutze zu machen. Haben Sie sich noch nie gefragt, warum man im britischen Unterhaus so gedrängt sitzt? Es verblüfft doch auch nach dem Brexit-Votum schon, dass sich eine Nation wie Großbritannien nicht mehr Platz in ihrem Parlament erlaubt. Aber vielleicht ist die Enge ja Kalkül, um möglichst viel räumliche Nähe zu schaffen. Die inhaltlichen Differenzen zwischen den verschiedenen Politikern sind naturgemäß schon groß genug, da schadet etwas gegenseitige Sympathie, durch den Nähe-Effekt unterstützt, sicherlich nicht.

Machen Sie sich den Nähe-Effekt zunutze. Stellen Sie so gut es geht räumliche Nähe zu Ihrem Publikum her. Bitten Sie die Zuhörer, sich in vordere Reihen zu setzen, oder bauen Sie die Stühle direkt so auf, dass wenig Platz zwischen Ihnen und dem Publikum ist. Suchen Sie immer wieder die Nähe zu Ihren Zuhörern. Der Nähe-Effekt wird früher oder später greifen und Sie noch sympathischer wirken lassen.

Auf einen Blick
- Jede Präsentation geht mit einer Rollenverteilung einher, die zu einem Über-Unterordnungs-Verhältnis führt, wobei der Präsentator dem Publikum übergeordnet ist.
- Diese Konstellation kann bei einzelnen Zuhörern zu emotionalen Widerständen führen. Um diese zu vermeiden, sollte unsere Präsentation für unsere Zuhörer möglichst nutzenstiftend sein, sodass sie eine Unterordnung leichter akzeptieren können.
- In Anlehnung an die Verhandlungsexperten Fisher und Shapiro sollten wir herausarbeiten, was wir mit unseren Zuhörern gemein haben, auf die Anerkennung ihres Expertenwissens setzen und erfüllende Rollen verteilen. So können wir unserem Publikum auf Augenhöhe begegnen.

3.1.2 Klarheit steigern

Als Klarheit hatte ich die *Eindeutigkeit in unserer Außenwirkung* definiert. Sie wird hauptsächlich über eine eindeutige Mimik, Gestik und Körpersprache vermittelt. Andere Worte für Klarheit sind *Sicherheit, Überzeugung, Eindeutigkeit* und *Stärke,* das Gegenteil sind *Unsicherheit, Unterwürfigkeit, Angst* und *Unordnung.*

Klarheit ist zum Öffnen eines Kanals zwischen uns und unserem Publikum besonders wichtig, da mangelnde Klarheit als fachliche Unsicherheit missverstanden werden kann und die Unterordnung unter einen fachlich unsicheren Präsentator wohl jedem schwerfällt. Daher ist das Ausstrahlen von Klarheit der Vorbote unserer inhaltlichen Expertise. Denn ich gehe davon aus, dass sich jeder von uns hervorragend auf die inhaltlichen Aspekte seiner Präsentation vorbereitet, sodass unsere körperliche Klarheit diese inhaltliche Exzellenz vorwegnimmt.

Damit sich unsere Klarheit voll entfalten kann, ist es hilfreich, das Publikum nicht als Gruppe zu betrachten, sondern als Menge an Einzelpersonen. Zwar handelt es sich hierbei streng genommen um die Definition von Gruppe, weswegen beides eigentlich dasselbe ist. Aber aus psychologischer Sicht macht es einen Unterschied, ob wir zu einer Gruppe sprechen oder jedes Mitglied dieser Gruppe einzeln adressieren. Bei einer exzellenten Präsentation fühlt sich jeder Zuhörer individuell angesprochen, weil der Präsentator jeden Einzelnen individuell wahrnimmt und anspricht.

▶ Sprechen Sie beim Präsentieren nicht zu einer Gruppe, sondern betrachten Sie diese als eine Menge an Einzelpersonen. Nehmen Sie möglichst jeden einzelnen Zuhörer individuell wahr und gehen Sie so individuell wie möglich auf ihn ein.

Das Kernfeld Klarheit umfasst insgesamt acht Werkzeuge: *Rollengerechte Kleidung wählen, positive Präsentationsatmosphäre schaffen, Rolle des Publikums schärfen, Achsen ausrichten, in die Augen schauen, Einsatz der Hände steuern, Spots wählen* und *vorm Publikum bewegen*. Diese möchte ich nun vorstellen.

3.1.2.1 Rollengerechte Kleidung wählen

Kleider machen Leute
Dass Kleider Leute machen, ist uns allen so weit klar. Wie sehr wir durch Kleidung in unserer Einschätzung und Bewertung anderer Menschen beeinflusst werden, ist dennoch überraschend. Um dies zu verdeutlichen, mache ich in meinen Trainings eine Übung, die auf ein Fotoprojekt und das daraus entstandene Buch der Fotografin Herlinde Koebl zurückgeht (vgl. Koelbl 2012). Frau Koebl hat Menschen sowohl in zivil als auch in ihrer Arbeitskleidung fotografiert und stellt jeweils beide Fotos nebeneinander. Den Teilnehmern meiner Trainings zeige ich verschiedene Fotos aus diesem Projekt, wobei ich immer mit einem Foto einer Person in zivil beginne. Die Teilnehmer sollen dann die Berufe der gezeigten Personen raten. Nach einigen Versuchen der Berufsbestimmung zeige ich dann das entsprechende Foto in Arbeitskleidung. Kaum jemand trifft den tatsächlichen Beruf der jeweiligen Personen.

Eigentlich ist diese Übung unsinnig, denn es gibt zu viele Berufe, als dass wir sie erraten könnten, und Aussehen oder private Kleiderwahl haben nichts mit der Berufswahl zu tun. Aber eine Sache fällt doch immer wieder auf: Kaum einer der Teilnehmer rät nicht mit, sondern alle versuchen, auf Basis der Zivilkleidung einen Rückschluss auf den Beruf zu ziehen. Keiner sagt, dass eine solche Übung Unsinn ist. Vielmehr überlegen alle, welchen Job der Mann im Jogginganzug wohl hat. Sie tippen in der Regel auf einen Hausmeister. Dass er Bischof ist, überrascht die meisten.

Um die Wichtigkeit der Kleiderwahl für einen überzeugenden Auftritt zu demonstrieren, helfen mir die Fotopaare sehr, vor allem die des Bischofs und der Domina. Insbesondere wenn ich eine der folgenden Fragen stelle: „Wenn Sie in die Kirche gehen, wen wollen Sie auf der Kanzel sehen? Den Mann im Jogginganzug oder den Mann in der Robe?" Oder: „Wenn Sie sich eine Domina nach Hause bestellen, wer soll die Peitsche schwingen? Die Frau im lockeren dunkelgrauen Samtanzug oder die Frau in Lackhose und Korsage?" Die Antwort ist klar: Wir wollen die Uniform, nicht das Freizeitdress.

Denn Kleider deklarieren Rollen. Sie geben Orientierung und schaffen Glaubwürdigkeit. Wenn ich darauf stehe, von einer Domina in den Kofferraum gesperrt und quer durch die Stadt gefahren zu werden, dann will ich das in der Vorstellung tun, dass sie in Lack und Leder am Steuer sitzt, auch wenn ihr Outfit auf mein eigentliches Kofferraumerlebnis keinerlei Auswirkung hat.

▶ Kleider deklarieren Rollen und schaffen Glaubwürdigkeit. Wählen Sie ein zu den Inhalten Ihrer Präsentation und der Rolle, die Sie dabei verkörpern wollen, passendes Outfit!

Bestimmung der eigenen Rolle
Um rollengerechte Kleidung zu wählen, müssen wir zunächst unsere Rolle bei einer Präsentation klären. Und diese Rolle ergibt sich normalerweise aus unserer Fachlichkeit, sodass passend zur Fachlichkeit ein entsprechendes Outfit gewählt werden sollte. Darüber hinaus ist jedoch der *Anspruch* an die Rolle, die wir verkörpern wollen, von Bedeutung: Wie wollen wir unsere Fachlichkeit interpretieren? Eher konservativ oder eher innovativ? Eher erwartbar oder eher überraschend? Eher dem allgemeinen Bild dieser Rolle folgend oder eher unser eigenes Bild dieser Rolle entwickelnd? Die Beantwortung dieser Fragen hängt zu einem großen Teil natürlich von unserem Publikum und dessen potenzieller Reaktion auf unsere Rolleninterpretation ab: Je eher wir eine Rollenerwartung unseres Publikums erfüllen, desto leichter kann es uns als versierten Präsentator akzeptieren. Und von einem Top-Manager wird einen Anzug erwartet, so wie von einem Arzt ein Kittel. Wenn wir mit diesen Erwartungen brechen, dann sollte es einen triftigen Grund dafür geben. Wir müssen uns der Wirkung der untypischen Kleiderwahl bewusst sein und aktiv mit ihr umgehen. Sonst gefährden wir unsere Klarheit.

Ich möchte im Weiteren nicht zu intensiv auf die eigentliche Kleiderwahl eingehen. Jeder Präsentator weiß selbst am besten, welche Rolle und damit auch welches Outfit am besten zu den zu vermittelnden Inhalten passen. Außerdem gibt es genügend Style-Ratgeber, die im Zweifel entsprechende Hinweise geben können. Auf einen Punkt muss ich allerdings noch eingehen, weil er mir in der Praxis oft auffällt: Bequemlichkeit. Meiner Auffassung nach ist es *nicht* das Wichtigste, dass unsere Kleidung bequem ist und wir uns damit auf der Bühne wohlfühlen. Vielmehr muss unsere Kleidung die von uns gewünschte Außenwirkung unterstützen. Ich beobachte bei Präsentationen immer wieder eine ganz bestimmte Unart bei Herren (bei Damen habe ich bislang keine Entsprechung finden können): Leicht gelöste Krawatte mit offenem obersten Hemdknopf. Die Frage nach dem Grund hierfür beantworten die Betroffenen fast immer mit: „Schrecklich eng so ein Hemdkragen, da bekomme ich ganz schlecht Luft." Ich stelle mir dann immer die Frage, ob diese Leute auch den obersten Hosenknopf offen lassen würden, wenn die Anzughose zu eng wird, oder ob sie sich einfach eine passende kaufen würden. Wahrscheinlich würden sie sich für die neue Hose entscheiden. Warum sie wohl auf diese Option bei Hemd und Krawatte nicht zurückgreifen? Daher empfehle ich: Entweder Krawatte weglassen und obersten Knopf auf oder Knopf zu und Krawatte stramm ziehen.

Man braucht sich nicht selbst zu strangulieren, wenn man ein passendes Hemd gewählt hat. Im Übrigen gilt: Außenwirkung geht vor Innenwirkung. Es muss nicht immer 100 %ig bequem sein, wenn wir überzeugend Inhalte vermitteln wollen (vgl. hierzu auch „Aus der Praxis: Aber doch nicht am Wochenende").

> **Aus der Praxis: Aber doch nicht am Wochenende**
> Die Hochschule, an der ich tätig bin, ist eine Hochschule für Berufstätige, sodass die Vorlesungen immer abends und am Wochenende stattfinden und unsere Studierenden parallel zu Job oder Ausbildung ein Präsenzstudium absolvieren können. Aufgrund dieser Verzahnung von Theorie und Praxis sind die Rollenerwartungen der Studierenden an uns Professoren relativ einheitlich: Sie wünschen sich wissenschaftlich fundierte Kenntnisse in den jeweiligen Teildisziplinen, flankiert von vielen Praxisbeispielen, um das theoretische Wissen im Job auch anwenden zu können. Meine Spezialisierung ist die Personal- und Organisationsentwicklung. Von der Rollenerwartung der Studierenden ausgehend entscheide ich mich immer für dasselbe Outfit: blauer Anzug, weißes Hemd. Es ist exakt dasselbe Outfit, das ich bei Beratungsaufträgen oder Trainings trage. Diese Anlehnung meines Hochschul-Outfits an meine Berater-Kleidung scheint mir nur folgerichtig, denn auch meine Beratungskunden wünschen sich einen erfahrenen Praktiker mit wissenschaftlich fundierten Kenntnissen.
>
> Vor einiger Zeit diskutierte ich das Thema der rollengerechten Kleidung mit einem Kollegen. Wir waren uns in Bezug auf eine professionelle Kleiderwahl für Vorlesungen einig. „Außer am Wochenende, da komme ich in legerer Kleidung", wollte er unser Gespräch abschließen. „Wieso? Ist Ihre Rolle am Wochenende eine andere?", fragte ich ihn. „Ist sie nicht, aber ich ziehe mir am Wochenende doch keinen Anzug an!" Ich war überrascht. Für mich hatte es nie einen Unterschied gemacht, an welchem Tag ich arbeite, sondern es war immer entscheidend, wen ich vor mir hatte und welche Erwartungen diese Personen mitbrachten. Ich unterhielt mich mit meinem Kollegen dann zu einem anderen Thema weiter, denn offensichtlich gab es unüberbrückbare Differenzen in Bezug auf rollengerechte Kleidung an Wochenenden. Und nach wie vor trage ich einen blauen Anzug und ein weißes Hemd, egal ob wochentags oder am Wochenende. Schließlich sind die Inhalte, die ich vermittle, und die Rolle, die mir dafür angemessen erscheint, stets dieselben, egal welcher Tag gerade ist.

Empfohlene Dosierung
Ist dieses Werkzeug überhaupt dosierbar, also kann man es graduell steuern? Ist es nicht vielmehr so, dass unsere Kleidung entweder rollengerecht ist oder nicht? Im Großen und Ganzen schon. Allerdings ergibt sich die Möglichkeit der graduellen Steuerung zum Beispiel über die bereits angedeutete Wahl zwischen Krawatte und offenem Hemd beim Herren oder Hosenanzug bzw. Kostüm und einer etwas legereren Kombination bei der Dame. Hier kommt es darauf an, ob Sie konservativ sowie erwartbar sein und dem allgemeinen Rollenbild folgen wollen oder ob Sie lieber innovativ und überraschend sein möchten und das eigene Bild der Rolle weiterentwickeln wollen. Wenn Sie sich für

die zweite Variante entscheiden, sollten Sie sich die Konsequenzen Ihrer Wahl bewusst machen: Je stärker Sie von einer Erwartung abweichen, desto eher wird die Aufmerksamkeit Ihres Publikums von dieser Abweichung aufgesogen und desto weniger Aufmerksamkeit bleibt für einen bestimmten Zeitraum für die eigentlichen Inhalte Ihrer Präsentation. Wenn Sie also Ihr Unterarmtattoo in einer Runde zeigen wollen, in der niemand tätowiert ist oder man zumindest bei niemandem Tätowierungen sehen kann, dann sollte es ein geplantes Stilmittel sein. Es sollte für Ihre Präsentation eine ganz bestimmte Funktion haben, ansonsten verschenken Sie Aufmerksamkeitspotenzial. Es geht also etwas überspitzt ausgedrückt um die Frage: provozieren oder beruhigen. Je mehr sie über Ihr Outfit provozieren, desto weniger planbar wird der Verlauf Ihrer Präsentation, weil mit mehr spontanen Reaktionen Ihres Publikums zu rechnen ist. Wenn Sie also beim Präsentieren noch etwas unsicher oder unerfahren sind und es sich um eine wichtige Präsentation im Rahmen einer Bewerbung oder Prüfung handelt, entsprechen Sie lieber exakt den Erwartungen Ihres Publikums. Das schafft Ruhe und Sicherheit.

Auf einen Blick
- Rollen werden durch Kleider verkörpert, daher sollten wir ein zu Anlass und Zielgruppe passendes Outfit wählen.
- Die Kleiderwahl sollte vor allem zu unserer Rolle passen und nicht von Bequemlichkeit oder Moden beeinflusst werden.
- Wenn wir mit einer Rollen- und damit auch Kleidererwartung unseres Publikums brechen, sollten wir das als Stilmittel betrachten und aktiv damit umgehen.

3.1.2.2 Positive Präsentationsatmosphäre schaffen

Aufmerksamkeit und Konzentration
Der Hirnforscher Gerhard Roth befasst sich in seinen Untersuchungen unter anderem mit den Themen *Informationsverarbeitung* und *Lernen*. Ein Erfolgsfaktor hierbei sei es, die richtigen Rahmenbedingungen für Aufmerksamkeit und Konzentration zu schaffen (vgl. Roth 2015, S. 345 ff.). Da ich die Vermittlung einer Idee von Mensch zu Mensch im Rahmen einer Präsentation mindestens als Informationsverarbeitung, wenn nicht gar als einen Prozess des Lernens interpretiere, folge ich den Ansätzen Roths.

Aus neurobiologischer Sicht, so die Einschätzung Roths, verstärke sich bei Aufmerksamkeit die Arbeitsweise solcher Hirnzentren, die *neue* und *wichtige* Dinge verarbeiteten. Das ist vor allem die kognitiv-sprachliche Ebene 3 unseres Gehirns. Neue oder wichtige Dinge sind der Kern all unserer Präsentationen: Wären unsere Inhalte weder neu noch wichtig, gäbe es keinen Anlass für eine Präsentation. Wir müssen also einen Rahmen schaffen, damit die Gehirne unseres Publikums Neues bzw. Wichtiges aufnehmen und verarbeiten können. Und es sollte ein für alle Teilnehmer nachvollziehbarer Rahmen sein, der uns Sicherheit zur Vermittlung unserer Inhalte gibt und für unser Publikum die Voraussetzungen für Aufmerksamkeit und Konzentration schafft.

Eine positive Präsentationsatmosphäre ist der Schlüssel zu Aufmerksamkeit und Konzentration. Es gibt vielfältige Möglichkeiten, eine positive Präsentationsatmosphäre zu schaffen. Zwar können nicht alle immer gleichermaßen realisiert werden, wir können bei einer Kundenpräsentation womöglich nichts an der Sitzordnung ändern, auch wenn das für die Präsentationsatmosphäre sinnvoll wäre. Oder wir können nicht immer beeinflussen, ob bei einer Präsentation vor der Geschäftsführung nicht doch jemand zu einem unglücklichen Zeitpunkt den Raum betritt und die Konzentration stört. Aber es gibt trotzdem viele Stellschrauben, die wir beeinflussen können oder bei denen wir zumindest fragen können, ob sie veränderbar sind. Je besser die Beziehung zu unseren Kunden oder zum Top-Management eines Unternehmens wird, desto mehr Spielraum bekommen wir auch für die Gestaltung von Rahmenbedingungen.

Raumwahl und Raumgestaltung
Nach Möglichkeit sollte der Präsentationsraum zur Teilnehmergröße passen. Zu große Räume sind schlecht, weil zu viele Plätze leer bleiben und weil ein Publikum mehrheitlich von hinten nach vorne den Raum füllt. Die vorderen Plätze bleiben dann oft leer, was eine große räumliche Distanz zwischen uns und unserem Publikum zur Folge hat. Außerdem kommt bei zu großen Räumen oft die Frage auf, warum denn so wenige Personen gekommen seien, selbst wenn alle eingeplanten Teilnehmer erschienen sind. Für den Fall, dass wirklich einmal deutlich weniger Personen als geplant anwesend sind oder aus irgendeinem anderen Grund vereinzelte Zuhörer weit von uns weg oder voneinander entfernt sitzen, können wir Folgendes unternehmen: Wir bitten alle Personen, sich gleichmäßig auf die vordersten Reihen zu verteilen, weil uns Kundennähe wichtig ist, und im Rahmen einer Präsentation alle Teilnehmer schließlich unsere Kunden sind. Auch wenn das Umsetzen etwas dauert und vielleicht nicht ohne Kommentare von sich geht, wird es uns danach viel besser möglich sein, Nähe zu unserem Publikum aufzubauen.

Aber nicht nur zur große, auch zu kleine Räume sind ungünstig. Nicht alle Teilnehmer bekommen einen Platz, und in der Regel verbraucht sich die Luft schnell, was sich auf die Konzentrationsfähigkeit der Zuhörer auswirkt. Die Sauerstoffversorgung von Präsentator und Publikum ist tatsächlich eine wichtige Sache: Es gibt keine Konzentration ohne Sauerstoff. Daher sollten wir vor Präsentationsbeginn ausgiebig lüften. Offene Fenster sind in den meisten Fällen keine gute Idee, weil von außen Störgeräusche eindringen und die Konzentration stören können. Besser ist es daher, Fenster geschlossen zu halten und wenn nötig alle 30 min einmal kräftig zu lüften.

Aber nicht nur *Störgeräusche* sind nach Möglichkeit auszuschließen. Jegliche Form der Störung ist der Feind von Aufmerksamkeit und Konzentration. Ebenerdige Räume mit langen Fensterfronten oder vielen Fenstern haben einen entscheidenden Nachteil: Immer wenn eine Person an den Fenstern vorbeiläuft, drehen wir automatisch unseren Kopf zum Fenster. Der Grund dafür ist der sogenannte Sheriff-Effekt. In der Netzhaut unseres Auges gibt es zwei Arten von Zellen: Zapfen und Stäbchen. Während die Zapfen für die Farbwahrnehmung verantwortlich sind, sind die Stäbchen für die Bewegungswahrnehmung zuständig. In den Randgebieten der Netzhaut liegen mehr Stäbchen als

3.1 Den Kommunikationskanal öffnen

Zapfen, weswegen wir auf Bewegungen besonders stark reagieren, wenn sie am Rand unseres Blickfeldes geschehen. So mancher Sheriff konnte sich aufgrund dieses Umstandes das Leben retten, weil er das Ziehen einer Waffe aus dem Augenwinkel beobachten und schnell reagieren konnte. Wenn eine lange Fensterfront oder viele Fenster an der Seite eines Vortragsraumes vorhanden sind, lenken uns die dort Vorbeilaufenden besonders stark ab. Visuelle Störungen sollten neben akustischen also ebenfalls ausgeschlossen werden.

Kommt es dennoch zu einer Störung, sollten wir uns folgende Regel zu eigen machen: *Störungen haben Vorrang.* Egal, welche Störung eintritt, wir sollten zunächst versuchen die Ursache für die Störung zu beheben und erst danach mit unserer Präsentation weitermachen. Lassen Sie uns nicht einfach fortfahren, etwa weil wir uns nicht trauen, eine Störung zu beheben, oder es einfach nicht für nötig halten, darauf zu reagieren. Eine Störung distanziert nicht nur den Urheber der Störung vom Inhalt unserer Präsentation, sondern wirkt sich auch auf die Aufmerksamkeit anderer Zuhörer aus. Daher ist es Teil unserer Verantwortung beim Präsentieren, zunächst Störungen zu beheben, bevor wir fortfahren.

▶ Störungen haben immer Vorrang. Räumen Sie eine Störung zunächst freundlich, aber bestimmt aus der Welt und fahren Sie erst dann mit den Inhalten Ihrer Präsentation fort.

Neben der *Wahl* eines passenden Raumes ist dessen *Gestaltung* zur Schaffung einer angenehmen Präsentationsatmosphäre von hoher Bedeutung. Viele Räume sind ihrem Grunddesign nicht unbedingt geeignet, uns beim Erreichen unserer Präsentationsziele zu unterstützen. Daher ist es oft notwendig, etwas an der Raumgestaltung zu ändern. In den allermeisten Fällen ist das die *Sitzordnung,* aber es gibt eine Reihe weiterer Punkte (vgl. „Aus der Praxis: Wunderliches Raumdesign"). Nun denken Sie vielleicht, es sei bei einer Präsentation in den Räumlichkeiten eines potenziellen oder tatsächlichen Kunden unangemessen, die Sitzordnung zu ändern. Und in der Tat gibt es Präsentationssituationen, in denen der Spielraum zur Raumgestaltung recht gering ist. Aber es gibt meines Erachtens deutlich mehr Situationen, in denen es absolut legitim ist, die Raumgestaltung anzupassen. Selbst in den Räumlichkeiten eines Kunden können wir zumindest fragen, ob eine andere Sitzordnung möglich ist, wenn das Erreichen unserer Präsentationsziele dies erfordert. Das sollten wir vielleicht nicht beim ersten Kundenbesuch machen, aber beim zweiten oder dritten wird uns niemand diese Frage übel nehmen. Schließlich ist es unsere Bühne, auf der wir überzeugen wollen.

Aus der Praxis: Wunderliches Raumdesign
Man sollte doch meinen, dass extra als solche konzipierte Schulungs- und Konferenzräume nicht mehr in Bezug auf Raum- oder Bühnengestaltung verändert werden müssten, um exzellente Präsentationen halten zu können. Meiner Erfahrung nach stimmt das in vielen Fällen aber leider nicht. Das mag daran liegen, dass deren Designer selbst

zu wenig präsentieren. So ergeben sich manchmal wunderliche Zustände, wie zum Beispiel

- ein viel zu kleiner Bereich vor der Leinwand, sodass man im Beamerbild stehen muss,
- massive Pulte oder Tische vor der Leinwand, die wie eine unüberwindbare Barriere zwischen Präsentator und Publikum stehen,
- Stühle hinter Tischen oder Pulten, die selbst in der niedrigsten Höhe so hoch sind, dass die Beine in der Luft baumeln, wenn man auf ihnen sitzt,
- Säulen mitten im Raum, die einen freien Blick auf den Präsentator verhindern, oder
- nicht zu verdunkelnde Glasräume, die jeden Blick von drinnen nach draußen und umgekehrt zulassen.

Wir sollten uns auf keinen Fall auf Architekten verlassen, sondern nur auf uns selbst. Lassen Sie uns rechtzeitig am Präsentationsort sein und unsere Bühne so einrichten, wie sie für uns perfekt ist.

Bei der Gestaltung der Sitzordnung ist das offene U mein absoluter Favorit: ein einfacher Halbkreis oder vielleicht auch mehrere Halbkreise hintereinander mit versetzt stehenden Stühlen. In der einfachen Form hat diese Bestuhlung den Vorteil, dass wir allen Teilnehmern gleich nah sein können. Der Nachteil liegt auf der Hand: Die offene U-Bestuhlung ist nur für ein recht kleines Publikum geeignet.

Für Seminare ist die offene U-Bestuhlung mit Tischen *hinter* den Stühlen mein Favorit. Es gibt keine Barriere zwischen uns und unserem Publikum, dennoch gibt es Arbeitsflächen zum Schreiben oder Ablegen von Unterlagen.

Tab. 3.2 gibt eine Übersicht über die gängigsten Bestuhlungsformen, inklusive ihrer Vor- und Nachteile. Alle Formen haben ihre Daseinsberechtigung, wobei sich aus meiner Sicht vor allem die U-Form (für eher kleine Gruppen), die Fischgrätenform (für größere, aber nicht zu große) und die parlamentarische bzw. Theaterbestuhlung (bei großen Gruppen) als besonders geeignet erwiesen haben.

Egal, für welche Art der Bestuhlung wir uns entscheiden, zwei Punkte sind besonders wichtig: Erstens sollten wir darauf achten, dass wir jeden Zuhörer sehen können. Zweitens, dass jeder Zuhörer uns *und* unsere Präsentationsflächen, also Leinwand, Whiteboard, Flipchart etc., sehen kann. Das zweite zu gewährleisten, ist durchaus anspruchsvoll, denn im Gegensatz zu uns können sich unsere Zuhörer ja nicht bewegen. Wenn wir nicht sicher sind, ob alle Zuhörer gute und freie Sicht haben, sollten wir die Bestuhlung verändern. *Barrierefreiheit* ist entscheidend. Jede Barriere zwischen uns und unserem Publikum führt zu räumlicher und damit auch emotionaler Distanz. Andersherum bedeutet Barrierefreiheit mehr Nähe und die wirkt sich positiv auf die uns entgegengebrachten Emotionen aus, wie der Nähe-Effekt gezeigt hat.

3.1 Den Kommunikationskanal öffnen

Tab. 3.2 Bestuhlungsformen und ihre Vor- und Nachteile

Bezeichnung	Merkmale	Vorteile	Nachteile
Bankett	Runde Tische mit Stühlen drum herum bzw. zur Bühne hin offen	Gute Raumausnutzung	Regt zu Einzelgesprächen an, weil sich Sitznachbarn gut ansehen können
Blocktafel	Längliche Tische mit Stühlen vis-a-vis und ggf. vor Kopf	Gute Raumausnutzung	Regt zu Einzelgesprächen an, weil sich Gegenübersitzende gut ansehen können; Stühle müssen ggf. zur Bühne gedreht werden
Carréform	Wie Blocktafel, jedoch mit freiem Rechteck in der Mitte	Hohe Platz- und Beinfreiheit	Hoher Platzbedarf, Stühle müssen ggf. zur Bühne gedreht werden
E-Form	Breiter Tisch parallel zur Bühne plus drei (oder mehr) rechtwinklig hieran angeordnete Tische (gibt es auch als T-Form mit einem rechtwinklig angeordneten Tisch)	Gute Raumausnutzung	Unterschiedliche Sitzpositionen der Teilnehmer, teilweise müssen Stühle zur Bühne gedreht werden
Fischgrätenform	Zwei oder mehrere hintereinanderliegende Stuhlreihen werden etwa im 45°-Winkel zur Bühne aufgestellt (mit und ohne Tische möglich)	Gute Sicht auf die Bühne, Präsentator kann zwischen den Reihen umherlaufen	Hoher Platzbedarf, ggf. keine Möglichkeit des Mitschreibens (ohne Tische)
Parlamentarische Bestuhlung	Tischreihen hintereinander parallel zur Bühne	Klare Ausrichtung der Stühle zur Bühne	Wenn nicht versetzt gestellt, kein freier Blick auf die Bühne, ggf. keine Möglichkeit des Mitschreibens (bei Theaterbestuhlung)
Theater-Bestuhlung	Wie parlamentarische Bestuhlung, jedoch ohne Tische		Wenn keine Tische hinter den Stühlen keine, sonst eingeschränkte Möglichkeit des Mitschreibens, teilweise verschultes Image
Stuhlkreis	Kreisförmige Stuhlanordnung ohne Tische	Jeder sieht jeden, Begegnung auf Augenhöhe	
U-Form	Zur Bühne hin offener Stuhlkreis	Große Nähe des Präsentators zu allen Teilnehmern	
Stehtische	Einzelne Tische mehr oder weniger strukturiert im Raum verteilt	Geringer Platzbedarf und Vorbereitungsaufwand	Nicht für lange Vorträge geeignet, kaum Platz zum Mitschreiben

▶ Seien Sie immer rechtzeitig am Präsentationsort, um den Präsentationsraum im Rahmen des Möglichen nach Ihren Vorstellungen zu gestalten. Achten Sie dabei auf Barrierefreiheit zwischen Ihnen und Ihrem Publikum.

Dass sich Präsentationsräume oft von hinten nach vorne füllen, habe ich bereits angesprochen. Dieses Phänomen tritt vor allem dann auf, wenn sich Präsentator und Publikum noch nicht so gut kennen. Dann kommt es oft vor, dass die ersten Reihen frei bleiben. Nun sollten wir aber nicht darauf vertrauen, dass sich niemand auf die vordersten Plätze setzt, denn manchmal benötigen wir diese Plätze für besondere Gäste. In solchen Fällen sollten wir so viele Plätze in der ersten Reihe reservieren, wie wir besondere Gäste haben. Das sind zum Beispiel

- Mitglieder des Top-Managements, für die wir präsentieren,
- solche Personen, die wir persönlich zu unserer Präsentation eingeladen haben,
- wichtige Offizielle oder
- unser Wingman (vgl. hierzu Abschn. 3.2.1.1).

Die Anwesenheit dieser Personen können wir dann mit einem besonderen Dank würdigen. Diese Art des Dankes stellt durch ihre große räumliche Nähe eine besondere Wertschätzung dar.

Zu guter Letzt ist bei der Raumwahl und -gestaltung auf eine angemessene Verpflegung unseres Publikums zu achten. Oft wird das Catering als ein Aspekt der Pausengestaltung wahrgenommen. Ich bin jedoch der Auffassung, dass jeder Teilnehmer nach eigenem Wunsch auch während unserer Präsentation essen und trinken darf, schließlich verbraucht aufmerksames Mitdenken viel Energie. Im Übrigen müssen wir ja niemanden direkt ansprechen, der den Mund voll hat. Insbesondere bei langen Vorträgen oder anspruchsvollen Inhalten hilft ein Energieschub für unser Publikum vor allem uns dabei, unsere Inhalte nachhaltig zu vermitteln. Denn ohne Energie zum Mitdenken sind unsere Inhalte schnell wieder vergessen. Also sollten wir unser Publikum ermutigen, sich etwas zu essen oder zu trinken mit an den Platz zu nehmen, wenn der Präsentationsrahmen das zulässt.

Bühnengestaltung

Ich spreche bewusst immer wieder von einer *Bühne*, wenn es um den Bereich geht, auf dem wir uns beim Präsentieren bewegen. Das tue ich, obwohl dieser Bereich nicht unbedingt erhöht ist wie eine klassische Bühne. Denn meine Definition von *Bühne* hat nichts mit Exponiertheit zu tun. Vielmehr ist eine Bühne für mich der Bereich, auf den sich die die Aufmerksamkeit des Publikums fokussiert. Er ist der eigentliche Ort des Geschehens bei einer Präsentation, weswegen wir auf seine Gestaltung sehr viel Wert legen sollten.

Unsere Bühne sollten wir nach Möglichkeit immer so gestalten, wie es unseren Präsentationszielen dienlich ist. Dazu gehört

- die konsequente Eliminierung sämtlicher Dinge, die nichts mit unserer Präsentation zu tun haben, zum Beispiel Rednerpulte, überflüssige Tafeln, Stühle oder Tische, Projektoren oder Mülleimer,
- die sinnvolle Anordnung aller im Rahmen unserer Präsentation notwendigen Hilfsmittel wie zum Beispiel Beamer und Leinwand, Whiteboard oder Tafel, Flipchart, Metaplanwand und Moderationskoffer, sodass wir all diese Hilfsmittel zielgerichtet einsetzen können, sowie
- die bewusste Wahl der Beleuchtung, sodass unser Publikum sowohl uns als auch unsere Inhalte auf Leinwand, Tafel oder Papier gut erkennen kann. Dazu müssen wir ggf. zwischendurch die Beleuchtungsstärke ändern können.

Ein Aspekt ist mir in diesem Zusammenhang besonders wichtig: Eine Präsentation ist *keine* Rede. Daher gibt es auch *keine* Daseinsberechtigung für Rednerpulte auf der Bühne. Sie schaffen nur eine Barriere zwischen uns und unserem Publikum. Daher sollten wir Rednerpulte vor Präsentationsbeginn von der Bühne entfernen. Zwar sind sie durchaus geeignet, sich bei besonders großer anfänglicher Nervosität an ihnen festzuhalten, aber ich werde Ihnen noch einen viel besseren Weg zeigen, einen stabilen und sicheren Stand einzunehmen, ohne dabei eine Barriere zum Publikum aufzubauen.

▶ Eine Präsentation ist keine Rede. Rednerpulte gehören daher nicht auf die Bühne.

Ein einfaches, aber für mich fast immer optimales Bühnensetting sieht wie folgt aus: Der Beamer hängt an der Decke und das Beamerbild wird in einer Höhe an eine Leinwand projiziert, in der man nicht im Bild stehen kann. Ein Flipchart mit zwei Stiften unterschiedlicher Farbe steht am Rand der Bühne. Relativ zentral auf der Bühne steht ein kleiner Tisch, ungefähr hüfthoch, auf dem ein Notebook abgestellt werden kann. Mit leicht nach unten geneigtem Blick kann man die Inhalte der Präsentation auf dem Bildschirm des Notebooks sehen, aber der Körper ist immer noch dem Publikum zugewandt. Auf diesem Tisch steht außerdem ein Glas Wasser und es liegen Block und Stift bereit (vgl. Abb. 3.1).

Und wohin dann mit den Präsentationsnotizen, werden Sie sich vielleicht fragen. Auf einem kleinen Tisch ist doch kein Platz für alle Notizen? Richtig, denn es gibt auf der Bühne neben Rednerpulten weder für ausgedruckte oder handgeschriebene Notizseiten noch für Moderationskarten eine Daseinsberechtigung. Diese Hilfsmittel helfen uns nicht, sie verwirren nur. Was zunächst widersprüchlich scheint, wird schnell nachvollziehbar, wenn wir uns die Frage stellen, wann man *eigentlich* Notizen oder Moderationskarten braucht.

Notizen oder Moderationskarten sind notwendig, wenn es *keine* anderen Hilfsmittel gibt. Wir haben aber normalerweise sehr wohl ein Hilfsmittel, nämlich unser Notebook, da wir normalerweise eine Präsentationssoftware nutzen. Auf den Bildschirm des Notebooks schauen wir ja immer dann, wenn wir unsere aktuell angezeigte Folie sehen

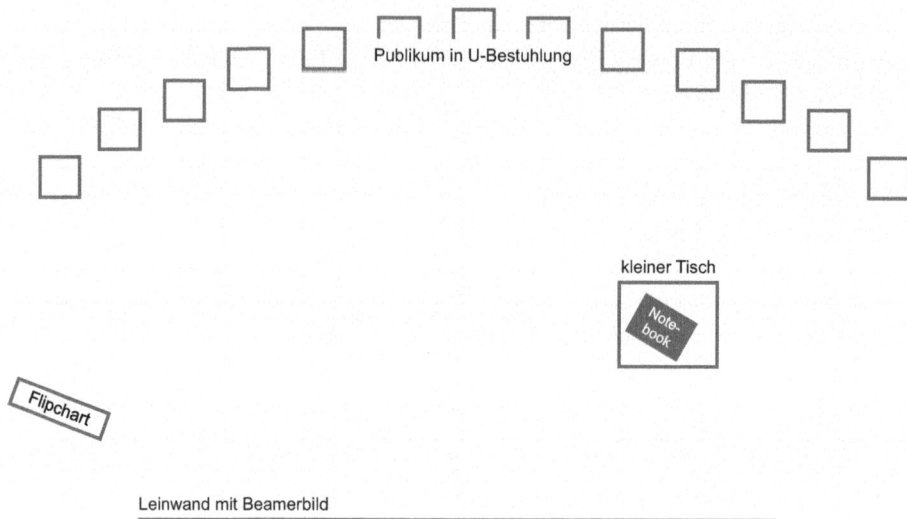

Abb. 3.1 Einfache Bühnenkonfiguration

wollen. Sich hierfür zur Leinwand zu drehen, ist keine gute Option, weil wir unserem Publikum so den Rücken zudrehen würden. Daher sollte das Notebook in einer Flucht zum Publikum stehen, damit wir dem Publikum beim Präsentieren stets zugewandt bleiben. Ist alles derart aufgebaut, können wir unsere Notizen folgendermaßen organisieren:

1. Wir nutzen die *Notizfunktion* von PowerPoint oder Keynote, indem wir unsere wichtigsten Stichpunkte ins Notizenfeld einer jeden Folie eingetragen, und
2. wählen zum Präsentieren die Referentenansicht aus, denn so werden uns neben weiteren nützlichen Informationen die aktuelle Folie *und* unsere Notizen angezeigt.

Jedes weitere Hilfsmittel bringt einfach nur unnötigen Koordinationsaufwand, aber keinen echten Zusatznutzen mit sich.

Es gibt viele weitere Faktoren, die die Präsentationsatmosphäre positiv beeinflussen können. Alle im Kernfeld Sympathie angesprochenen Werkzeuge haben neben ihrer originären Wirkung ebenfalls einen starken atmosphärischen Einfluss, allen voran die *Wertschätzung* unseres Publikums. Wichtig ist, dass es *unsere* originäre Aufgabe ist, die Präsentationsatmosphäre aktiv zu steuern. Diese Verantwortung können wir nicht delegieren.

Empfohlene Dosierung
Anders als bei den bisher erarbeiteten Werkzeugen ist die Stärke des Einsatzes dieses Werkzeuges nicht von unserer Persönlichkeit abhängig. Bislang war es ja so, dass Sie ein spezifisches Werkzeug dann stärker einsetzen sollten, wenn eine bestimmte Facette Ihrer

Persönlichkeit eher gering ausgeprägt war und umgekehrt. Hier geht es jedoch nicht um Persönlichkeit, sondern um äußere Umstände. Daher sollte dieses Werkzeug stets hoch dosiert werden. Das heißt nicht zwingend, dass Sie an den Räumen, in denen Sie präsentieren, etwas ändern *müssen*. Es heißt nur, dass auf jeden Fall eine positive Präsentationsatmosphäre sichergestellt sein sollte, egal ob Sie dafür viel oder wenig verändern müssen. Bei besonders wichtigen Präsentationen, bei denen Sie die Räumlichkeiten noch nicht persönlich kennen, vereinbaren Sie vorher einen Besichtigungstermin, um sich dahin gehend ein persönliches Bild zu machen, was gestaltbar ist und was nicht. Auch wenn so etwas nicht immer üblich ist und mehr Aufwand bedeutet: Der Anspruch, exzellent zu präsentieren, erfordert manchmal unübliche Schritte und zusätzlichen Aufwand.

Wichtig ist aber vor allem, dass Sie ein gutes Gefühl für verschiedene Raum- und Bühnenkonfigurationen bekommen. Probieren Sie ruhig innovative Ansätze aus und überlegen im Nachhinein, ob solche Konfigurationen einen Mehrwert gebracht haben. Denn über allem steht: Es ist Ihre Bühne.

> **Auf einen Blick**
> - Eine positive Präsentationsatmosphäre schafft die Rahmenbedingungen für Aufmerksamkeit und Konzentration. Beides sind wichtige Voraussetzungen, um unsere Ideen überhaupt vermitteln zu können.
> - Achten Sie auf die Wahl passender Räume sowie die Vermeidung jeglicher Form von Störungen.
> - Wir sollten die Sitzordnung nach Möglichkeit so gestalten, dass man uns und unsere Präsentationsflächen gut sehen kann und dass es keine große räumliche Distanz zu unserem Publikum gibt.
> - Der Ort, an dem sich die Aufmerksamkeit bei einer Präsentation bündelt, ist unsere Bühne. Wir sollten sie so gestalten, dass wir uns optimal auf ihr bewegen und unsere Hilfsmittel optimal zum Einsatz bringen können.

3.1.2.3 Rolle des Publikums schärfen

Konstruktive Regeln vereinbaren
In einem meiner Trainings verwendete ein Teilnehmer einmal die Metapher einer Party, als es ums Präsentieren ging: „Bei einer Party wollen wir doch auch, dass unsere Gäste eine gute Zeit haben und ihnen die Party noch lange in Erinnerung bleibt. Dafür muss ich als Gastgeber viele Entscheidungen treffen, zum Beispiel welche Getränke angeboten werden und welche Musik aufgelegt werden soll. Außerdem muss ich mich um meine Gäste kümmern, mit ihnen reden und sie bei Laune halten. Diese Aufgaben nimmt mir keiner ab, es ist ja meine Party." Ich finde diese Metapher recht passend, denn sie vereint drei Aspekte, die sowohl bei einer Party als auch bei einer Präsentation gleichermaßen wichtig sind (und ich mag es sehr, eine Präsentation als etwas so Positives zu sehen wie eine Party):

1. Nutzenstiftung: Unsere Gäste sollen sich wohl fühlen und ihr Kommen soll sich für sie lohnen. Das gilt für unser Publikum genauso.
2. Rollenverteilung: Es gibt zwei unterschiedliche Rollen: die des Gastgebers und die des Gastes. Bestimmte Verantwortungen der Gastgeberrolle, wie etwa der Dialog mit den Gästen, können nicht an andere abgetreten werden. Das gilt auch für Präsentationen. Dort hat der Präsentator die Verantwortung, den Dialog mit seinem Publikum zu pflegen.
3. Vorgabe von Regeln: Ein Gastgeber gibt seinen Gästen bestimmte Regeln vor, auch wenn er sie nicht als solche verkauft. So ermuntert er sie, sich ganz wie zu Hause zu fühlen und sich einfach Getränke zu nehmen, wenn sie mögen. Auch ein Präsentator gibt Regeln vor, zum Beispiel indem er sein Publikum ermuntert, Fragen einfach zwischendurch zu stellen.

Vor allem den dritten Aspekt möchte ich etwas genauer betrachten. Ihre letzte Party ohne Regeln ist sicherlich auch schon lange her, wenn Sie denn überhaupt einmal in einen solchen Genuss gekommen sind: Abrissparty, Anarchie! Vielmehr sind die meisten Partys doch recht gesittet, was immer mit der Existenz bestimmter Regeln einhergeht. „Fühl' dich wie zu Hause", „Bedien' dich", „Sag mir, wenn ich etwas für dich tun kann" oder einfach „Hab' Spaß" – Regeln über Regeln. Auch wenn so viel Regelhaftigkeit zunächst nicht nach Spaß klingt, es sind diese Regeln, die unseren Gästen eine gute Zeit ermöglichen. Daher nenne ich sie *konstruktive* Regeln, um dem Begriff der Regel ein Stück weit seinen negativen Beiklang zu nehmen.

Konstruktive Regeln können einen wichtigen Beitrag zum Gelingen einer Präsentation leisten, weswegen ich im Folgenden die wichtigsten konstruktiven Regeln vorstellen möchte. Wir sollten bei ihrer Vorstellung darauf achten, dass wir sie zu Beginn einer Präsentation ansprechen und nicht davon ausgehen, dass sie für alle Teilnehmer selbstverständlich sind. Ein guter Zeitpunkt hierfür ist direkt im Anschluss an die Vorstellung Ihrer Agenda (vgl. Abschn. 4.2.3). Handelt es sich um eine Präsentation, die über einen sehr langen Zeitraum geht oder eher Trainings- oder Workshop-Charakter hat, können wir auch eine eigene Folie oder ein extra Flip-Chart zur Vorstellung konstruktiver Regeln verwenden.

Aktive Mitarbeit
Ausgehend von unserem signaltheoretischen Kommunikationsverständnis können wir pauschal festhalten, dass ein aktives Publikum ein gutes Publikum ist, da es uns ein klareres Feedback zu unseren Ausführungen gibt und den Kreislauf von Botschaft und Feedback am Laufen hält. Diese Sichtweise mögen Menschen mit weniger Präsentationserfahrung womöglich nicht teilen. Sie plagt of die Sorge, Fragen des Publikums nicht beantworten zu können – und ein aktives Publikum stellt einfach mehr Fragen als ein passives. Doch wie so oft ist Angst kein rationaler Ratgeber. Nichts ist schlimmer als ein passives Publikum, denn ohne Aktivität wird unsere Aufgabe, eine Idee von Mensch zu Mensch zu vermitteln, schwieriger bis unmöglich. Sollten Sie also irgendwann einmal

in die Situation kommen, eine Frage nicht beantworten zu können, dann machen Sie das einzig Richtige: Fragen Sie, ob jemand aus dem Publikum die Antwort kennt. Ist das nicht der Fall, dann geben Sie offen zu, dass Sie die Frage nicht beantworten können, sich aber gerne über die richtige Antwort informieren und diese nachreichen. Niemand erwartet von Ihnen, dass Sie alle Fragen beantworten können. Nur eine Sache sollten Sie nicht tun: Ohne das Wissen um die Richtigkeit Ihrer Antwort einfach irgendetwas sagen und hoffen, dass es stimmt. Sie wissen nie, ob nicht doch jemand im Publikum sitzt, der die richtige Antwort kennt (vgl. „Aus der Praxis: In Widersprüche verwickelt").

> **Aus der Praxis: In Widersprüche verwickelt**
> Meine ersten Einsätze als Dozent waren von eher bescheidener Qualität: Mir fehlte es an Erfahrung im Umgang mit Gruppen, und ich hatte wenig Gefühl hinsichtlich meiner Außenwirkung. Schnell ging mir auf, dass es so manchem Studierenden schwerfiel, einen in etwa gleich alten oder teilweise sogar jüngeren Dozenten als fachliche Autorität zu akzeptieren. Daher waren sie besonders kritisch mit mir, und ich besonders gewillt, gut zu dazustehen und keine Fehler zu machen. Mein Anspruch an mich selbst war besonders hoch.
>
> Dieser Anspruch führte dazu, dass ich mir keine Blöße geben und ich jede Frage meiner Studierenden unbedingt beantworten wollte. Naturgemäß ist das zu Beginn einer akademischen Karriere gar nicht möglich, aber das wollte ich nicht so recht wahrhaben. Also kam niemals ein „Das weiß ich nicht, aber ich informiere mich gerne für Sie" über meine Lippen, sondern immer irgendeine Antwort. Dumm war dabei, dass ich mir in der einen oder anderen Vorlesung selbst widersprach, indem ich auf eine Frage eine Antwort gab, die nicht zu meinen vorherigen Ausführungen passte. So etwas passiert leicht, wenn man eine Antwort nicht wirklich kennt und daher auf die Richtigkeit dieser Antwort spekulieren muss. Ich habe nicht selten spekuliert.
>
> „Aber eben haben Sie noch das Gegenteil behauptet" wurde mir einmal entgegengehalten, als ich auf Nachfrage versuchte, einen Zusammenhang aus dem Bankwesen zu erläutern. Spätestens da hätte ich zugeben müssen, keine Ahnung zu haben. Aber ich versuchte verzweifelt, den vermeintlichen Widerspruch aufzulösen – ohne Sensibilität für die Aussichtslosigkeit dieser Strategie und damit auch ohne Erfolg. Mit jedem Wort verwickelte ich mich stärker in Widersprüche und spürte, wie mir die Situation und das letzte bisschen fachliche Glaubwürdigkeit entglitten. Irgendwie rettete ich mich über die Zeit und ging von da an mit Bauchschmerzen in diesen Kurs. Dabei hätte ich nur den Grundsatz beherzigen müssen, nicht zu spekulieren und offen zu sagen: „Ich weiß es nicht, aber ich kriege das für sie raus." Mittlerweile habe ich dazugelernt.

Ein aktives Publikum ist also grundsätzlich ein gutes Publikum, egal ob wir seine Fragen beantworten können oder nicht. Daher sollten wir unser Publikum zu Beginn einer Präsentation auffordern, möglichst aktiv mitzuarbeiten. Dazu gehört zum einen, es zu ermuntern, Fragen direkt zu stellen, nicht etwa erst am Ende der Präsentation. Zum anderen sollte es seine Sicht der Dinge mit uns teilen.

Beginnen wir mit den Fragen des Publikums: Es gibt keine schlechten Fragen, denn jede Frage ermöglicht uns einen individuellen Dialog mit den Menschen, denen wir unsere Idee vermitteln wollen. Und dabei ist es fast egal, um welche Art Frage es sich dreht. Sowohl inhaltliche Fragen wie: „Habe ich es richtig verstanden, dass Sie der Auffassung sind, …?" als auch organisatorische Fragen wie: „Können Sie aus dem Bild gehen? Können wir eine Pause machen?" sollten wir willkommen heißen, denn sie geben uns allesamt die Gelegenheit, etwas für unser Publikum zu tun und damit den Nutzen, den es aus unserer Präsentation ziehen kann, zu steigern.

Aber stört es nicht den Präsentationsfluss, wenn Fragen zwischendurch gestellt werden? Ich denke nicht, auch wenn es natürlich etwas Übung und Disziplin bedarf, damit aus einer einzelnen Frage keine verfrühte Diskussionsrunde wird. Aber wenn wir *alle* Fragen nach hinten schieben, dann können wir auch keine Verständnisfragen beantworten und damit Unklarheiten, die für das weitere Nachvollziehen unserer Ausführungen wichtig sind, aus der Welt schaffen. Also *müssen* Verständnisfragen sofort gestellt werden, denn wir wollen ja niemanden verlieren, weil etwas nicht nachvollziehbar ist.

▶ Achten Sie darauf, keinen Zuhörer zu verlieren. Bringen Sie Ihr Publikum daher dazu, seine Fragen sofort zu stellen, damit Sie Verständnisprobleme direkt ausräumen können.

Sollte sich die Antwort auf eine Publikumsfrage aus unseren weiteren Ausführungen ergeben, können wir natürlich darauf verweisen und um etwas Geduld bitten. Darüber hinaus müssen wir hinsichtlich jeder Frage individuell entscheiden, ob es besser ist, sie sofort oder am Ende zu beantworten. Aber wenn eine Frage gar nicht erst gestellt wird, haben wir auch nicht die Möglichkeit, eine Entscheidung zu treffen.

Allerdings trauen sich Zuhörer häufig gar nicht, eine Frage laut zu stellen. Sie versuchen dann, die Frage im Zwiegespräch mit dem Nachbarn zu klären, und es entsteht Getuschel. Dieses Getuschel hat zwei Nachteile: Während sich die Tuschelnden austauschen, können sie dem Gedanken, den wir gerade vorstellen, nicht mehr folgen, wodurch womöglich Potenzial für weiteres Getuschel entsteht. Außerdem kann das Getuschel uns oder einen anderen Zuhörer ablenken oder stören. Daher gilt bei jeder Art von Getuschel der Grundsatz *Störungen haben Vorrang* (vgl. Abschn. 3.1.2.2.). Wie wir die Tuschelnden am besten Ansprechen, ohne sie bloßzustellen, werde ich später noch klären (vgl. Abschn. 3.2.3.2).

Nun hat aktive Mitarbeit nicht nur etwas damit zu tun, dass alle vorhandenen Fragen auch tatsächlich gestellt werden, sondern es geht darüber hinaus auch darum, dass unser Publikum

- in Übungen oder bei bestimmten Aufgaben aktiv mitarbeitet,
- in Fragerunden sein Expertenwissen einbringt sowie
- unsere Fragen beantwortet oder Unklarheiten bezüglich einer unserer Fragen mitteilt.

3.1 Den Kommunikationskanal öffnen

Ich werde noch genau darauf eingehen, wie wir solche Wünsche unserem Publikum gegenüber am besten kommunizieren können.

Aktives Zuhören
Eben habe ich argumentiert, dass ein aktives Publikum grundsätzlich positiv zu bewerten ist, weswegen wir es zu Fragen und anderer aktiver Mitarbeit motivieren sollten. Nun ist es aber typisch für eine Präsentation, dass das Rederecht zum überwiegenden Anteil beim Präsentator liegt. Da bei funktionierender Kommunikation nur eine Person zur selben Zeit reden kann, ist die logische Konsequenz hieraus, dass das Publikum die meiste Zeit schweigt und zuhört. Aber da wir uns ein aktives Publikum wünschen, stellt sich die Frage, ob so etwas wie Schweigen und Zuhören *aktiv* sein kann.

Die folgende Idee, die ich Ihnen hierzu vorstellen möchte, eignet sich nicht für jede Präsentation oder für jedes Publikum. Sie ist eher etwas für längere Präsentationen wie Trainings oder Workshops und sie ist eher für kleinere Gruppen, die Sie vielleicht schon kennen oder vor denen Sie häufiger präsentieren, geeignet. Die Idee fußt auf dem Konzept des *aktiven Zuhörens* des amerikanischen Psychologen Carl Rogers. Er möchte sein Gegenüber mit seiner Art des Zuhörens ermuntern, Informationen möglichst offen und unbeeinflusst preiszugeben und Kommunikation damit unterstützen und fördern. Mittlerweile ist der Ansatz des aktiven Zuhörens recht etabliert und es haben sich unterschiedliche Varianten entwickelt. Meine favorisierte Variante umfasst folgende Aspekte:

1. Aufmerksam zuhören,
2. versuchen zu verstehen, was gemeint ist, vor allem, wenn etwas Missverständliches gesagt wurde,
3. auf die Körpersprache achten,
4. Verständnis verbal und körperlich deutlich machen, wobei *Verständnis* nicht zwingend bedeutet, dass man gleicher Meinung oder Auffassung ist,
5. nachfragen, wenn etwas unklar ist, sowie
6. nachfragen, wenn die Körpersprache uneindeutig ist.

Zunächst sollten *wir* diese Prämissen sorgfältig beachten, wenn wir unserem Publikum zuhören. Aber es geht mir darum, dass *unser Publikum* diesen Prämissen ebenfalls folgt. Sie haben sicherlich schon einmal die Situation erlebt, dass Sie voller Überzeugung einen Gedanken vermitteln wollten und sich sehnsüchtig eine bestätigende Reaktion Ihres Publikums gewünscht haben. Doch die einzige Reaktion war ... *Nichts*. Keine Reaktion. Das ist besonders frustrierend und verdeutlicht, dass es offensichtlich noch eine Barriere zwischen uns und unserem Publikum gibt, die einem echten Austausch im Wege steht. Wie können wir unser Publikum dazu bekommen, aktiv zuzuhören, sodass diese Barriere verschwindet und wir *kontinuierliches* Feedback bekommen?

Eine gute Möglichkeit besteht darin, uns um den vierten Aspekt des aktiven Zuhörers zu kümmern: Verständnis verbal und körperlich deutlich machen. Wenn wir es schaffen, dass unser Publikum uns mit seiner Körpersprache, vor allem einem Nicken, deutlich macht, wenn es unsere Ausführungen verstanden hat, sind wir auf einem guten Weg. Wenn wir es dann noch schaffen, dass es Fragen wie „Ist das nachvollziehbar?" oder „Haben Sie dazu noch Fragen?" bejaht oder vereint, haben wir das Feedback, das wir uns wünschen. Befolgt unser Publikum diesen vierten Aspekt, macht das unser Leben als Präsentatoren um einiges leichter.

Um sich die Wirksamkeit des aktiven Zuhörens zu verdeutlichen, überlegen Sie einmal, wie dankbar Sie für einen Teilnehmer im Publikum sind, der Ihnen sein Verständnis durch ein Nicken zu Ihren Aussagen verdeutlicht. Immer, so zumindest meine Erfahrung, sucht unser Blick diese Person, wir saugen jedes Nicken dankbar auf wie ein Schwamm. Je mehr Teilnehmer diese Verhaltensweise zeigen, desto angenehmer ist das für uns (vgl. Pease und Pease 2006, S. 231). Daher stellt sich die Frage, wie wir unser Publikum zum aktiven Zuhören bewegen können. Folgende Schritte können die Rolle des Publikums als aktive Zuhörer schärfen:

1. Bewerten Sie innerhalb des ersten Viertels Ihrer Präsentation das aktive Zuhören Ihres Publikums insgesamt (nicht einzelner Teilnehmer) nach Schulnoten.
2. Kommen Sie auf die Note 3 oder schlechter, warten Sie die nächste Pause ab und holen Sie nach der Pause ein kurzes Feedback von Ihrem Publikum ein, etwa indem Sie fragen: „Sind meine Ausführungen nachvollziehbar?", oder: „Ist meine Argumentation verständlich?" Gehen Sie wenn nötig inhaltlich auf das Feedback ein.
3. Beenden Sie die Feedbackrunde mit folgendem Satz (oder ähnlich): „Es freut mich, dass meine Ausführungen für Sie nachvollziehbar sind. Während meiner Präsentation fällt es mir nicht immer ganz leicht, das festzustellen. Wenn Sie mögen, geben Sie mir daher ruhig während meiner Ausführungen ein kurzes Kopfnicken oder eine Bestätigung auf meine Fragen, das hilft mir ungemein dabei festzustellen, ob ich Sie erreiche."

Ein aktiv zuhörendes Publikum ist für jeden von uns ein Segen. Über bewusstes aktives Zuhören kann ein Publikum die Rolle des Präsentators ungemein stärken. Sollten Sie also einmal als Teil des Publikums auf der anderen Seite sitzen, dann probieren Sie es aus: Hören Sie bewusst aktiv zu und unterstreichen Sie die Aussagen des Präsentators mit einem klaren Blick in seine Augen, einem leichten Lächeln auf den Lippen und einem Nicken. Er wird Ihnen sehr dankbar sein und Ihren Blick und Ihre mentale Unterstützung immer wieder suchen.

Smartphones und Tablets weg
Aktuell besteht eine der größten Schwierigkeiten beim Präsentieren für mich darin, dass Zuhörer auf ihren Smartphones oder Tablets tippen. Auf der einen Seite finde ich es einem Präsentierenden gegenüber unhöflich, sich so offensichtlich mit etwas anderem als der eigentlichen Präsentation zu befassen. Außerdem sind Menschen auch entgegen anders lautenden Behauptungen *nicht* zu Multitasking fähig. Wir können keine zwei Aufgaben gleichzeitig ausführen, solange nicht zumindest eine davon automatisiert ist (vgl. Gigerenzer 2014, S. 330). Und Lesen und Schreiben sind nicht wie etwa Laufen oder Autofahren ohne

Einsatz der kognitiv-sprachlichen Ebene 3 durchführbar und damit auch nicht automatisierbar. Also können Zuhörer uns nicht folgen, wenn sie mit ihren Smartphones oder Tablets befasst sind. Wenn wir den Anspruch haben, niemanden während unserer Präsentation zu verlieren, ist die Nutzung von Smartphones und Tablets also eigentlich keine Option.

Oft bekomme ich im Zuge dieser Diskussion zu hören, dass wir es in Präsentationen doch mit erwachsenen Menschen zu tun hätten, die selbst entscheiden müssten, ob sie Smartphones oder Tablets nutzen wollen. Außerdem hätten die meisten Nutzer von Tablets und Smartphones wahrscheinlich etwas Wichtiges zu erledigen. Dem halte ich dann zwei Punkte entgegen: Erstens dauert eine durchschnittliche Präsentation 60 bis 90 min. Dauert sie länger, werden in der Regel Pausen gemacht. Die wenigsten Aufgaben sind so dringlich, dass sie keine 60 oder 90 min warten können. Und sind sie es doch, kann man dies dem Präsentator im Vorfeld kurz mitteilen: „Ich möchte nicht unhöflich sein, aber während Ihrer Präsentation muss ich eine wichtige E-Mail beantworten." Er wird sich über diese Info sehr freuen, weil er dann zweifelsfrei weiß, dass die Nutzung des Smartphones oder Tablets in keinem Zusammenhang mit dem Spannungsgehalt der Präsentation steht.

Zweitens wirken Smartphones und Tablets auf unser Gehirn nach demselben Muster wie Drogen und bringen damit ein enormes Abhängigkeitspotenzial mit sich (vgl. Schulenburg 2016, S. 186). Zum Vergleich: Raucher greifen etwa *einmal pro Stunde* zur Zigarette. Handynutzer schauen im Schnitt alle zwölf Minuten aufs Smartphone. Das ist fünfmal so häufig, auch wenn individuelle Unterschiede hier deutlich größer sind als beim Rauchen. Demnach entsteht bereits zwölf Minuten nach dem letzten Blick aufs Smartphone eine Art Suchtdruck, der uns auf unsere mobilen Geräte schauen lässt. Dieser Druck entsteht unabhängig davon, ob wir erwachsene Menschen sind oder nicht. Denn verantwortlich ist einen Belohnungsmechanismus, der vor allem der emotional-motivatorischen Ebene 2 unseres Gehirns zuzuordnen ist und auf alle Menschen mehr oder weniger gleich intensiv wirkt, unabhängig vom Alter oder anderen Faktoren.

Wenn wir unser Publikum also zu Beginn unserer Präsentation unter Zuhilfenahme der Raucher-Analogie bitten, Smartphones und Tablets wegzulassen, damit sich alle voll auf unsere Idee konzentrieren können, dann wird jeder erwachsene Mensch im Publikum zustimmen. Also: Smartphones und Tablets weg!

Die Einhaltung konstruktiver Regeln einfordern
Im Kern geht es mir beim Werkzeug *Rolle des Publikum schärfen* darum, Regeln aufzustellen und deren Einhaltung einzufordern. Bislang habe ich mich mehr mit dem ersten Aspekt dieser Aufgabe befasst und die aktive Mitarbeit, das aktive Zuhören und das Weglassen von Smartphones und Tablets herausgearbeitet. Insgesamt obliegt es natürlich jedem einzelnen von uns, genau zu überlegen, welche Regeln notwendig und hilfreich sind, um Rahmenbedingungen für eine exzellente Präsentation zu schaffen. Aber bitte bedenken Sie: Es ist Ihre Party. Es ist absolut legitim, konstruktive Regeln zum Nutzen Ihrer Präsentationsziele einsetzen.

Allerdings kann schon die Verwendung des Begriffs *Regel* zu einer Abwehrhaltung unseres Publikums führen. Psychologen würden von *Reaktanz* sprechen: Reaktanz steht für einen emotionalen Spannungszustand, der eintritt, weil eine Person das Gefühl hat, in ihrer Freiheit eingeengt zu werden (vgl. Wiswede 2012, S. 89 ff.). Wenn wir die Freiheit unseres Publikums durch Regeln einschränken, besteht somit die Möglichkeit, dass unser Publikum reaktant darauf reagiert. Das damit einhergehende Spannungsgefühl dominiert dann die emotional-motivatorische Ebene 2, weshalb die kognitiv-sprachliche Ebene 3 nicht ihre volle Leistungsfähigkeit entfalten kann. Daher sollten wir Regeln auf keinen Fall als solche formulieren. Die Auflistung eines Regelkataloges, am besten noch mit der entsprechenden Überschrift, kann völlig unabhängig vom inhaltlichen Sinn der Regeln jegliche Stimmung verderben. Daher sollten wir unsere Regeln als Wünsche oder als Bitten formulieren: „Wäre es in Ordnung für Sie, wenn …?" oder „Ich möchte Sie bitten, …". Außerdem sollten wir vor allem darauf achten, einen Grund für unsere Wünsche und Bitten (also unsere Regeln) zu liefern, damit sie nachvollziehbar werden und unser Publikum ihnen damit besser folgen kann.

Ist uns die Vereinbarung von Regeln mit unserem Publikum gelungen, müssen diese „nur noch" eingehalten werden. In den allermeisten Fällen wird sich unser Publikum an die einmal vereinbarten Regeln auch halten. Wenn dies einmal nicht der Fall ist, können wir zunächst überlegen, ob diese Situation für uns eine Störung darstellt. Denn: *Störungen haben Vorrang.* Ist das *nicht* der Fall, machen wir einfach weiter. Wenn doch, dann sollten wir auf jeden Fall auf die Störung eingehen. Es ist nicht sinnvoll, aus Angst oder Unsicherheit einfach über eine solche Situation hinwegzugehen, denn so wir werden unsere Klarheit und damit auch unser Publikum Schritt für Schritt verlieren.

Damit wir durch einen falschen Zungenschlag in der Ansprache unseres Publikums nicht Gefahr laufen, weitere Widerstände auszulösen, empfehle ich eine bestimmte Art der Ansprache, die ich als eigenes Werkzeug im Kernfeld *Interaktion* vorstellen möchte (vgl. Abschn. 3.2.3.2).

Empfohlene Dosierung
Ähnlich wie beim letzten Werkzeug hängt auch die Dosierung dieses Werkzeugs nicht maßgeblich von unserer Persönlichkeit ab. Grundsätzlich gilt zwar, dass wir umso weniger konstruktive Regeln aufstellen und deren Einhaltung einfordern müssen, je größer unsere natürliche Autorität ist. Aber hier geht es ja eher um die Steuerung unseres *Publikums*, weswegen die Dosierung dieses Werkzeuges auch hauptsächlich von Eigenschaften unseres Publikums sowie darüber hinaus von der Präsentationsdauer abhängig ist.

Für Präsentationen mit einer Dauer von unter 30 min ist der Einsatz dieses Werkzeugs weniger geeignet. Zum einen würde die Rollenklärung zu viel Zeit in Anspruch nehmen, und zum anderen besteht bei kürzeren Präsentationen nicht so sehr die Notwendigkeit der aktiven Publikumsteilnahme wie bei längeren Präsentationen, da insgesamt weniger Zeit für Interaktionen vorhanden ist. Aber bei einer Präsentationsdauer ab 30 min, auf jeden Fall ab einer Stunde, ist zu Beginn ein Hinweis bezüglich der Rollenerwartung an das Publikum hilfreich und sinnvoll.

Grundsätzlich gilt, dass größere Gruppen anspruchsvoller zu steuern sind als kleinere, wenn wir den Anspruch haben, jeden einzelnen Zuhörer mitzunehmen. Daher sollten Sie dieses Werkzeug höher dosieren, je größer die Gruppe ist. Das Gegenteil gilt für den

3.1 Den Kommunikationskanal öffnen

Grad, zu dem Sie Ihr Publikum bereits kennen: Ist Ihnen Ihr Publikum relativ unbekannt, sollten Sie eher auf einen stärkeren Werkzeugeinsatz setzen, da sich das Publikum erst an seine Rolle gewöhnen muss. Ist Ihnen Ihr Publikum bekannt oder gar vertraut, können Sie dieses Werkzeug geringer dosieren.

Aber die Dosierung dieses Werkzeuges hängt nicht nur von den Eigenschaften des Publikums insgesamt, sondern auch von den Eigenschaften einzelner, aus der Menge herausstechender Personen ab: Je mehr Zuhörer mit „herausfordernden" Eigenschaften im Publikum vertreten sind, desto höher sollten Sie dieses Werkzeug dosieren. Das ist insofern ein nicht immer hilfreicher Hinweis, als wir die Eigenschaften einzelner Personen möglicherweise erst im Laufe unserer Präsentation kennenlernen, wir die Rolle des Publikums aber von Anfang an schärfen sollten. Aber es ist besser, zwischendurch eine kurze Unterbrechung einzubauen und auf Basis dieses Werkzeugs *nachzusteuern*, als dass wir Klarheit gegenüber unserem Publikum verlieren.

> **Auf einen Blick**
> - Das Festlegen bestimmter Regeln erleichtert es uns, unsere Präsentationsziele zu erreichen.
> - Beispiele hierfür sind die aktive Mitarbeiter und das aktive Zuhören unseres Publikums.
> - Optimalerweise überzeugen wir unser Publikum davon, Smartphones und Tablets während unserer Präsentation in den Taschen zu lassen.

3.1.2.4 Achsen ausrichten

Die Sprache unseres Körpers

Wie viele Körperachsen haben wir? Oder besser gefragt: Wie viele *Arten* von Körperachsen haben wird? Es sind drei. Eine vertikale, also die Körperlängsachse, fünf horizontale, also Querachsen, nämlich die Achse der Augen, der Schultern, der Hüfte, der Knie und der Füße sowie eine laterate, also die Schrägachse, mit der wir unsere Vor- oder Rücklage steuern. Dieses Werkzeug verfolgt das Ziel, all diese Achsen so auszurichten, dass sie unsere Klarheit unterstützten. Aber bevor ich hierzu Hinweise gebe, möchte ich darlegen, warum das Ausrichten unserer Körperachsen für unsere Klarheit so wichtig ist.

Das Gegenteil von Klarheit ist unter anderem *Unterwürfigkeit*. Allein auf Basis unserer Körperhaltung können wir Unterwürfigkeit ausdrücken. Die wohl wichtigsten Unterwürfigkeitsgesten, deren Bedeutung durch unsere evolutionäre Entwicklung tief in unserer emotional-motivatorischen Ebene 2 verwurzelt ist, ist die *Schrägstellung des Kopfes,* kombiniert mit einem leicht nach *unten geneigten Kopf,* der *Blick schräg nach oben* gerichtet (vgl. Pease und Pease 2006, S. 173). Diese Haltung und dieser Blick sagen unserem Gegenüber eindeutig: „Du bist stärker als ich, ich akzeptiere das." Durch die Schrägstellung des Kopfes wird der Hals, vor allem die Halsschlagader, zur Schau gestellt. Mehr Unterwürfigkeit, als seine Lebensader darzubieten, ist kaum möglich.

Um körperliche Klarheit zu erreichen, sollten wir also alles meiden, was von unserem Publikum als Unterwürfigkeit gewertet werden kann. Denn körperliche Unsicherheit kann, wie ich bereits auf Basis des Übertragungsfehlers erläutert habe, als fachliche Unsicherheit missinterpretiert werden. Diese Fehlinterpretation sollten wir auf jeden Fall verhindern. Das gelingt, indem wir unsere Körperachsen ausrichten.

Horizontale Achsen
Betrachten wir unsere horizontalen Achsen einmal von oben nach unten genauer. Als erstes haben wir die Achse der Augen. Sobald die Achse der Augen nicht waagerecht verläuft, legen wir unseren Hals frei und vermitteln Unterwürfigkeit. Daher sollten wir stets auf die Position unserer Augen achten. Brillenträger haben es dabei in bestimmten Fällen leichter, da sie ihren oberen Brillenrand an einem waagerecht verlaufenden Element des Präsentationsraumes, zum Beispiel einer Deckenkante, ausrichten können.

Was für die Achse der Augen gilt, gilt auch für die der Schultern, der Hüfte oder der Knie. Um die Schultern waagerecht zu halten, lassen Sie sie locker hängen. Die Hüfte sollte nicht geknickt sein, die Knie zwar leicht gebeugt, aber auf gleicher Höhe nebeneinander liegen. Diese Achsen halten wir naturgemäß eher waagerecht bzw. ist ihre Haltung von der Position der Füße, unserer untersten horizontalen Achse, abhängig.

Bei den Füßen ist darauf zu achten, dass sie ebenfalls nebeneinander auf gleicher Höhe stehen, die Fußspitzen sind leicht nach außen gedreht. Diese Fußstellung ist nicht so selbstverständlich, wie es vielleicht zunächst scheint. Bei Nervosität oder Unsicherheit neigen wir dazu, die Füße zu überkreuzen und dicht nebeneinander zu stellen. Der Grund dafür ist, dass sich dadurch unsere Beine berühren, was uns ein Gefühl von Schutz und Sicherheit vermittelt (vgl. Pease und Pease 2006, S. 99). Allerdings gibt es bei dieser Fußstellung zwei Probleme. Erstens macht sie uns klein. Denn unsere körperliche Präsenz ist auch davon abhängig, wie breit wir stehen. Je breiter, desto größer wirken wir und umgekehrt. Eine überkreuzte Fußstellung geht automatisch mit einem schmalen Stand einher und lässt uns kleiner wirken. Zweitens geht von überkreuzten Füßen oft ein Impuls für eine gänzlich unkoordinierte Achsenhaltung aus: Die überkreuzten Füße geben uns das Gefühl, schief zu stehen, sodass wir unsere Hüfte einknicken. Dies versuchen wir dann wiederum durch eine Schiefstellung der Schultern auszugleichen. Darauf reagieren wir mit der Schrägstellung des Kopfes, der dann die klassische Unterwürfigkeitsposition einnimmt. Die unsicherheitsbedingte Fußstellung führt also dazu, dass fast alle horizontalen Achsen unkoordiniert sind und wir mehrfach gekrümmt stehen (vgl. Abb. 3.2 rechts). Besser ist eine waagerechte und parallele Haltung aller horizontalen Achsen zueinander (vgl. Abb. 3.2 links).[4]

---

[4]Mein Schneider würde hart mit mir ins Gericht gehen, aber ich bevorzuge tatsächlich zu lange Hosenbeine bei Anzügen, damit im Sitzen nicht das halbe Bein freigelegt wird.

Abb. 3.2 Gute und schlechte Ausrichtung der horizontalen Achsen

Vertikale und laterale Achse

Zur vertikalen Achshaltung gibt es nicht viel zu sagen, außer: Halten Sie diese Achse möglichst immer senkrecht. Fehlende Klarheit in dieser Achse rührt in der Regel daher, dass wir unser Gewicht eher auf den linken oder den rechten Fuß verlagern. Besser ist es, das Gewicht auf beide Füße gleichmäßig zu verteilen. Ist dies der Fall, ist die vertikale Achse sauber ausgerichtet.

Etwas differenzierter möchte ich die laterale Achse betrachten, da sie in der Regel überhaupt nicht thematisiert wird. Die laterale Achse steuert unsere Vor- oder Rücklage. Indem wir unser Gewicht auf die Hacken verlagern, richtet sich die laterale Achse nach hinten aus; indem wir unser Gewicht auf die Ballen verlagern, geht sie nach vorne. Nun könnte man meinen, auch hier sei eine zentrale Haltung zu wählen, indem wir unser Gewicht über der Mitte unseres Fußes austarieren. Ich empfehle aber eher, die laterale Achse leicht nach vorne zu verlagern. Der Grund hierfür ist am besten nachzuvollziehen, wenn Sie einmal Folgendes ausprobieren: Stellen Sie sich mit ausgerichteten horizontalen und vertikaler Achse auf und verlagern anschließend Ihr Gewicht ein wenig nach vorne. Was passiert? Damit Sie nicht nach vorn umkippen, müssen Sie Ihre Zehen in den Boden krallen. Außerdem müssen Sie Körperspannung, vor allem in der Bauch- und unteren Rückenmuskulatur, aufbauen, wenn Sie nicht die Hüfte im Zuge einer Ausgleichsbewegung nach vorne schieben wollen (was wirklich komisch aussähe). Beide Reaktionen, sowohl das Zehenkrallen als auch die Körperspannung, haben hervorragende Auswirkungen auf unsere Haltung. Ich möchte zunächst auf die Körperspannung eingehen: Die Spannung unseres Körpers *überträgt* sich auf die Spannung unserer Präsentation. Durch unsere Körperspannung signalisieren wir der emotional-motivatorischen Ebene 2 unserer Publikumsgehirne, dass etwas Wichtiges vor sich geht, dem besser aufmerksam gefolgt werden sollte. So können wir allein durch Körperspannung, optimalerweise in Kombination mit einem Lächeln, das Interesse an einer Präsentation steigern.

Das Zehenkrallen sorgt dafür, dass wir stets *aktionsbereit* sind. Um zu verdeutlichen, was ich meine, stellen Sie sich noch einmal in die Grundhaltung mit ausgerichteten horizontalen und vertikaler Achse, das Gewicht leicht nach vorne verlagert. Konzentrieren Sie sich auf Ihre Zehen, die Sie in den Boden krallen. Und jetzt versuchen Sie einmal, einen Schritt nach *hinten* zu machen. Geht nicht ohne Weiteres, oder? Sie müssen zunächst Ihr Gewicht wieder mittig über Ihre Füße verlagern, bevor Sie den Schritt nach hinten machen können. Es ist also eine Art Zwischenschritt erforderlich. Und nun überlegen Sie einmal, was die instinktive Reaktion unserer vegetativ-affektiven Ebene 1 auf Druck oder Kritik unseres Publikums ist. Also wie reagieren wir instinktiv, wenn wir eine Frage gestellt bekommen, die wir nicht beantworten können oder uns dessen nicht sind? Unsere Ebene 1 rät uns zu Verteidigung oder Flucht, was wir instinktiv durch einen Schritt nach hinten umsetzen würden. Allerdings gefährden Verteidigung oder Flucht unsere Klarheit, sodass wir den Schritt nach hinten möglichst vermeiden sollten. Das schaffen wir, indem wir unsere Zehen in den Boden krallen, denn in dieser Haltung ist der Schritt nach hinten nicht ohne Weiteres möglich. Und mehr noch: Was passiert, wenn Sie das Krallen während der leicht nach vorne gebeugten Haltung auflösen? Sie machen einen Schritt *nach vorne*. Und wie reagiert eine auf das Lesen von Körpersprache ausgerichtete emotional-motivatorische Ebene 2 eines Publikumsgehirns auf diesen Schritt nach vorne? Der Schritt steht ja in einem engen zeitlichen Zusammenhang mit einer womöglich schwierigen oder kritischen Frage an uns. Noch bevor wir unsere Antwort geben können, signalisieren wir durch den Schritt aufs Publikum zu: „Ich bin mir meiner Sache sicher." Daher wird man uns ein hohes Maß an Klarheit zuschreiben, bevor wir überhaupt mit unserer Antwort angefangen haben. Ein kleiner Schritt nach vorne statt eines Schrittes nach hinten, nur durch Körperspannung und eingekrallte Zehen, verändern unsere Außenwirkung, vor allem wenn es etwas rauer zugeht, maßgeblich.

Neben der Vermittlung von Spannung und dem Potenzial eines überzeugenden Schritts nach vorne hat die eben geschilderte Grundhaltung noch einen weiteren Vorteil. Machen Sie noch einmal den Selbsttest: Richten Sie Ihre Achsen aus, aber diesmal verlagern Sie Ihr Gewicht so weit wie möglich nach hinten. Halten Sie kurz inne.

3.1 Den Kommunikationskanal öffnen

Und nun nehmen Sie die von mir empfohlene Haltung ein, also Ihr Gewicht ganz leicht nach vorne verlagert. Durch diese Veränderung der Gewichtsverteilung verringert sich der Abstand zum Publikum, ohne dass wir dafür unsere Füße bewegen müssten. Durch die leichte Vorlage sind wir ein paar Zentimeter näher an unserem Publikum. Diese Nähe zum Publikum unterstreicht unsere Klarheit, weil sie Selbstsicherheit signalisiert. Schließlich würde sich niemand, der sich verteidigen müsste oder fliehen wollte, auf die Quelle seiner Angst zubewegen.

▶ Bevor Sie mit dem Sprechen beginnen, achten Sie auf Ihre Achsen: Richten Sie Ihre Achsen sauber aus, indem Sie die horizontalen Achsen waagerecht und die vertikale senkrecht halten sowie die laterale leicht nach vorne verlagern.

Die richtige Haltung der vertikalen und lateralen Achse ist noch einmal in Abb. 3.3 und 3.4 dargestellt (vgl. hierzu auch „Aus der Praxis: Die Schutzhaltung").

Abb. 3.3 Gute und schlechte Ausrichtung der vertikalen Achse

Abb. 3.4 Gute und schlechte Ausrichtung der lateralen Achse

Aus der Praxis: Die Schutzhaltung

Unsere Achsenhaltung hat einen enormen Einfluss auf die Vermeidung von Unsicherheit: In meinen Trainings stelle ich immer wieder fest, dass sauber ausgerichtete Achsen den Teilnehmern extrem viel Sicherheit vermitteln. Grund dafür ist die Stabilität, die klare Achsen dem ganzen Körper verleihen. Dennoch fallen viele Präsentierende in schwierigen Präsentationssituationen aus der Grundhaltung und nehmen unwillkürlich eine Schutzhaltung ein: überkreuzte Füße, eingeknickte Hüfte oder eine Schrittstellung.

Es dauert etwas, um diese Schutzhaltung in den Griff zu kriegen und unsere Grundhaltung auch dann nicht zu verlassen, wenn es etwas stressiger wird. Hierbei gilt, wie für den Einsatz aller anderen Werkzeuge auch: Versuchen Sie, sich selbst zu beobachten und die Momente zu bestimmen, in denen Sie die Grundhaltung verlassen. Früher oder später stellen Sie durch diesen Reflexionsprozess fest, was Ihre Muster der Schutzsuche sind, wie Sie also mit Ihrer Körperhaltung auf Stress beim

Präsentieren reagieren. Wie so oft ist auch hier Erkenntnis der erste Schritt auf dem Weg zur Veränderung. Sie müssen gar nicht sofort etwas ändern. Wenn Ihnen ein bestimmtes Verhaltensmuster auffällt, reicht es in der Regel schon, wenn Sie sich dieses Muster immer wieder vor Augen führen. Das Durchbrechen dieses Musters geht irgendwann ganz von alleine.

Empfohlene Dosierung
Grundsätzlich empfehle ich einen intensiven Einsatz dieses Werkzeuges, sodass die drei Achsen immer wie beschrieben ausgerichtet sind. Wenn Sie merken, dass Sie die Grundhaltung verlassen haben, nehmen Sie sich die Zeit, sie wieder einzunehmen, bevor Sie weiter präsentieren.

Spielraum gibt es bei der Ausrichtung der Achsen in Bezug auf die Positionierung der Füße. Wie weit sollten die Füße auseinander stehen? Machen Sie die Weite der Fußposition von Ihrer Größe abhängig. Je größer Sie sind, desto enger können Sie die Füße zusammenstellen, je kleiner Sie sind, desto breiter sollten Sie stehen. Der Grund hierfür ist, dass die Breite unseres Standes einen Einfluss auf unsere Größenwahrnehmung hat. Je breiter wir stehen, desto größer werden wir wahrgenommen (vgl. Pease und Pease 2006, S. 212 ff.). Sind Sie von Haus aus groß, benötigen Sie diesen zusätzlichen Größeneffekt eher nicht, denn Sie strahlen schon durch Ihre Körpergröße ein hohes Maß an Klarheit aus. Sind Sie kleiner, dann kann Ihnen eine weite Fußpositionierung zu mehr wahrgenommener Größe und damit auch zu mehr Klarheit verhelfen.

Da Frauen im Schnitt rund 13 cm kleiner sind als Männer, empfehle ich vor allem Frauen, beim Präsentieren breiter zu stehen, als sie dies intuitiv machen würden. Denn insbesondere bei kleineren Menschen macht dieser breite Stand einen enormen Klarheitsunterschied aus. Das gilt im Übrigen für Frauen wie Männer gleichermaßen. Dabei meine ich mit einem breiten Stand keinen hüft-, sondern einen schulterbreiten oder sogar noch breiteren Stand. Während sich kleinere Männer erfahrungsgemäß recht schnell mit einer weiten Fußpositionierung anfreunden können, fällt Frauen das häufig schwerer. Für sie fühlt sich ein breiter Stand unnatürlich bis unkomfortabel an – je nach Wahl des Outfits etwas mehr oder weniger. Dennoch möchte ich sowohl kleinere Männer als auch Frauen dazu ermutigen, einen breiten Stand auszuprobieren. Wenn sich dieser Stand unnatürlich anfühlt, liegt es wahrscheinlich an mangelnder Übung und Gewöhnung (vgl. Abschn. 2.3.1). Davon sollten Sie sich nicht irritieren lassen, denn auf die Klarheit kleinerer Menschen wirkt sich ein breiter Stand äußerst positiv aus.

Auf einen Blick
- Wir haben drei Arten von Körperachsen: horizontale, vertikale und laterale. Wir sollten alle Achsen so ausrichten, dass sie unsere Klarheit unterstützen.
- Die horizontalen Achsen sollten parallel zueinander liegen, die vertikale exakt körpermittig und die laterale leicht nach vorne gekippt.

3.1.2.5 In die Augen schauen

Überall Gesichter

Dass es für viele Menschen unangenehm ist, vor anderen zu sprechen, liegt auch daran, dass man in einer solchen Situation vielen Blicken standhalten muss. Je mehr Augen uns ansehen, desto unwohler fühlen wir uns. Ursächlich hierfür ist wieder die vegetativ-affektive Ebene 1 unseres Gehirns, die sich ob der vielen Menschen einer potenziellen Gefahrensituation gegenübersieht und mit Fluchtimpulsen reagiert. Entscheidend für unser Gehirn sind aber nicht die Menschen an sich, sondern deren Blicke, auf die wir besonders stark reagieren (vgl. „Aus der Praxis: Der magnetische Blick").

> **Aus der Praxis: Der magnetische Blick**
>
> Ist Ihnen auch schon einmal aufgefallen, dass unsere Aufmerksamkeit von kritischen Blicken beinahe magisch angezogen wird? Insbesondere in meinen ersten Vorlesungen war ich aus unterschiedlichen Gründen vielen kritischen Blicken ausgesetzt. Einerseits, weil sich niemand vorstellen konnte, dass ich mit Anfang 20 eine gute Vorlesung halte, andererseits, weil ich anfangs tatsächlich keine guten Vorlesungen gehalten habe. Zwar waren in den Vorlesungen nicht ausschließlich kritisch dreinblickende Studierende anwesend, sondern auch solche, die entweder relativ teilnahmslos schauten oder sogar einen recht positiven Gesichtsausdruck machten. Dennoch wurde meine Aufmerksamkeit vor allem von den kritisch Blickenden wie magisch angezogen. Und auch heute noch fallen mir eher die skeptischen als die neutralen oder freundlichen Blicke auf. Wieso ist das so?
>
> Die Erklärung ist recht einfach: Unser Gehirn, insbesondere die für die Erkennung von Mimik zuständige emotional-motivatorische Ebene 2, scannt Gesichtsausdrücke permanent und alarmiert die vegetativ-affektive Ebene 1, wenn Gesichtsausdrücke auf eine potenzielle Bedrohung hinweisen. So sollen wir rechtzeitig in den Modus von Verteidigung, Angriff oder Flucht übergehen können. Aber nur, weil unser Gehirn besonders stark auf negative Gesichtsausdrücke reagiert, heißt das nicht, dass besonders viele uns kritisch gegenüberstehende Personen anwesend sind. Ganz im Gegenteil: Der Anteil besonders kritischer Personen im Publikum ist in der Regel verschwindend gering. Die meisten sind uns wohlgesinnt, und durch den Einsatz der Werkzeuge des exzellenten Präsentierens können wir ihre Zufriedenheit weiter steigern. Aber egal, wie gut wir sind, es wird immer Menschen geben, die etwas auszusetzen haben und uns das spüren lassen wollen. Ein kritischer Gesichtsausdruck ist oft ihr einziges Mittel. Deswegen müssen wir uns immer wieder selbst an Folgendes erinnern: Nur, weil wir etwas besonders *stark wahrnehmen,* ist es noch lange nicht besonders *stark ausgeprägt.*
>
> Noch immer erkenne ich sehr schnell die besonders kritisch Schauenden, das hat sich im Laufe der Zeit nicht verändert. Meine emotional-motivatorische Ebene 2 funktioniert also noch einwandfrei. Allerdings schaffe ich es mittlerweile recht gut, eine Reaktion der vegetativ-affektiven Ebene 1 mit dem Wunsch nach Flucht oder Verteidigung zu vermeiden und stattdessen meine kognitiv-sprachliche Ebene 3 einzusetzen:

Ich erkenne, dass es sich um Einzelfälle handelt, und fokussiere mich lieber auf die Zuhörer mit einem positiven Gesichtsausdruck.

Die Blicke eines Publikums zu ignorieren, ist unmöglich, denn wir sind evolutionär auf das Erkennen von Gesichtsstrukturen geprägt. Haben Sie sich schon einmal gefragt, warum wir ein Gesicht sehen, wenn wir den Mond anschauen? Dort ist keines, aber dennoch konstruiert unser Gehirn aus den Strukturen der Mondoberfläche ein Gesicht. Wenn Sie einmal nach „optische Täuschung" und „Gesicht" im Internet suchen, werden Sie viele Beispiele finden, in denen wir in Abbildungen Gesichter erkennen, obwohl dort eigentlich gar kein menschliches Gesicht zu sehen ist. Optische Wahrnehmung ist immer ein Konstruktionsprozess unseres Gehirns, wobei dieser Prozess zunächst von angeborenen, erst dann von unbewussten oder automatisierten Deutungen beeinflusst wird (vgl. Roth 2015, S. 280 f.). Und das Erkennen von Gesichtern, insbesondere Augen (vgl. Dutton 2013, S. 74), ist so tief in uns verwurzelt, dass wir überall Gesichter sehen, selbst wenn es sie gar nicht gibt.

Wie sollte man nun mit den Blicken des Publikums umgehen, wenn sie verantwortlich für die Fluchtimpulse unserer vegetativ-affektiven Ebene 1 sind? Einem Blick Stand zu halten, birgt die Gefahr, dass der Angesehene uns durch seine Mimik verunsichert und wir den Faden verlieren. Ist es da nicht besser, generell Blickkontakt zu meiden?

Folgender Rat wird in diesem Zusammenhang unsinnigerweise oft gegeben: „Schau deinem Publikum bloß nicht in die Augen, das macht dich nur nervös." Was man stattdessen machen soll, ist einigermaßen absurd. Hier meine beiden liebsten Vorschläge zur Vermeidung von Blickkontakt:

1. „Schaue deinen Zuhörern nicht *in* die Augen, schaue ihnen auf einen imaginären Punkt *zwischen* den Augen."
2. „Schaue deinen Zuhörern nicht *in* die Augen, sondern richte deinen Blick knapp über ihre Köpfe hinweg *an die Wand* hinter ihnen."

Beide Hinweise sind meines Erachtens Unsinn. Alle ähnlich lautenden Vorschläge ebenfalls. Der einzig sinnvolle Rat ist: Schauen Sie den Menschen in Ihrem Publikum beim Präsentieren direkt in die Augen, auch wenn es Ihnen schwerfällt. Blickkontakt ist die Voraussetzung für gegenseitige Verständigung, den Schlüssel zum exzellenten Präsentieren.

Bis etwas passiert
Blickkontakt zu meiden oder abzubrechen, ist neben dem schräg gestellten Kopf *die* Unterwürfigkeitsgeste überhaupt (vgl. Pease und Pease 2006, S. 179). Da es jedoch unser Ziel sein sollte, Klarheit in unserer Körpersprache zu erreichen, sollten wir jegliche Form der Unterwürfigkeit vermeiden. Dazu müssen wird den Blicken unseres Publikums standhalten, während wir sprechen. Dabei ist es nicht ganz einfach zu bestimmen, *wie lange* wir einem Blick standhalten sollten. Blicken wir zu lange in die Augen einer Person, wirken wir zu dominant oder gar aggressiv (vgl. Pease und Pease 2006, S. 178). Blicken wir zu kurz, wirken wir unsicher oder unterwürfig. Was also ist die richtige Länge eines Blickkontaktes?

Wenn ich meinen Seminarteilnehmern diese Frage stelle, sind die Antworten sehr unterschiedlich. Sie rangieren von „bis zum nächsten Blinzeln" bis zu „drei Sekunden". Keine davon ist allerdings so hilfreich und leistungsfähig wie meine Empfehlung: *Bis etwas passiert.* Bei der direkten Kommunikation mit unseren Zuhörern entsteht durch den Blickkontakt eine Art Spannung. Diese Spannung wird stärker, je länger der Blickkontakt dauert. Sie ist hauptsächlich aufseiten des Zuhörers spürbar. Bei uns besteht diese Spannung aufgrund des Sprechens vor einer Gruppe ohnehin und hält mehr oder weniger intensiv für die Dauer unserer gesamten Präsentation an. Beim Zuhörer baut sie sich im Moment des direkten Blickkontaktes auf, weil er nun nicht mehr Teil des Publikums und damit relativ anonym ist, sondern direkt adressiert wird. Der Fokus liegt direkt auf dem Einzelnen. Es besteht sogar die Möglichkeit, dass wir ihm eine Frage stellen und er schnell reagieren muss. Spannung baut sich auf.

Nun kann die entstandene und sich mit zunehmender Dauer eines Blickkontaktes steigernde Spannung von einem Zuhörer nicht unendlich lange ausgehalten werden. Sie muss sich irgendwie entladen. Das passiert in der Regel recht schnell. Der Angesprochene und Angesehene *reagiert* auf den direkten Blickkontakt und die etwaige direkte Ansprache, wobei die Art der Reaktion ebenso unterschiedlich ist wie die Dauer bis zu einer Reaktion. Typischerweise reagiert ein Zuhörer nach etwa einer halben Sekunde auf einen direkten Blickkontakt mit einem Blinzeln. Das ist dann der Moment, in dem es zwischen Sender und Empfänger funkt, um noch einmal das signaltheoretische Kommunikationsverständnis heranzuziehen. Das Funken bedeutet, dass der Kanal zwischen uns und dem adressierten Zuhörer *geöffnet* ist und wir miteinander verbunden sind. Die durch den Blickkontakt aufgebaute Spannung wird im Moment des Funkens wieder abgebaut, es kommt zu einer Art Energieentladung. Daher könnte mein Hinweis zum Blickkontakt auch lauten: „Schauen Sie Ihrem Publikum in die Augen, bis es funkt." Diesen Moment sollten wir so oft es nur geht und mit so vielen Zuhörern wie möglich zu erreichen, weil wir in diesen Augenblicken im direkten Kontakt mit ihnen stehen.

Vielfältigkeit von Reaktionen
Es ist nicht nur ein Blinzeln, das einen offenen Kanal zwischen Sender und Empfänger anzeigt. Die durch den Blickkontakt aufgebaute Spannung kann sich auch auf andere Arten der Energieentladung abbauen. Die wichtigsten habe ich aufgeführt:

- Bewegungen des Kopfes, vor allem ein Nicken oder eine seitliche Kopfbewegung,
- Bewegungen im Gesicht, etwa ein Lächeln, ein Zucken der Mundwinkel oder des Mundes insgesamt, eine Bewegung der Stirnpartie und der Augenbrauen,
- Bewegungen in den Schultern, etwa ein leichtes Zucken,
- Bewegungen der Hände oder Arme, etwa eine Veränderung von Hand- oder Armhaltung,
- Bewegungen der Beine und der Füße, etwa ein Umschlagen der Beine oder eine leichte Fußbewegung bei übereinandergeschlagenen Beinen.

Je weiter entfernt die Entladungsbewegung vom Kopf stattfindet, desto schwieriger ist es sie zu bemerken, insbesondere wenn das Publikum an Tischen sitzt. Oft entlädt sich die aufgebaute Spannung mit mehreren Bewegungen gleichzeitig, etwa durch ein Nicken und eine Bewegung der Mundwinkel. Es braucht etwas Übung, um alle Reaktionen des Publikums auch wirklich zu erkennen. Aber wenn Sie bewusst auf Ihr Publikum achten, dann werden sie sehr schnell einen Eindruck der Vielfältigkeit möglicher Reaktionen bekommen. Dazu ist es wichtig, nicht nur auf die Augen eines Zuhörers zu schauen und auf ein Blinzeln zu warten, sondern ihn in Gänze wahrzunehmen: „Ich sehe dich" ist die wertschätzende Grundhaltung des exzellenten Präsentierens und sorgt nicht nur für Sympathie, sondern versetzt uns auch in die Lage, alle Reaktionen unseres Publikums zu erkennen und darauf zu reagieren.

▶ Schauen Sie Ihrem Publikum in die Augen, wenn Sie präsentieren. Jedem Einzelnen. *So lange, bis etwas passiert.* Schenken Sie jedem Zuhörer die gleiche Aufmerksamkeit.

Auch wenn es eigentlich selbstverständlich ist, möchte ich es noch einmal explizit herausstellen: Reden und Blickkontakt halten, bis etwas passiert, erfolgen *parallel*. Wir halten bei unseren Ausführungen nicht inne, bis etwas passiert, und reden erst dann weiter. Vielmehr ist es wichtig, beides *gleichzeitig* zu machen. Das ist ein weiterer Grund, warum wir unsere Präsentation inhaltlich perfekt vorbereiten müssen. Denn wenn wir während des Präsentierens überlegen müssen, was wir eigentlich sagen wollen, liegt unsere geistige Aufmerksamkeit auf unseren Inhalten. Es bleibt zu wenig kognitive Kapazität für die Wahrnehmung der körperlichen Reaktionen unseres Publikums auf unseren Blickkontakt übrig.

Empfohlene Dosierung
Grundsätzlich sollten wir versuchen, *jedem* Zuhörer in die Augen zu schauen, bis etwas passiert. Blickkontakt zu halten, hat eine äußerst positive Wirkung auf unsere Klarheit, weswegen dieses Werkzeug hoch dosiert eingesetzt werden sollte. Eine Überdosierung ist dann möglich, wenn wir die Reaktionen unserer Zuhörer nicht wahrnehmen und ihnen weiter in die Augen schauen, obwohl schon etwas passiert ist. Das kann für unser Publikum ab einem bestimmten Punkt unangenehm werden, weil es sich angestarrt fühlt. Die Gefahr der Überdosierung ist allerdings recht gering, denn intuitiv neigen wir nicht dazu, Zuhörer mehrere Sekunden anzusehen, sondern wir weichen Blicken eher aus.

Mit jedem einzelnen Zuhörer Blickkontakt zu halten und auf seine Reaktion zu achten, ist ein anspruchsvolles Ziel. Je größer die Gruppe wird, desto schwieriger ist es, dieses Ziel zu erreichen. Irgendwann wird es sogar fast unmöglich. Da aber die meisten von uns nicht vor einem Publikum von 50 bis 200 Personen präsentieren und die allerwenigsten vor noch größeren Gruppen, können wir in den meisten Fällen zumindest *versuchen*, alle anzusprechen. Wenn Sie bei 40 Teilnehmern nur 30 mit direktem Blickkontakt ansprechen, haben die restlichen zehn in der Regel dennoch den Eindruck, sie würden direkt angesprochen. Also fangen Sie bitte nicht an nachzuzählen, ob Sie auch wirklich alle angeschaut haben, sondern lassen Sie Ihrem Blick freien Lauf.

Um herauszufinden, ob Sie dieses Werkzeug intensiv genug einsetzen, können Sie Folgendes machen: Nutzen Sie in einer Pause die Zeit dafür, Ihre Augen zu schließen

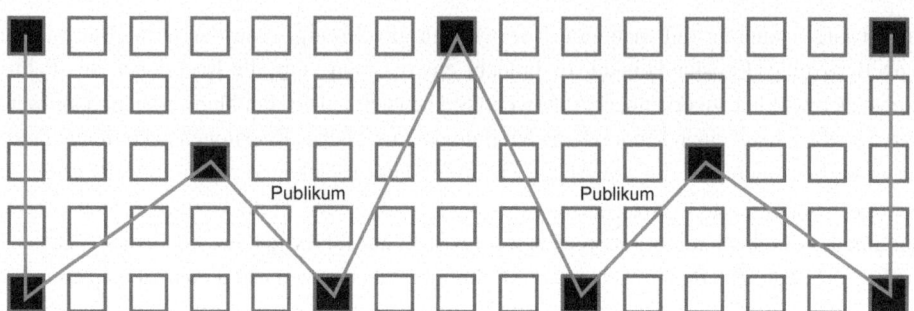

Abb. 3.5 Strukturierung des Publikums zur Steuerung des Blickkontakts

und sich die Gesichter Ihres Publikums vor Ihr inneres Auge zu rufen. Je größer der Anteil erinnerter Gesichter an der Gesamtzahl der Zuhörer ist, desto intensiver haben Sie den Blickkontakt gesucht und im Zuge dessen Bilder von Gesichtern abgespeichert. Erinnern Sie relativ wenige Gesichter, dann können Sie dieses Werkzeug im nächsten Teil Ihrer Präsentation ruhig etwas intensiver einsetzen.

Sollten Sie doch vor großen oder sehr großen Gruppen (50 oder mehr Teilnehmer) präsentieren, dann können Sie dieses Werkzeug wie folgt einsetzen: Suchen Sie sich in Ihrem Publikum eine bestimmte Anzahl an Personen als Fixpunkte aus (vgl. Abb. 3.5): einige davon in der ersten Reihe, einige in einer der mittleren Reihen und einige in der letzten Reihe. Verteilen Sie Ihre Fixpunkte ungefähr so, dass sich bei einer imaginären Verbindung dieser Punkte ein doppeltes W (WW) ergeben würde. Suchen Sie zu diesen Personen immer wieder den Blickkontakt. Von einer mittleren Position auf der Bühne ausgehend (vgl. Abb. 3.6), wandert Ihr Blick über das gesamte Publikum und verstärkt so den Eindruck, dass Sie jeden Teilnehmer direkt adressieren. Da Sie sich vor Ihrem Publikum bewegen, wird dieser Eindruck noch verstärkt, denn Sie sprechen die ausgewählten Personen immer aus unterschiedlichen Winkeln an.

Die Personen auf den Fixpunkten sollten Sie *vor Beginn* Ihrer Präsentation wählen. *Im Laufe* der Präsentation ergänzen Sie diese um Ihre *Supporter*.[5] Damit möchte ich solche Personen bezeichnen, mit denen Sie besonders gut Blickkontakt halten können. Das können Zuhörer sein, die Sie schon kennen, oder solche, die Ihnen besonders wohlgesinnt sind und Ihnen durch aktives Zuhören Selbstvertrauen vermitteln. Vielleicht sind es auch Personen, die für Ihren Präsentationserfolg besonders wichtig sind und die Sie häufiger direkt ansprechen möchten.[6] Wahrscheinlich finden Sie

---

[5]Aus dem Englischen für *Unterstützer* oder *Fan*.

[6]Diese Personen supporten Sie zwar nicht notwendigerweise während Ihrer Präsentation, wohl aber für das, was Sie mit Ihrer Präsentation erreichen wollen (zum Beispiel einen Auftrag zu erhalten). Daher möchte ich solche Personen in den Kreis der Supporter mit aufnehmen.

3.1 Den Kommunikationskanal öffnen

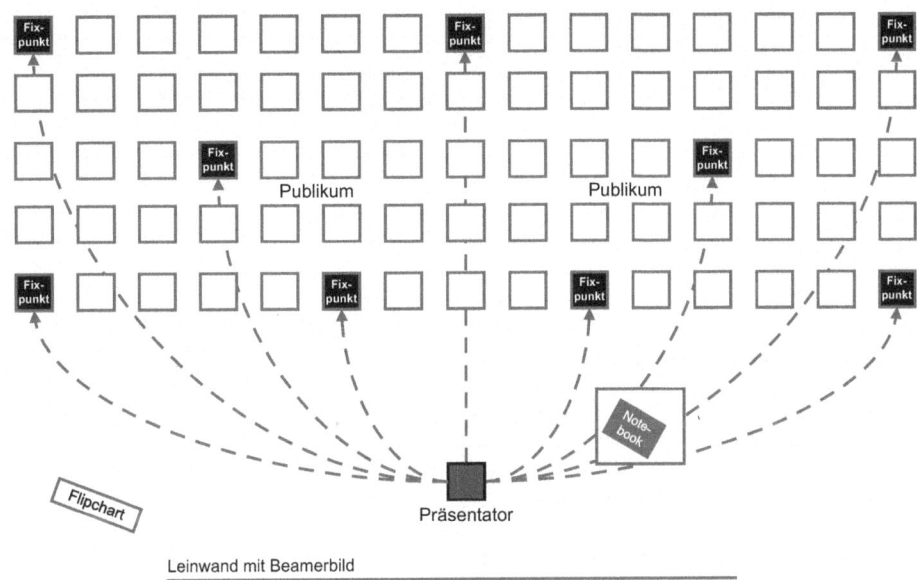

Abb. 3.6 Ansprache eines großen Publikums mit Fixpunkten

Ihre Supporter in die vorderen Reihen, denn Menschen in diesen Reihen sind häufig besonders engagiert und interessiert (vgl. Pease und Pease 2006, S. 344). Auf der Suche nach Ihren Supportern müssen Sie also eigentlich nur die Menschen in Ihrer Nähe etwas genauer unter die Lupe nehmen.

Durch den permanenten Blickkontakt mit den Personen auf den Fixpunkten und den Supportern (vgl. Abb. 3.7) gelingt es uns, dem gesamten Publikum das Gefühl eines intensiven Blickkontaktes zu vermitteln. So schaffen wir es auch vor einem großen Publikum, Klarheit durch *in die Augen schauen* zu vermitteln.

> **Auf einen Blick**
> - Die Blicke unseres Publikums können uns beim Präsentieren verunsichern.
> - Dennoch sollten wir den Blicken unserer Zuhörer nicht ausweichen, weil wir damit Unterwürfigkeit signalisieren.
> - Optimalerweise schauen wir einem Zuhörer so lange in die Augen, bis etwas passiert, und gehen dann zum nächsten Zuhörer über. Nach Möglichkeit sollten wir den Blickkontakt auf diese Art mit unserem gesamten Publikum steuern.

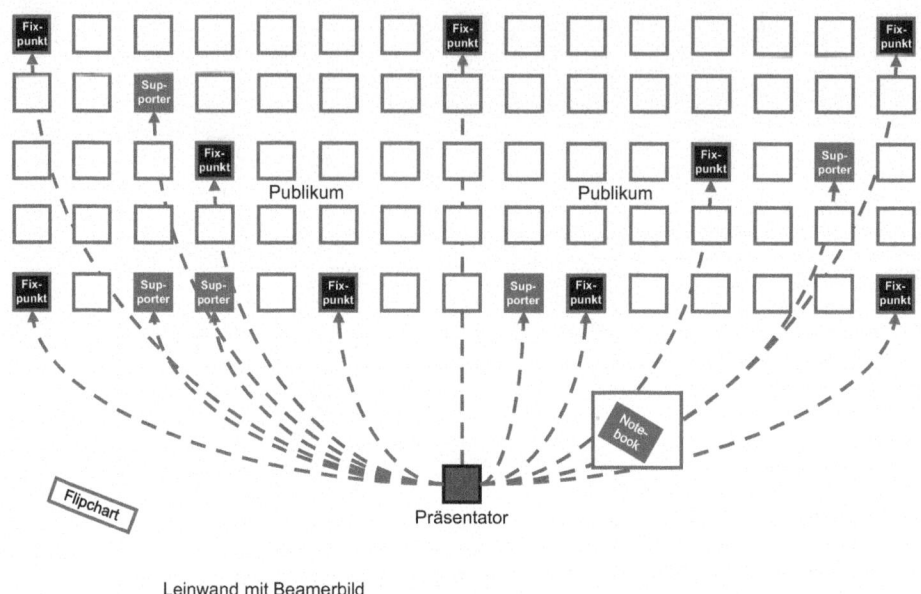

Abb. 3.7 Ansprache eines großen Publikums mit Fixpunkten und Supportern

3.1.2.6 Einsatz der Hände steuern

Zeigt her eure Hände

Über die Symbolkraft von Händen habe ich bereits gesprochen, als es um die Merkel-Raute ging. Unsere Hände haben ein herausragendes Potenzial dafür, uns bei der Erreichung unserer Präsentationsziele zu unterstützen. Und dennoch wissen viele von uns nicht, was sie mit ihren Händen anfangen sollen. „Wo soll ich mit meinen Händen hin?" ist eine der häufigsten Fragen, die ich in Präsentationstrainings höre. Die Antwort ist einfach: Hände sind dafür da, gezeigt zu werden.

Bei der Vorstellung dieses Werkzeuges möchte ich zunächst darauf eingehen, was wir mit unseren Händen *nicht* machen sollten, egal was Sie an der einen oder anderen Stelle vielleicht gehört haben. Erstens: Hände *nicht* verstecken. Hände gehören weder hinter den Rücken noch in die Hosentaschen. Wenn wir unsere Hände hinter den Rücken nehmen, hat das zwei entscheidende Nachteile. Auf der einen Seite werden unwillkürliche negative Emotionen unseres Publikums gefördert. Denn evolutionär hat sich tief in uns ein Misstrauen gegenüber nicht sichtbaren Händen entwickelt, denn so ist nicht ersichtlich, ob unser Gegenüber eine Waffe trägt oder nicht. Daher sollten wir unsere Hände deutlich sichtbar zeigen.

Auf der anderen Seite haben die hinter dem Rücken gehaltenen Hände eine sehr negative Auswirkung auf unsere Körperhaltung: Um die Hände hinter dem Rücken

3.1 Den Kommunikationskanal öffnen

halten zu können, müssen wir uns leicht nach vorne beugen und unseren Rücken krümmen. Wir bekommen einen kleinen Buckel und in der Folge neigt sich der Kopf etwas vorne (vgl. Abb. 3.8). Wenn wir nicht gegensteuern, fällt der Blick nach unten. Während eine gerade Körperhaltung uns auch einen *geraden* Blick ermöglicht, der exakt waagerecht verläuft, führt eine aufgrund der hinter dem Rücken liegenden Hände krumme Körperhaltung oft dazu, dass unser Blick *abfällt*. Und ein solcher Blick verhindert sowohl eine Begegnung auf Augenhöhe mit unserem Publikum als auch den Blickkontakt mit ihm.

Auch in den Hosentaschen verborgene Hände nähren die Vermutung, wir hätten etwas zu verbergen (vgl. hierzu auch „Aus der Praxis: Bruce Darnell empfiehlt"). Ähnlich wie übereinandergeschlagene Beine ist das Vergraben der Hände in den Hosentaschen ein Schutzinstinkt, der uns Sicherheit geben soll. Aber wie schon bei der Frage der Ausrichtung unserer Achsen gilt auch hier, dass ein solcher Wunsch nach Sicherheit zwar menschlich ist, jedoch unserer Klarheit im Wege steht.

Abb. 3.8 Auswirkungen unterschiedlicher Handpositionen auf die Körperhaltung

> **Aus der Praxis: Bruce Darnell empfiehlt**
> Der wunderbare Bruce Darnell, Model, Catwalk-Trainer und ehemaliges Jury-Mitglied bei Germany's next Topmodel, rät Folgendes, wenn man unbedingt die Hände in die Hosentaschen nehmen möchte: Man achtet darauf, dass nicht die ganze Hand in der Tasche verschwindet, sondern dass die Daumen noch herausschauen. Das hat den Vorteil, dass die Hände nicht zu tief in der Tasche liegen und die Oberarme noch leicht angewinkelt sind. Das signalisiert Aktionsbereitschaft, während verborgene Hände eher für Verschlossenheit stehen (vgl. Pease und Pease 2006, S. 34). Wenn Sie also doch einmal die Hände in die Hosentaschen stecken möchten, folgen Sie dem Rat von Bruce Darnell.

Wenn wir unsere Hände sinnvoll nutzen möchten, sollten wir sie nicht verstecken, sondern aktiv einsetzen. Optimale Voraussetzungen dafür schaffen wir mit einer klaren *Ausgangshaltung* der Hände, dem Bewusstsein, dass es ein *Aktionsfenster* gibt, in dem wir unsere Hände einsetzen können, und dass *klare Gesten* maßgeblich zur Verdeutlichung unserer Ausführungen beitragen. Ich möchte diese drei Punkte nun im Detail vorstellen.

Die Ausgangshaltung
Die Ausgangshaltung ist Start- und Endpunkt der Hände: Jede Geste beginnt in der Ausgangshaltung und kommt zu ihr zurück. Bei Frau Merkel ist es die Merkel-Raute.

Vor allem das Verweilen in der Ausgangshaltung ist es, was sich für viele von uns anfangs komisch anfühlt, weil es einige Zeit dauert, bis wir uns an unsere Ausgangshaltung gewöhnt haben. Mit etwas Übung gelingt es aber recht schnell, eine einmal festgelegte Ausgangshaltung ohne einen willentlichen Impuls wie selbstverständlich einzunehmen – so wie Frau Merkel ihre Raute.

Damit Sie eine für sich passende Ausgangshaltung finden können, möchte ich einige Empfehlungen geben, die Sie bei der Wahl Ihrer Ausgangshaltung berücksichtigen sollten:

1. Hände vorne halten, ungefähr auf Bauchnabelhöhe oder darüber: Aus meinen bisherigen Ausführungen zum Einsatz der Hände folgt, dass die Ausgangshaltung der Hände *vor* dem Körper liegen sollte. Halten Sie die Hände dabei ungefähr auf Bauchnabelhöhe, gerne etwas höher für noch mehr Aktionsbereitschaft.
2. Hände ineinander: Legen Sie die Hände ineinander, denn so entsteht der Eindruck von Ruhe und Sicherheit. Bei einer Ausgangshaltung, in der die Hände nicht ineinander liegen, haben Sie während einer Präsentation nicht so gut die Möglichkeit, Ruhe und Gelassenheit zu vermitteln, sondern wirken hektischer und unsicherer.
3. Festhalten, nicht ablegen: Auch wenn es manchmal anatomisch schwierig ist: *halten* Sie die Hände in der Ausgangshaltung. Legen Sie sie nicht auf dem Bauch ab. Machen Sie es Ihren Händen nicht zu gemütlich, denn sonst wird Ihre Aktionsbereitschaft leiden.
4. Je lockerer, desto besser: Versuchen Sie, Ihre Hände *locker* miteinander zu verbinden. Manchmal führt Anspannung dazu, dass wir unsere Hände stark aneinanderpressen. Dadurch verändert sich die Farbe der Hände, weil das Blut abgeschnürt wird.

5. Eine positive Haltung wählen: Welche Zeit zeigen analoge Uhren in der Werbung? Fast immer zehn Minuten nach zehn Uhr. Der Grund hierfür ist, dass beide Zeiger dann eine Art V bilden, das der Stellung des menschlichen Mundes beim Lächeln entsprechen soll. Diesen Ansatz möchte ich aufgreifen: Versuchen Sie, Ihre Hände so zu halten, dass Ihre Finger leicht nach oben zeigen. Achten Sie dazu darauf, dass Ihre Handgelenke nicht nach unten wegklappen. So vermitteln Sie eine positive Grundhaltung.
6. Keine Ausgangshaltung wählen, die schon belegt ist: Frau Merkel hat sich ihr Markenzeichen redlich verdient, deshalb sollten wir es ihr lassen. Also sollte eine Ausgangshaltung nicht schon belegt sein. Daher kommen weder die Merkel-Raute noch etwa Handhaltungen des Betens infrage.
7. Nichts in den Händen halten: Auch wenn Sie während Ihrer Präsentation einen Stift oder eine Präsentations-Fernbedienung in die Hand nehmen, weil Sie etwas an ein Whiteboard oder eine Tafel schreiben oder Ihre Präsentation weiterklicken müssen: Versuchen Sie, in Ihrer Grundhaltung *keine* Gegenstände in die Hand zu nehmen. Sie behindern Sie beim Einsatz eindeutiger Gesten und verleiten Sie dazu, mit ihnen herumzuspielen, was Ihr Publikum von Ihren Ausführungen ablenkt.

Trotz dieser Einschränkungen gibt es eine Vielzahl möglicher Ausgangshaltungen. Meine liebste ist die in Abb. 3.9 dargestellte: die Hände locker ineinander gelegt, die Fingerknöchel der linken Hand zeigen nach oben.

Klare Gesten im Aktionsfenster
Das Aktionsfenster ist der Bereich, in dem Gesten eingesetzt werden. Üblicherweise wird das Aktionsfenster zu klein gewählt, sodass Gesten oft nicht ihre volle Kraft entfalten können. Denn je größer der Bereich ist, in dem wir unsere Gesten zeigen, desto weiter öffnen wir uns körperlich. Das fällt uns beim Präsentieren aufgrund der hohen Anspannung oftmals nicht so leicht. Dennoch sollten wir uns um ein ausreichend großes Aktionsfenster bemühen, damit unsere Gesten unsere Botschaften sinnvoll unterstreichen können.

Das Aktionsfenster geht von der Gürtellinie (unten) bis zur Stirn (oben) und erstreckt sich über eine Breite, die sich aus unseren zur Seite ausgestreckten und leicht angewinkelten Armen ergibt (vgl. Abb. 3.10 links). Und eigentlich ist das Aktionsfenster ein Aktions*quader*, weil es neben der Höhe und der Breite auch eine Tiefe besitzt: Gesten sollten nicht direkt vor dem Körper, sondern ca. 30 bis 50 cm davor eingesetzt werden (vgl. Abb. 3.10 rechts). Damit können wir festhalten, dass eine *gute* Geste die Größe des Aktionsfensters *vollständig* ausnutzt.

Im Aktionsfenster sollten *klare* Gesten eingesetzt werden, schließlich ist der Einsatz der Hände ein Werkzeug des Kernfeldes *Klarheit*. Eine Geste ist dann eine *klare* Geste, wenn sie zwei Anforderungen erfüllt. Erstens nimmt eine klare Geste Zeit und Raum ein. Damit *verweilt* eine klare Geste einige Momente, um ihre volle Bedeutung zu entfalten. Stellen Sie sich zum Beispiel die typische Daumen-hoch-Geste vor: Wenn

Abb. 3.9 Ausgangshaltung der Hände

wir diese Geste einsetzen wollen, weil ein Zuhörer einen wertvollen Beitrag zu unserer Präsentation geleistet hat, dann sollte diese Geste mindestens eine volle Sekunde stehen. Raum nimmt eine klare Geste dann ein, wenn sie die gesamte Größe des Aktionsfensters ausnutzt. Zweitens ist eine klare Geste *unmissverständlich*. Die Bedeutung vieler Gesten ist tief in unserer emotional-motivatorischen Ebene 2 gespeichert. Dennoch sollten wir darauf achten, dass wir durch Gesten keine missverständlichen Botschaften aussenden oder dass gesprochene Sprache und Geste einander widersprechen.

▶ Geben Sie Ihren Gesten Zeit und Raum, damit sie Ihre Aussagen wirksam unterstreichen können.

Unser Publikum wird uns aufmerksamer folgen, wenn wir klare Gesten im Aktionsfenster anwenden. Allerdings gibt es einige Gesten, deren Einsatz problematisch sein kann. Das hängt vor allem an der kulturell unterschiedlichen Konnotation vieler Gesten: So ist die Daumen-hoch-Geste in manchen Ländern sehr negativ behaftet, weil sie eine Geste der Beschimpfung ist (ähnlich unserem Mittelfinger). Daher ist es vor allem bei Präsentationen

Abb. 3.10 Dimensionen des Aktionsfensters

im Ausland ratsam, sich vorher über No-Gos bestimmter Gesten zu informieren. Bei uns ist es vor allem der Zeigefinger, der sparsam eingesetzt werden sollte (vgl. Pease und Pease 2006, S. 38 ff.). Der nach oben gerichtete und vor und zurück bewegte Zeigefinger wird als sehr belehrend-autoritär wahrgenommen und sorgt eher für Widerstände als für Verständnis. Auch das direkte Zeigen auf Zuhörer mit dem Zeigefinger, etwa wenn wir in einer Fragerunde eine Person drannehmen möchten, kann negativ aufgefasst werden. Besser hierfür eignet sich die ausgestreckte Hand mit der Handfläche nach oben, mit der wir dann auf die entsprechende Person zeigen können. Insgesamt sollten wir also auf den Einsatz *positiv* behafteter Gesten setzen.

Empfohlene Dosierung
In meiner liebsten Computerspiel-Reihe *Monkey Island* gibt es einen wunderbaren Charakter namens Stan. Er ist ein echter Verkäufer, der zu 100 % hinter seinen Produkten und Dienstleistungen steht. Allerdings unterstützt er seine brillante Rhetorik durch wildes und hektisches Gestikulieren, sodass einem beim Zusehen fast schwindelig wird. Schon nach kurzer Zeit kann man sich nicht mehr auf das konzentrieren, was Stan sagt,

sondern ist durch das Zappeln seiner Arme und Hände vollständig abgelenkt. Daher lautet meine erste Empfehlung zum Einsatz der Hände: Machen Sie es nicht wie Stan, sondern setzen Sie Ihre Hände bewusst ein.

Die wenigsten von uns dürften den Einsatz der Hände allerdings von Haus aus wie Stan dosieren. Vielmehr setzen viele Präsentierende ihre Hände eher zu sparsam ein, sodass sie keine oder zu wenige klare Gesten verwenden, das Aktionsfenster nicht vollständig ausnutzen oder nicht zur Ausgangshaltung zurückkehren, wenn sie einen inhaltlichen Punkt abgeschlossen haben. Daher empfehle ich, dieses Werkzeug hoch dosiert einzusetzen. Dreh- und Angelpunkt dabei ist immer die Ausgangshaltung: Versuchen Sie, eine für Sie passende Ausgangshaltung zu finden und diese ab sofort immer in Ihren Präsentationen zu nutzen. Welche und wie viele Gesten Sie dann in Ihrem Aktionsfenster einsetzen, ist gar nicht so entscheidend. Vielmehr ist es wichtig, dass Sie sich in der Vorbereitungsphase Ihrer Präsentation überlegen, was Ihre entscheidenden Gedanken sind, die Sie vermitteln möchten. Ermitteln Sie hierfür passende, eindeutige Gesten, und legen Sie fest, wie Sie Ihr Aktionsfenster damit füllen wollen und wie lange soll die Geste stehen soll.

Wenn Sie eine solche Vorbereitung für die wichtigsten Gedanken Ihrer Präsentation durchführen, wird sich der Einsatz Ihrer Hände Schritt für Schritt verselbstständigen, sodass Ihre Hände Ihre Ausführungen irgendwann ganz natürlich unterstreichen. Und falls Sie jemand fragt, ob Sie Stan aus dem Computerspiel Monkey Island kennen, dann wissen Sie, dass Sie dieses Werkzeug vielleicht etwas zu hoch dosiert haben.

Auf einen Blick
- Die Hände gehören zu unseren wichtigsten Präsentationswerkzeugen. Sie sind in der Lage, unsere inhaltlichen Ausführungen verständnisfördernd zu untermalen.
- Beim Einsatz der Hände ist auf eine passende Grundhaltung, die vollständige Ausnutzung des Aktionsfensters sowie eindeutige Gesten zu achten.
- Wir sollten unsere Hände nicht hinter den Rücken nehmen, sie nicht in die Hosentaschen stecken und auch nichts in den Händen halten, was wir gerade nicht brauchen.

3.1.2.7 Spots wählen

Drei Positionen für Ihre Ideen
Bisher habe ich viel dazu gesagt, *wie* wir beim Präsentieren stehen sollten, um unsere Klarheit zu steigern. Allerdings bin ich noch nicht darauf eingegangen, *wo* wir stehen sollten. Mit dieser Frage möchte ich mich bei diesem Werkzeug, dem Wählen der Spots, intensiv befassen.

Haben Sie schon einmal eine Casting-Show im Fernsehen verfolgt? *Germany's next Topmodel, Deutschland sucht den Superstar* oder *Das Supertalent*? Woher wissen die

Kandidaten immer, wo auf der Bühne sie stehen müssen? Auf dem Boden ist eine Markierung angebracht, und zwar an der Stelle, an der die Kandidaten durch das Studiolicht am besten ausgeleuchtet werden. Diese Stellen heißen *Spots,* denn sie werden von sogenannten Spotlights angestrahlt. Daher heißt dieses Werkzeug: *Spots* wählen.

So, wie es bei einer Fernsehaufzeichnung feste Positionen auf der Bühne gibt, gibt es diese auch bei einer Präsentation. Der Unterschied ist, dass es bei einer Casting-Show in der Regel *einen* Spot gibt, nämlich irgendwo mit gebührendem Abstand zum Jury-Tisch. Beim Präsentieren gibt es *drei* Spots. Welche das sind, werde ich Ihnen gleich darstellen. Vorab möchte ich allerdings einen wichtigen Aspekt herausstellen. Die Spots sind immer *Orientierungspunkte.* Sie können Sie mit der Ausgangshaltung der Hände vergleichen: Sie kehren immer wieder auf die Spots zurück, sie bilden damit sozusagen Start- und Endpunkte Ihrer Bewegungen auf der Bühne. Sie sollten aber nicht wie fest verwurzelt auf den Spots verweilen, denn dann würden Sie einem anderen Kernfeld des exzellenten Präsentierens, nämlich der Dynamik, nicht gerecht werden. Also: Bitte bewegen Sie sich frei vor Ihrem Publikum und sehen Sie die Spots als Hilfspunkte, auf die Sie immer wieder zurückkehren können, wenn Sie Ihre Gedanken auf eine *bestimmte* Art vermitteln wollen. Und welche Art der Ideenvermittlung zu welchem Spot passt, zeige ich jetzt.

Der Präsentationsspot
Der Präsentationsspot ist der Spot, von dem aus wir unsere eigentliche Präsentation halten. In der Regel ist die Basis unserer Präsentation ja eine PowerPoint- oder Key-Note-Präsentation, die auf einem Notebook gespeichert ist. Also sollten wir für den Präsentationsspot eine Position wählen, von der aus wir sowohl unsere Präsentation auf dem Rechner als auch unser Publikum gut im Blick behalten können. Denn es ist essenziell, dass wir unser Publikum niemals aus den Augen lassen. Nur wenn wir unser Publikum permanent aufmerksam verfolgen, können wir gegensteuern, wenn der Kontakt einmal abzubrechen droht.

▶ Drehen Sie Ihrem Publikum niemals den Rücken zu. Behalten Sie es immer im Auge, damit Sie jederzeit auf Ihr Publikum reagieren können.

Wenn wir von unserem bereits angesprochenen Bühnen-Setting ausgehen (Leinwand mit Beamer, Flipchart, kleiner Tisch mit Notebook), dann bietet sich die Positionierung des Präsentationsspots wie in Abb. 3.11 gezeigt *schräg hinter* dem kleinen Tisch an.[7] Von diesem Punkt aus können wir sowohl unser Publikum als auch unser Notebook gut sehen Die gestrichelten Pfeile in Abb. 3.11 geben unser Sichtfeld an. Es beträgt durchschnittlich 150°.

---

[7]Abb. 3.11 geht von einer offenen U-Bestuhlung aus. Allerdings gelten alle Ausführungen auch für andere Bestuhlungsformen. Außerdem ist der Tisch in diesem Setting etwas links von der Mitte der Bühne positioniert. Ist dieser rechts von der Mitte aufgestellt, gelten alle Ausführungen entsprechend spiegelverkehrt.

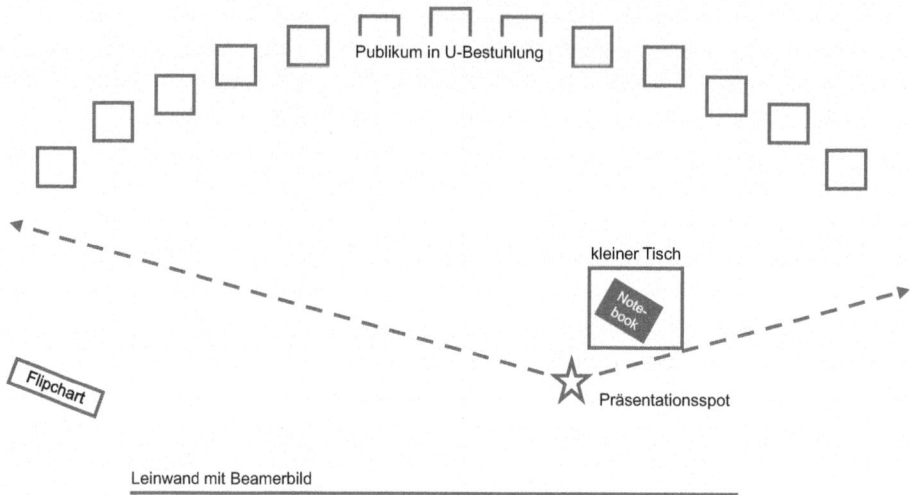

Abb. 3.11 Lage des Präsentationsspots

Wenn wir also *frontal* zum Publikum stehen, können wir vom Präsentationsspot aus das gesamte Publikum sehen. Durch leichtes Drehen des Kopfes nach rechts unten fällt unser Blick dann auf das Notebook. Die Bewegung des Kopfes ist dabei *minimal*, der Körper muss sich gar nicht drehen. So können wir vom Präsentationsspot aus mit einer offenen Körperhaltung zum Publikum hin viel Klarheit ausstrahlen. Dazu sollten wir die Achsen ausrichten, dem Publikum in die Augen schauen, wenn wir nicht gerade auf den Bildschirm blicken, und unsere Ausführungen durch den Einsatz unserer Hände unterstreichen.

Für das Präsentieren vom Präsentationsspot aus sind einige Besonderheiten zu beachten. Erstens sollten wir bei einer Präsentation mit PowerPoint die sogenannte *Referentenansicht* aktivieren. Bei Keynote heißt die Funktion *Moderatormonitor* und ist automatisch aktiviert. So erhalten wir auf unserem Notebook-Bildschirm ein anderes Bild als das auf der Leinwand dargestellte. Unser Publikum sieht auf der Leinwand die jeweils aktuelle Folie. Bei PowerPoint sehen wir ebenfalls diese Folie und darüber hinaus die nächste Folie oder Animation, die seit Start der Präsentation abgelaufene Zeit und die Uhrzeit. Außerdem, und das ist ganz besonders wichtig, sehen wir unsere Notizen, die wir bei der Vorbereitung der Präsentation ins Notizenfeld eingetragen haben. Bei Keynote können wir den Aufbau dieser Ansicht sogar noch individuell konfigurieren. Da wir unsere Notizen im Notizenfeld sehen können, brauchen wir auf dem Präsentationsspot auch keine Moderationskarten – diesen Aspekt hatte ich ja bereits angesprochen.

Da der Präsentationsspot stark an unsere PowerPoint- oder Keynote-Präsentation gebunden ist, sollten wir auf diesem Spot auch hauptsächlich zu solchen Inhalten sprechen, die auf unseren Folien dargestellt sind. Für besondere Details oder Inhalte über Folien hinaus bieten sich die beiden anderen Spots an.

Der Erklärungsspot
Der Erklärungsspot ist der Spot, von dem aus wir Details auf unseren Folien *erklären*. Immer wenn wir auf Folien Zusammenhänge darstellen, die so erklärungsbedürftig sind, dass wir den Blick unseres Publikums führen müssen, sollten wir vom Präsentationsspot auf den Erklärungsspot wechseln. Hierfür können wir entweder unsere Hände oder bei sehr großen oder hoch angebrachten Leinwänden einen Laserpointer nutzen. Würden wir die Details von Präsentationsspot aus erklären, müssten wir unserem Publikum den Rücken zudrehen, da wir vom Präsentationsspot aus nicht gleichzeitig auf die Leinwand zeigen *und* unser Publikum ansehen können. Also bietet sich für eine Detailerläuterung ein Wechsel zum Erklärungsspot an.[8]

Der Erklärungsspot liegt *neben* der Projektionsfläche des Beamerbildes bzw. direkt neben dem Flipchart oder Whiteboard (vgl. Abb. 3.12 für die Variante mit Beamer und Leinwand und Abb. 3.13 für die Variante mit Flipchart). Unsere Position auf dem Erklärungsspot ist nicht frontal zum Publikum, sondern leicht zu der Seite gedreht, an der die Projektionsfläche liegt bzw. das Flipchart oder Whiteboard steht. Das Blickfeld von 150° reicht bei dieser Grundhaltung vollkommen aus, um das gesamte Publikum im Blick zu behalten. Wenn wir uns dabei seitlich in Richtung der Projektionsfläche drehen und mit der entsprechenden Hand auf Details unserer Darstellungen zeigen, verlieren wir unser Publikum nur sehr kurz aus den Augen, weil wir unseren Kopf nur um etwa 90° drehen müssen. Den Rücken wenden wir dem Publikum gar nicht zu. So behalten wir engen Kontakt, während wir gleichzeitig tief in die Details unserer Präsentation einsteigen können.

Wenn wir ein mobiles Flipchart oder Whiteboard verwenden, sollten wir dieses etwas näher an unser Publikum heranholen, um Details deutlicher zeigen zu können. Ihre Position sollte dann so gewählt werden, dass wir von dem dann etwas näher am Publikum liegenden Erklärungsspot immer noch das gesamte Publikum im Blick haben (vgl. Abb. 3.13). Bei der Veränderung der Position von Flipchart oder Whiteboard sollten wir natürlich darauf achten, dass es nicht im Beamerlicht steht. Hierzu ein Tipp: Wenn wir auf der Tastatur unseres Notebooks die Taste *B* drücken, dann wird der Bildschirm schwarz. *B* steht für *black*. So scheint kein Licht auf Flipchart oder Whiteboard. Durch erneutes Drücken der Taste B kommt das Bild zurück.

Natürlich kann es in einer Präsentation mehrere Erklärungsspots geben. Bei meinen Präsentationen sind es in der Regel zwei: einer an der Leinwand und einer an einem Flipchart. Dieses verwende ich immer dann, wenn ich eine Idee *entwickeln* möchte.

---

[8]Es gibt auch die Möglichkeit, während der Präsentation am Rechner eine Art virtuellen Laserpointer zu nutzen (die meisten Präsentationsprogramme bieten diese Funktion). Ich habe bislang jedoch noch niemanden erlebt, der diesen virtuellen Laserpointer überzeugend einsetzen konnte. Will man diese Funktion nutzen, muss man sich in der Regel über sein Notebook beugen und die Achsen sind nicht mehr gerade. Außerdem geht der Blickkontakt mit dem Publikum für recht lange Zeit verloren, weil man sich auf die Bedienung des virtuellen Pointers konzentrieren muss. Daher rate ich von dieser Option eher ab.

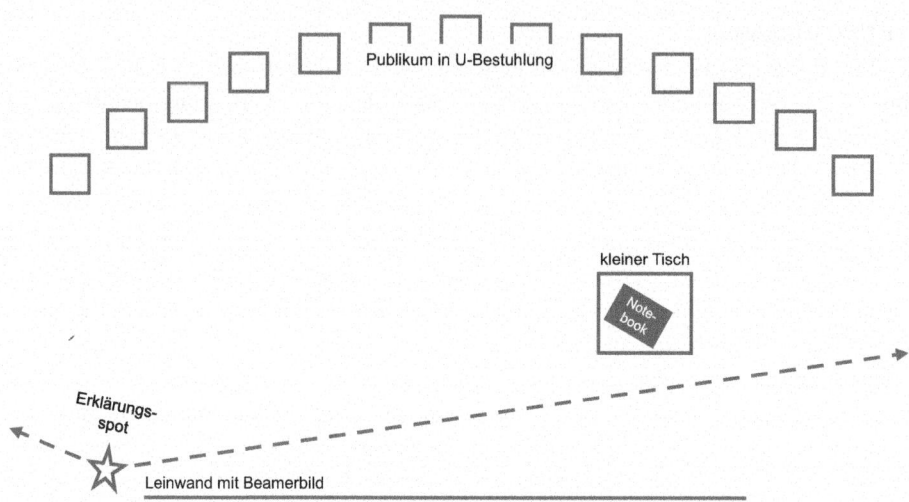

Abb. 3.12 Lage des Erklärungsspots (Variante an der Leinwand)

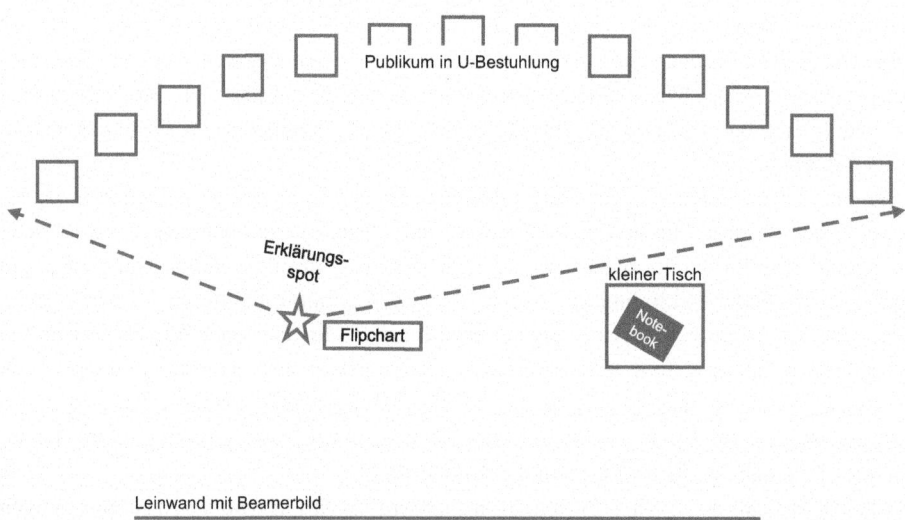

Abb. 3.13 Lage des Erklärungsspots (Variante am Flipchart)

Der Sweet Spot

Was ist das Süße an einer Präsentation? Wenn ich sage, dass es bei einer Präsentation immer darum geht, eine Idee von Mensch zu Mensch zu vermitteln, dann ist das Süße der direkte und ungestörte Kontakt von Mensch zu Mensch. Und dafür gibt es den Sweet Spot.

Die Lage des Sweet Spots ist *so nah wie möglich* am Publikum, ohne dass wir dabei unser Publikum aus den Augen verlieren. Das ist in der Regel ein Zielkonflikt, denn je

3.1 Den Kommunikationskanal öffnen

näher wir ans Publikum herangehen, desto weniger Zuhörer haben wir noch direkt im Blick, insbesondere an den Rändern. Das gilt auch dann, wenn keine U-Bestuhlung vorliegt, da unser Sichtfeld ja nur 150° beträgt.

Bei einer U-Bestuhlung bietet sich eine Positionierung des Sweet Spots mittig und nicht ganz auf Höhe der an den Rändern des U sitzenden Zuhörer an (vgl. Abb. 3.14.). Bei jeder anderen Art der Bestuhlung ist dieser Punkt mittig vor der ersten Reihe. Beim Präsentieren auf dem Sweet Spot sollten wir frontal vor dem Publikums stehen und stets in der vertikalen Achse leicht rotieren, also mal etwas nach rechts, mal etwas nach links drehen, um so auch die Zuhörer an den Rändern anzusprechen.

Und *wann* gehen wir auf den Sweet Spot? Wir sollten ihn immer dann aufsuchen, wenn wir den direkten Kontakt mit dem Publikum suchen, also auf *Interaktion* setzen. Je länger eine Präsentation dauert, desto anspruchsvoller wird es, den Kanal zum Publikum offen zu halten. Und neben der Dynamik ist Interaktion *die* Möglichkeit, Aufmerksamkeit aufrechtzuerhalten. Außerdem geht es beim Präsentieren ja um den Kontakt von Mensch zu Mensch. *Näher* können wir den Menschen in unserem Publikum nicht sein, sodass auf dem Sweet Spot der intensivste Kontakt von Mensch zu Mensch möglich ist. Durch diese Nähe durchbrechen wir die unsichtbare Mauer, die es zwischen Präsentatoren und Publikum oft gibt. Dadurch werden wir als Menschen greifbar und sind nicht mehr nur Experte für die fachlichen Aspekte unserer Präsentation. Auf dem Sweet Spot halten wir also nicht einfach eine Präsentation, sondern wir verlassen das Korsett von Folien, Grafiken, Tabellen und Formeln, sprechen frei und direkt mit unserem Publikum und können es so für unsere Ideen begeistern. Das ist der Schlüssel zur Exzellenz.

Damit wir unsere Ideen auf dem Sweet Spot ohne Ablenkung vermitteln können, schalten wir hier unsere Präsentation auf jeden Fall aus. Nutzen Sie dazu entweder die

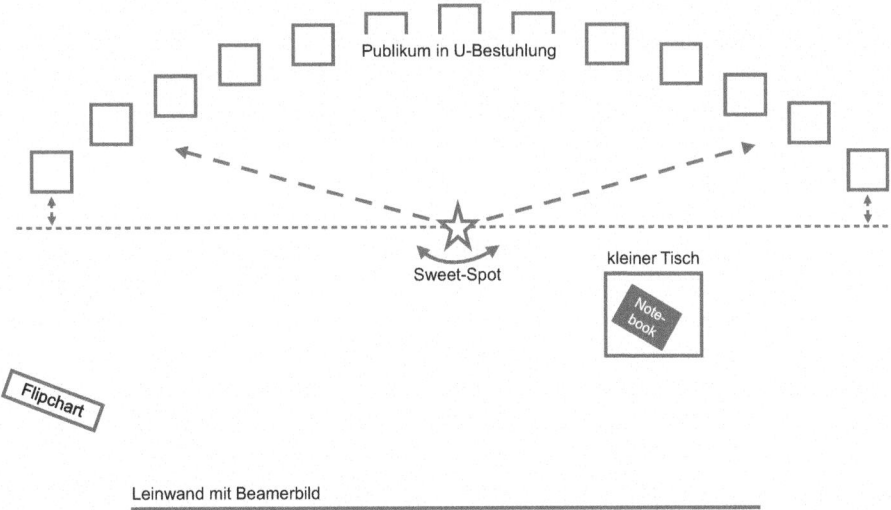

Abb. 3.14 Lage des Sweet Spots

Taste *B* auf der Tastatur oder besser noch eine Präsentations-Fernbedienung, die ebenfalls diese Funktion hat (vgl. hierzu auch „Aus der Praxis: Ungewohntes Schwarzbild"). So steht dem direkten Dialog mit dem Publikum nichts im Wege.

> **Aus der Praxis: Ungewohntes Schwarzbild**
> Ich erlebe es immer wieder, dass Zuhörer aus dem Publikum miteinander tuscheln, wenn ich das erste Mal mit der Fernbedienung das Beamerbild schwarz schalte. Oder jemand signalisiert mir wild gestikulierend, dass mein Bild ausgegangen sei. Wenn ich dann sage, dass das durchaus Absicht war, wundern sich viele darüber, dass das Schwarzschalten des Bildes einfach so geht.
> So, wie sich manche Zuhörer erst an ein schwarzes Präsentationsbild gewöhnen müssen, ist auch die direkte Ansprache vom Sweet Spot aus oft ungewohnt. Allerdings erfolgt die Gewöhnung sehr schnell, und die Zuhörer schätzen die direkte Ansprache in der Regel sehr. In meinen Präsentationstrainings ist es oftmals der Sweet Spot und das Agieren auf ihm, das die Teilnehmer für ihre eigenen Präsentationen als besonders wertvoll erachten.

Wann welcher Spot eingenommen wird, hängt davon ab, was wir in welchem Moment erreichen wollen: Folien präsentieren (Präsentationsspot), Details erläutern (Erklärungsspot) oder direkte Interaktion mit unserem Publikum (Sweet Spot). In Abschn. 4.2.3 werde ich die Chronologie einer Präsentation zusammenfassen und dabei auch auf die Nutzung der verschiedenen Spots eingehen.

Bewegung zwischen den Spots
Wie oft wir zwischen den Spots wechseln, hängt von den jeweiligen Aufgaben und Herausforderungen ab, mit denen wir bei einer Präsentation gerade konfrontiert sind. Aber definitiv sollten wir im Verlauf einer Präsentation mehrfach die Spots wechseln, denn jeder Spot leistet seinen ganz eigenen Beitrag für unseren Präsentationserfolg. Das typische Bewegungsmuster zwischen den Spots ergibt sich dann gemäß Abb. 3.15.

Empfohlene Dosierung
Nicht immer ist die exakte Positionierung der Spots so möglich, wie hier beschrieben. Daher geht es mir im Rahmen der Dosierung bei diesem Werkzeug nicht so sehr um die *Intensität* seines Einsatzes. Hierzu kann ohne Einschränkung festgehalten werden, dass es *immer* diese drei Spots geben sollte. Vielmehr soll es um die Frage gehen, wie man in Bezug auf die Spots improvisieren kann, wenn Sie nicht frei verteilbar sind.

Am häufigsten stellt die Platzierung des Präsentationsspots eine Herausforderung dar. Entweder ist ein Kabel zu kurz, sodass das Notebook sehr nah am Beamer stehen muss. Oder wir müssen unsere Präsentation von einem Rechner aus halten, der fest installiert und damit nicht mobil ist. Womöglich gibt es auch keinen kleinen Tisch, sondern nur einen großen Tisch, ein großes Pult oder irgendein anderes Monstrum, das wir eigentlich nicht auf unserer Bühne haben möchten. Wenn irgendwie möglich, sollten

3.1 Den Kommunikationskanal öffnen

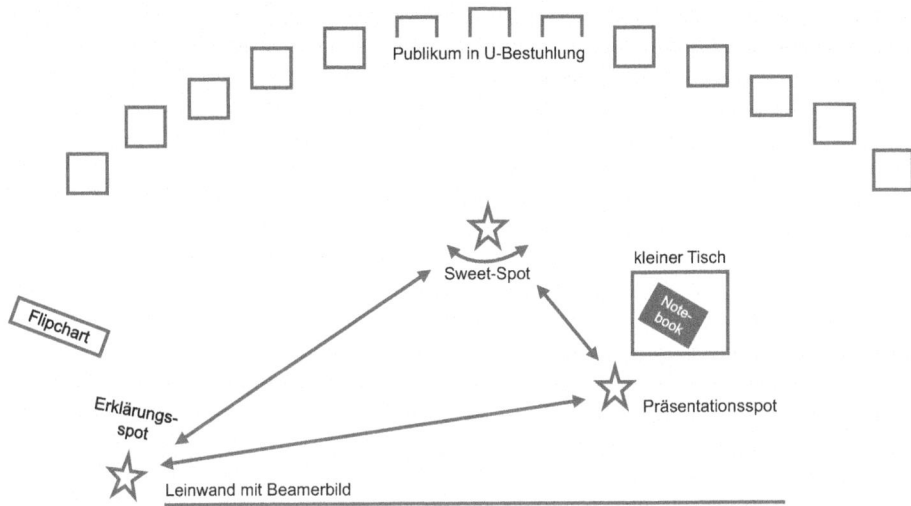

Abb. 3.15 Übersicht aller Spots

wir versuchen, unseren eigenen Rechner mitzubringen und ihn auf der Bühne wie hier beschrieben positionieren. Im Zweifel können wir ihn auch auf den Boden oder einen Stuhl stellen. Dabei ist es tendenziell besser, den Präsentationsspot etwas näher am Publikum als zu weit weg zu positionieren. Wenn es irgendwie geht, sollten wir Barrieren auf unserer Bühne, also große Tische oder Pulte, auf jeden Fall vermeiden.

Die Positionierung von Erklärungs- und Sweet Spot stellt in der Regel keine so große Herausforderung dar wie die Wahl des Präsentationsspots. Sollte *neben* der Projektionsfläche einmal nicht genügend Platz sein, dann können wir uns auch *davor* stellen, auch wenn wir damit einen Teil der Leinwand verdecken. Auf jeden Fall sollten wir unserem Publikum möglichst nicht den Rücken zuwenden. Womöglich müssen wir uns deshalb mal an den rechten, mal an den linken Rand der Projektionsfläche stellen.

Die Wahl des Sweet Spots wird manchmal dadurch anspruchsvoll, dass bei parlamentarischer Bestuhlung die erste Reihe frei bleibt. Wenn sich unser Publikum partout nicht in die erste Reihe setzen mag, dann können wir den Sweet Spot so wählen, dass wir die erste Tischreihe mit den Oberschenkeln fast berühren. So können wir ein Maximum an Nähe herausholen.

Auf einen Blick
- Beim Präsentieren befinden wir uns immer auf einer Bühne, auch wenn wir nicht zwingend erhöht stehen. Damit wir auf unserer Bühne möglichst überzeugend wirken können, müssen wir festlegen, *wo* wir beim Präsentieren stehen wollen.

- Auf unserer Bühne gibt es drei unterschiedliche Positionen oder *Spots*. Jeder Spot erfüllt eine eigene Funktion.
- Vom Präsentationsspot aus stellen wir unsere Folien vor, vom Erklärungsspot aus erläutern wir Details unserer Präsentation, und vom Sweet Spot aus gehen wir in die direkte und ungestörte Interaktion mit unserem Publikum.

3.1.2.8 Vor dem Publikum bewegen

Auf dem Sweet Spot beginnen
Bei den letzten Werkzeugen ging es um die Frage, wie oder wo wir bei einer Präsentation *stehen* sollten, wobei ich im Rahmen der Vorstellung unserer Spots auch auf die Möglichkeiten der Bewegung zwischen den Spots eingegangen bin. Bei diesem Werkzeug geht es jetzt nicht mehr um die Bewegung *zwischen* den verschiedenen Spots, sondern generell um die Frage, wie viel oder wenig wir uns *beim Sprechen* vor unserem Publikum bewegen sollten.

Meine Hinweise hierzu betreffen vor allem den Sweet Spot, nicht so sehr den Erklärungs- oder Präsentationsspot. Denn auf dem Erklärungsspot sollten wir uns relativ wenig bewegen, um von der Erklärung selbst und dem Objekt der Erklärung (eine Tabelle, ein Schaubild oder Ähnliches) nicht abzulenken. Gleiches gilt auch für den Präsentationsspot: Wenn wir unsere Folien vorstellen, sollten wir die Aufmerksamkeit unseres Publikums nicht von den Folien abbringen. Außerdem wollen wir ja selbst einen klaren Blick auf unsere Folien haben, weswegen Bewegung auf dem Präsentationsspot nur sehr eingeschränkt möglich ist.

Die Bewegung vor dem Publikum findet also vor allem vom Sweet Spot ausgehend statt. Dort führen wir den direkten Dialog mit unserem Publikum, der durch Bewegung untermalt werden sollte. So untermauern wir unsere Klarheit, denn durch die freie Bewegung auf der gesamten Breite der Bühne zeigen wir, dass wir uns auf unserer Bühne sicher fühlen. Damit ist auch schon das Bewegungsmuster vom Sweet Spot ausgehend klar: nach rechts oder nach links parallel zur ersten Reihe des Publikums. Dabei können wir immer auch einen Schritt in die *Tiefe,* also auf das Publikum zu, machen. Schließlich gehe ich davon aus, dass wir beim Präsentieren niemals pauschal zu einer Gruppe, sondern individuell zu einer Menge an Einzelpersonen sprechen. Ausgehend von dieser Philosophie ist der Schritt auf einen einzelnen Zuhörer zu die Grundlage für eine direkte Kontaktaufnahme. Je nach Sitzordnung des Publikums ergibt sich dann ein klassisches Rechts-links-in-die-Tiefe-Bewegungsmuster bei Theater- oder parlamentarischer Bestuhlung oder ein eher u-förmiges Rechts-links-in-die-Tiefe-Bewegungsmuster bei U-Bestuhlung (vgl. Abb. 3.16).

Der Schritt in die Tiefe
Für unsere Klarheit ist der Schritt in die Tiefe, also die Bewegung auf einen bestimmten Zuhörer zu, von besonderer Bedeutung. Allerdings müssen wir dabei den Abstand zum

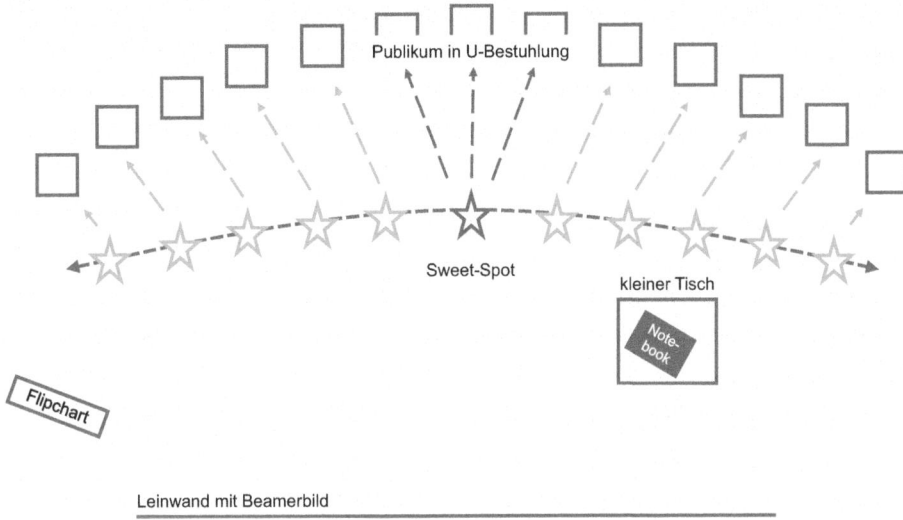

Abb. 3.16 Bewegung vor dem Publikum

Publikum richtig dosieren: Gehen wir zu nah an eine Person heran, ist das zwar hilfreich für unsere Klarheit, da man uns ein hohes Maß an Selbstvertrauen zuschreibt, schließlich trauen wir uns nah heran. Auf der anderen Seite kann dieser Schritt auf das Publikum zu bedrohlich wirken. Das liegt vor allem daran, dass wir die vegetativ-affektive Ebene 1 eines Zuhörergehirns aktivieren, wenn wir ihm zu nahe kommen und in seine Komfortzone eindringen. Und je näher wir kommen, desto stärker verletzten wir sie. Außerdem wird beim Eindringen in die Komfortzone das Über-Unterordnungs-Verhältnis zwischen uns und dem entsprechenden Zuhörer konkret sicht- und spürbar: Er sitzt und wir stehen, sodass er zu uns aufschauen muss, wenn er uns ansehen will. Je näher wir kommen, desto stärker muss die Person den eigenen Kopf in den Nacken legen, was das Über-Unterordnungs-Verhältnis weiter steigert. Daher sollten wir auf keinen Fall zu nah an eine Person herangehen.

Ist der Abstand zum Publikum aber zu groß, dringen wir zwar nicht in die Komfortzonen unserer Zuhörer ein und unterstreichen damit auch kein Über-Unterordnungs-Verhältnis, leisten aber auch keinen entscheidenden Beitrag für unsere Klarheit. Deswegen stellt sich die Frage, *wie nah* wir ans Publikum herantreten sollten. Die Antwort ist einfach, wenn auch individuell unterschiedlich: So nah wie möglich, ohne dabei bedrohlich zu wirken. Je nachdem, wie groß Sie sind, welche Statur Sie haben und wie groß die Menschen in Ihrem Publikum sind, ist das mal etwas näher oder etwas weiter entfernt. Als konkrete Daumenregel können Sie sich aber merken, dass Sie so nah an eine Person herantreten können, wie diese Sie ansehen kann, ohne dabei den Kopf spürbar anheben zu müssen. Legt ein Zuhörer den Kopf in den Nacken oder rutscht er mit seinem Gesäß auf dem Stuhl nach vorne, um ohne Veränderung der Kopfhaltung nach oben zu schauen, sind Sie zu nah. Im Normalfall sind das etwa *eineinhalb Meter* Abstand, die Sie halten sollten.

▶ Gehen Sie so nah wie möglich an Ihr Publikum heran, aber nicht so nah, dass Sie bedrohlich wirken.

Die Daumenregel des Abstandes gilt für jede Art von Bestuhlung. Sie führt bei einer Theater- oder parlamentarischen Bestuhlung dazu, dass unsere Bewegungswege relativ konsequent in einem rechten Winkel vom Sweet Spot aus nach rechts oder links führen und sich bei einer U-Bestuhlung auch ein u-förmiges Bewegungsmuster ergibt (vgl. Abb. 3.16).

Der Schritt in die Tiefe ist aber nicht nur für die Steuerung unserer Klarheit von großer Bedeutung. Bereits mehrfach habe ich die unsichtbare Mauer angesprochen, die bei vielen Präsentationen eine Barriere zwischen Präsentator und Publikum bildet und das Öffnen sowie das Offenhalten eines Kanals zwischen Sender und Empfänger erschwert. Diese unsichtbare Mauer entsteht aus unterschiedlichen Gründen, in der Regel bereits aus dem für Präsentationen typischen Über-Unterordnungs-Verhältnis. Sie wird größer und unüberwindbarer, wenn dem Publikum wenig Wertschätzung entgegengebracht wird oder keine positive Präsentationsatmosphäre herrscht (um nur zwei mögliche Faktoren zu nennen). Aber selbst bei perfekten Rahmenbedingungen und sorgfältig dosierten Werkzeugen kann diese Mauer noch vorhanden sein oder sich während einer Präsentation bilden. Der wirksamste Weg, um sie zu durchbrechen, ist der Schritt in die Tiefe, auf das Publikum zu. Denn Nähe zum Publikum ist das beste Mittel, um die unsichtbare Mauer gar nicht erst entstehen zu lassen oder sie sofort wieder einzureißen, wenn sie sich aufbaut.

▶ Der Schritt in die Tiefe ist das beste Mittel, um die unsichtbare Mauer zwischen Ihnen und Ihrem Publikum zu durchbrechen.

Bewegungstipps
Wenn Sie nun vom Sweet Spot aus nach rechts oder links gehen und zwischendurch immer wieder einen Schritt auf das zu Publikum zu machen, dann sollten Sie dabei auf Folgendes achten:

1. Tempo: Sie brauchen auf der Bühne nicht schnell zu gehen, um Ihre Klarheit zu unterstreichen. Ein normales Tempo, wie etwa bei einem zügigen Spaziergang, reicht aus.
2. Körperspannung: Auch wenn Sie in einem normalen Tempo über die Bühne gehen, achten Sie stets auf Körperspannung und einen geraden Rücken.
3. Füße anheben: Es mag selbstverständlich klingen, aber achten Sie darauf, Ihre Füße beim Laufen anzuheben und nicht zu schlurfen. Das mäßige Tempo auf einer Bühne verleitet manche Personen dazu, die Füße über den Boden schleifen zu lassen, was sowohl ablenkt als auch geringe Spannung suggeriert.

3.1 Den Kommunikationskanal öffnen

4. Kreuzschritt: Setzen Sie Ihre Füße im Kreuzschritt übereinander, wenn Sie von links nach rechts oder andersherum laufen. So können Sie Ihrem Publikum immer mit einer geöffneten frontalen Körperhaltung begegnen und müssen ihm nicht die Seite zuwenden.
5. Parallelschritt: Beim Schritt in die Tiefe, also auf Ihr Publikum zu, gehen Sie ganz normal, weil sie dabei ja automatisch frontal zum Publikum positioniert sind.
6. Start und Ziel: Beginnen und enden Sie immer auf dem Sweet Spot. Wie die Ausgangshaltung beim Einsatz der Hände ist auch der Sweet Spot Start und Ziel.

Wenn Sie diese Tipps berücksichtigen, zeigen Sie natürliche Bewegungen auf der Bühne, die Ihre Klarheit unterstreichen (vgl. hierzu auch „Aus der Praxis: Der General").

> **Aus der Praxis: Der General**
> Einer meiner früheren Professoren wurde von uns immer nur „der General" genannt. Er unterrichtete das Fach Investition und Finanzierung und kannte sich in seiner Materie sehr gut aus. Fast seine gesamte Vorlesung hindurch rezitierte er aus dem Gedächtnis. Sowohl Investitionsrechenverfahren als auch Finanzierungsmethoden gab er in seinem ganz eigenen Rhythmus lehrbuchhaft und bestimmte Passagen im sorgsam wiederholenden Diktatstil zum Besten. Wir mussten alles mitschrieben. Dabei bewegte sich der General nach dem immer gleichen Muster vor uns hin und her: Die Hände hinter dem Rücken verschränkt, dadurch der Oberkörper leicht nach vorne gebeugt. Er ging hinter seinem Pult von rechts nach links marschierend durch den Raum, bis er an einem Ende seiner Bühne angekommen war. Dann drehte er sich militärisch auf einem Fuß, um anschließend wieder zurückzumarschieren, den Blick stets starr Richtung Boden gerichtet und dabei Formeln und Methoden diktierend. Nur zu Beginn und zum Ende der Vorlesung blicke er in unsere Richtung (und wenn er zwischendurch mal eine Frage zulassen wollte, was aber selten der Fall war). So konnten wir immer entweder seine linke oder seine rechte Seite sehen. Mehrfach kontrollierten wir aus Spaß, ob sein Auf und Ab eine Furche in den Boden des Vorlesungssaals geschürft hatte, aber es war auch am Ende des Semesters nichts zu erkennen.
>
> Der General mochte ein Fachmann auf seinem Gebiet gewesen sein, aber Begeisterung für Investition und Finanzierung hat er bei mir nie entfacht. Er hat es einfach nicht geschafft, einen Kanal zu uns zu öffnen, weil er es nie für nötig hielt, Kontakt und Nähe aufzubauen. Das einzige, was mir wirklich im Gedächtnis geblieben ist, ist sein Gang und die Frage, warum jemand Hochschullehrer wird, der so wenig Wert auf Kontakt zu Menschen legt.

Empfohlene Dosierung
Grundsätzlich dürfen wir uns ruhig viel vor unserem Publikum bewegen. Bewegung führt bei uns dazu, dass der gesamte Kreislauf aktiv ist, was uns schneller denken lässt. Außerdem muss sich unser Publikum auch bewegen, wenn wir uns bewegen, auch wenn

es nur die Köpfe und Blicke sind, die uns folgen. So überträgt sich ein Stück unserer Aktivität auf unser Publikum. Außerdem kann Nervosität viel besser ertragen werden, wenn wir aktiv sind – aber darauf werde ich noch separat eingehen.

Achten Sie bei der Bewegung vor dem Publikum lediglich darauf, die genannten Tipps zu berücksichtigen: Laufen Sie nicht hektisch und ziellos auf und ab, gehen Sie nicht zu impulsiv auf das Publikum zu und behalten Sie eine offene Haltung zum Publikum bei. Ansonsten lassen Sie Ihrem natürlichen Bewegungsdrang ruhig freien Lauf.

Auf einen Blick
- Um unsere Klarheit beim Präsentieren zu unterstreichen, sollten wir uns vor unserem Publikum bewegen. Ausgangspunkt hierfür ist vor allem der Sweet Spot.
- Bei der Bewegung vor dem Publikum sollten wir die Breite der Bühne vollständig ausnutzen und immer wieder einen Schritt auf unser Publikum zu machen.
- Außerdem sollten wir auf eine stets dem Publikum zugewandte und offene Körperhaltung achten.

3.2 Den Kommunikationskanal offen halten

Ist ein leistungsfähiger Kommunikationskanal zwischen uns und unserem Publikum einmal geöffnet, muss dieser für die restliche Dauer einer Präsentation „nur noch" offen gehalten werden. Allerdings ist die menschliche Aufmerksamkeitsspanne recht begrenzt, sodass diese Aufgabe höchst anspruchsvoll ist. Sie gelingt dann, wenn wir die Werkzeuge der Dynamik und Interaktion richtig einsetzen. So gewinnen wir die Aufmerksamkeit unseres Publikums zurück.

3.2.1 Notwendigkeit für Dynamik und Interaktion erkennen

Bevor ich auf die Werkzeuge zur *Steuerung* von Dynamik und Interaktion eingehe, möchte ich zwei Werkzeuge vorstellen, mit denen wir den *Zeitpunkt* bestimmten können, wann auf Dynamik und Interaktion gesetzt werden sollte.

3.2.1.1 Wingman mitnehmen

Der Flügelmann
Es ist 1986. Einer der erfolgreichsten Filme des Jahres ist *Top Gun – Sie fürchten weder Tod noch Teufel*. Es geht um die Ausbildung amerikanischer Kampfpiloten im Kalten Krieg und deren Rivalität untereinander, natürlich gespickt mit einer Liebesgeschichte.

Größte Rivalen sind Lt. Pete „Maverick" Mitchell alias Tom Cruise mit seinem Ko-Piloten Nick „Goose" Bradshaw und Lt. Tom „Iceman" Kazanski alias Val Kilmer mit seinem Ko-Piloten Ron „Slider" Kerner.

Seit Top Gun ist Goose wohl der berühmteste Wingman der Fernsehgeschichte. Der Begriff *Wingman,* übersetzt: Flügelmann, stammt aus der amerikanischen Militärluftfahrt und bezeichnet eigentlich den Piloten, der dem Staffelführer den Rücken freihält und dazu an dessen Flügelseite bleibt. In einem zweisitzigen Kampfflugzeug, wie bei Top Gun, ist der Ko-Pilot der Wingman. Damit ist ein Wingman jemand, dem der Frontmann womöglich sein Leben anvertrauen muss.

Beim Präsentieren geht es selten um Leben und Tod. Dennoch gibt es Situationen, in denen es wertvoll ist, einen Vertrauten, einen Wingman, an seiner Seite zu haben. Insbesondere wenn wir uns beim Präsentieren verbessern oder den Einsatz des einen oder anderen neuen Werkzeugs ausprobieren wollen, ist es nicht ganz einfach, sich gleichzeitig auf die Inhalte der eigenen Präsentation *und* auf die Verbesserung bestimmter Techniken zu konzentrieren. Dann kann ein Wingman helfen. Er analysiert den Einsatz unserer Präsentationswerkzeuge und gibt uns später ein differenziertes Feedback, während wir uns voll und ganz unserer Präsentation widmen. Um die eigenen Präsentationsfähigkeiten zu verbessern, ist der Einsatz eines Wingmans also eine wunderbare Möglichkeit (vgl. hierzu auch den „Exkurs: Videoanalyse vs. Wingman").

> **Exkurs: Videoanalyse vs. Wingman**
>
> Natürlich können wir auch einen anderen Weg gehen, als einen Wingman mitzunehmen. Wenn wir uns verbessern wollen, können wir unsere Präsentation auf Video aufnehmen und später selbst analysieren. So können wir Schritt für Schritt untersuchen, was uns in unserer Präsentation gut gelungen ist und was nicht. Allerdings sprechen für mich einige Aspekte *gegen* eine Videoanalyse.
>
> Erstens sehen sich die wenigsten von uns gerne auf Video. Das beginnt mit der eigenen Stimme, die anders klingt als normal, weil wir sie auf einmal nicht mehr von innen *und* außen hören, sondern nur noch von außen. Denn wenn wir normal sprechen, nehmen wir die Schallwellen unserer Stimme über die Ohren, aber auch über die innere Weiterleitung durch Knochen und Gewebe war. Wenn wir uns nur hören, ohne dabei zu sprechen, fällt die innere Wahrnehmung weg. Unsere Stimme klingt auf einmal anders als gewohnt. Und genau das empfinden die meisten Menschen als unangenehm. Außerdem sehen wir uns im normalen Leben für gewöhnlich nur von vorne, und zwar im Spiegel, von Fotos einmal abgesehen. Auf einem Video sehen wir uns von allen Seiten. Auch das ist ungewohnt und wird von den meisten Menschen als unangenehm wahrgenommen.
>
> Aus den genannten Gründen sind viele von uns negativ voreingenommen, wenn sie sich auf Video sehen. Die Erwartung, dass man komisch klingt und aussieht, führt zu einem negativen Priming, das uns eher Schwächen als Stärken sehen lässt. Eine neutrale Fehleranalyse wird schwierig. Daher ist der Einsatz eines Wingmans eine gute

Alternative zur Videoanalyse, insbesondere dann, wenn man das eigene Bild und die eigene Stimme noch nicht so gewohnt ist.

Zweitens ist es etwas anderes, ein Video anzuschauen, als einen Menschen live zu erleben. Wenn Sie wissen wollen, wie Sie vor Menschen agieren, dann brauchen Sie ein Feedback aus einer solchen Situation und nicht auf Basis eines Videos. In einer Videoaufnahme kommen wichtige Aspekte einer Präsentation wie Stimmungen oder Emotionen, die für den Erfolg maßgeblich sind, gar nicht rüber. Wenn ein Mensch in Wirklichkeit einen Raum betritt, ist das ja auch etwas anderes, als wenn Sie diese Szene auf einem Video beobachten würden. Daher gibt ein Video nur ein verfälschtes Bild der eigentlichen Präsentation wieder. Das ist nicht immer dramatisch, weil Sie dennoch viele wertvolle Beobachtungen machen können, aber es ist eben nicht dasselbe.

Natürlich haben Videoanalysen eine Daseinsberechtigung, insbesondere wenn es in einem Training darum geht, den Teilnehmern positive wie negative Kritik nachvollziehbar zu erläutern. Die Möglichkeit, Bewegungsmuster Bild für Bild zu studieren, ist eine große Stärke von Videoanalysen.[9] Aber sie erfordern eben auch ein hohes Maß an Tapferkeit des Analysierten, denn ein Video ist gnadenlos, weil es nichts beschönigt, insbesondere in Zeitlupe. Daher ist es sinnvoll, sich Schritt für Schritt daran zu gewöhnen. Wenn Sie also eine Videoanalyse einer Ihrer Präsentationen machen möchten und sich noch nicht so oft auf Video gesehen haben, machen Sie sich zunächst bewusst, dass Sie Ihre eigene Stimme und Ihr Aussehen wahrscheinlich erst einmal komisch finden werden. Versuchen Sie außerdem, nicht auf *alles* zu achten, sondern überlegen Sie sich vorher, was Sie besonders interessiert, und konzentrieren Sie sich nur auf diese Aspekte. Und vielleicht nehmen Sie für die erste Videoanalyse ein Glas Rotwein zur Hand, damit lässt sich ja vieles besser ertragen.

Eine Vertrauensperson finden
Nun geht es mir beim Einsatz des Wingmans vor allem darum herauszufinden, wie dynamisch und interaktiv wir präsentieren. Natürlich ist sein Einsatz zur schrittweisen Verbesserung der anderen Werkzeuge des exzellenten Präsentierens ebenfalls sinnvoll, wir müssen unseren Wingman nur gut auf diese Aufgabe vorbereiten. Aber wer ist denn überhaupt als Wingman geeignet?

Erstens kommt nur eine solche Person als Wingman infrage, der wir vertrauen und deren Wort wir respektieren. Schließlich soll uns unser Wingman ein *ehrliches* Feedback geben, und so ein Feedback kann positiv oder negativ ausfallen. Insbesondere bei negativem Feedback und damit einhergehenden Verbesserungsvorschlägen sollten wir in der

---

[9]Ich benutze hierfür eine App, die *Coach's Eye* heißt. Sie ist eigentlich für Bewegungsanalysen im Sport konzipiert, eignet sich aber ebenfalls hervorragend zur Durchführung von Videoanalysen, weil man die Abspielgeschwindigkeit bis hin zu Einzelbildwiedergabe vorwärts und rückwärts stufenlos regeln und darüber hinaus in ein Video hineinzeichnen kann, etwa um Achsenhaltungen oder Blickrichtungen zu visualisieren.

Lage sein, diese möglichst emotionslos zu reflektieren. Das geht in der Regel leichter, wenn wir einem anderen Menschen vertrauen. Dazu muss unser Wingman nicht zwingend mit uns befreundet sein. Eine Freundschaft kann hilfreich sein, aber oftmals stehen Freunde auch in gegenseitigem Wettbewerb, was wiederum keine gute Grundlage für das Geben und Annehmen von Feedback ist. Wir sollten also eine Person wählen, die wir anerkennen und vielleicht auch in anderen Situationen nach Meinung und Rat gefragt haben (vgl. hierzu auch den „Exkurs: Das Johari-Fenster"). In vielen Unternehmen gibt es zum Beispiel Mentoring-Programme, bei denen ein erfahrener Mitarbeiter einem jüngeren an die Seite gestellt wird, um fachlichen und überfachlichen Austausch zu ermöglichen. Solch ein Mentor kann ein guter Wingman sein.

Exkurs: Das Johari-Fenster

Die Psychologen Joseph Luft und Harry Ingham haben mit dem Johari-Fenster eine Systematik entwickelt, um zwischen bekannten und unbekannten Persönlichkeitseigenschaften zu unterscheiden (vgl. Luft und Ingham 1955). Dabei differenzieren sie zwischen der eigenen Sicht und der Sicht anderer auf sich selbst (vgl. Tab. 3.3).

Der Bereich des freien Handelns umfasst solche Eigenschaften oder Verhaltensweisen, die einem selbst und anderen bekannt sind. Der Bereich des Unbewussten ist einem selbst und anderen hingegen unbekannt. Bei beidem findet eine Begegnung auf Augenhöhe statt, weil der Informationsstand derselbe ist. Ungleich ist das Verhältnis im Bereich des Verbergens sowie im blinden Fleck. Doch während man selbst im Bereich des Verbergens sehr wohl Kenntnis über bestimmte Eigenschaften oder Verhaltensweisen hat, nicht aber die andere Person, ist dies im blinden Fleck genau umgekehrt. Jemand anders kennt Eigenschaften oder Verhaltensweisen von Ihnen, die Ihnen selbst verborgen bleiben. Die Autoren haben sich für den Ausdruck *blinder Fleck* entschieden, weil es sich dabei um den Punkt im Auge handelt, in dem der Sehnerv entspringt und somit keine Sehzellen existieren. Wenn Sie in dunkler Nacht einen sehr kleinen Stern fixieren, werden Sie feststellen, dass er verschwindet. Sein Licht fällt exakt auf den blinden Fleck. Weil dort keine Sehzellen sind, können wir den Stern auf einmal nicht mehr sehen.

Wenn Menschen auf Eigenschaften oder Verhaltensweisen angesprochen werden, derer sie sich nicht bewusst sind, verneinen sie deren Existenz häufig: „Wusstest du eigentlich, dass du immer […] machst?" „Mache ich überhaupt nicht", ist oft die Reaktion auf Hinweise zum blinden Fleck. Der Grund hierfür ist, dass Menschen gerne Kontrolle über sich selbst und ihre Umwelt haben und dass Kontrollverlust mit

Tab. 3.3 Das Johari-Fenster

	Mir bekannt	Mir unbekannt
Anderen bekannt	Bereich des freien Handelns	Blinder Fleck
Anderen unbekannt	Bereich des Verbergens	Bereich des Unbewussten

negativen Emotionen verbunden ist (vgl. Wiswede 2012, S. 87). Der blinde Fleck ist ein solcher Bereich, den wir nicht unter Kontrolle haben, weswegen das Erhellen des blinden Flecks oft mit emotionaler Ablehnung einhergeht. Die Aufgabe eines Wingmans ist aber genau das: unseren blinden Fleck zu erhellen. Schließlich fallen uns an uns selbst während einer Präsentation viele Punkte gar nicht auf. Daher ist es wichtig, eine Person als Wingman zu wählen, der wir vertrauen und von der wir es ertragen können, Informationen aus unserem blinden Fleck zu erhalten.

Neben unserem Vertrauen sollte unser Wingman zweitens über bestimmte Kompetenzen verfügen. Das ist zum einen eine Beobachtungskompetenz, denn unser Wingman soll ja ganz *bestimmte* Aspekte beobachten und nicht pauschal unsere gesamte Präsentation bewerten. Zum anderen ist es eine Kommunikationskompetenz: Unser Wingman muss uns angemessen Feedback geben können, wobei *angemessen* an dieser Stelle heißt, dass es ehrlich, wertschätzend und konstruktiv-kritisch sein sollte. Ein Wingman hilft uns nicht weiter, wenn er zwar eine Beobachtung macht, diese uns gegenüber aber nicht klar kommuniziert, weil er Angst hat, uns zu verletzen. Gleiches gilt, wenn er seine Einschätzungen zu negativ kommuniziert, sodass wir ablehnend darauf reagieren. Indes ist es bei der Wahl des Wingmans fast egal, ob er sich mit den Inhalten unserer Präsentation auskennt oder nicht. Schließlich soll er ja nicht Inhalte bewerten, sondern unsere Dynamik und Interaktion bzw. den Einsatz bestimmter Werkzeuge. Manchmal ist es sogar besser, jemanden zu haben, der sich *nicht* mit den Inhalten unserer Präsentation auskennt, weil eine solche Person sich ausschließlich auf unsere Präsentationstechnik konzentrieren kann.

Drittens braucht unser Wingman natürlich Zeit für uns. Es ist schon organisatorisch nicht ganz einfach, eine unternehmensexterne Person zu einer Präsentation in einem Unternehmen mitzubringen, auch wenn das meiner Erfahrung nach in den meisten Fällen gelingt, sofern man im Vorfeld die richtigen Personen fragt. Hinzu kommt, dass wir unsere Präsentation in der Regel dann halten, wenn unser Wingman arbeitet. Es ist also etwas Planung notwendig, und im Zweifel muss sich unser Wingman einen halben Tag Urlaub nehmen, um uns zu begleiten. Aber wenn wir uns revanchieren oder uns auf eine andere Art erkenntlich zeigen, wird auch das kein Problem sein.

Auch wenn ich zu Beginn dieses Buches bereits darauf hingewiesen habe, dass ich der besseren Lesbarkeit wegen ausschließlich männliche Bezeichnungen wähle, möchte ich es hier noch einmal besonders herausstellen: natürlich kann unser Wingman auch eine Wingwoman sein. Darüber hinaus müssen wir uns nicht auf eine Person beschränken. Wir können mehrere Wingmen oder Wingwomen haben, solange sie die genannten Anforderungen erfüllen.

Klaren Auftrag erteilen
Wenn wir einen Wingman gefunden und eine Teilnahme an einer unserer Präsentationen ermöglichen konnten, stellt sich noch die Frage, was er *konkret* leisten sollte. Am besten ist es, wenn wir vorher schriftlich einen Auftrag formulieren. Die schriftliche Formulierung ist

3.2 Den Kommunikationskanal offen halten

nicht deswegen sinnvoll, weil unser Wingman seinen Auftrag dann besser verstehen würde als einen mündlichen. Vielmehr zwingt die schriftliche Formulierung *uns* zu absoluter Klarheit über seinen Auftrag: Worauf genau soll unser Wingman achten, wann soll er das tun und wie lange soll er uns beobachten?

Ist der Auftrag einmal formuliert, sollten wir Zeit einplanen, ihn persönlich mit unserem Wingman zu besprechen. Diese Besprechung sollte optimalerweise nicht direkt vor der Präsentation, aber vielleicht am Abend vorher erfolgen. Denn wenn es um die Bewertung des Einsatzes bestimmter Präsentationswerkzeuge geht, muss unser Wingman ja erstmal deren Optimalform kennen. Das zu beschreiben, dauert etwas, sodass sich eine Besprechung kurz vor Präsentationsbeginn nicht unbedingt anbietet.

Wie kann nun ein konkreter Auftrag zur Bestimmung von Dynamik und Interaktion lauten? Dazu müssen wir uns deutlich machen, dass *Dynamik* eine *Variation* des Einsatzes unserer Präsentationswerkzeuge bedeutet. Dazu ein Beispiel: Gehen wir einmal davon aus, dass wir uns sorgfältig an unsere Spots halten, also sauber zwischen Präsentations-, Erklärungs- und Sweet Spot wechseln, je nachdem worum es in unserer Präsentation gerade geht. Der *Einsatz* dieses Werkzeuges gelingt uns also gut. Allerdings wirkt jede Verhaltensweise irgendwann monoton, wenn wir sie *nicht variieren*. Hier wirkt eine Art Naturgesetz der Wahrnehmung: Wir gewöhnen uns an so ziemlich alles, was auf uns einwirkt. Während Menschen das erste Auftreten eines sehr unwahrscheinlichen oder ungewohnten Ereignisses oft als besonders bemerkenswert empfinden, nimmt der Überraschungseffekt mit weiteren gleichartigen Ereignissen rapide ab (vgl. Kahneman 2012, S. 96 ff.). Als ich 2008 in Israel Urlaub machte, war es für mich zunächst unfassbar, wie viele Sicherheitskräfte mit Maschinenpistolen auf den Straßen unterwegs waren. Am dritten Tag habe ich sie kaum noch wahrgenommen. Wenn Sie auf ein Boot gehen, werden Sie wahrscheinlich erst einmal seekrank, wenn es schaukelt. Aber irgendwann gewöhnen sich die meisten Menschen daran, werden dann allerdings landkrank, wenn das Schaukeln aufhört. Wenn wir uns für eine bestimmte Zeit schnell im Kreis drehen, fällt es uns anschließend schwer, gerade zu laufen. Der Grund dafür ist, dass sich in den Bogengängen des menschlichen Ohres eine Flüssigkeit befindet, die durch das Drehen ebenfalls in Bewegung kommt und durch ihre Trägheit nicht sofort aufhört zu fließen, wenn wir aufhören, uns zu drehen. Als *Bewegungsnachwirkung* wird ein Phänomen bezeichnet, das uns Bewegungen sehen lässt, obwohl es keine gibt. Ein Beispiel hierfür ist die *Spiralnachwirkung*. Wenn wir uns für ca. 20 s drehende Spiralkreisel ansehen und danach unbewegte Gegenstände fokussieren, etwa eine Kaffeetasse, scheint es, als würden sich die Gegenstände in sich verdrehen.[10] Innerhalb von 20 s hat sich unsere Wahrnehmung so sehr an die Spiraldrehung gewöhnt, dass die Bewegung auf bewegungslose Objekte übertragen wird. Es gibt unzählige weitere Beispiele, die zeigen, wie gut und vor allem wie schnell wir uns an Eindrücke gewöhnen können.

---

[10]Suchen Sie hierfür im Internet einfach nach dem Begriff *Spiralnachwirkung,* und Sie werden einige eindrucksvolle Beispiele finden.

Diese Besonderheit unserer Wahrnehmung führt dazu, dass selbst der dynamischste Redner irgendwann monoton auf uns wirkt, wenn er nicht *variiert*. Und genau das ist der Kern von Dynamik: die *Variation* von Werkzeugen, das *Ausbrechen aus der Gleichförmigkeit*. Es kommt also aus Dynamik-Sicht nicht so sehr darauf an, *wie gut* wir unsere Spots abdecken (um im Beispiel von eben zu bleiben), sondern wie oft wir aus den Spots *ausbrechen* und weitere Spots hinzunehmen. Wir könnten uns zum Beispiel hinter das Publikum stellen, wir könnten uns auf einen Tisch setzen oder wir könnten ins Publikum hineingehen. Wir könnten uns sogar auf einen Stuhl im Publikum setzen. All dies sind Möglichkeiten, die Spots zu variieren. Je abwechslungsreicher wir dies tun, desto mehr tun wir für unsere Dynamik. Und der Auftrag an unseren Wingman würde in diesem Beispiel lauten: *Wie oft breche ich aus den Spots aus?*

Bei der *Interaktion,* die ja neben der Dynamik das zweite Kernfeld des exzellenten Präsentierens zum Offenhalten eines Kanals ist, geht es immer um die *Ansprache* oder *Einbindung* unseres Publikums. Ein Auftrag an unseren Wingman hierzu könnte lauten: *Wie oft spreche ich mein Publikum direkt an?* Das Besondere hierbei ist, dass auch Interaktion dynamisch gesteuert werden muss. Wir sollten die Art und Weise, wie wir unser Publikum ansprechen, ebenso wie den Einsatz der anderen Werkzeuge *variieren.*

Aus praktischer Sicht bietet es sich nicht unbedingt an, den Auftrag an den Wingman nach Dynamik und Interaktion zu trennen, sondern zwischen *Einsatz* und *Variation* eines Werkzeuges zu unterscheiden. Ein Wingman-Auftrag umfasst damit immer eine Doppel-Frage:

1. Wie intensiv wird ein bestimmtes Werkzeug genutzt?
2. Wie sehr wird der Einsatz eines bestimmten Werkzeuges variiert?

Zum Wingman-Auftrag und Feedbackgespräch möchte ich noch zwei Hinweise geben: Je mehr konkrete Beispiele unser Wingman während unserer Präsentation für Intensität und Variation des Einsatzes unserer Werkzeuge sammelt, desto hilfreicher ist das spätere Feedbackgespräch für uns, weil wir uns an konkreten Situationen orientieren können. Also sollten wir unseren Wingman vorher darauf hinweisen, so viele Beispiele wie möglich zu notieren. Optimalerweise findet das Feedbackgespräch im Anschluss an die Präsentation oder zumindest noch am selben Tag statt, damit die Eindrücke der Präsentation auf beiden Seiten noch frisch sind.

Ich habe Ihnen hier einige exemplarische Fragenpaare aufgeführt, die Teil des Auftrages an Ihren Wingman sein könnten:

a) Wie stark bewege ich mich vor meinem Publikum?
b) Wie stark verändere ich die Art, wie ich mich bewege?
a) Wie genau halte ich mich an die Präsentationsspots?
b) Wie oft breche ich aus den Spots aus?
a) Wie laut spreche ich, wenn ich eine Präsentation halte?
b) Wie stark verändere ich die Lautstärke, in der ich spreche?

3.2 Den Kommunikationskanal offen halten

a) Wie schnell spreche ich in Präsentationen?
b) Wie stark verändere ich die Geschwindigkeit, in der ich spreche?
a) Wie oft mache ich Pausen während meiner Präsentation?
b) Wie oft verändere ich den Rhythmus, indem ich Pausen mache?
a) Wie oft spreche ich mein Publikum direkt an?
b) Wie oft verändere ich die Art der Ansprache an mein Publikum?
a) Wie oft habe ich ein Überraschungsmoment für mein Publikum parat?
b) Wie oft ist es ein anderes Überraschungsmoment als zuvor?

Diese Fragen orientieren sich an einigen bisher vorgestellten Werkzeugen, aber auch an einigen, die ich noch vorstellen werde. Das Muster ist immer dasselbe, weswegen ich hier nicht zu allen Werkzeugen entsprechende Fragenpaare aufgelistet habe. Wichtig ist, dass wir unserem Wingman nicht zu viele Fragen an die Hand geben. Zwei, bei einem erfahrenen Wingman drei, Fragenpaare sind in der Regel ausreichend. Denn zum einen muss unser Wingman parallel an allen Fragenpaaren arbeiten, was umso schwieriger wird, je umfangreicher sein Auftrag ist. Zum anderen wollen wir ja einen Lerneffekt erzielen. Da ist weniger oft mehr: Es reicht, wenn der Fokus auf einem oder zwei Aspekte liegt, die wir dann systematisch verbessern können. Eine weitere Gelegenheit, unseren Wingman mitzunehmen, kommt bestimmt.

Ticks

Unabhängig von Einsatz und Variation der Werkzeuge des exzellenten Präsentierens sollte uns unser Wingman ein Feedback zu unseren Ticks geben. Unter einem *Tick* verstehe ich eine unbeabsichtigte sprachliche, verhaltensbasierte oder sonstige Auffälligkeit, die einem selbst in der Regel nicht auffällt, das Publikum aber von den Inhalten einer Präsentation ablenkt. Einer meiner früheren Professoren hatte einen sprachlichen Tick. Er sagte wieder und wieder „eben halt". Das war so häufig der Fall, dass wir irgendwann nur noch auf seine *Eben-Halts* achten konnten, anstatt auf die Inhalte seiner Vorlesung. Ein ehemaliger Beratungskollege von mir hatte einen Verhaltenstick, denn er rückte in seinen Präsentationen alle 30 s seine Brille zurecht. Irgendwann fingen andere Kollegen an, eine Strichliste zu führen. Mein Lehrer in der 6. Klasse hatte immer einen kleinen Spuckerest im Mundwinkel. Offensichtlich hatte er keinen Wingman, denn niemand klärte ihn hierüber auf und wir konnten uns kaum auf seinen Unterricht konzentrieren.

Verstehen Sie mich nicht falsch, ich möchte hier über niemanden lästern. Wir alle haben unsere Ticks, denn wir alle haben einen blinden Fleck. Wir kennen niemals all unsere Eigenschaften und Verhaltensweisen. Das ist nicht weiter schlimm. Schlimm wäre es nur, wenn wir nichts unternehmen, um unsere Ticks aufzudecken und unseren blinden Fleck zu erhellen. Denn Ticks erschweren es uns, den eigentlichen Zweck unserer Präsentation zu erreichen, weil unser Publikum von ihnen abgelenkt wird.

▶ Wir alle haben unsere Ticks. Lassen Sie sich durch Ihren Wingman dabei helfen, Ihre zu finden, und bauen Sie sie Schritt für Schritt ab!

Empfohlene Dosierung
Natürlich können Sie nicht zu jeder Präsentation Ihren Wingman mitnehmen. Manchmal lässt es der Anlass der Präsentation nicht zu, etwa bei einer Kundenpräsentation. Manchmal reicht die Zeit Ihres Wingmans nicht, weil er schlichtweg anderweitig verplant ist. Und nicht immer ist eine Präsentation auch nicht wert, einen Wingman mitzunehmen, etwa wenn es um eine routinemäßige Vorstellung von Quartalszahlen geht. Dennoch empfehle ich, mindestens einmal, besser zweimal, pro Jahr einen Wingman mitzunehmen.

Aber natürlich geht es nicht um eine bestimmte Zahl an Einsätzen unseres Wingmans. Zunächst sollten wir uns mit der Idee anfreunden, regelmäßig Feedback zum Einsatz bestimmter Werkzeuge in unseren Präsentationen einzufordern. Ob Sie dann auf den Einsatz von Videoanalysen oder Ihres Wingmans setzen, ist fast egal, auch wenn ein Feedback von Mensch zu Mensch vielleicht noch etwas besser in meine Philosophie des exzellenten Präsentierens passt.

> **Auf einen Blick**
> - Um ein Feedback zur eigenen Präsentationsleistung zu bekommen, sind Videoanalysen weit verbreitet. Richtig eingesetzt stellen sie eine gute Möglichkeit dar, den Einsatz von Präsentationswerkzeugen kritisch zu reflektieren.
> - Für viele Menschen ist es allerdings unangenehm, sich auf einem Video zu sehen. Der Einsatz eines Wingmans ist dann eine gute Alternative.
> - Ein Wingman ist eine uns vertraute Person, die wir zu einer unserer Präsentationen mitnehmen und ihr einen klaren Beobachtungsauftrag erteilen. Im Anschluss an die Präsentation findet dann ein gemeinsames Feedbackgespräch statt.

3.2.1.2 Auf die Augen achten

Der Blick in die Seele
Wingman mitnehmen ist ein Werkzeug, das *ganz generell* zur Bestimmung von Dynamik und Interaktion in unseren Präsentationen dient. Jetzt werde ich konkreter und zeige, wie und vor allem *wann* wir Dynamik und Interaktion in einer Präsentation steuern sollten.

Sie kennen sicher den Ausdruck: „Die Augen sind der Spiegel der Seele." Wenn wir einem Menschen in die Augen schauen, dann können wir viel über seinen Gemütszustand erkennen. Für den Psychologen Paul Ekman spielen die Augen und die Bereiche in deren direkter Umgebung, also Lider, Brauen und Stirn, beim Ausdrücken und Erkennen von Gefühlen eine entscheidende Rolle (vgl. Ekman 2010, S. 138 ff.). Für ihn sind die Augen damit tatsächlich ein Stück weit Spiegel unserer Seele.

Nun geht es mir nicht darum, in die Tiefen der Seele unseres Publikums vorzudringen. Vielmehr ist es wichtig herauszufinden, wie es um den Gemütszustand und insbesondere um die Aufmerksamkeit unserer Zuhörer bestellt ist. Denn nur einem aufmerksamen Publikum können wir eine Idee vermitteln. Und ein hervorragender Gradmesser zur Bestimmung der Aufmerksamkeit unserer Zuhörer sind *die Augen*. Sie sagen uns, ob wir durch Einsatz von Dynamik und Interaktion Aufmerksamkeit zurückgewinnen müssen. Die Augen unseres Publikums kündigen es uns damit recht präzise an, wenn der zuvor geöffnete Kanal zusammenzubrechen droht und wir mit Dynamik und Interaktion gegensteuern müssen.

▶ Achten Sie stets auf die Augen Ihres Publikums! Sie sagen Ihnen, wann Sie auf Dynamik und Interaktion setzen müssen.

Im Rahmen des Werkzeugs *In die Augen schauen* (Abschn. 3.1.2.5) habe ich schon dargelegt, dass der konsequente Blick in die Augen unseres Publikums wichtig ist. Und auch hier geht es mir um die Augen unseres Publikums und deren Nutzen für exzellentes Präsentieren. Allerdings verfolgen beide Werkzeuge, auch wenn sie der Bezeichnung nach ähnlich sind, ganz unterschiedliche Zwecke: Das erste leistet einen Beitrag zur *Steigerung von Klarheit*, das zweite ist dafür da herauszufinden, ob bei Dynamik und Interaktion *nachgesteuert* werden muss. Beide Werkzeuge erfüllen also unterschiedliche Aufgaben und Zwecke, auch wenn sie im Verlauf einer Präsentation zusammen eingesetzt werden, schließlich können wir nur dann auf die Augen unseres Publikums achten, wenn wir ihm auch in die Augen schauen.

Aufmerksamkeitsspanne
Schon mit dem Begriff der *Aufmerksamkeit* ist es nicht so ganz einfach, geschweige denn mit der Frage, wie lang die menschliche Aufmerksamkeitsspanne ist. Der Neuropsychologe Lutz Jäncke unterscheidet Aufmerksamkeit hinsichtlich ihrer Intensität in *Alertness* (Alarmiertsein) – und zwar in drei Arten von Alertness, auf die ich hier nicht genauer eingehen möchte – Vigilanz (Wachheit) und Daueraufmerksamkeit (vgl. Jäncke 2013, S. 339 ff.). Das macht es schwierig, allgemein von *der* Aufmerksamkeit zu sprechen. Diese wäre dann im Übrigen noch abzugrenzen von *Konzentration*, die wir nicht wie selbstverständlich synonym verwenden dürfen.

Ich möchte es an dieser Stelle nicht zu kompliziert machen, aber die Vielschichtigkeit des Phänomens *Aufmerksamkeit* auch nicht einfach ignorieren. Daher werde ich im Folgenden einer einfachen, aber sehr zweckmäßigen Definition von Jäncke folgen: „Durch die Aufmerksamkeit gelingt es uns, aktiv einen kleinen Teil der Informationsmengen zu verarbeiten, die auf unser Sensorium einprasseln, die unserem Gedächtnis zur Verfügung stehen und die Gegenstand vieler Denkprozesse sind" (Jäncke 2013, S. 333). Damit ist Aufmerksamkeit Voraussetzung für Informationsverarbeitung und folglich auch Voraussetzung für die Übermittlung von Ideen. Außerdem ist Aufmerksamkeit eine *Ressource*, die nur begrenzt zur Verfügung steht (vgl. Roth 2015, S. 145). Sie ist wie der Treibstoff bei einem Auto: Ist der Tank leer, muss Treibstoff nachgefüllt werden. Ist die Aufmerksamkeit aufgebraucht, ist eine Pause nötig, um sie zurückzugewinnen. Aber es gibt noch weitere Parallelen zwischen Aufmerksamkeit und Treibstoff als Ressource: Je nachdem, wie schnell wir fahren, schwankt der Verbrauch unseres Autos. Ebenso ist es bei der Aufmerksamkeit, denn besonders anspruchsvolle Inhalte bringen einen überproportional hohen Aufmerksamkeitsverbrauch mit sich, sodass *intensive Aufmerksamkeit* nur rund drei bis fünf Minuten möglich ist (vgl. Roth 2015, S. 146). Weniger anspruchsvolle Inhalte ermöglichen eine längere Aufmerksamkeitsspanne, so wie sparsames Fahren deutlich längere Fahrstrecken pro Tankinhalt ermöglicht.

Insgesamt wird die Aufmerksamkeit unseres Publikums durch eine Vielzahl von Faktoren bestimmt. Die wichtigsten sind

1. das Aufmerksamkeitsreservoir eines Zuhörers zu Beginn unserer Präsentation, bestimmt durch
   – das individuell unterschiedliche Aufmerksamkeitspotenzial eines Menschen,
   – den Tageszeitpunkt einer Präsentation und
   – den bisherigen Aufmerksamkeitsverbrauch eines Zuhörers am entsprechenden Tag,
2. die Aufmerksamkeitsanforderungen einer Präsentation, unterschieden nach
   – generellem Anforderungsniveau in der Breite einer Präsentation und
   – Anforderungsspitzen in bestimmten Detailaspekten,
3. die Möglichkeit, das Aufmerksamkeitsreservoir durch Pausen wieder aufzufüllen,
4. die Fähigkeit eines Präsentators, besondere Aufmerksamkeitsreize zu setzen (vgl. Jäncke 2013, S. 375 f.),
5. der Wille des Publikums, Aufmerksamkeitsreserven anzuzapfen (vgl. Jäncke 2013, S. 370) sowie
6. bestimmte Rahmenbedingungen, zum Beispiel Sauerstoffgehalt der Luft, Geräuschkulisse etc.

Diese Erkenntnisse untermauern wie im 4. Punkt beschrieben die Überzeugung, dass ein aktives Setzen von Reizen positiven Einfluss auf die Aufmerksamkeit des Publikums hat: Der Einsatz von Dynamik und Interaktion vermag die Aufmerksamkeitsspanne unseres Publikums zu verlängern.

Konkrete Zahlen bzgl. der durchschnittlichen Aufmerksamkeitsspanne lassen sich indes nicht finden, weil sie eben von derart vielen Faktoren beeinflusst wird. Daher gehe ich als Daumenregel von 15 und 20 min aus: Nach 15 min nimmt die Aufmerksamkeit merkbar ab, nach 20 min ist irgendeine Art Pause, und wenn es nur eine thematische Pause mit einer kleinen Anekdote ist, notwendig.

Eine Entscheidung treffen
Da wir nun wissen, was Aufmerksamkeit ist und was sie beeinflusst, können wir uns der Frage zuwenden, was die Merkmale von Augen *aufmerksamer* Zuhörer sind. Sie sind in der Regel

- weit geöffnet,
- zeigen einen klaren und fokussierten Blick,
- blicken auf den Präsentator oder die Präsentation und
- haben einen zügigen Lidschlag.

Andersherum sind hängende Augenlider, die das Auge nur noch durch einen Schlitz blicken lassen, ein trüber, unfokussierter Blick, der aus dem Fenster oder an die Decke blickt, und ein langsamer Lidschlag deutliche Anzeichen von schwindender oder bereits geschwundener Aufmerksamkeit. Vor allem hängende Lider und ein langsamer Lidschlag sprechen eine deutliche Sprache.

Für uns gilt es daher, eine Entscheidung in Abhängigkeit von den Augen unseres Publikums zu treffen: Sind die Augen weit geöffnet, ist der Blick klar und fokussiert und der Lidschlag zügig? Dann machen wir *weiter wie geplant,* denn die Aufmerksamkeit gehört uns, der Kanal zu unserem Publikum ist geöffnet. Sind die Augen klein oder sogar fast geschlossen, hängen die Lider, ist der Blick getrübt und der Lidschlag langsam? Dann *nutzen wir die Werkzeuge von Dynamik und Interaktion,* um uns die Aufmerksamkeit unseres Publikums zurückzuholen. Und das sollten wir möglichst zügig machen, um Schlimmeres zu vermeiden (vgl. „Aus der Praxis: Die Schläfer").

Aus der Praxis: Die Schläfer

Es passiert mir zum Glück nicht allzu oft, aber doch immer mal wieder, dass Zuhörer während einer meiner Präsentationen einschlafen, vor allem wenn ich in der Mittagszeit Vorträge halte oder abends Vorlesungen gebe. In dieser besonderen Situation können wir nicht mehr davon sprechen, dass ein Kanal zusammenzubrechen *droht.* Er ist bereits zusammengebrochen, und das erneute Öffnen eines Kanals ist weder durch Sympathie noch durch Klarheit möglich, denn die meisten Schlafenden geben nichts auf ein Lächeln oder klar ausgerichtete Achsen.

Es ist schon ein recht unangenehmes Gefühl, wenn Zuhörer einschlafen. Jeder, der eine solche Situation schon einmal erlebt hat, wird das bestätigen können. Zum einen ist die durch den Schlafenden übermittelte Botschaft für unser Gehirn nicht besonders wertschätzend: „Die Präsentation ist ja richtig spannend, da ich mache erstmal ein Nickerchen", so die sarkastische Interpretation durch unsere emotional-motivatorische Ebene 2. Zum anderen ist es nicht ganz einfach zu entscheiden, wie man mit so einer Situation umgehen sollte: Lauter sprechen, damit die Person wieder wach wird? Die Person aufwecken und sie damit vor allen anderen bloßstellen? Oder etwa gar nichts machen und hoffen, dass sie nicht anfängt zu schnarchen?

Während ich früher jedes Einschlafen zumindest teilweise als Kritik an meinen Präsentationsfähigkeiten verstanden habe, schaffe ich es heute ganz gut, zunächst zu überlegen, was der Grund für das negative Aufmerksamkeitsreservoir der Eingeschlafenen sein könnte. Sind es äußere Faktoren, die ich direkt beeinflussen kann, wie etwa der Sauerstoffgehalt der Luft oder fehlende Pausen? Dann verbessere ich die Rahmenbedingungen für mein Publikum. Habe ich zu wenig auf die Augen meiner Zuhörer geachtet und deswegen auch zu wenig auf Dynamik und Interaktion gesetzt? Dann steuere ich sofort nach. Habe ich während des bisherigen Verlaufs meiner Präsentation zu viel Aufmerksamkeitspotenzial meines Publikums aufgebraucht? Dann mache ich eine Pause. Aber in der Regel sind es nicht diese Faktoren, die zum Einschlafen führen. Vielmehr liegt es daran, dass die entsprechende Person einen harten Tag hatte oder zu üppig zu Mittag gegessen hat. Dann mache ich zweierlei: Ich lasse die Person schlafen, und ich sage meiner Ebene 2, sie soll sich ein bisschen Schlaf gönnen.

Natürlich gibt es noch weitere Hinweise auf schwindende oder volle Aufmerksamkeit. Besonders verbreitet ist die *gemütliche Sitzposition* mit einem auf der Sitzfläche relativ weit nach vorne geschobenem Gesäß und schrägem Rücken. Anders herum zeugen ein weit Richtung Rückenlehne geschobenes Gesäß und ein gerader Rücken von Körperspannung und voller Aufmerksamkeit. Aber gerade bei Seminaren oder Trainings werden viele Stühle mit der Zeit unbequem, sodass die Teilnehmer beim Sitzen eine Schonhaltung einnehmen, die für Desinteresse oder mangelnde Aufmerksamkeit gehalten werden kann. Daher ist es in jedem Fall sinnvoll, zusätzlich zur Körperhaltung auf die Augen zu achten. Ihre Aussage ist fast immer eindeutig.

Empfohlene Dosierung
Ähnlich wie beim Werkzeug *Wingman mitnehmen* (Abschn. 3.2.1.1) gibt es auch hier keine klassischen Dosierungshinweise, die von unserer Persönlichkeit oder körperlichen Merkmalen abhängen, wie es etwa bei der inneren Haltung des Lächelns oder der Ausrichtung der Achsen der Fall war. Es geht vielmehr um die Frage, *wann* bzw. *wie oft* wir auf die Augen unseres Publikums achten müssen und *wie viele* Zuhörer schwindende Aufmerksamkeit zeigen müssen, damit wir anfangen gegenzusteuern. Bei der Beantwortung dieser Frage unterscheide ich zwei Herangehensweisen. Erstens eine sehr *stringente,* bei der wir *permanent* auf die Augen des Publikums achten und gegensteuern, sobald bei *einer einzigen* Person die Aufmerksamkeit schwindet. Dieser Sichtweise folge ich bei meinen meisten Vorlesungen, bei Trainings und Seminaren sowie bei Verkaufsgesprächen, da bei all diesen Anlässen in der Regel maximal 20 Zuhörer anwesend sind und ich einen besonderen didaktischen Auftrag habe. Dieses permanente Auf-die-Augen-Achten und entscheiden, ob über Dynamik und Interaktion nachgesteuert werden muss, ist allerdings sehr anspruchsvoll. Schließlich dürfen wir uns keine Ablenkung von unserem Publikum erlauben. Außerdem kommen wir durch den Einsatz von Dynamik und Interaktion ja immer wieder von unserem eigentlichen Plan ab. Somit besteht bei dieser Herangehensweise die Herausforderung darin, immer wieder zügig zum eigentlichen Thema zurückzukommen, damit wir unsere Präsentationsziele in der vorgegebenen Zeit erreichen. Sie ist allerdings sehr hilfreich, um sicherzustellen, dass *alle* Inhalte, die wir vermitteln möchten, auch wirklich *allen* Zuhörern vermittelt werden.

Die zweite Herangehensweise ist eher *gemäßigt.* Ich wende sie bei Impulsvorträgen, auf Konferenzen oder bei Kunden sowie bei großen Vorlesungen an, da an diesen Anlässen in der Regel mehr als 20 Zuhörer teilnehmen. Hier achte ich *regelmäßig* auf die Augen meines Publikums und steuere dann nach, wenn ich den Eindruck habe, dass bei einem *wesentlichen Teil* der Zuhörer die Aufmerksamkeit schwindet. Das sind bei mir ca. 10 bis 20 % des Publikums. Je größer die Gruppe, desto höher die Grenze dessen, was *wesentlich* ist. Diese Variante hat den Vorteil, dass wir nicht so oft von unserem

3.2 Den Kommunikationskanal offen halten

ursprünglichen Präsentationsplan abweichen müssen und wir deswegen weniger Gefahr laufen, unsere Inhalte nicht in der zur Verfügung stehenden Zeit vermitteln zu können. Sie hat allerdings den Nachteil, dass wir nicht jeden Zuhörer mitnehmen und unsere Idee daher vielleicht nicht jede einzelne Person erreicht.

Wenn Sie dieses Werkzeug das erste Mal anwenden, empfehle ich Ihnen eher die gemäßigte Herangehensweise, damit Sie nicht zu sehr von Ihrem Präsentationskonzept abweichen müssen. Um diese Herangehensweise umzusetzen, können Sie bei der Vorbereitung Ihrer Präsentation den Hinweis „auf die Augen achten" in das Notizenfeld Ihrer Präsentation auf jeder zweiten oder dritten Folie aufnehmen. Zu Beginn Ihrer Präsentation überlegen Sie dann noch, wo die Grenze liegt, ab der ein *wesentlicher Teil* Ihrer Zuhörer von schwindender Aufmerksamkeit betroffen ist und ab der Sie über Dynamik und Interaktion Aufmerksamkeit zurückholen wollen.

Letztlich hängt es auch ein Stück weit von Ihrer eigenen Philosophie ab, wie konsequent Sie dieses Werkzeug einsetzen wollen. Ist es Ihrer Meinung nach eher die Verantwortung eines jeden Einzelnen, seine Aufmerksamkeit durch den Einsatz von Willenskraft selbst zu steuern, dann dosieren Sie dieses Werkzeug etwas geringer. Persönlich bin ich der Auffassung, dass es zu unseren Aufgaben gehört, den Aufmerksamkeitsgrad permanent nachzuverfolgen und bei Bedarf sofort nachzusteuern. Wenn Sie diese Auffassung teilen, können Sie dieses Werkzeug etwas höher dosieren.

Auf einen Blick
- Die Aufmerksamkeit unseres Publikums ist eine begrenzte Ressource. Wir sollten unsere Präsentation daher so planen, dass sich die Aufmerksamkeit durch Pausen immer wieder regenerieren kann.
- Die Augen unserer Zuhörer geben uns verlässlich Auskunft über ihren Aufmerksamkeitsgrad und weisen uns damit darauf hin, wann wir über den Einsatz von Dynamik und Interaktion versuchen sollten, die Aufmerksamkeit wieder zu steigern.
- Anzeichen von schwindender oder bereites geschwundener Aufmerksamkeit sind hängende Augenlider, ein trüber, unfokussierter Blick und ein langsamer Lidschlag.

3.2.2 Dynamik steuern

Unter *Dynamik* verstehe ich den Ausbruch aus jeglicher Form der Gleichförmigkeit, um dadurch neue Impulse oder Reize zu setzen, die unser Publikum wieder aufrütteln. Um in einer Präsentation dynamisch zu agieren, gibt es eine einfache Daumenregel und zwei dazu passende Werkzeuge: Brechen Sie mit allem, was wir bisher erarbeitet haben, und bringen Sie Fassaden zum Bröckeln.

3.2.2.1 Brüche schaffen

Die Regeln brechen

Gerade haben wir festgestellt, dass die Aufmerksamkeitsspanne von Menschen relativ kurz ist: lediglich einige Minuten bei höchster Konzentration und rund 15 bis 20 min, bis eine Pause nötig ist. Außerdem habe ich dargelegt, dass wir uns an äußere Einflüsse ziemlich schnell gewöhnen, sodass eine Präsentation selbst dann eintönig wird, wenn wir alle bisher betrachteten Werkzeuge überzeugend anwenden. Daraus folgt, dass wir früher oder später Brüche schaffen müssen, um die Aufmerksamkeit unsers Publikums zurückzugewinnen. Aber was ist unter *Brüche schaffen* überhaupt zu verstehen?

Bei jedem der bislang vorgestellten Werkzeuge habe ich ein Optimalbild gezeichnet: Wie halten wir unsere Hände oder Körperachsen, wie stellen wir uns mental auf unsere Präsentation ein und wie gehen wir mit unserem Publikum um. Wenn Sie dieses Optimalbild als einen Satz an Regeln verstehen, die Ihnen Hinweise zum grundsätzlichen Verhalten in einer Präsentation geben, führt der Einsatz des Werkzeugs *Brüche schaffen* dazu, dass wir diese Regeln brechen. Statt die Achsen gerade zu halten und die Hände in die Ausgangshaltung zu nehmen, verschränken Sie beispielsweise Ihre Arme vor der Brust und zeigen dabei noch einen grimmigen Gesichtsausdruck anstelle eines Lächelns. Und statt Wertschätzung zu zeigen, platzieren Sie eine provokative Frage.

Bei jedem Werkzeug lässt sich das Optimalbild ins Gegenteil verkehren. Für die bisher erarbeiteten Werkzeuge sieht das wie folgt aus:

- lächeln → ernster Gesichtsausdruck
- authentisch agieren → eine Rolle spielen
- Wertschätzung zeigen → keine Wertschätzung zeigen, provozieren, Geringschätzung zeigen
- auf Augenhöhe begegnen → aufs Publikum herabschauen/sich größer machen, zum Publikum aufschauen/sich kleiner machen
- rollengerechte Kleidung wählen → rollenuntypische Kleidung wählen
- positive Präsentationsatmosphäre schaffen → Störungen zulassen
- Rolle des Publikum schärfen → das Publikum sich selbst überlassen
- Achsen ausrichten → Achsen unkoordiniert halten
- in die Augen schauen → die Augen meiden
- Einsatz der Hände steuern → Hände außerhalb des Aktionsfensters einsetzen, mit den Regeln der Ausgangshaltung brechen
- Spots wählen → aus den Spots ausbrechen

Jede dieser Umkehrungen stellt einen Bruch dar und ist geeignet, Aufmerksamkeit zurückzugewinnen. Allerdings muss ich dazu folgende Hinweise gegeben: Erstens ist nicht jede Umkehrung *sinnvoll,* nur weil sie *möglich* ist. Es gibt meines Erachtens kaum eine Situation, in der eine Geringschätzung des Publikums oder auf das Publikum herabzuschauen sinnvoll ist. Der Vollständigkeit halber habe ich diesen Punkt dennoch in die

Auflistung der Gegenteile aufgenommen. Mit Provokationen sollten wir ebenfalls sehr zurückhaltend sein, da sie sehr schnell als Geringschätzung empfunden werden können. Deswegen bieten sich allenfalls leichte Provokationen bei einem uns vertrauten Publikum an, das den mangelnden Ernst unserer Provokation deutlich sieht.

Zweitens haben wir bislang ja nur die Werkzeuge besprochen, die Sympathie und Klarheit beeinflussen und damit aus den Kernfeldern des exzellenten Präsentierens resultieren. Die Auflistung ist also nicht vollständig. Im weiteren Verlauf werde ich noch diverse andere Werkzeuge vorstellen, die aus den unterstützenden Feldern des exzellenten Präsentierens resultieren. Diese werde ich ebenfalls im Sinne eines Optimalbildes einführen und sie können genauso ins Gegenteil verkehrt werden wie die bereits erarbeiteten Werkzeuge. Einige typische Möglichkeiten dazu werde ich gleich noch ansprechen.

Sie stellen sich womöglich die Frage, warum wir mit etwas brechen sollten, das wir uns erst durch viel Übung aneignen mussten. Denn es sind ja einen Schritt raus aus der Komfortzone und regelmäßiges Training notwendig, bis die Werkzeuge irgendwann automatisiert eingesetzt werden können. Warum sollten wir das alles wieder über den Haufen werfen? Nun, jeder Bruch, den wir schaffen, sollte ein *bewusster* Bruch sein. Wir sollten nicht *aus Versehen* mit den Werkzeugen, wie ich sie bislang vorgestellt habe, brechen, nur weil wir es nicht besser wissen oder uns unser Handeln gerade nicht gewusst ist. Das funktioniert nur, wenn wir das Optimalbild beherrschen, und dazu ist eben Übung nötig. Es geht also beim Schaffen von Brüchen nicht darum, irgendetwas wieder zu vergessen, sondern um ganz bewusst gesteuerte Abweichungen.

Die Reihenfolge beim Schaffen von Brüchen ist dann die folgende:

1. Auf die Augen des Publikums achten,
2. den Aufmerksamkeitsgrad bewerten und bei schwindender Aufmerksamkeit
3. Brüche schaffen.

Ob der kurzen menschlichen Aufmerksamkeitsspanne ist es wahrscheinlich, dass wir kurzfristig und schnell entscheiden müssen, ob es eines Bruches bedarf. Das klappt nur, wenn wir alle Werkzeuge in ihrer Optimalform sicher beherrschen. Erst dann können wir bewusst und zielgerichtet damit brechen.

▶ Versuchen Sie, die Werkzeuge des exzellenten Präsentierens perfekt zu beherrschen. Und dann brechen Sie bewusst mit ihnen, wenn die Aufmerksamkeit Ihres Publikums schwindet.

Vier typische Arten von Brüchen
Die Liste von Werkzeugausprägungen, die zum Optimalbild im Gegensatz stehen, ist eigentlich nicht sehr hilfreich, weil sie nicht wirklich anwenderfreundlich ist. Im Rahmen der methodischen Grundlagen hatte ich Ihnen ja versprochen, auf *Aktionen* zu setzen, sodass Sie konkret wissen, was Sie unternehmen können, um Ihre Präsentationsfähigkeiten zu verbessern. Solche Hinweise fehlen in der Liste. Mir war es dort vor allem

wichtig, auf das Prinzip des Ausbrechens einzugehen. Jetzt geht es mir um die *Anwendung* von Brüchen, sodass ich konkreter werde. Dabei möchte ich vier Arten von Brüchen unterscheiden: sprachliche, räumliche, körperliche und didaktische Brüche.

Sprachliche Brüche betreffen alle Veränderungen des Sprechens und der Sprache (vgl. zu den entsprechenden Werkzeugen Abschn. 4.3.1). Die häufigsten Brüche des Sprechens sind *lauter* oder *leiser* bzw. *schneller* oder *langsamer* zu sprechen als normal, wobei dieses *normal* für jeden Menschen anders ist, wie ich später noch zeigen werde. Allerdings gewöhnt sich unser Publikum sehr stark an unsere individuelle Sprechlautstärke und -geschwindigkeit, egal in welcher Ausprägung, sodass die Abweichung von unserer jeweiligen Norm als ein Bruch empfunden wird. Dieser wird als besonders intensiv wahrgenommen, wenn wir für eine bestimmte Zeit ganz *aufhören zu sprechen*. Diese Sprechpause kann als Pause auf einem der Spots, etwa auf dem Sweet Spot, als *statische Sprechpause* oder mit Bewegung vor dem Publikum als *bewegte Sprechpause* angewendet werden. Für viele Menschen ist die bewegte Sprechpause leichter umzusetzen, weil durch die Stille ein gefühlter Druck entsteht, der durch Bewegung vor dem Publikum wieder etwas abgebaut werden kann.

Abzugrenzen von den Brüchen des Sprechens sind Brüche der Sprache: Generell sollten wir unsere Wortwahl an unser Publikum anpassen, allerdings ohne dabei unnatürlich zu sprechen (vgl. Abschn. 4.3.2.3). Damit kommen für eine bestimmte Zielgruppe andere Begriffe infrage als für eine andere, sodass sich eine Art zielgruppenspezifische Sprachnorm entwickelt. Wenn wir hiervon in einer besonderen Art abweichen, schaffen wir einen Bruch (vgl. „Aus der Praxis: Entscheidungen treffen").

Aus der Praxis: Kalt erwischt

In einem Gespräch mit einer Mitarbeiterin eines Kunden diskutierte ich vor einiger Zeit über Möglichkeiten und Grenzen der Reorganisation eine bestimmten Bereiches. Dazu mussten wir tief in ein fachliches Thema einsteigen, von dem ich nur wenig Ahnung hatte. Meine Gesprächspartnerin führte sehr präzise und wissenschaftlich eloquent fachliche Details aus. Ich musste mich sehr konzentrieren, inhaltlich am Ball zu bleiben. Das lag nicht etwa daran, dass die Ausführungen der Mitarbeiterin langweilig waren, sondern daran, dass es sich um eine sehr spezielle Materie handelte und es zudem früh morgens war und ich noch keinen Kaffee gehabt hatte. Meine volle Aufmerksamkeit bekam sie allerdings zurück, als sie sagt: „Und das wäre alles kein Problem, wenn Herr [...] endlich die Eier hätte, konsequente Entscheidungen zu treffen."

Ich bin mir nicht ganz sicher, wie ich in diesem Moment geguckt habe. Ich denke, ich habe ziemlich verdutzt geschaut und bin ein bisschen rot geworden. Auf jeden Fall hat mich diese Formulierung kalt erwischt und derart wachgerüttelt, dass ich bis zum Ende des Gespräches, es dauerte noch eine Weile, sehr aufmerksam folgen konnte.

Räumliche Brüche betreffen vor allem unsere Spots. Während das Wechseln zwischen Präsentations-, Erklärungs- und Sweet Spot sowie die Bewegung vor dem Publikum normale Bestandteile unseres Werkzeugeinsatzes sind, stellt das Ausbrechen aus diesen Bewegungsmustern den Bruch dar. Dazu wählen wir einfach weitere Spots aus, die entweder *auf der Bühne, im Publikum* oder *hinter dem Publikum* liegen. Für weitere Spots auf der Bühne bietet sich (eher stehend) der *Bühnenrand* oder wenn es sich um eine erhöhte Bühne handelt (eher sitzend) die *Bühnenkante* an. Hier können wir einige Momente inne halten oder den einen oder anderen weniger wichtigen Aspekte unserer Präsentation von hier aus vortragen.

Wenn wir ins Publikum hineingehen und von dort aus sprechen, bekommen wir einen ganz besonders direkten Blick auf unsere Zuhörer. Dabei haben wir zum Beispiel die Möglichkeit, uns auf einen freien Platz zu setzen und den unmittelbaren Dialog mit dem Publikum zu suchen. Zwar erreichen wir so in der Regel nicht das gesamte Publikum, aber schaffen neben einem besonderen Bruch zusätzlich Nähe zu unseren Zuhörern.

Mit etwas Bedacht ist der Weg *hinter das Publikum* einzusetzen. Wir alle wissen, wie unangenehm es sein kann, wenn jemand hinter uns steht. Jeder von uns hat sicherlich schon einmal eine Erfahrung mit dem Chef im Nacken gemacht. Man kann ihn förmlich spüren, wie er nur einige Zentimeter entfernt steht und über die Schulter blickt. Das ist sehr unangenehm, denn in einer solchen Situation wird die vegetativ-affektive Ebene 1 unseres Gehirns alarmiert, weil uns etwas im Nacken sitzt, das wir nicht sehen können und damit eine potenzielle Gefahr darstellt. Besondere Aufmerksamkeit ist geboten. Ähnlich ergeht es auch unseren Zuhörern, wenn wir uns in deren Rücken stellen: Ihre Aufmerksamkeit wird aufgrund der Aktivität von Ebene 1 steigen, aber sie geht mit eher negativen Emotionen einher. Damit ist das Stellen in den Rücken des Publikums ein Bruch, der eher selten und nur bei besonders geringer Aufmerksamkeit angewendet werden sollte.

Körperliche Brüche betreffen ein Ausbrechen aus den körperlichen Grundpositionen unserer Werkzeuge, also der Mimik, der Haltung der Achsen und der Hände sowie der Kleidung. Besonders geeignet ist eine Veränderung der Mimik, weg vom Lächeln, hin zu einem in der Regel etwas überzeichneten *grimmigen, nachdenklichen, unglücklichen* oder einfach *neutralen* Gesichtsausdruck. Daneben können wir unsere Achsen für einen körperlichen Bruch bewusst *unausgerichtet* lassen, indem wir die *Füße überkreuzen* oder *übertrieben breit stellen*, die *Hüfte knicken* oder den *Kopf schräg halten*. Dabei können wir die *Arme* vor der Brust *verschränken* oder *hinter den Rücken* nehmen. Die Hände können wir tief in den *Hosentaschen vergraben*, wir können eine Grundhaltung einnehmen, die eigentlich schon *belegt* ist (Merkel-Raute oder beten), statt im normalen Aktionsfenster in einem *winzigen* oder übertrieben *großen Aktionsfenster* agieren oder eine Geste verwenden, auf die Sie eigentlich *verzichten* würden, wie etwa der „Vogel" in Richtung eines imaginären Kritikers.

Auch der Umgang mit Kleidung gehört zu den körperlichen Brüchen. Hier können Sie zum Beispiel *das Jackett oder den Blazer ausziehen* oder die *Ärmel des Hemdes hochkrempeln*. Und letztlich bildet auch das Abweichen von typischen Dresscodes einen Bruch, etwa die Wahl besonders legerer oder anderen Rollen zugeschriebener Kleidung wie Jeans und Poloshirt oder Blaumann zu bestimmten Anlässen.

Schließlich gibt es didaktische Brüche. *Didaktik* steht ganz allgemein für die Wissenschaft des Lehrens. Natürlich lehren wir als Präsentierende nicht im klassischen schulischen Sinne. Allerdings ist die Vermittlung einer Idee von Mensch zu Mensch auch Kern jedes Unterrichts, sodass viele Ansätze des Lehrens und Lernens ganz selbstverständlich Eingang ins Präsentieren gefunden haben. So ist es beispielsweise normal, dass ein Präsentator irgendeine Art von Medium nutzt, die das visuelle Lernen unterstützt, zum Beispiel Tafel, Leinwand oder Flipchart. Aber irgendwann wird auch jeder noch so ausgefeilte didaktische Ansatz eintönig. Dann werden didaktische Brüche notwendig.

Ein sehr wirksamer didaktischer Bruch ist ein *Medienwechsel.* Statt des Beamers und der Leinwand können wir eine Tafel oder ein Flipchart nutzen. Oder anstatt Text oder Abbildungen zu zeigen, bauen wir ein Video in unsere Präsentation ein.[11] Wenn es Ihnen wichtig ist, konkreten Lernerfolg zu erzielen, wie es bei Schulungen und Trainings oft der Fall ist, dann helfen Ihnen alle Brüche, die auf aktive Einbindung des Publikums setzen. Jegliche Art von *Übung oder Aufgabe,* sei es in Einzel- oder in Gruppenarbeit, wirkt aktivierend und stellt einen Gegenpol zum meist sehr passiven Zuhören während einer Präsentation dar. Aber natürlich bieten sich Übungen und Aufgaben nicht für jeden Präsentationsanlass an. Bei einer Präsentation vor Kunden oder der Geschäftsführung ist es in den seltensten Fällen möglich, Aufgaben zu verteilen oder Übungen durchzuführen. Wollen Sie trotzdem das aktivierende Moment dieser Ansätze nutzen, können Sie ein *Quiz* durchführen. Der Vorteil hierbei ist, dass es nicht wie bei einer Aufgabe oder Übung zu einer Lehrer-Schüler-Konstellation kommt, auf die sich die Zuhörer erst einmal einstellen müssten. Ein Quiz ist fast hierarchiefrei, aber höchst aktivierend, denn die meisten Menschen lieben es zu raten, zu tippen oder Wissensfragen zu beantworten. Wie sonst wäre der hohe Anteil an Quizshows im Deutschen Fernsehen zu erklären. Über die Art des Quiz' und die Formulierung der enthaltenen Fragen, können wir steuern, welche *Emotion* wir erreichen wollen: Zustimmung, Überraschung, Unglaube oder Neugier. Wenn wir einfache Fragen stellen, zu denen der Großteil des Publikums die Antwort kennt oder richtig schätzt, schaffen wir damit Verbindung und Zustimmung. Formulieren wir Fragen so, dass das Publikum mit den Antworten daneben liegt, kommt es je nach Art der Frage entweder zu Überraschung, zu Unglaube oder zu Neugier, manchmal auch zu Ablehnung. Eigentlich immer kommt es dabei aber zu einer gesteigerten Aktivität der kognitiv-sprachlichen Ebene 3 und damit zum gewünschten Aufmerksamkeitseffekt.

Die unterschiedlichsten Anlässe, zu denen präsentiert werden kann, führen dazu, dass Präsentationen mal theoretischer, mal stärker praxisorientiert sind. Eine Vorlesung ist eher das erste, eine Präsentation vor der Geschäftsführung eher das zweite. Wenn es Zeit und Anlass erlauben, bilden *Beispiele und Anekdoten* oder *Exkurse* gute Möglichkeiten, didaktische Brüche zu schaffen.

---

[11]Ein Medienwechsel ist für mich damit sowohl der Wechsel des Mediums an sich (von Beamer und Leinwand zu Flipchart) als auch der Wechsel der Darstellungsart innerhalb eines bestimmten Mediums (von Text und Abbildung zu Film bei Beamer und Leinwand).

Der Neurobiologe Gerhard Roth weist darüber hinaus auf die Wichtigkeit von *Wiederholungen* im Lernprozess hin (vgl. Roth 2015, S. 348). Zusammen mit *Zusammenfassungen* bilden Wiederholungen eine gute Möglichkeit, während einer Präsentation Brüche zu schaffen: Wir können die bis dato wichtigsten Erkenntnisse komprimiert darstellen oder wiederholen die zentralen Punkte unserer Präsentation.

Damit haben wir in vier Kategorien insgesamt weit über 20 Ansätze gefunden, Brüche zu schaffen und so einmal verlorene Aufmerksamkeit zurückzugewinnen. Für jeden Präsentationsanlass dürfte etwas Passendes dabei sein.

Wingman beauftragen
Beim Werkzeug *Wingman mitnehmen* (Abschn. 3.2.1.1) habe ich empfohlen, einem Wingman einen klaren Beobachtungsauftrag für eine Präsentation zu geben, sodass dieser genau weiß, worauf er achten soll. Dabei habe ich immer Fragenpaare empfohlen. Die erste Frage betrifft die *Ausprägung* eines Werkzeuges, also wie intensiv wir ein bestimmtes Werkzeug einsetzen, die zweite Frage die *Variation* des Werkzeugeinsatzes, also wie häufig wir in Bezug auf ein bestimmtes Werkzeug Brüche schaffen. Die hier dargestellten Ansätze bieten eine weitere mögliche Grundlage für einen Beobachtungsauftrag, auch wenn es hier natürlich nur um Aspekte ging, die für die zweite Frage eines Fragenpaares relevant sind. Sie können allerdings leicht um eine erste Frage ergänzt werden. Dazu je ein Beispiel aus unseren vier Kategorien:[12]

1. Sprachliche Brüche:
   a) Wie zielgruppenspezifisch spreche ich mein Publikum an?
   b) Wie oft breche ich aus der zielgruppenspezifischen Sprache aus und verwende eine besondere Wortwahl?
2. Räumliche Brüche:
   a) Wie genau halte ich mich an die Präsentationsspots?
   b) Wie oft breche ich aus den Spots aus?
3. Körperliche Brüche:
   a) Wie sehr halte ich meine Achsen gerade?
   b) Wie oft nehme ich eine andere Körperhaltung ein?
4. Didaktische Brüche:
   a) Wie gut nutze ich Beamer und Leinwand als Medien?
   b) Wie oft nehme ich einen Medienwechsel vor?

Empfohlene Dosierung
Die generelle Dosierung dieses Werkzeugs entspricht dem, was ich bereits zum Werkzeug *Auf die Augen achten* (Abschn. 3.2.1.2) geschrieben habe: Die Frage, wann Sie Brüche schaffen sollten, hängt maßgeblich von Ihrer persönlichen Philosophie ab. So

---

[12]Das Fragenpaar bezüglich der räumlichen Brüche ist dasselbe wie in Abschn. 3.2.1.1.

können Sie auch beim Brüche-Schaffen eine *stringente* oder *gemäßigte* Herangehensweise wählen. Abhängig davon schaffen Sie eher früher oder später bzw. etwas konsequenter oder etwas weniger konsequent Ihre Brüche.

Über die Wahl Ihrer persönlichen Herangehensweise hinaus stellt sich die Frage, ob alle der vier genannten Kategorien gleichermaßen gut dazu geeignet sind, Brüche zu schaffen. Um diese Frage zu beantworten, müssen wir zunächst einmal überlegen, ob alle unsere Werkzeuge gleich schnell so gut beherrschbar sind, dass wir bewusst mit ihnen brechen können. Wahrscheinlich ist das nicht der Fall. So ist es eher schwierig, Sprachtempo und Lautstärke vollständig bewusst zu steuern, weswegen eine Schauspielausbildung auch entsprechend lange dauert. Auch Pausensteuerung und Variation der Wortwahl sind nicht ganz einfach, weil Pausen vom Präsentator oft als unangenehm empfunden werden bzw. weil eine vorausschauende Wortwahl ein sehr schnelles und fokussiertes Denken voraussetzt. Die kognitiv-sprachliche Ebene 3 muss dazu ungestört arbeiten können, was bei besonderer Spannung, die von weniger erfahrenen Präsentatoren intensiver erlebt wird, eher nicht der Fall ist. Sprachliche Brüche sind demnach eher etwas für die Erfahreneren unter uns.

Annähernd Gleiches gilt für körperliche Brüche: Starke Aufregung und Spannung während einer Präsentation machen die vollständige Kontrolle der Mimik, der Körperhaltung oder des Einsatzes der Hände schwierig und erst nach einiger Übung reibungslos möglich. Relativ einfach hingegen ist der kleidungsorientierte Bruch, denn das Ausziehen von Jackett oder Blazer sowie das Hochkrempeln der Ärmel bzw. eine besondere Kleiderwahl sind relativ problemlos einsetzbar.

Auch für weniger erfahrene Präsentatoren eigenen sich die räumlichen Brüche. Die einzige Schwierigkeit hierbei ist zu akzeptieren, dass eine Bühne dafür da ist, sich auf ihr zu bewegen, und dass sie aus verschiedenen Bereichen und dazu passenden Spots besteht. Ist diese Erkenntnis einmal verinnerlicht, sind das Einhalten der Spots sowie das Ausbrechen aus ihnen relativ problemlos möglich.

Didaktische Brüche können von erfahrenen und weniger erfahrenen Präsentatoren gleichermaßen genutzt werden, denn sie lassen sich relativ gut vorbereiten. Der Einsatz eines Videos gelingt reibungslos, wenn Sie sich ein *Backoffice* in PowerPoint oder Keynote anlegen. Dazu fügen Sie einfach hinter Ihrer letzten inhaltlichen Präsentationsfolie eine weitere Folie mit der Überschrift „Backoffice" ein und danach eine weitere Folie mit dem Video, das Sie zeigen wollen. Sie müssen sich nun nur noch die Seitenzahl der Folie mit dem Video merken oder sich dazu eine Notiz machen. Wollen Sie das Video abspielen, geben Sie im Präsentationsmodus über die Tastatur die Foliennummer ein und drücken *Enter*. Die Präsentation springt automatisch auf die entsprechende Seite im Backoffice und Sie können das Video starten.[13] Für andere didaktische Ansätze gilt dasselbe Prinzip. Sie können didaktische Brüche so weit vorbereiten, dass sie während der

---

[13] Bitte dabei nicht vergessen, von welcher Folie aus Sie ins Backoffice gesprungen sind, damit Sie wieder zurückspringen können.

gesamten Präsentation einsatzbereit sind. Für den Fall, dass ein Bruch notwendig wird, nutzen Sie Ihren vorbereiteten Ansatz, wenn nicht, präsentieren Sie einfach nach Plan von Anfang bis Ende.

> **Auf einen Blick**
> - Durch das Schaffen von Brüchen können wir die Aufmerksamkeit unseres Publikums zurückgewinnen, denn jeder Bruch stellt einen neuen Reiz dar.
> - Da jedes Werkzeug des exzellenten Präsentierens eine Grund- oder Optimalform hat, stellt ein Bruch ein Abweichen hiervon dar.
> - Nicht jedes Werkzeug eignet sich dazu, Brüche zu schaffen. Vor allem sollten wir darauf achten, dass Brüche bewusst geschaffen werden.
> - Es können vier Arten von Brüchen unterschieden werden: sprachliche, räumliche, körperliche und didaktische.

3.2.2.2 Fassaden zum Bröckeln bringen

Grimmig oder nachdenklich?
Lassen Sie mich noch einmal auf die unsichtbare Mauer zurückkommen, die oft zwischen uns und unserem Publikum verläuft (vgl. insbesondere Abschn. 3.1.2.8). Diese Mauer ist nicht die einzige Barriere, die sich aufbauen kann und überwunden werden muss, wenn eine Idee wirkungsvoll vermittelt werden soll. Neben ihr haben wir beim Präsentieren häufig mit *Fassaden* zu kämpfen, die exzellentes Präsentieren erschweren können. Unter einer *Fassade* verstehe ich eine besondere Mimik, die wie eine Maske ein Erkennen der wahren Gefühls- und Gedankenlage unseres Publikums erschwert.

Diese Fassade ist mir das erste Mal aufgefallen, als ich innerhalb kurzer Zeit eine Präsentation zum Thema *Motivation* vor drei unterschiedlichen Gruppen halten durfte. Vor Führungskräften und Managern, vor Studierenden sowie vor Teilnehmern eines Schülerstipendiums, die gerade in der Abiturphase waren. Auffällig war, dass alle drei Gruppen mit meiner Präsentation gleichermaßen zufrieden waren, das ergab die Auswertung der ausgeteilten Feedbackbögen. Die Präsentation war inhaltlich fast identisch, denn es ging um die neurobiologische und psychologische Funktionsweise von Motivation, und die ist für alle Menschen gleich, egal ob es Führungskräfte, Manager, Studierende oder Schüler sind. Das Ergebnis der Auswertung war deswegen auffällig, weil sich die drei Gruppen während meiner Präsentation völlig unterschiedlich verhalten hatten. Vor allem ihre *Mimik* hatte sich besonders deutlich unterschieden. Die Stipendiaten machten ihre Einstellung zu den Inhalten meiner Präsentation direkt deutlich, indem sie bei Unklarheiten nachfragten, selbstständig eigene Beispiele für bestimmte Zusammenhänge gaben und sich auf jede meiner Fragen hin, auch auf rhetorische, meldeten, um eine Antwort zu geben. Aber vor allem zeigten sie eine differenzierte Mimik, die ihren jeweiligen Gefühlsausdrücken entsprach. Kurz gesagt: Sie waren recht *impulsiv*.

Genau umgekehrt war es mit den Führungskräften und Managern. Ihre Mimik war während der gesamten Präsentation fast identisch, nämlich beinahe versteinert. Wenn ich eine Frage stellte, meldeten sich nur einige wenige Zuhörer, aber niemand aus dem Publikum stelle eine Frage an mich oder gab aktiv ein Beispiel aus der eigenen Erfahrung. Kurz gesagt: Sie waren recht *reserviert,* vor allem hinsichtlich ihrer Mimik. Sie hatten eine Fassade aufgesetzt. Die Studierenden wiederum rangierten irgendwo zwischen den Führungskräften und Managern auf der einen und den Stipendiaten auf der anderen Seite. Sie waren impulsiver als die ersten, aber reservierter als die zweiten. In vielen weiteren Präsentationen hat sich dieses Bild erhärtet. Was mag der Grund für die Existenz oder das Fehlen einer Fassade bei unterschiedlichen Gruppen sein?

Die Fassade, die ich bei den Führungskräften und Managern und zum Teil auch bei den Studierenden erlebt habe und immer wieder erlebe, zeichnet sich durch folgende Merkmale aus:

- Leicht skeptischer Grundgesichtsausdruck, also kein Lächeln oder eine andere positive Mimik,
- kein aktives Zuhören,
- keine oder eine kaum sichtbare Reaktion der Mimik auf rhetorische Fragen sowie
- mehr oder weniger stark zusammengezogene Augenbrauchen, dadurch sichtbare senkrechte Falten auf der Stirn.

Insbesondere der letzte Punkt macht den Umgang mit Fassaden schwierig, denn die in Falten gelegte Stirn macht aus einem neutralen Gesicht eine *grimmiges* bis *zorniges* Gesicht, je nachdem wie stark die Brauen zusammengezogen sind (vgl. Ekman 2010, S. 193). Ein solcher Blick alarmiert unsere vegetativ-affektive Ebene 1 und lässt uns unbewusst über Angriff, Flucht oder Verteidigung abwägen. Dieser Abwägungsprozess bringt Unruhe in unsere Gefühlswelt und lässt uns nicht mehr frei präsentieren.

Nun ist es aber in den meisten Fällen so, dass die Falten auf der Stirn faktisch gar nicht für Grimm oder Zorn stehen. Sie zeigen lediglich, dass eine Person *denkt* (vgl. Ekman 2010, S. 199). Haben Sie noch nie jemanden gefragt, ob er grimmig sei und die Antwort darauf lautete: „Nein, ich denke nach"? Beobachten Sie einmal angestrengt denkende Menschen: Sie neigen den Kopf leicht nach vorne und legen die Stirn durch zusammengezogene Augenbrauen in Falten, so als ob sie aktiv geistige Energie umleiten wollten. Das ist gar nicht so falsch, denn der präfrontale Cortex, Teil unserer kognitiv-sprachlichen Ebene 3, ist der Sitz unseres Arbeitsgedächtnisses. Er liegt direkt über unseren Augen unter der Stirn (vgl. Beck 2013, S. 29). Bei der Fassade handelt es sich also oft nur um *vermeintlich* grimmige, aber tatsächlich denkende Gesichter. Leider kann unser Gehirn beide Gesichtsausdrücke nur sehr schlecht auseinanderhalten. Nun hat ein grimmiger Mensch für uns eine höhere Relevanz als ein denkender, schließlich muss man sich vor einem grimmigen oder zornigen Menschen ggf. in Sicherheit bringen. Daher sehen wir eher grimmige Gesichter, auch wenn es eigentlich nur denkende sind.

3.2 Den Kommunikationskanal offen halten

Wir missinterpretieren Denken also oft als Grimm. Hinzu kommt, dass der typische Fassaden-Gesichtsausdruck *Skepsis* zeigt. Das macht es für unser Gehirn doppelt schwer, denn es wird nicht nur durch vermeintlichen Grimm, sondern auch durch den skeptischen Gesichtsausdruck alarmiert. Skepsis zeigt sich in der Regel durch gepresste Lippen. Je skeptischer und kritischer wir werden, desto mehr pressen wir die Lippen aufeinander. Und gepresste Lippen sind wie Stirnfalten ebenfalls ein Zornsignal (vgl. Ekman 2010, S. 257). Nur woher kommt dieser skeptische Gesichtsausdruck?

Lassen Sie uns einmal die Perspektive wechseln. Stellen Sie sich vor, Sie sind Zuhörer und nicht Präsentator. Sie gehen in eine Präsentation, und da steht jemand, der Ihnen etwas über ein bestimmtes Thema erzählen möchte. Was ist das für ein Mensch? Kennt der sich wirklich aus? Will er etwas verkaufen? Lohnt sich es sich überhaupt, Zeit in die Präsentation zu investieren, denn Ihr Schreibtisch ist bis oben voll mit Arbeit? Oder wurden Sie sogar zu dieser Präsentation verdonnert und haben eigentlich gar keine Lust darauf, daran teilzunehmen? Es gibt viele weitere Aspekte, die ich nennen könnte, um zu zeigen, dass Teilnehmer oftmals weder neutral noch positiv, sondern eher skeptisch in eine Präsentation gehen. Je stärker Sie im Geschäftsleben verankert sind und je eher der Inhalt der Präsentation Auswirkungen auf Ihr Arbeiten haben könnte, desto eher gehen Sie schon mit einer skeptischen Grundhaltung in eine Präsentation. So ist zu erklären, warum die Stipendiaten so offen-impulsiv und die Führungskräfte und Manager so skeptisch-reserviert waren: Für Letztere haben Präsentationen oft ganz konkrete Konsequenzen. Um bei meiner Präsentation zur Motivation zu bleiben: Die Manager und Führungskräfte müssen womöglich einräumen, dass ihre Ansätze zur Mitarbeitermotivation ausbaufähig sind und sie etwas an ihren Anreizsystemen ändern müssen. Das bedeutet Arbeit, und Arbeit haben sie wahrscheinlich schon genug. Für die Stipendiaten war es zunächst einfach nur Wissen, das ich vermittelt habe, ohne dass daraus die konkrete Notwendigkeit einer Handlung resultierte.

Nachdenklichkeit und Skepsis, das sind also die beiden wichtigsten Bausteine der Fassade, mit der wir es oft in der Mimik unseres Publikums zu tun haben (vgl. hierzu „Aus der Praxis: Norddeutsche Zurückhaltung").

▶ Missinterpretieren Sie die Mimik Ihres Publikums nicht: Ein vermeintlich skeptisch-grimmiger Gesichtsausdruck ist ganz normal. Er deutet auf eine natürliche Distanz zu Ihnen und Ihren Themen und eine mitdenkende Zuhörhaltung hin.

Aus der Praxis: Norddeutsche Zurückhaltung
Mein erstes Führungskräftetraining hielt ich bei einem Kunden im nördlichen Niedersachsen. Ich versuchte, das Training so praxisnah wie möglich aufzubauen, ohne wichtige Grundlagen oder wissenschaftliche Konzepte außen vor zu lassen. Auf jeden theoretischen Teil folgte also ein konkretes Werkzeug, dessen Anwendung die Teilnehmer dann mit verschiedenen Methoden trainieren sollten.

Die Beteiligung der Teilnehmer war eine Katastrophe: Kaum einer antwortete auf meine Fragen, kaum jemand beteiligte sich von selbst, und ab der ersten Minute blickte ich in grimmige Gesichter. Zwar ließen sich die Teilnehmer auf alle Übungen ein, es gab also keine offene Kritik, aber ich konnte die Unzufriedenheit und die Spannung regelrecht spüren. Als es dann auf das Mittagessen zuging, war ich drauf und dran, das Seminar abzubrechen. Offensichtlich war ich nicht in der Lage, vernünftige Führungstrainings zu halten, musste ich mir eingestehen. Zur Sicherheit wollte ich mir noch ein Feedback einholen, dann wäre die Unzufriedenheit endlich ausgesprochen und ich hätte einen konkreten Grund, das Training nicht zu Ende zu führen.

„Wir sind ja jetzt kurz vor der Mittagspause, daher würde ich mich über ein Feedback zum bisherigen Training freuen", begann ich. Der erste Teilnehmer antwortete ungefähr: „Mir hat es bis jetzt sehr gut gefallen, ich habe viele neue Impulse mitgenommen." Daraufhin der zweite: „Ich fand es ebenfalls gut, es sind viele neue Aspekte dabei, die mir weiterhelfen werden." In dieser Art ging es weiter. Ich verstand die Welt nicht mehr. Als ich daraufhin meinen Eindruck schilderte, alle seien sehr unzufrieden, was man ihnen durch sparsame Beteiligung anmerken und vor allem an der Mimik ansehen würde, sagte ein Teilnehmer: „Herr Schulenburg, wir sind hier in Norddeutschland. Bei uns spricht man nur das Nötigste. Und außerdem müssen wir doch erstmal durchdenken, was Sie uns da vorstellen. Da guckt man nun mal ein bisschen angestrengt."

Für den Nachmittag einigten wir uns darauf, dass ich weniger empfindlich auf nachdenkliche Gesichtsausdrücke regieren würde und die Teilnehmer versuchen wollten, mir ihre Zufriedenheit durch etwas intensivere verbale Beteiligung und freundlichere Gesichtsausdrücke mitzuteilen. Das funktionierte für den restlichen Tag und auch am zweiten Tag des Trainings wirklich gut. Mittlerweile bin ich seit über 15 Jahren Trainer. Diese Erfahrung hat mir Mut gemacht und mir gezeigt, dass man nicht allzu schnell aufgeben sollte. Denn ein Gesichtsausdruck ist ebenso wie die Art der Beteiligung doppeldeutig – und manchmal sogar kulturabhängig.

Kann man doch *nicht* kommunizieren?
In den kommunikationstheoretischen Grundlagen habe ich in Anlehnung an Paul Watzlawick festgestellt, dass man *nicht* nicht kommunizieren kann. Aber führen die eben gewonnen Erkenntnisse nicht dazu, dass man sehr wohl *nicht* kommunizieren kann? Ist die Fassade nicht tatsächlich eine Barriere, die das Feedback vom Empfänger zurück zum Sender verhindert?

Sicherlich ist es richtig, dass die Fassade ein klares Feedback verhindert. Vielmehr bildet sie einen Filter, der Emotionen und Gedanken des Publikums nicht eindeutig erkennen lässt. Aber ich habe bereits unter Rückgriff auf dem Emotionsforscher Paul Ekman herausgestellt, dass ein Feedback auf keinen Fall immer eindeutig ist, da Emotionen oftmals verborgen kommuniziert werden. Und genau das ist die Funktion der Fassade und gleichzeitig die Krux mit ihr. Auf der einen Seite verbirgt sie Gedanken und Emotionen. Auf der anderen Seite vermittelt uns die *Existenz* der Fassade wichtige Informationen über unsere Zuhörer. Etwa, dass sie in Bezug auf unsere Präsentation oder womöglich auch in Bezug auf uns persönlich *skeptisch* sind, was ja erst einmal noch nichts Negatives ist. Oder dass sie intensiv versuchen, unseren Inhalten zu folgen, was dazu führt, dass sie ihre Stirn in Falten legen. Damit nimmt uns die Fassade zwar den klaren Blick auf Informationen, nämlich auf Emotionen und Gedanken, gibt uns aber wichtige Informationen über die aktuelle Gefühlslage unseres Publikums. Und insbesondere die letzte Einsicht unterstreicht die Annahme, dass man *nicht* nicht kommunizieren kann.

In den Dialog kommen
Damit unsere vegetativ-affektive Ebene 1 beruhigt wird, müssen Fassaden also möglichst beseitigt werden. Dazu können wir einige Hinweise nutzen, die ich bereits im Rahmen des Werkzeugs *Rolle des Publikums schärfen* (Abschn. 3.1.2.3) vorgestellt habe. Vor allem das *aktive Zuhören* ist sehr gut dazu geeignet, die Ebene 1 zu beruhigen. Dazu ist allerdings häufig ein aktiver Einfluss auf das Publikum bis hin zur Vereinbarung expliziter Regeln notwendig. Das ist in vielen Präsentationssituationen weder möglich noch sinnvoll, sodass wir überlegen müssen, welche weiteren Möglichkeiten es gibt, Fassaden zum Bröckeln zu bringen.

Mein erster Hinweis hierzu ist: *Sprechen Sie* so oft wie möglich *Personen direkt* an. Ich bin schon darauf eingegangen, dass wir nicht pauschal zu Gruppen, sondern zu einzelnen Personen sprechen sollten. Es macht für jeden Zuhörer einen Unterschied, ob er das Gefühl hat, Teil einer Gruppe oder ein Individuum zu sein. Gehen Sie also direkt auf einzelne Zuhörer zu, schauen Sie ihnen in die Augen, bis etwas passiert, und sprechen Sie so viele Personen wie möglich mit Namen an. Sobald eine Person das Gefühl hat, Ihr individueller Gesprächspartner zu sein, wird sie ihre Fassade Stück für Stück auflösen.

Zweitens sollten Sie versuchen, so viel wie möglich zu *lächeln*. Authentisches Lächeln baut Vertrauen auf, aktiviert Spiegelneuronen und führt irgendwann bei Ihrem Gegenüber zu einer positiveren Grundstimmung. Lächeln steckt an und lässt damit Fassaden bröckeln. Lassen Sie sich dabei nicht davon irritieren, wenn Sie zunächst kein Lächeln zurückbekommen. Gerade zu Beginn einer Präsentation oder wenn Ihnen das Publikum noch nicht sehr vertraut ist, dauert es etwas, bis ein Lächeln überspringt. Lächeln Sie weiter, irgendwann bekommen Sie ein Lächeln zurück.

Versuchen Sie drittens, das *Publikum aktiv einzubinden*. Auch hierauf bin ich im Rahmen des Werkzeuges *Rolle des Publikums schärfen* schon eingegangen. Stellen Sie Ihrem Publikum konkrete Fragen. Wenn sich keiner meldet, nehmen Sie einfach jemanden dran und bitten ihn, Ihre Frage zu beantworten. Oder Sie versuchen, Experten im Publikum zu finden und diese Experten bei bestimmten Fragestellungen aktiv einzubinden, wie ich es beim Werkzeug *Auf Augenhöhe begegnen* (Abschn. 3.1.1.4) vorgestellt habe. Diese Experten werden in der Regel dankbar sein, dass Sie sie berücksichtigen, und ihre Fassade fallen lassen.

Viertens ist es sinnvoll, wenn Sie immer wieder Passagen in Ihre Präsentation einbauen, die weniger anspruchsvoll sind. Das kann so weit gehen, dass Sie bei längeren Präsentationen bewusst *Entspannungspassagen* einbauen, damit ihr Publikum geistig kurz durchschnaufen kann. Denn wie ich beim Werkzeug *Brüche schaffen* (Abschn. 3.2.2.1) gezeigt habe, können wir uns nur wenige Minuten am Stück intensiv konzentrieren. Darüber hinaus bilden Entspannungspassagen eine gute Gelegenheit, die nachdenklich-grimmige Fassade etwas zu entspannen. Und wenn Sie gar eine lustige Entspannungspassage einbauen, wird aus der nachdenklich-grimmigen womöglich sogar eine heitere Miene.

Fünftens können Sie ein Feedback einfordern, wenn Sie sich unsicher sind, ob die grimmige Mimik des Publikums tatsächlich für Unzufriedenheit steht. Eine Aufforderung wie: „Ich bin mir nicht ganz sicher, ob ich Ihre Erwartungen bislang erfüllt habe, bitte geben Sie mir doch ein kurzes Feedback." kann schnell Aufklärung darüber bringen, ob Ihr Publikum wirklich unzufrieden ist oder nur aktiv mitdenkt. Natürlich kann es hierbei sein, dass Antworten nur zögerlich kommen oder Sie tatsächlich ein negatives Feedback bekommen. Damit umzugehen, ist nicht ganz einfach, weswegen ich beim nächsten Werkzeug noch einmal sehr genau auf entsprechende Fragetechniken eingehen werde.

Als sechste Möglichkeit können Sie schließlich aktiv die Mimik einzelner Zuhörer ansprechen. Meine Frage lautet dann immer „Sie gucken ein wenig kritisch, sind Sie unzufrieden mit mir?" Die häufigste Antwort ist: „Oh nein, ich denke nur mit." Selbstverständlich ist auch hier Fingerspitzengefühl gefragt, weil Sie mit einer solchen Frage Zuhörer auch überrumpeln oder in die Ecke drängen können, was dann eher eine stärkere als eine bröckelnde Fassade bewirkt. Daher werde ich auch auf diesen Punkt beim nächsten Werkzeug noch mal eingehen.

Diese sechs Möglichkeiten bieten Ihnen vielfältige Ansatzpunkte, die Fassaden Ihres Publikums zum Bröckeln zu bringen. Weil sie auf Abwechslung und Spontaneität setzen, habe ich sie dem Kernfeld der *Dynamik* zugeordnet, auch wenn verschiedene Punkte durchaus auch der *Interaktion* zuzuordnen wären.

Empfohlene Dosierung
Man könnte meinen, dieses Werkzeug sei grundsätzlich sehr hoch zu dosieren, schließlich hat eine Fassade keinerlei positive Eigenschaften, sondern führt immer zu Distanz zwischen uns und unserem Publikum. Aber solch eine Empfehlung möchte ich nicht abgeben – auch dieses Werkzeug ist mit Bedacht einzusetzen. Denn eine uneingeschränkt hohe Dosierung würde womöglich dazu führen, dass wir übermäßig stark auf die Mimik unseres Publikums achten und schon beim kleinsten Anzeichen einer Fassade versuchen, Maßnahmen zu ihrer Bekämpfung zu ergreifen. Schlimmstenfalls entsteht so eine *self-fulfilling prophecy,* eine sich selbst erfüllende Prophezeiung (vgl. Watzlawick 2012, S. 61 ff.): Der krampfhafte Versuch, Fassaden zu bekämpfen, führt erst dazu, dass sie entstehen. Daher ist mein erster Hinweis zur Dosierung dieses Werkzeugs, dass wir erst einmal nichts machen und abwarten sollten, wenn wir eine vermeintliche Fassade entdecken. Denn wie ich schon mehrfach betont habe, ist eine Fassade etwas Normales, sie wird im Laufe der Zeit meist von ganz alleine anfangen zu bröckeln.

3.2 Den Kommunikationskanal offen halten

Stellen Sie dennoch nach rund einem Drittel der Zeit bei langen bzw. der Hälfte bei kurzen Präsentationen fest, dass immer noch eine deutliche Fassade bei einem Großteil Ihres Publikums vorhanden ist, dann sollten Sie gegensteuern. Von den sechs genannten Ansätzen sind die ersten vier (Personen direkt ansprechen, so oft wie möglich lächeln, Publikum aktiv einbinden und Entspannungspassagen einbauen) für alle von uns geeignet, auch wenn es etwas weniger erfahrenen Präsentatoren manchmal etwas schwer fällt zu lächeln, weil die Nervosität die Mundwinkel nach unten zieht. Der fünfte (Feedback einfordern) und der sechste Hinweis (Mimik ansprechen) sind eher für erfahrene Präsentatoren geeignet, da sie eine bestimmte Fragetechnik erfordern, um keinen Widerstand und damit sich erhärtende Fassaden hervorzurufen.

> **Auf einen Blick**
> - Fassaden in der Mimik unseres Publikums machen es oft schwer, die wahre Stimmung unseres Publikums zu bestimmen.
> - Unser Ziel sollte es sein, Fassaden zum Bröckeln zu bringen. Dazu sollen wir Zuhörer so oft wie möglich direkt ansprechen und aktiv einbinden, optimalerweise kombiniert mit einem authentischen Lächeln.
> - Auch das Einbauen weniger anspruchsvoller Passagen in eine Präsentation sowie das Einfordern von Feedbacks können helfen, Fassaden zum Bröckeln zu bringen. Außerdem können wir Zuhörer direkt auf ihre Mimik ansprechen.

3.2.3 Interaktion schaffen

Interaktion bezeichnet den direkten Kontakt zwischen uns und unserem Publikum. Sie dient ebenso wie Dynamik dazu, den einmal geöffneten Kanal zu unseren Zuhörern offen zu halten, und setzt dazu vor allem auf den Dialog mit ihnen. Damit greift Interaktion die Kernidee des exzellenten Präsentierens, die Vermittlung einer Idee von Mensch zu Mensch, direkt auf und verfolgt das Ziel, die unsichtbare Mauer zwischen Präsentator und Publikum zu durchbrechen.

Der direkte Umgang mit dem Publikum ist anspruchsvoll. Eine unglücklich formulierte Frage kann eine positive Grundstimmung umkehren und in Abneigung verwandeln. Während wir beim Präsentieren alleine auf der Bühne stehen, ist das Publikum eine Gruppe, und in Gruppen greifen immer gruppendynamische Effekte. Diese führen vor allem dazu, dass das Verhalten von Gruppen schwer vorherzusehen und zu steuern ist. Viel Erfahrung, aber auch der Einsatz der richtigen Werkzeuge, können uns bei der Steuerung unserer Kommunikation mit dem Publikum helfen, sodass eine positiv-konstruktive Grundstimmung erhalten bleibt. Diese ist die wichtigste Voraussetzung für den Dialog mit dem Publikum. Um sie sicherzustellen, werde ich mich mit zwei Werkzeugen der Interaktion befassen: *gute Fragen stellen* und *Publikum gewaltfrei ansprechen*.

3.2.3.1 Gute Fragen stellen

Von Sokrates lernen

Der griechische Philosoph Sokrates unterrichtete seine Schüler, indem er ihnen Fragen stellte. Sie mussten die Fragen selbstständig beantworten. Kamen sie dabei nicht weiter, stellte Sokrates ihnen weitere Fragen, bis sie irgendwann zu Wissen gelangten. Dieser Ansatz sollte seine Schüler im selbstständigen Denken schulen, denn Sokrates war der Ansicht, dass seine eigenen Antworten auf Fragen ebenso gut oder schlecht waren wie die seiner Schüler, auch wenn diese die Antworten erst noch erarbeiten mussten. Also wäre es von Nachteil, Antworten vorzugeben. *Mit Fragen führen* ist heute Kern vieler Führungs- und Coachingansätze und geht auf diesen Ansatz von Sokrates zurück.

▶ Nutzen Sie Fragen, um mit Ihrem Publikum in Interaktion zu treten. Fragen regen zum Denken an und bilden die Grundlage für vielfältige Dialoge.

Obwohl Fragen hervorragend dazu geeignet sind, die Gedankengänge unseres Publikums zu steuern, wird in vielen Präsentationen noch zu wenig auf Fragen gesetzt. Es sei Aufgabe des Präsentators, klare Aussagen zu treffen, so die Überzeugung einiger meiner Kollegen. Dieser Ansicht folge ich nicht, denn mit dem Verzicht auf Fragen würden wir ein mächtiges Werkzeug der Interaktion verschenken. So ginge großes Potenzial, den Kanal zwischen uns und unserem Publikum über lange Zeit hinweg offen zu halten, verloren.

Ich bin der festen Überzeugung, dass sich der Einsatz von Fragen in jeder Präsentation anbietet, egal ob sie lang oder kurz ist, ob sie vor Kunden oder der Geschäftsführung gehalten wird oder ob es sich um ein Training oder einen Fachvortrag handelt. Es sind nur einige Aspekte zu berücksichtigen, damit sich die interaktive Kraft von Fragen voll entfalten kann.

Fragen-Timing

Als Erstes gilt es zu überlegen, *zu welchem Zeitpunkt* Fragen optimalerweise eingesetzt werden. Dazu möchte ich wieder einmal zwei Herangehensweisen unterscheiden: eine *präventive* und eine *reaktive*. *Präventives* Fragenstellen dient dazu zu verhindern, dass ein durch Sympathie und Klarheit geöffneter Kanal wieder zusammenbricht. Möchten Sie auf diese Herangehensweise setzen, gestalten Sie Ihre Präsentation so, dass Sie im Abstand einiger Minuten Fragen auf Ihre Folien aufnehmen und sie Ihrem Publikum stellen. Bei längeren Präsentationen ist der Abstand zwischen den einzelnen Fragen etwas größer, bei kürzeren etwas geringer. Ihre Präsentation ist dann insgesamt sehr fragenorientiert ausgerichtet. Das präventive Fragenstellen setzt damit intensiv auf den Einsatz von Fragen und ist damit sehr stark interaktiv ausgerichtet.

Beim *reaktiven* Fragenstellen möchte ich auf das Vorgehen verweisen, das schon beim *Brücheschaffen* zum Einsatz kam, auch wenn ich den letzten Schritt natürlich angepasst habe:

1. Auf die Augen des Publikums achten,
2. den Aufmerksamkeitsgrad bewerten und bei schwindender Aufmerksamkeit
3. Fragen stellen.

Die Fragen, die Sie bei der reaktiven Herangehensweise stellen, lassen sich in der Regel nicht so exakt vorbereiten wie bei der präventiven, da Sie ja nie genau wissen, wann die Aufmerksamkeit schwindet und wo sie zu diesem Zeitpunkt inhaltlich stehen. In der Vorbereitung Ihrer Präsentation sollten Sie daher für jeden thematischen Abschnitt oder gar jede einzelne Folie überlegen, wie eine passende Frage hierzu lauten könnte. Sollte die Aufmerksamkeit schwinden, müssen Sie die Frage nicht mehr von Grund auf entwickeln, sondern haben sie bereits vorbereitet. Sie können potenzielle Fragen dazu ins Notizenfeld Ihrer Folien schreiben. Wenn die Aufmerksamkeit schwindet, haben Sie jederzeit eine passende Frage parat.

Echte vs. rhetorische Fragen
Grundsätzlich können zwei Arten von Fragen unterschieden werden, nämlich *echte* und *rhetorische* Fragen. Bei echten Fragen warten Sie Antworten Ihres Publikums ab, bei rhetorischen Fragen geben Sie die Antworten selbst. Demnach dienen rhetorische Fragen eher dazu, Aufmerksamkeit zu erzeugen. Allerdings wirken beide Arten von Fragen in einem hohen Maße aktivierend. Allein das *Fragezeichen* als Symbol regt unser Denken an, schließlich hat unser Gehirn gelernt, dass von ihm am Ende einer Frage eine Reaktion erwartet wird.

Der Unterschied zwischen einer echten und einer rhetorischen Frage ist aus ihrer Formulierung zunächst nicht zu erkennen. Daher hängt es von Ihrem Publikum ab, ob eine von Ihnen gestellte Frage eher als echte oder eher als rhetorische Frage interpretiert wird. Ich habe die Erfahrung gemacht, dass eine Frage eher als rhetorisch interpretiert wird, wenn unsere Zuhörer die Schule schon relativ lange hinter sich gelassen haben. Das ist bei den meisten Führungskräften und Managern der Fall. Sie wird eher als echte Frage behandelt, wenn die Zuhörer noch in der Schule sind oder die Schulzeit erst kurze Zeit zurückliegt, wie etwa bei meinen Stipendiaten aus dem letzten Abschnitt. Bei ihnen ist der Einsatz rhetorischer Fragen kaum möglich, da sie bei einer gestellten Frage auch antworten wollen. Das ist bei vielen anderen Gruppen nicht der Fall. Dort liegt die Schwierigkeit eher darin, die Zuhörer zur Beantwortung echter Fragen zu motivieren.

Woher weiß ein Publikum nun, ob es sich um eine echte oder eine rhetorische Frage handelt? Am besten können Sie Klarheit schaffen, wenn Sie einen einleitenden Satz verwenden, der auf die Art der Frage hinweist: „Dabei stellt sich dann folgende Frage: Warum ist …?" oder „Man könnte sich fragen: Warum ist …?" Das sind Formulierungen, die rhetorische Fragen einleiten. „Deswegen möchte ich Ihnen folgende Frage stellen: Warum ist …?" oder „Bitte geben Sie mir doch Ihre Einschätzung zu folgender Frage: Warum ist …?". führen echte Fragen ein, da Sie das Publikum *direkt* ansprechen.

Zur wirklichen Interaktion mit dem Publikum ist die echte Frage eher geeignet als die rhetorische, da echte Fragen einen Dialog einleiten. Daher will ich mich im Folgenden auf echte Fragen konzentrieren, ohne dadurch rhetorische Fragen abzuwerten. Sie sind als Stilmittel der Aufmerksamkeitssteuerung hervorragend geeignet.

Fragetechnik
Es klingt so einfach: Durch Fragen ans Publikum Interaktion steigern. Was kann da schon schiefgehen? Aber jeder, der in einer Präsentation schon einmal eine Frage gestellt und daraufhin in regungslose Gesichter geblickt hat, weiß, dass es oftmals nicht so einfach ist (vgl. „Aus der Praxis: Komplexe Rahmenbedingungen von Interaktion"). Ist die Frage richtig angekommen? Antworten die Zuhörer nicht, weil sie noch Zeit zum Überlegen brauchen? War die Frage vielleicht zu einfach? Oder hat sich unser Publikum schon längst geistig verabschiedet? Und wie lange sollen wir auf eine Antwort warten, bis wir sie selbst geben?

Der Druck, der auf einem Präsentator zwischen ausgesprochener Frage und den Antworten des Publikums lastet, ist enorm und nimmt mit jedem weiteren Augenblick, in dem Antworten oder zumindest Meldungen auf sich warten lassen, weiter zu. Daher möchte ich herausarbeiten, worauf zu achten ist, wenn Sie Fragen ans Publikum stellen:

1. Fragen schriftlich und eindeutig formulieren: Damit Ihr Publikum eine Frage gut nachvollziehen kann, sollte sie schriftlich, entweder auf einer Ihrer Folien oder auf einem Flipchart, formuliert werden. Dabei sollten Sie darauf achten, die Frage so *kurz und klar* wie möglich zu formulieren. Stellen Sie im Zweifel lieber mehrere Fragen, die Sie in a), b), c) etc. aufteilen, als eine zu lange.
2. Keine zu einfachen Fragen stellen: Der Wunsch nach einem hohen Maß an Beteiligung führt manchmal dazu, dass zu einfache Fragen gestellt werden. Solche Fragen bewirken aber oft, dass niemand eine Antwort gibt, weil sie allen klar ist. Bei zu einfachen Fragen entsteht manchmal sogar ein Gefühl des Fremdschämens aufseiten des Publikums. Also wählen Sie anspruchsvolle Fragen, bei denen Sie davon ausgehen können, dass Ihr Publikum ihrem Anspruch gerecht werden kann.
3. Dem Publikum Zeit lassen: Wenn Sie eine Frage formuliert haben, lassen Sie Ihren Zuhörern Zeit, die Frage zu lesen, nachzuvollziehen und sich Antworten zu überlegen. Natürlich ist uns selbst beim Präsentieren absolut klar, was wir mit einer Frage meinen. Daher unterschätzen wir häufig die notwendige Zeit bis zur Beantwortung. Aber das Publikum muss einem schriftlich formulierten Satz zunächst einen Bedeutungsinhalt zuordnen, bevor es überhaupt an Antworten denken kann. Das braucht seine Zeit.
4. Unklarheiten beseitigen: Wenn Sie auch nach einigem Warten keine Antwort bekommen, geben Sie trotzdem nicht sofort selbst eine Antwort. Fragen Sie nach, worin Unklarheiten bestehen und ob Sie ggf. noch eine Hilfestellung geben können. Sprechen Sie dazu ruhig direkt eine oder mehrere Personen an.
5. Antworten aufnehmen: Wenn Sie Antworten bekommen, konservieren Sie sie irgendwie, zum Beispiel auf einem Flipchart oder einer Tafel. So zeigen Sie Ihrem Publikum Wertschätzung für seine Beteiligung und auch für die inhaltliche Qualität der Antworten.

3.2 Den Kommunikationskanal offen halten

6. Antworten ergänzen: Wenn bestimmte Antworten für den weiteren Verlauf Ihrer Präsentation essenziell sind und diese nicht vom Publikum kommen, ergänzen Sie diese mit einem entsprechenden Hinweis.
7. Antworten aufgreifen: Gehen Sie zu einem späteren Zeitpunkt Ihrer Präsentation auf die Antworten des Publikums ein. So schaffen Sie es, Ihre Inhalte mit den Einschätzungen des Publikums zu verzahnen, und stärken die Begegnung auf Augenhöhe. Optimalerweise planen Sie Ihre Fragen so, dass sich die Antworten für eine spätere Verwendung auch anbieten.
8. Antworten selbst geben: Wenn auch Ihre ergänzenden Hinweise keine Antworten aus Ihrem Publikums herauskitzeln konnten, geben Sie die wichtigsten Antworten selbst. Dieser Fall ist meiner Erfahrung nach äußerst selten, kann aber vorkommen. Seien Sie darauf vorbereitet, indem Sie drei bis fünf Antworten parat haben. Diese können Sie ins Notizenfeld Ihrer Folien aufnehmen.

Die größte Herausforderung besteht sicherlich darin, die Stille bis zur ersten Antwort zu ertragen. Allerdings ist es ein wunderbares Gefühl, wenn die Antworten dann kommen. Also gönnen Sie sich und Ihrem Publikum etwas Zeit.

> **Aus der Praxis: Komplexe Rahmenbedingungen von Interaktion**
>
> Meine Vorlesung *Personalmanagement* halte ich seit nunmehr fast einem Jahrzehnt. Sie ist im Kern mehr oder weniger identisch, denn es geht um Grundlagen, die relativ zeitstabil sind. Seit beinahe fünf Jahren halte ich diese Vorlesung sogar *zweimal* pro Jahr. Und auch wenn ich versuche, die Vorlesung abwechslungsreich zu gestalten, nutze ich jedes Semester mehr oder weniger ähnliche Beispiele, Fragen und Aufgaben. So macht es wohl jeder Professor.
>
> Insgesamt setze ich in meinen Vorlesungen sehr auf Interaktion, weswegen es weniger eine klassische Vorlesung ist, sondern eher als Seminar zu bezeichnen wäre. Bemerkenswert für mich ist, dass ich trotz einer immer relativ ähnlichen Herangehensweise durchaus unterschiedlich erfolgreich mit meinem Versuch der Interaktion bin. In einigen Semestern ist die Bereitschaft zur Interaktion so groß, dass ich aufpassen muss, meine Vorlesungsinhalte auch wirklich zu schaffen. In anderen Semestern muss ich meinen Studierenden die Antworten auf meine Fragen förmlich aus der Nase ziehen. Noch immer ist mir nicht ganz klar, woher der Unterschied kommt. Sicherlich spielen viele Faktoren eine Rolle, die sich sogar gegenseitig beeinflussen: Wie gut gelingt mir der Einstieg ins Semester und wie ist damit der erste Eindruck, den ich vermittle? Was sind die Erwartungen der Studierenden und wie hoch ist ihre Leistungsbereitschaft? Wie hoch ist der Anteil eher extrovertierter Personen, wie hoch der Anteil eher introvertierter? Jegliche Art von Präsentation findet eben unter komplexen Rahmenbedingungen statt, die nicht vollständig kontrolliert werden können.
>
> Wie gut Interaktion generell gelingt, hängt auf der einen Seite natürlich von den Fähigkeiten des Präsentators, auf der anderen Seite aber auch von den Eigenschaften des Publikums ab. Und jedes Publikum ist nun mal anders. So gelingt Interaktion mal

besser, mal schlechter, was aber nicht immer auf bessere oder schlechtere Fähigkeiten des Präsentators zurückzuführen ist. Manchmal ist es die Präsens einer einzigen Person, die sich als erste traut eine Antwort zu geben. Sie kann den Bann des Schweigens brechen, sodass die Vorzeichen für intensive Interaktion gut stehen. Fehlt sie, kann Interaktion sehr mühsam werden.

Seien Sie also nicht frustriert, wenn es mit der Interaktion mal nicht so klappt, wie Sie es sich wünschen. Bei der nächsten Präsentation gibt es ein anderes Publikum, bei dem es sicherlich besser funktioniert. Und wenn Sie der Grund dafür interessiert, warum es mit der Interaktion nicht so gut geklappt hat, sprechen Sie nach dem Ende Ihrer Präsentation einfach den einen oder anderen Zuhörer an und fragen Sie nach. So bekommen Sie oftmals hilfreiche Antworten, um nachzusteuern. Oder Sie erhalten einfach die Information, dass alles gut, die Gruppe aber erfahrungsgemäß ruhiger ist. So wie es in meinen Vorlesungen auch immer wieder der Fall ist.

Aufgaben und Übungen verteilen
Eine besondere Art von Fragen, die ich vor allem in Trainings, Vorlesungen oder bei anderen besonders interaktiven Präsentationen einsetze, sind *Aufgaben* oder *Übungen*. Bei der Vorstellung des Werkzeugs *Brüche schaffen* bin ich bereits hierauf eingegangen. Zwar sind Aufgaben oder Übungen nicht immer als Frage formuliert, sondern oftmals eher als Auftrag im Imperativ. Dennoch ist ihr Kern in der Regel eine spezifische Fragestellung, sodass es gut passt, hier noch einmal darauf einzugehen.

Möchten Sie ebenfalls Aufgaben oder Übungen einsetzen, sind einige Aspekte zu beachten. Erstens repräsentieren Aufgaben und Übungen relativ komplexe Fragestellungen, sowohl in Bezug auf ihren inhaltlichen Umfang als auch in Bezug auf die zur Vorbereitung und Bearbeitung notwendige Zeit. Zweitens kommt der Ergebnispräsentation und -diskussion bei Aufgaben und Übungen eine höhere Bedeutung zu als bei normalen Fragen. Daher sind die Hinweise, die ich zu Fragen im Allgemeinen gegeben habe, für Aufgaben und Übungen im Speziellen an einigen Stellen zu konkretisieren oder zu ergänzen:

1. Aufgaben und Übungen schriftlich und eindeutig formulieren: Achten Sie bei der Formulierung darauf, dass der Arbeitsauftrag wirklich klar wird: Jeder Zuhörer muss genau wissen, was Sie von ihm konkret erwarten. Wenn Sie Gruppen bilden wollen, was bei vielen Aufgaben und Übungen eine gute Idee ist, stellen Sie sicher, dass die Zuhörer nachvollziehen können, nach welchen Kriterien sie einer Gruppe zugeordnet werden. Das gilt selbst dann, wenn die Gruppen gelost werden (dann geben Sie eben die Info, dass Sie die Gruppen nach dem Zufallsprinzip aufteilen wollten). Weisen Sie deutlich und optimalerweise mehrfach darauf hin, wer zu welcher Gruppe gehört, denn beim ersten Mal bekommen viele Zuhörer die Gruppenzuordnung nicht richtig mit. Formulieren Sie außerdem ebenfalls schriftlich, welche Art der Ergebnisdarstellung Sie erwarten: mündliche Vorstellung, Kurzpräsentation mit Flipchart oder Moderationskarten oder womöglich sogar Anfertigung einer PowerPoint- oder Keynote-Präsentation. Die Wahl der Ergebnisdarstellung sollten Sie von Art und Umfang

der Aufgabe oder Übung sowie des Rahmens der Präsentation (Vortrag vs. Training) abhängig machen. Teilen Sie schließlich ebenfalls mit, wie viel Zeit jede Person oder Gruppe für die Darstellung der Ergebnisse hat.

2. Keine zu einfachen Aufgaben stellen: Wie bei Fragen auch, sollten Sie anspruchsvolle, aber von Ihrem Publikum zu bewältigende Aufgaben oder Übungen wählen.
3. Dem Publikum Zeit lassen: Hier geht es um zwei Zeitspannen. Erstens um die Zeit, die nötig ist, um die Aufgabe oder Übungen vollständig zu erfassen, und zweitens um die eigentliche Bearbeitungszeit. Die höhere Komplexität von Aufgaben und Übungen im Vergleich zu normalen Fragen ist bei beiden Spannen zu berücksichtigen. Optimalerweise geben Sie eine konkrete Angabe, *wann* und bei großen Gruppen auch *wo* alle zur Ergebnisvorstellung wieder zusammenkommen.
4. Unklarheiten beseitigen: Bevor die eigentliche Bearbeitungszeit beginnt, sollten Sie sicherstellen, dass allen Zuhörern der Arbeitsauftrag klar ist.
5. Nachfassen: Auch wenn Sie vor Bearbeitungsbeginn Unklarheiten beseitigt haben, kann es sein, dass während der Bearbeitung neue Fragen aufkommen. Daher sollten Sie während der Bearbeitungszeit mindestens einmal nachfassen, ob es Unklarheiten gibt. Wenn Sie Gruppen gebildet haben, sprechen Sie die Gruppen insgesamt an. Gibt es keine Gruppen, wenden Sie sich an einzelne Zuhörer. Sind es zu viele, greifen Sie stichpunktartig einige heraus. Achten Sie dabei auf die Mimik Ihrer Zuhörer, dann werden Sie sehr schnell erkennen, bei welchen Personen es noch Unklarheiten gibt.
6. Ergebnisse darstellen: Vor der Ergebnisdarstellung sollten Sie einen Hinweis geben, ob Ergebnisse nur vorgestellt oder auch besprochen werden. Soll beides erfolgen, müssen Sie zusätzlich entscheiden, ob die Besprechung als *Feedback* oder als *Diskussion* erfolgen soll.

   Beim Feedback gibt es eine einseitige Rückmeldung von einem Feedback-Geber an den Präsentator. Dieser hört sich die Anmerkungen des Feedback-Gebers lediglich an, nimmt zu ihnen aber nicht Stellung. Vielmehr überlegt er für sich, ob Hinweise sinnvoll sind und in Zukunft berücksichtig werden sollten (vgl. hierzu auch den „Exkurs: Feedbackregeln").

   Entscheiden Sie sich für eine Diskussion, sollten Sie die hierfür insgesamt zur Verfügung stehende Zeit und die Länge der Beiträge einzelner Diskussionsteilnehmer sehr gut im Blick behalten, da Diskussionen sehr schnell inhaltlich wie zeitlich ausarten können.
7. Lösungen ergänzen: Unter Umständen kann es notwendig werden, dass Sie die vorgestellten Ergebnisse ergänzen, wenn Sie bestimmte Ergebnisse für den weiteren Verlauf Ihrer Präsentation benötigen.
8. Lösungen selbst geben: Es ist sehr unwahrscheinlich, dass Sie bei einer Aufgabe gar keine Ergebnisse erzielen, sodass Sie die Lösungen selbst geben müssen. Herrscht bei den Zuhörern Unklarheit über die Aufgabenstellung, können Sie im Zuge des Nachfassens Hinweise geben, sodass es eigentlich immer zu Lösungen kommt.

> **Exkurs: Feedbackregeln**
>
> Folgende Regeln unterstützen konstruktives Feedback:
>
> - Feedback sollte *zeitnah* erfolgen, damit der Feedbacknehmer eine sogenannte Kontingenz, also eine logische Verbindung, zwischen seinem Verhalten sowie den Wahrnehmungen und daraus resultierenden Gefühlen des Feedbackgebers herstellen kann. Erfolgt das Feedback zu spät, erinnert sich der Feedbacknehmer womöglich nicht mehr richtig daran, was er konkret gemacht hat.
> - Feedback sollte *konkret-beschreibend* sein, damit der Feedbacknehmer auch genau weiß, was als positiv oder negativ wahrgenommen wurde.
> - Feedback sollte *ehrlich, aber wertschätzend* sein, damit der Feedbacknehmer eine unverblümte Wahrnehmung widergespiegelt bekommt, aus der er dann auch wirklich etwas für sich ableiten kann. Dennoch sollte die Formulierung des Feedbacks insbesondere bei negativem Feedback wertschätzend sein, damit der Feedbacknehmer es gut aufnehmen und verarbeiten kann.
> - Feedback sollte *nicht psychologisieren*. Es steht dem Feedbackgeber nicht zu, darüber zu spekulieren, *warum* sich der Feedbacknehmer so verhalten hat, wie er sich verhalten hat. In der Regel dürfte er für diese psychologisch anspruchsvolle Aufgabe auch nicht adäquat ausgebildet sein, sodass die Gefahr einer rein auf Plausibilitätsniveau stattfindenden und damit wenig hilfreichen Verhaltensdeutung besteht.

Die Nutzung von Aufgaben und Übungen zählt für mich deswegen zu den Werkzeugen der Interaktion, weil insbesondere während der Ergebnisdarstellung, aber natürlich auch während der Bearbeitungsphasen, ein hohes Maß an Interaktion stattfindet. Diese erfolgt nicht immer zwischen uns und unserem Publikum, sondern manchmal ausschließlich zwischen einzelnen Zuhörern und weicht damit ein bisschen von meinem ursprünglichen Verständnis von Interaktion ab. Dennoch ist auch die Interaktion zwischen Zuhörern dazu geeignet, Aufmerksamkeit zu erhalten oder zurückzugewinnen, sodass der eigentliche Zweck von Interaktion erhalten bleibt.

Feedback einfordern

Eine besondere Frage, die wir unserem Publikum stellen können, ist die Feedbackfrage am Ende einer Präsentation. Sie ist besonders hilfreich, weil die Antworten auf diese Frage uns wertvolle Ansatzpunkte zur Optimierung unserer Inhalte und Präsentationstechnik geben können. Sie ist aber auch besonders knifflig, weil wir nie wissen, wie das Publikum auf diese Frage reagiert: Bekommen wir positive oder negative Antworten, und wie gehen wir mit dem einen wie mit dem anderen um? Oder bekommen wir womöglich gar keine Antworten oder nur sehr oberflächliche, bei denen der Eindruck entsteht, die wahren Meinungen über unsere Präsentation blieben verborgen?

Grundsätzlich hat Feedback zwei Funktionen. Erstens kann es wie bereits angesprochen helfen, sich zu verbessern. Darüber hinaus unterstützt es die Begegnung auf Augenhöhe,

3.2 Den Kommunikationskanal offen halten

weil es das Publikum im Moment des Feedbacks über den Präsentator hebt: Das Publikum hat nun das Sagen, der Präsentator hört sich das Feedback an. Beide Funktionen stärken unsere Rolle. Aber wie lassen sich die Schwierigkeiten, die mit dem Einholen von Feedback einhergehen, in den Griff bekommen?

Zunächst sollten wir bei der Planung unserer Präsentation überlegen, zu welchem Zeitpunkt ein Feedback sinnvoll ist. Bei einer Kundenpräsentation, einer Präsentation vor der Geschäftsführung oder einem Impulsvortrag bietet sich ein eigener Punkt *Feedback* in der Regel nicht an, bei einem Training oder einer Vorlesung hingegen sehr wohl. Bei Letzterem haben wir meist einfach mehr Zeit zur Verfügung. Passt ein Feedback also nicht in unsere Zeitplanung, sollten wir es dennoch einfordern, nur eben *nach Ende* unserer Präsentation. Im Zweifel können wir auch einige Tage später in einem Vier-Augen-Gespräch oder telefonisch bei ausgewählten Zuhörern ein Feedback einholen (auch wenn dann die erste Feedbackregel nicht ganz eingehalten werden kann).

Haben Sie die Gelegenheit, Feedback am Ende der Präsentation einzuholen, stellt sich die Frage, ob Sie Feedback zu ganz bestimmten einzelnen Aspekten oder zur Präsentation insgesamt einfordern möchten. Feedback zu einzelnen Aspekten kann differenziertere Rückmeldungen einbringen als ein pauschales Feedback, wird allerdings schnell recht komplex, insbesondere wenn es um viele Aspekte geht. Deshalb empfehle ich eine einfache Feedbackfrage, mit der ich sehr gute Erfahrungen gemacht habe. Sie ist in zwei Teilfragen untergliedert:

1. Was hat Ihnen an meiner Präsentation gut gefallen?
2. Was würden Sie mir empfehlen, beim nächsten Mal anders zu machen?

Der Aufbau dieser Frage ergibt sich aus der spezifischen Rolle von Emotionen bei Feedback. Emotionen spielen bei Bewertungsvorgängen eine entscheidende Rolle, und bei Feedback laufen verschiedene Bewertungsvorgänge in unserem Gehirn ab. Daher sollte eine Feedbackfrage die Möglichkeit geben, positive wie negative Emotionen, die sich im Laufe unserer Präsentation beim Publikum aufgebaut haben, zu würdigen. Das ist der Grund, warum die erste Teilfrage auf positive Emotionen, die zweite auf negative abstellt.

Da es vielen Menschen leichter fällt, eine negative Einschätzung abzugeben, wenn sie diese verpacken können – schließlich will man ja nicht unfreundlich sein – ist die zweite Teilfrage eben nicht als „Was hat Ihnen nicht gut gefallen?" formuliert. Vielmehr bildet eine *Empfehlung* den Kern dieser Teilfrage, sodass die negative Emotion als Ratschlag formuliert werden kann. Davon ausgehend können wir sehr konkret ableiten, was dem Publikum nicht gefallen hat.

In der Regel ist ein Feedback weder vollständig positiv noch negativ. Vielmehr besteht es aus positiven wie negativen Facetten. Jede Facette ist einzeln zu würdigen, sodass eigentlich gar keine Notwendigkeit besteht, eine Art Gesamtnote abzuleiten, auch wenn das in vielen Feedbackbögen der Fall ist. Vor allem in Bezug auf negative Facetten möchte ich Sie ermuntern, sehr selbstkritisch zu überlegen, ob das Feedback berechtigt ist und ob Sie etwas davon beim nächsten Mal ändern wollen. Der Fundus an hilfreichen Anregungen ist sehr groß, doch oft stehen wir uns dabei selbst im Wege. Denn eine Änderung aufzunehmen und umzusetzen, impliziert, dass wir Teile unserer Präsentation hätten besser machen können. Damit müsste sich unser Gehirn, vor allem die emotional-motivatorische Ebene 2, eine Schwäche eingestehen, wogegen es sich oftmals wehrt und Gründe sucht, warum das Feedback *keine* Daseinsberechtigung hat (vgl. hierzu auch den „Exkurs: Kognitive Dissonanzen"). Aber negative Facetten eines Feedbacks führen niemals zu einem *Zwang,* etwas zu ändern: Nur, weil einem Zuhörer etwas nicht gefällt, was Sie gemacht haben, heißt das noch lange nicht, dass Sie etwas ändern *müssen.* Sie alleine entscheiden, ob das Feedback berechtigt ist oder nicht. Um es mit einem Bildnis aus der Vorstellung des Werkzeuges *Rolle des Publikums schärfen* (Abschn. 3.1.2.3) zu sagen: Es ist Ihre Party. Sie entscheiden, was Sie beim nächsten Mal anders machen wollen und was Sie beibehalten werden, auch wenn es nicht allen Gästen gefallen hat.

Exkurs: Kognitive Dissonanzen

Haben Sie sich schon einmal etwas Wertvolles gekauft und kurz nach dem Kauf ein unwohles Gefühl erlebt? Ein Zweifeln, ob der Kauf richtig oder angemessen war? Wenn ja, haben Sie eine *kognitive Dissonanz* erlebt. Der Psychologe Leon Festinger hat festgestellt, dass unser Gehirn stets bestrebt ist, seine Kognitionen, also alles, was es wahrnimmt und verarbeitet, im Einklang zu halten (vgl. Gerrig und Zimbardo 2008, S. 648 ff.). Stehen verschiedene Kognitionen nicht im Einklang, entsteht eine kognitive Dissonanz: ein geistiges Spannungsgefühl, das sich unangenehm anfühlt und abgebaut werden soll. Beim Kauf von etwas Wertvollem sind die zwei widersprüchlichen Kognitionen der Glaubenssatz „Du sollst sparsam sein" und die Tatsache, dass man ja gerade nicht sparsam war.

Um kognitive Dissonanzen aufzulösen, versucht unser Gehirn zunächst, eine der beiden widersprüchlichen Kognitionen zu verändern – und zwar die, die leichter veränderbar ist. So könnte es uns dazu bringen, den wertvollen Erwerb zurückzugeben. Dann wäre die kognitive Dissonanz aufgelöst. Oder es ließe uns unseren Glaubenssatz zur Sparsamkeit revidieren. Dann wäre die Dissonanz ebenfalls aufgelöst. Oft unternimmt es aber einen anderen Schritt, insbesondere dann, wenn sich die widersprüchlichen Kognitionen nicht einfach auflösen lassen. Dann versucht es, eine Brücke zwischen den widersprüchlichen Kognitionen zu schlagen. Wir finden auf einmal eine Vielzahl an Gründen, warum es dieses eine Mal in Ordnung war, viel Geld auszugeben. Etwa weil wir uns schon lange nichts mehr gegönnt haben oder weil wir in der letzten Zeit so hart gearbeitete haben, dass eine Belohnung lange überfällig war. Interessant dabei ist, dass unser Gehirn sowohl den Versuch der Veränderung von Kognitionen als auch das Schlagen einer Brücke ohne unser aktives Zutun übernimmt. Es versucht, kognitive Dissonanzen für uns aufzulösen, damit es uns besser geht.

Bekommen wir beim Präsentieren ein negatives Feedback, entsteht oft eine kognitive Dissonanz. Im Widerspruch stehen unser Anspruch, gut zu präsentieren, und die Tatsache, dass wir gerade ein negatives Feedback zu unserer Präsentation bekommen

3.2 Den Kommunikationskanal offen halten

haben. Unser Gehirn versucht auch hier zunächst, die Kognition abzubauen, die es am leichtesten verändern kann. Und das ist in der Regel nicht unser Anspruch, sondern die Sinnhaftigkeit des Feedbacks. Und so kann es sein, dass wir negatives Feedback als unangemessen abtun, um unsere Kognitionen im Einklang zu halten, aber nicht, weil das Feedback tatsächlich unangemessen wäre. Oder unser Gehirn schlägt eine Brücke und sagt uns, dass insbesondere diese eine Person, von der das negative Feedback kam, immer etwas auszusetzen habe und wir deren Feedback nicht so ernst nehmen müssten.

Es ist nicht ganz einfach festzustellen, ob wir ein negatives Feedback deswegen ablehnen, weil unser Gehirn eine kognitive Dissonanz abbauen will oder weil wir es wirklich als unangemessen erachten. Je stärker wir emotional auf das Feedback reagieren, desto wahrscheinlicher handelt es sich um den Versuch, eine kognitive Dissonanz abzubauen. Daher ist es sinnvoll, ein negatives Feedback genau aufzuschreiben und mit etwas emotionalem Abstand einige Tage später noch einmal anzusehen. Erachten wir es dann immer noch als unangemessen, ist die Chance groß, dass es das auch wirklich ist.

Wenn wir die Feedbackfrage stellen, sollten wir mit Zettel und Stift ausgerüstet sein, um positive Aspekte und Änderungsvorschläge aufzunehmen. Wenn das Feedback noch während der Präsentation stattfindet, sollten wir uns mit einem Stuhl auf den Sweet Spot setzen. Dabei ist es wichtig, sowohl positive wie auch negative Facetten des Feedbacks zu notieren. Jede positive Einschätzung wirkt wie eine Belohnung auf unsere emotional-motivatorische Ebene 2. Jeder Änderungsvorschlag, auch wenn er im Moment des Feedbacks vielleicht noch unangemessen erscheint, kann mit etwas Abstand vielleicht doch hilfreich sein.

Während wir Feedback bekommen, sollten wir es nur anhören und mitschreiben, aber nach Möglichkeit nichts sagen. Wir sollten versuchen, so gut wie möglich zuzuhören, uns dabei mit einem deutlichen Kopfnicken und einem Blick zum Feedbackgeber bedanken oder durch Lippenbewegung ein „Danke" andeuten, wenn wir ein positives Feedback bekommen. Änderungsvorschläge sollten durch ein verstehendes Kopfnicken begleitet werden. Ist der Änderungswunsch nicht nachvollziehbar, können wir natürlich klärende Nachfragen stellen, aber wir sollten uns *auf keinen Fall* rechtfertigen. Es gibt schlichtweg keinen Grund dafür, denn wir haben nichts falsch gemacht. Feedback ist immer ein Austausch von *Meinungen,* und die sind immer subjektiv. Fehler gehören eher Kategorien wie *richtig* oder *falsch* an und sind damit objektive Größen. Beides hat nichts miteinander zu tun.

Und wenn keiner ein Feedback geben mag? Bei kleinen Gruppen können wir einfach jeden Zuhörer ansprechen und ihn bitten, ein Feedback zu geben. Bei großen Gruppen geht das nicht so gut, hier können wir aber ausgewählte Zuhörer direkt um ein Feedback bitten. Die Wahl der Feedbackgeber sollten wir von deren Mimik während der Präsentation abhängig machen und solche Zuhörer ansprechen, die eine positive Mimik gezeigt haben, aber auch an solche, die kritische Gesichtsausdrücke gezeigt haben. Dann bekommen wir in der Regel ein ausgewogenes Bild.

Und wenn gar nichts kommt? Dann müssen wir das akzeptieren. Die nächste Präsentation mit der nächsten Gelegenheit eines Feedbacks kommt bestimmt.

Empfohlene Dosierung
Bei diesem Werkzeug bin ich von Fragen im Allgemeinen über Aufgaben und Übungen im Speziellen bis zum Feedback gekommen. Daher sind pauschale Hinweise zur Dosierung schwer möglich, weswegen ich der bisherigen Unterscheidung auch hier weiter folgen möchte.

Grundsätzlich können Fragen als Mittel der Interaktion hoch dosiert werden. Allein die kurze Aufmerksamkeitsspanne, die ich mehrfach angesprochen habe, macht ein hohes Maß an Interaktion durch Fragen notwendig. Natürlich ist die Verwendung von Fragen nicht ganz einfach, denn es ist eine bestimmte Moderationskompetenz notwendig, um die in der Regel aus Fragen erwachsenen Impulse für Diskussionen zu steuern. Daher sollten Fragen stets so, wie ich es beschrieben habe, vorbereitet werden. Zwar lässt sich dadurch auch nicht ganz ausschließen, dass eine Diskussion anspruchsvoll zu moderieren ist, denn es kann immer dazu kommen, dass eine Antwort auf unsere Frage einer anderen widerspricht und wir die Antworten gegeneinander abwägen müssen. Das ist eine Gratwanderung, wenn wir weder dem Urheber der einen noch der anderen Antwort widersprechen wollen. Aber mit etwas Übung und ein paar rhetorischen Kniffen wie: „Lassen wir doch beide Einschätzungen gleichberechtigt nebeneinander stehen." oder „Sicherlich ist es auch eine Frage der Perspektive, welcher Einschätzung Sie eher folgen werden." wird es gelingen, die meisten Diskussionen zu einem konstruktiven Ende zu bringen.

Der Einsatz von Aufgaben und Übungen in Präsentation ist auf der einen Seite nicht bei allen Anlässen angemessen und auf der anderen Seite deutlich anspruchsvoller als die Verwendung von Fragen. Daher sollten Aufgaben und Übungen mit Bedacht dosiert werden. Wenn Sie Aufgaben oder Übungen in Präsentationen erstmals verwenden möchten, fangen Sie mit durchaus anspruchsvollen, aber wenig komplexen Aufgaben an, und steigern Sie die Komplexität von Mal zu Mal, bis Sie dieses Teilwerkzeug vollständig beherrschen.

Zwar sollte Feedback nicht wirklich *hoch* dosiert werden, also keinen übermäßig großen Anteil an einer Präsentation bekommen, aber wir sollten *immer* ein Feedback einfordern. Dabei ist es gar nicht so entscheidend, ob wir noch am Ende der Präsentation oder erst danach ein Feedback einholen, solange es regelmäßig eingeholt wird. Wenn es für Sie selbstverständlich ist, zu einer Präsentation immer ein Feedback einzuholen, hat das zwei Vorteile: Erstens werden Sie immer geübter in der Technik des Feedbackeinforderns. Zweitens, und das ist noch viel wichtiger, wird es Ihnen mit jedem weiteren Feedback leichter fallen, negative Aspekte oder Änderungsvorschläge zu ertragen. Denn so, wie ein positives Feedback einer Belohnung gleichkommt und sich damit gut anfühlt, fühlt sich ein negatives Feedback nicht gut an. Es dauert seine Zeit, bis man es schafft, dass keine negativen Emotionen entstehen, wenn man mit negativem Feedback konfrontiert wird. Aber wenn Sie jedes Mal Feedback einfordern, gelangen Sie irgendwann an den Punkt, an dem Sie negatives Feedback als das einsetzen können, wofür es besonders nützlich ist: Für die permanente Weiterentwicklung der eigenen Präsentationsfähigkeiten auf dem Weg zum exzellenten Präsentieren.

> **Auf einen Blick**
> - Über Fragen treten wir mit unseren Zuhörern in direkte Interaktion.
> - Es lassen sich zwei Arten des Fragenstellens unterscheiden: eine intensivere *präventive* Variante und eine weniger intensive *reaktive*. Die Wahl hängt davon ab, wie viel Interaktion wir uns wünschen.
> - Es können echte und rhetorische Fragen unterschieden werden. Ein hohes Maß an Interaktion erreichen Sie eher durch echte Fragen.
> - Gute Fragen zu stellen, heißt, eine spezifische Fragentechnik zu befolgen, die acht Schritte umfasst. Diese Schritte helfen, Antworten vom Publikum zu bekommen und diese für die weitere Präsentation zu nutzen.
> - Übungen und Aufgaben beinhalten im Kern ebenfalls eine Fragestellung und dienen daher ebenfalls sehr gut dazu, Interaktion zu steigern. Da sie jedoch komplexer als normale Fragestellungen sind, sollten sie gut vorbereitet werden.
> - Die Frage nach Feedback am Ende unserer Präsentationen kann uns dabei helfen, uns permanent weiter zu verbessern. Das Feedback sollte die positiven und negativen Emotionen unseres Publikums einfangen.

3.2.3.2 Publikum gewaltfrei ansprechen

Reaktanz vermeiden
Beim Lesen des Titels dieses Werkzeuges sind Sie womöglich erst einmal irritiert gewesen: das Publikum *gewaltfrei* ansprechen. Wieso sollte man sein Publikum *gewaltvoll* ansprechen wollen, denn nur dann würde die Diskussion um eine gewalt*freie* Ansprache ja überhaupt Sinn ergeben? Und tatsächlich *will* natürlich niemand sein Publikum in negativer oder gar aggressiver Weise ansprechen. Nur führen bestimmte Rahmenbedingungen des Präsentierens, etwa Nervosität oder empfundener Druck, manchmal dazu, dass man seinen Tonfall nicht ganz im Griff hat. Eine eigentlich konstruktiv gemeinte Ansprache kann schnell falsch verstanden werden, wenn man nicht genau auf Formulierung und Tonlage achtet. Denken Sie zum Beispiel an die Frage nach dem Beweggrund für einen bestimmten Gesichtsausdruck, den ich im Rahmen des Werkzeugs *Fassaden zum Bröckeln bringen* (Abschn. 3.2.2.2) angesprochen habe.

Der Grund dafür, dass eine eigentlich gut gemeinte Ansprache negative Emotionen hervorrufen kann, liegt in einem Phänomen, das Psychologen als *Reaktanz* bezeichnen. Dabei handelt es sich um eine Art emotionale Abwehrhaltung. Sie kann entstehen, wenn sich eine Person in ihrer Freiheit bedroht sieht (vgl. Wiswede 2012, S. 89). Sprechen wir einen Zuhörer ungeschickt an, empfindet dieser das womöglich als eine Behandlung von oben herab: „Wieso gucken Sie denn so grimmig, dafür gibt es doch wirklich keinen Grund?" Diese empfundene Behandlung von oben herab suggeriert der vegetativ-affektiven Ebene 2, sie müsse sich unterordnen. Diese reagiert daraufhin mit negativen Emotionen wie Wut oder Aggressivität, um die vermeintlich verloren gegangene Freiheit zurückzugewinnen. Wie stark diese negativ-emotionale Reaktion ist, hängt von vielen Faktoren ab, letztlich auch von der Persönlichkeit eines Menschen: Manche reagieren auf drohenden Freiheitsverlust reaktanter, andere weniger reaktant. Bei manchen Personen wird Reaktanz durch offene Ablehnung oder Widerstand sichtbar, andere reagieren eher innerlich und ziehen sich in sich zurück, sodass sie nicht mehr aktiv mitarbeiten.

Die Gefahr von Reaktanz ist durchaus groß. Wenn sie tatsächlich eintritt, bedrohen ihre Auswirkungen die Grundvoraussetzung für exzellentes Präsentieren: Ein einmal geöffneter Kanal bricht zusammen, und es ist keine Kommunikation zwischen uns und unseren (reaktanten) Zuhörern mehr möglich. Also sollten wir möglichst viel Wert darauf legen, Reaktanzen gar nicht erst entstehen zu lassen. Das gelingt, indem wir auf die Art achten, wie wir unser Publikum ansprechen, nämlich gewalt*frei*. Oder anders formuliert: Wir sollten auch in kritischen Situationen immer freundlich und wertschätzend mit unserem Publikum kommunizieren.

Es ist es nicht nur die Ansprache der Mimik, die zu Reaktanzen führen kann. Es gibt eine Vielzahl kritischer Situationen, die wir beim Präsentieren meistern müssen, uns aber oftmals nicht so richtig trauen sie anzugehen, weil das Rüstzeug dafür fehlt. Wie etwa können wir damit umgehen, wenn Zuhörer permanent miteinander reden und damit Unruhe verbreiten? Was können wir tun, wenn Zuhörer eher mit dem eigenen Smartphone oder Tablet beschäftigt sind, als unserer Präsentation zu folgen? Und wie kann es gelingen, permanent kritische oder destruktive Einwände von Zuhörern zu mäßigen? Für all diese Herausforderungen bietet das Modell der gewaltfreien Kommunikation eine geeignete Herangehensweise.

Allerdings möchte ich an dieser Stelle betonen, dass Sie bei der generellen Ansprache des Publikums, also bei normalen Fragen, Aufgaben oder Übungen sowie beim Einfordern von Feedback, natürlich nicht auf gewaltfreie Kommunikation achten müssen. Es geht vielmehr um Ausnahmefälle, um solche Situationen, wie ich sie eben beschrieben habe. Solche Situationen sind zwar eher die Ausnahme als die Regel, sollten aber konsequent angegangen werden, damit sie ihr negatives Potenzial gar nicht erst entfalten können.

Ansprache steuern
Der Ansatz der gewaltfreien Kommunikation geht zurück auf den amerikanischen Konfliktforscher Marshall B. Rosenberg (vgl. Rosenberg 2016). Er war Schüler des Psychologen Carl Rogers, des Urhebers des aktiven Zuhörens. Im Kern der gewaltfreien Kommunikation steht die Überzeugung, dass die Art einer Formulierung Konflikte sowohl eskalieren als auch deeskalieren kann. Typische Formulierungen, die zur Eskalation zu Konflikten führen können, sind wahrheitsbeanspruchende *Du-Formulierungen*: „Du hast […] gemacht!" Eine Diskussion mündet aufgrund solcher Formulierungen

3.2 Den Kommunikationskanal offen halten

häufig in einem Streit, da sich ein Partner in die Ecke gedrängt fühlt und reaktant wird: „Habe ich nicht, du hast doch als erstes […]!" So schraubt sich die Eskalationsspirale immer weiter nach oben.

Um Reaktanzen zu vermeiden, sollte statt auf *Du-Formulierungen* auf *Ich-Botschaften* gesetzt werden. Eine Ich-Botschaft besteht aus mehreren Teilen und ist wie folgt aufgebaut (vgl. Gordon 2011, S. 128):

1. Ich habe folgendes Verhalten *wahrgenommen* (nicht: Du *hast* dich soundso verhalten): …
2. Dieses Verhalten hat folgende *Gefühle* bei mir ausgelöst: …
3. Dieses Verhalten hat meine *Arbeit* folgendermaßen *beeinflusst:* …

Bezogen auf eine grimmige Mimik würde sich in etwa folgende Formulierung ergeben:

1. „Entschuldigen Sie, ich meine, einen kritischen Gesichtsausdruck bei Ihnen erkannt zu haben.
2. Das macht mich etwas unsicher, weil ich nicht weiß, ob Sie mit irgendetwas in meiner Präsentation nicht einverstanden sind.
3. Mir fällt es dadurch schwer, einfach so in meiner Präsentation fortzufahren."

In meinen Präsentationstrainings habe ich mich anfangs sehr konsequent an diese Art der Ich-Botschaft gehalten, dabei aber festgestellt, dass ihr zweiter und dritter Teil oft nicht klar voneinander unterschieden werden können bzw. ihr Unterschied für Präsentationen nicht so relevant ist. Daher habe ich eine erweiterte Ich-Botschaft entwickelt, die drei Schritte unterscheidet:

1. Ich habe folgendes Verhalten *wahrgenommen* (nicht: Du *hast* dich soundso verhalten): …
2. Dieses Verhalten hatte folgende *Wirkung* auf mich: …
3. Was kann ich für Sie tun, damit …?

Der Dreiklang aus Wahrnehmung, Wirkung und Angebot funktioniert in Präsentationen meiner Erfahrung nach deutlich besser als die klassische Ich-Botschaft und könnte ungefähr so lauten:

1. „Ich meine, einen kritischen Gesichtsausdruck bei Ihnen erkannt zu haben.
2. Das macht mich etwas unsicher, weil ich nicht weiß, ob Sie mit irgendeinem Punkt nicht einverstanden sind.
3. Kann ich auf einen bestimmten Aspekt noch einmal eingehen oder möchten Sie über einen bestimmten Punkt gerne sprechen?"

Ich habe bereits weitere Anlässe genannt, bei denen das Publikum direkt angesprochen werden sollte: permanente Seitengespräche, Zuhörer, die mit dem Smartphone/Tablet beschäftigt sind, oder solche, die permanent kritische oder destruktive Fragen stellen oder Einwände haben. Dazu finden Sie im Folgenden jeweils meine Vorschläge für die erweiterten Ich-Botschaften.

Seitengespräche:

1. „Ich meine, einige Male mitbekommen zu haben, dass Sie mit Ihrem Nachbarn gesprochen haben.
2. Das bringt mich immer ein bisschen aus dem Konzept, weil ich nicht weiß, ob Sie eine Nachfrage oder Ergänzung zu dem haben, was ich Ihnen präsentiere.
3. Wollen wir den einen oder anderen Punkt nicht gemeinsam besprechen?"

Mit dem Smartphone/Tablet beschäftigte Zuhörer:

1. „Ich meine, einige Mal mitbekommen zu haben, dass Sie mit Ihrem Smartphone/Tablet beschäftigt waren.
2. Das verunsichert mich immer etwas, weil ich nicht weiß, ob ich kurz unterbrechen soll, damit Sie die Inhalte meiner Präsentation mitbekommen können. Schließlich möchte ich gerne Ihnen allen meine Ideen vermitteln.
3. Sollen wir jetzt eine kurze oder insgesamt häufiger Pausen machen, damit ich Sie für meine Präsentation zurückgewinne?"

Kritische bis destruktive Fragen und Einwände:

1. „Ich habe den Eindruck, dass Sie insgesamt sehr kritische Fragen stellen.
2. Ich bin etwas unsicher, ob Sie mit der einen oder anderen Grundposition meiner Präsentation nicht übereinstimmen.
3. Sollen wir noch einmal über bestimmte grundsätzliche Aspekte sprechen, bevor ich weiter ins Detail gehe?"

Natürlich kommt es nicht auf die exakte Formulierung an, denn in einer wirklichen Präsentation müssen Sie abhängig von der Situation und dem Adressaten Ihrer erweiterten Ich-Botschaft relativ spontan die richtigen Worte finden. Aber es sind immer mehr oder weniger dieselben Situationen, die eine deeskalierende Ansprache des Publikums notwendig machen, und so können Sie sich schon einmal mit einer möglichen Argumentationskette vertraut machen.

▶ Es gibt typische kritische Situationen beim Präsentieren. Durch die Verwendung einer erweiterten Ich-Botschaft können Sie diese entschärfen, ohne Ihrem Publikum dabei zu nahe zu treten.

Insbesondere der letzte Teil der erweiterten Ich-Botschaft, das Angebot, hat eine sehr deeskalierende Wirkung, weil er uns zu einem Dienstleister für unser Publikum werden lässt: „Was kann ich für Sie tun?" Dieser Aspekt hilft sehr gut dabei, unserem Publikum auf Augenhöhe zu begegnen.

Erfahrungsgemäß ist die Reaktion auf die erweiterte Ich-Botschaft positiv: „Oh, es ist mir gar nicht aufgefallen, dass ich grimmig geguckt habe. Vielleicht war ich nur konzentriert. Es ist alles OK." ist die wohl häufigste Reaktion des angesprochenen Zuhörers in Bezug auf mein Beispiel mit der Mimik. Doch auch wenn die Rückmeldung lautet: „In der Tat habe ich mich gerade etwas gewundert, denn ich bin im Gegensatz zu Ihnen der Auffassung, dass …" bietet diese Aussage die Möglichkeit, in einen Dialog mit dem Publikum zu kommen und so die Interaktion zu stärken. Tatsächlich habe ich es noch nie erlebt, dass jemand gesagt hätte: „Nein, alles gut" und weiter grimmig geguckt hat oder die Stimmung noch schlechter wurde (vgl. hierzu auch „Aus der Praxis: Wenn der Chef mit dem Handy spielt").

Aus der Praxis: Wenn der Chef mit dem Handy spielt

Vor einiger Zeit durfte ich eines meiner Seminarkonzepte vor der Geschäftsführung eines mittelständischen Industrieunternehmens vorstellen. Eine befreundete Trainerin durfte ebenfalls dort präsentieren, ich traf sie direkt nach ihrer und kurz vor meiner Präsentation. Sie berichtete, dass alle Mitglieder der Geschäftsführung sehr nett gewesen seien, allerdings sei ein Geschäftsführer, auch noch Vorsitzender der Geschäftsführung, ständig mit seinem Handy beschäftigt gewesen. Sie drückte mir die Daumen, und ich ging in den Präsentationsraum.

Bereits kurz nach Beginn meiner Präsentation passierte, was mir meine Kollegin berichtet hatte: Der Hauptgeschäftsführer griff zu seinem Handy und fing an zu tippen. Ich hielt mit meinen Ausführungen kurz inne, bis er sein Handy wieder weglegte, wobei ich ihn während meiner kurzen Pause freundlich anblickte. Kurze Zeit später griff er wieder zum Handy – diesmal machte ich einfach weiter. Als er zum dritten Mal anfing zu tippen, stellte ich meinen Bildschirm schwarz und ging zu ihm hinüber. Ich kniete mich vor seinen Tisch, sodass ich leicht zu ihm nach oben blickte und sprach mit gesenkter Stimme, aber für den ihn dennoch gut verständlich: „Mir ist aufgefallen, dass Sie einige Nachrichten geschrieben haben. Soll ich eine kurze Pause machen? Ich frage mich das, weil es mir sehr wichtig ist, Sie alle von meiner Seminaridee zu überzeugen, schließlich geht es hier um einen wichtigen Auftrag für mich."

„Nein, bitte fahren Sie fort", sagte er und steckte sein Handy weg.

Tatsächlich musste ich ein bisschen Mut zusammennehmen, um den Geschäftsführer anzusprechen. Ich hatte etwas Sorge, dass er sich ertappt oder gemaßregelt fühlen könnte und mich rauswerfen oder ich den Auftrag nicht bekommen würde. Aber das war falsch: Ich bekam den Zuschlag für das Seminarkonzept, und auf einer späteren Führungskräfterunde, die ich für das Unternehmen moderierte, sprach er mich noch einmal auf die Situation während der Präsentation an. Er habe es gut gefunden, dass sich endlich mal jemand getraut habe, etwas zu sagen, denn das mit den Handys sei ja wirklich eine Sucht.

Auch wenn ich nicht die richtige Reihenfolge der erweiterten Ich-Botschaft eingehalten hatte, kam doch das rüber, was mir wichtig war. Ich wollte niemanden verärgern, aber doch deutlich machen, dass mir meine Präsentation wichtig war und ich mir dafür die Aufmerksamkeit von allen wünschte.

Entscheidend bei der Anwendung der erweiterten Ich-Botschaft sind drei Punkte. Erstens sollten wir den Adressaten direkt ansprechen. Wir sollten unsere Botschaft nicht in einer Seitenbemerkung nach dem Prinzip „Die angesprochene Person weiß schon, wen ich meine." verpacken. Dabei sollten wir bestimmt, aber leise und nicht von oben herab sprechen und optimalerweise auf die Person zugehen. Wir können Sie in Augenhöhe oder vielleicht sogar mit einem heraufschauenden Blick ansprechen, indem wir uns vorbeugen oder hinknien.

Zweitens sollte die erweiterte Ich-Botschaft zeitnah verwendet werden. Wenn uns grimmige Gesichtsausdrücke, Seitengespräche, Smartphone- oder Tablet-Tippereien oder überkritische Fragen auffallen, sollten wir zügig reagieren. Vielleicht nicht beim ersten Mal, aber doch beim zweiten oder spätestens dritten Mal. Wenn wir zu lange warten, kann es passieren, dass wir uns aufregen und dann nicht mehr in der Lage sind, eine erweiterte Ich-Botschaft zu formulieren, weil wir emotional aufgebracht sind (vgl. den „Exkurs: Die Geschichte mit dem Hammer"). Und wenn wir jemanden anblaffen, ist die Gefahr reaktanten Verhaltens des Angesprochenen groß, und die Situation kann eskalieren. Also: Wehret den Anfängen. Außerdem wird unsere Aufmerksamkeit von solchen „Unarten" angezogen, und wir können uns nicht mehr auf das gesamte Publikum konzentrieren. Das zeitnahe gewaltfreie Ansprechen von Verhaltensweisen, die wir ganz subjektiv als Störung empfinden, ist also zum Wohle des ganzen Publikums gerechtfertigt. Und auch wenn denkende und kritische Gesichtsausdrücke einander zum Verwechseln ähneln können, wie ich bereits gezeigt habe, sollten wir im Zweifel lieber einmal mehr freundlich nachfragen, als dass wir uns während der ganzen weiteren Präsentationszeit über eine bestimmte Verhaltensweise ärgern.

Exkurs: Die Geschichte mit dem Hammer

Vom österreichischen Kommunikationswissenschaftler Paul Watzlawick stammt eine Geschichte, die Sie vielleicht kennen. Sie zeigt ganz wunderbar, wie schnell negative Emotionen von uns Besitz ergreifen können, wenn wir uns unserem Kopfkino (vgl. Abschn. 3.1.1) hingeben.

In der Geschichte möchte ein Mann ein Bild aufhängen. Zwar hat er den Nagel, nicht aber einen Hammer. So überlegt er, ob er sich den Hammer nicht von seinem Nachbarn leihen sollte. Doch während er überlegt, kommen ihm Zweifel. Schließlich hat der Nachbar ihn letztens kaum gegrüßt. Mag der Nachbar ihn nicht? Wie kann das nur sein, er hat ihm doch nichts getan? Solche Leute machen einem das Leben unnötig schwer. Auf so jemanden sei er nun wirklich nicht angewiesen, auch wenn er einen Hammer hat. Daraufhin geht der Mann zum Nachbarn hinüber, klingelt und schreit: „Behalten Sie Ihren Hammer, Sie Rüpel" (vgl. Watzlawick 2012, S. 40 f.).

Drittens sollten wir bei der Ansprache unserer Zuhörer darauf achten, dass wir einen freundlichen Gesichtsausdruck zeigen, optimalerweise ein Lächeln. Damit wird dem Adressaten der erweiterten Ich-Botschaft, vielmehr seiner vegetativ-affektiven Ebene 1, klar, dass wir ihm nichts Böses wollen. Bei einem neutralen Gesichtsausdruck ist manchmal nicht klar, ob die Ich-Botschaft wirklich freundlich oder vielleicht ironisch oder gar sarkastisch gemeint war. Also können wir dem Adressaten helfen zu verstehen, in welcher Stimmung wir Wahrnehmung, Wirkung und Angebot vortragen.

Empfohlene Dosierung

Die Dosierung dieses Werkzeuges ist ebenso wie die Dosierung des Werkzeugs *Gute Fragen stellen* (Abschn. 3.2.3.1) von der jeweiligen Präsentationssituation abhängig. Doch während dabei die Aufmerksamkeit des *Publikums* entscheidend für die Dosierung war, ist es hier eine von *uns* empfundene Störung. Das macht auch schon die Schwierigkeit bei der Dosierung dieses Werkzeuges aus, denn es geht um subjektiv wahrgenommene und nicht um objektiv vorhandene Störungen wie Lärm oder Sauerstoffmangel. Daher sollten Sie Ihre persönliche Empfindlichkeit für Störungen gegen den durch die Ansprache des Publikums entstehenden Bruch abwägen. Denn jede Ich-Botschaft bringt eine inhaltliche Unterbrechung mit sich, die ja nicht dadurch motiviert ist, die Aufmerksamkeit des Publikums zurückgewinnen zu wollen und deswegen keinen Nutzen in sich hat. Ist die Störung also wirklich einen solchen Bruch wert? Im Zweifel schon, denn wir wollen ja schließlich keinen Zuhörer verlieren. Daher möchte ich Sie grundsätzlich ermuntern, Ihr Publikum anzusprechen, wenn Ihnen etwas auffällt, das eine Ich-Botschaft verdient hat. Nur wenn Sie von Haus aus sehr empfindlich sind, was Störungen angeht, können Sie die gewaltfreie Ansprache des Publikums etwas weniger hoch dosieren.

Besonders wichtig für den erfolgreichen Einsatz dieses Werkzeugs ist ein gutes Timing: Setzen Sie es zu früh ein, reagieren Sie womöglich auf etwas, was gar keine Störung war. Setzen Sie es zu spät ein, haben Sie auf die Störung schon emotional reagiert, sodass eine wirklich gewaltfreie Ansprache nicht mehr möglich ist. Aber im Zweifel empfehle ich lieber einen etwas zu frühen als einen zu späten Einsatz, damit negative Emotionen gar nicht erst entstehen und sich aufschaukeln können.

Schließlich noch ein Satz zur Formulierung der erweiterten Ich-Botschaft: Es kommt nicht auf die exakte Reihenfolge der Sätze oder auf eine druckreife Wortwahl an. Vielmehr geht es um die Idee hinter den einzelnen Bestandteilen der Ich-Botschaft: Erstens Reaktanzvermeidung durch Formulierung von Wahrnehmungen statt vermeintlicher Fakten. Zweitens Offenlegung der Auswirkungen bestimmter Verhaltensweisen auf die eigenen Gefühle. Drittens Entwicklung eines Angebotes im Sinne einer Win-win-Situation. Wie und in welcher Reihenfolge Sie die Botschaft dann formulieren, ist fast egal, solange Sie den gedanklichen Kern rüberbringen. Dann ist die erweiterte Ich-Botschaft ein gutes Werkzeug, um verhaltensbedingte Störungen konstruktiv anzusprechen und zu beheben.

Auf einen Blick
- In kritischen Situationen sollten wir unser Publikum stets in einer deeskalierenden Form ansprechen, um die Entwicklung negativer Emotionen zu vermeiden.
- Wenn es viele Seitengespräche im Publikum gibt oder viele Zuhörer mit ihren Smartphones oder Tablets beschäftigt sind, eignet sich die erweiterte Ich-Botschaft zur Ansprache des Publikums. Sie besteht aus drei Bausteinen: Wahrnehmung, Wirkung und Angebot.
- Auch wenn die exakte Formulierung der erweiterten Ich-Botschaft von der jeweiligen Situation abhängt, so können wir sie dennoch trainieren, weil kritische Situationen typisch und wiederkehrend sind.

Literatur

Aronson, E., Wilson, T. D., & Akert, R. M. (2011). *Sozialpsychologie*. München: Pearson Studium.
Beck, H. (2013). *Biologie des Geistesblitzes – Speed up your mind!* Berlin: Springer Spektrum.
Berndt, C. (2016). *Zufriedenheit – Wie man sie erreicht und warum sie lohnender ist als das flüchtige Glück*. München: dtv.
Birbaumer, N. (2015). *Dein Gehirn weiß mehr, als du denkst – Neueste Erkenntnisse aus der Hirnforschung*. Berlin: Ullstein.
Davidson, R., & Begley, S. (2016). *Warum regst du dich so auf? – Wie die Gehirnstruktur unsere Emotionen bestimmt*. München: Goldmann.
Dutton, K. (2013). *Gehirnflüsterer – Die Fähigkeit, andere zu beeinflussen*. München: dtv.
Ekman, P. (2010). *Gefühle lesen – Wie Sie Emotionen erkennen und richtig interpretieren*. Heidelberg: Spektrum.
Fisher, R., & Shapiro, D. (2006). *Beyond reason – Using emotions as you negotiate*. New York: Penguin.
Gerrig, R. J., & Zimbardo, P. G. (2008). *Psychologie*. München: Pearson Studium.
Gigerenzer, G. (2009). *Bauchentscheidungen – Die Intelligenz des Unbewussten und die Macht der Intuition*. München: Goldmann.
Gigerenzer, G. (2014). *Risiko – Wie man die richtigen Entscheidungen trifft*. München: btb.
Gordon, T. (2011). *Managerkonferenz – Effektives Führungstraining*. München: Heyne.
Jäncke, L. (2013). *Lehrbuch Kognitive Neurowissenschaften*. Bern: Huber.
Kabat-Zinn, J. (2013). *Gesund durch Meditation – Das große Buch der Selbstheilung mit MBSR*. München: Knaur.
Kahneman, D. (2012). *Schnelles Denken, langsames Denken*. München: Siedler.
Kitz, V., & Tusch, M. (2013). *Psycho? Logisch! – Nützliche Erkenntnisse der Alltagspsychologie*. München: Heyne.
Koelbl, H. (2012). *Kleider machen Leute*. Ostfildern: Hatje Cantz.
Luft, J., & Ingham, H. (1955). *The Johari Window – A graphic model for interpersonal relations*. Los Angeles: University of California.
McGowan, B., & Bowman, A. (2014). *Pitch perfect – How to say it right the first time, every time*. New York: HarperCollins.
Mischel, W. (2014). *The Marshmallow test – Understanding self-control and how to master it*. London: Penguin Random House.

Literatur

Pease, A., & Pease, B. (2006). *The definitive book of body language.* London: Orion.
Rosenberg, M. B. (2016). *Gewaltfreie Kommunikation – Eine Sprache des Lebens.* Paderborn: Junfermann.
Roth, G. (2014). *Persönlichkeit, Entscheidung und Verhalten – Warum es so schwierig ist, sich und andere zu ändern.* Stuttgart: Klett-Cotta.
Roth, G. (2015). *Bildung braucht Persönlichkeit – Wie Lernen gelingt.* Stuttgart: Klett-Cotta.
Schulenburg, N. (2016). *Führung einer neuen Generation – Wie die Generation Y führen und geführt werden sollte.* Wiesbaden: Springer Gabler.
Watzlawick, P. (2012). *Anleitung zum Unglücklichsein. Vom Schlechten des Guten --Zwei Bestseller in einem Band.* München: Piper.
Wiswede, G. (2012). *Einführung in die Wirtschaftspsychologie.* München: Reinhardt.

4 Unterstützende Felder exzellenten Präsentierens

Bisher habe ich Ihnen 18 Werkzeuge des exzellenten Präsentierens vorgestellt. Diese Werkzeuge habe ich aus den vier Kernfeldern *Sympathie, Klarheit, Dynamik* und *Interaktion* abgeleitet. Auch wenn diese Werkzeuge schon viele Ansatzpunkte zur Verbesserung Ihrer Präsentationskompetenz auf dem Weg zur Exzellenz bieten, sind bei Weitem noch nicht alle wichtigen Aspekte mit ihnen abgedeckt. So bin ich beispielsweise noch nicht darauf eingegangen, wie wir mit Nervosität umgehen können, wie eine Präsentation sinnvollerweise zu strukturieren ist und worauf wir beim Einsatz von Sprache und Medien achten sollten. Für einen ganzheitlichen Ansatz sind also noch weitere Werkzeuge notwendig. Im Folgenden möchte ich Ihnen daher die Werkzeuge vorstellen, die sich aus den drei *unterstützenden Feldern* des exzellenten Präsentierens *Mensch, Materie* sowie *Medium* ergeben.

4.1 Mensch

Dass der Mensch beim exzellenten Präsentieren eine herausragende Rolle spielt, habe ich schon mehrfach hervorgehoben. Präsentieren bedeutet, eine Idee von Mensch zu Mensch zu vermitteln. Es sind weder eine PowerPoint-Präsentation noch ein darin vorgestelltes Produkt, die dazu in der Lage sind, Begeisterung wecken. Es ist immer der Mensch, der besondere Ideen hat, und diese anderen Menschen nahe bringen möchte. Der Mensch steht im Fokus.

Viele der bisher betrachteten Werkzeuge setzen sich intensiv mit dem Menschen beim Präsentieren auseinander, entweder in seiner Rolle als Präsentator oder als Zuhörer und damit als Teil eines Publikums. Es gibt aber zwei weitere wichtige Aspekte, die direkt den Menschen betreffen, sich aber nicht aus den Kernfeldern des exzellenten Präsentierens ableiten lassen. Diese beiden Aspekte sind *Nervosität* und *Motivation*.

Beide haben für mich eine besondere Bedeutung für exzellente Präsentationen und hängen eng zusammen: Sind wir vor einer Präsentation kein bisschen nervös, ist es auch nicht weit her mit der Motivation, und wir können niemanden wirklich begeistern. Ist die Motivation hingegen besonders hoch, sind wir oft auch sehr nervös, und Nervosität steht dem Präsentationserfolg ab einem gewissen Punkt im Wege. Es gilt also, sowohl Nervosität als auch Motivation ausreichend zu würdigen.

4.1.1 Nervosität in Energie verwandeln

Energiequelle Nervosität
Sind Sie vor einer Präsentation nervös? Die Allermeisten dürften diese Frage bejahen. Bei mir ist es ebenfalls so. Ich bin vor fast allen meinen Präsentationen nervös. Das gilt insbesondere, wenn mir das Publikum unbekannt ist, es sich um eine für mich besonders wichtige Präsentation handelt (zum Beispiel eine Verkaufspräsentation) oder wenn ich unter ungewohnten Rahmenbedingungen präsentieren muss (zum Beispiel vor laufender Kamera oder auf einer besonders großen Bühne).

Früher war es mein größtes Ziel, meine Nervosität vollständig abzustellen, denn Nervosität fühlt sich wohl für niemanden angenehm an: Herzklopfen, Schweißausbrüche, hektische Flecken, bebende Stimme und – bei mir besonders schlimm – zittrige Hände. Heute sehe ich das anders: Es sollte *nicht* das Ziel sein, Nervosität abzustellen. Vielmehr sollte es uns darum gehen, die *unangenehmen Nebenwirkungen* von Nervosität in den Griff zu bekommen. Denn Nervosität an sich ist eine wunderbare Energiequelle, die es uns ermöglicht, über uns hinauszuwachsen. Nervosität zeigt uns, dass etwas Wichtiges passiert, und gibt uns gleichzeitig die Energie dafür, diese wichtige Aufgabe zu bewältigen. Stellen wir Nervosität also vollständig ab, berauben wir uns einer mächtigen Ressource, die aus einer guten eine exzellente Präsentation machen kann.

Grundsätzlich müssen wir zwei Arten von Nervosität unterscheiden. Es gibt stressbedingte Nervosität und in der Persönlichkeit stark ausgeprägte Nervosität. Es gibt Menschen, die sind von Haus aus fahrig und unruhig und können einem Gedanken oft nicht bis zum Ende folgen. Abgesehen von spezifischen Krankheitsbildern, etwa ADHS (vgl. Roth 2015, S. 199 ff.), liegt der Grund hierfür in der menschlichen Persönlichkeit und hat nichts mit einzelnen Herausforderungen, zum Beispiel einer Präsentation, zu tun. Daher will ich diese Art der Nervosität nicht weiter betrachten. Es geht mir vielmehr um die stressbedingte Nervosität. Sie entsteht, wenn wir mit einer anspruchsvollen Situation oder Aufgabe konfrontiert werden, die uns in Anspannung versetzt. Allerdings ist nicht die Situation per se anspruchsvoll oder nicht. Vielmehr geht es darum, wie wir den Anspruch der Situation subjektiv bewerten. Es ist Ihnen bestimmt auch schon einmal passiert, dass Sie vor Beginn einer Prüfung nervös waren und sich im Nachhinein die Frage gestellt haben, warum eigentlich, da die Prüfung bei Weitem nicht so schlimm war wie erwartet. Damit haben wir auch schon eine wichtige Triebkraft der Nervosität kennengelernt: *Kontrollverlust* oder besser *erwarteter Kontrollverlust*. Immer wenn wir uns nicht sicher sind, ob wir eine Situation oder Aufgabe beherrschen und sie damit unter Kontrolle haben, nehmen wir sie als besonders anspruchsvoll wahr und reagieren mit Nervosität. Das gilt für Arztbesuche, Prüfungen oder Vorstellungsgespräche, um nur einige zu nennen. Dies sind typische Beispiele für Situationen, in denen wir nervös sind, weil wir sie nicht unter Kontrolle haben. Gleiches gilt für eine Präsentation, denn auch hier haben wir nie die vollständige Kontrolle über alle den Präsentationserfolg beeinflussende Faktoren. Der wichtigste ist sicherlich die *Anwesenheit des Publikums:* Was ist, wenn ich den Faden verliere? Was mache ich, wenn ich eine Frage nicht beantworten kann? Wie soll ich auf kritische Nachfragen reagieren? Es sind solche oder ähnliche Fragen, die uns vor einer Präsentation umtreiben und uns nervös machen. Sie gehen alle darauf zurück, dass wir *vor Menschen* präsentieren und dass das Verhalten von Menschen weder vorherzusagen noch zu kontrollieren ist. Dieser Zusammenhang ist im Übrigen auch der Grund dafür, warum unsere Nervosität Stück für Stück nachlässt, je besser wir unser Publikum kennen. Schließlich können wir uns immer mehr auf unser Publikum einstellen und erlangen damit zunehmend Kontrolle. Ohne Menschen im Publikum gäbe es also auch keine Nervosität, oder waren Sie schon einmal besonders nervös, als Sie Ihre Präsentation vor einer Zimmerpflanze geübt haben?[1]

Bei Nervosität spielt vor allem die Amygdala, auch Mandelkern genannt, eine besondere Rolle. Sie liegt recht zentral im Gehirn am inneren unteren Rand des Temporallappens (vgl. Roth 2014, S. 46). Wenn wir unsere drei Hirnebenen betrachten, gehört die Amygdala sowohl zur vegetativ-affektiven Ebene 1 (zentrale Amygdala) als auch zur emotional-motivatorischen Ebene 2 (basolaterale Amygdala) (vgl. Roth 2015, S. 50). Die Amygdala wird oft als *Angstzentrum* bezeichnet, was nicht ganz korrekt ist, denn an spezifischen Emotionen wie Angst sind stets *Netzwerke* und nicht nur einzelne Strukturen beteiligt (vgl. Beck 2013, S. 26). Außerdem ist die Amygdala auch dann aktiv, wenn wir gar keine Angst empfinden, aber aus anderem Grund emotional besonders stark erregt sind (vgl. Jäncke 2013, S. 691). Nichtsdestotrotz spielt sie für stressbasierte Nervosität eine entscheidende Rolle: Ihre Aktivität beeinflusst eine Reihe von Prozessen im Gehirn, bei denen verschiedene Neurotransmitter und Hormone ausgeschüttet werden: Dopamin, Adrenalin, Cortisol und Noradrenalin (vgl. Stenger 2014, S. 107). Das Dopamin bewirkt eine Steigerung des Aktivitäts- und Reaktionsniveaus sowie der generellen Handlungsbereitschaft. Das Adrenalin fördert unsere Gedächtnisleistung (vgl. Thompson 2012, S. 396). Damit ermöglicht uns das Adrenalin in stressigen Situationen, unsere Denkzentrale, das Arbeitsgedächtnis, voll auszunutzen. Die für diese Prozesse notwendige Energie organisiert dabei das Cortisol. Es bewirkt eine Erhöhung des Blutzuckerspiegels, sodass die zur Bewältigung der Stressursache notwendigen energieintensiven Hirnprozesse auch reibungslos ablaufen können (vgl. Berndt 2015, S. 125). Damit die freigesetzte Energie

---

[1]Wenn dies der Fall war, dann lag es höchst wahrscheinlich daran, dass Sie Ihre anstehende Präsentationssituation geistig vorweggenommen haben und dabei die Menschen aus Ihrem Publikum und wie diese reagieren könnten im Kopf hatten.

auch schnell dort ankommt, wo sie benötigt wird, sorgt das ausgeschüttete Noradrenalin für eine Erhöhung der Herzfrequenz (vgl. Thompson 2012, S. 134). Kurzum: Nervosität schafft die Voraussetzungen für herausragende Erinnerungs-, Denk- und Bewegungsleistungen.

Leider haben die genannten Stoffe, vor allem das Adrenalin und Noradrenalin, neben ihren wunderbaren Wirkungen auch unangenehme Nebenwirkungen. Typisch sind hoher Blutdruck, teilweise einhergehend mit hektischen Flecken oder einem roten Kopf, einem trockenen Mund sowie feuchten Händen und Achseln (vgl. Thompson 2012, S. 203). Hinzu kommen zittrige Hände, eine bebende Stimme, aber vor allem ein Gefühl der Beklemmung. Vor allem dieses Gefühl ist es, das Nervosität so unangenehm für uns macht. Das Ziel muss es also sein, die negativen Nebenwirkungen von Nervosität zu bekämpfen und die positiven Wirkungen zu bewahren. Jeder Versuch, Nervosität vollständig auszuschalten, ist weder sinnvoll noch möglich (vgl. „Aus der Praxis: Geistesblitze durch Nervosität").

Aus der Praxis: Geistesblitze durch Nervosität

Dass Nervosität oftmals kein Fluch ist, sondern ein Segen, fällt mir regelmäßig in meinen Vorträgen auf. Wie ich schon geschrieben habe, bin ich vor allem dann nervös, wenn ich vor einem unbekannten Publikum präsentiere. Der Ablauf ist eigentlich immer der gleiche: Schon Stunden vor meiner Präsentation bin ich angespannt. Wenn ich am Ort meiner Präsentation eintreffe, wird die Nervosität spürbar. Kurz vor Beginn meiner Vorträge sitze ich dann in der Regel in der ersten Reihe und warte darauf, dass es tatsächlich losgeht. Meistens kündigt eine offizielle Person mich an und gibt ein paar Infos zu Anlass und Inhalt meiner Präsentation. Diese letzten Augenblick sind die schlimmsten: Mein Herz klopft bis zum Hals, die Hände zittern und schwitzen und ich verspüre den Drang zu hyperventilieren. Dann kommt irgendein Zeichen, ich stehe auf und gehe auf die Bühne. Jetzt ist die Nervosität maximal.

Um die beiden schlimmsten Nebenwirkungen meiner Nervosität in den Griff zu bekommen, mache ich zu Beginn einer Präsentation eigentlich immer das Gleiche. Um die zittrigen Hände zu verbergen, nehme ich sie in die Ausgangshaltung. Außerdem versuche ich, kurze Sätze oder Fragen zu verwenden, bei denen ich meine Atmung und damit meine Stimme besser kontrollieren kann: „Herzlich Willkommen, schön, dass Sie da sind" [Atmung]. „Können Sie mich alle gut sehen und verstehen" [Atmung]. „Ich würde mich Ihnen vor Beginn meines Vortrages gerne kurz vorstellen" [Atmung]. Und so weiter.

Diese Phase der extremen Nervosität dauert bei mir niemals länger als ein paar Minuten, meistens drei bis vier (was ein Problem bei Radio- oder TV-Interviews ist, die in der Regel nicht viel länger als diese drei oder vier Minuten dauern). Denn sobald ich anfange zu präsentieren, kann ein Teil der durch die Nervosität zur Verfügung gestellten Energie abgebaut werden und mein Energielevel pendelt sich schnell auf ein normales Niveau ein.

Wenn ich die Phase der Anfangsnervosität überstanden habe, fängt der angenehme Teil an. Mein Körper stellt mir so viel Energie zur Verfügung, wie ich sie brauche, um dynamisch und interaktiv zu präsentieren und schnell genug zu denken, um aufkommende Fragen beantworten zu können. Bei so mancher Präsentation ist es sogar schon so weit gegangen, dass mir während des Präsentierens ein Geistesblitz gekommen ist. Irgendeine Frage, die ich mir zuvor nicht beantworten konnte, klärte sich auf einmal auf. Irgendein Zusammenhang, der mir zuvor nicht klar war, erhellte sich mir auf einmal. Ich möchte sogar so weit gehen zu sagen, dass mir einige der wichtigsten Erkenntnisse beim Präsentieren gekommen sind, aber so manches Mal musste ich meine Ausführungen abrupt unterbrechen, um mir meinen Geistesblitz aufzuschreiben. Verantwortlich hierfür ist die Nervosität, vor allem das Adrenalin, das uns besonders gut denken lässt.

Diese Momente der Geistesblitze sind für mich ganz besondere Momente. Weil ich sie liebe und möglichst oft erleben möchte, akzeptiere ich Nervosität und versuche nicht mehr, sie zu bekämpfen. Denn ich weiß, dass ich mir so eine wichtige Quelle neuen Wissens nehmen würde. Die Konsequenz der zittrigen Hände und der bebenden Stimme kann ich mittlerweile gut akzeptieren.

▶ Nervosität ist eine wunderbare Energiequelle und damit Voraussetzung für exzellente Präsentationen. Es sollte nicht Ihr Ziel sein, Nervosität vollständig auszuschalten, sondern Ihnen darum gehen, die negativen Nebenwirkungen von Nervosität in den Griff zu bekommen.

Aus Nervosität wird Aufregung

Was kann man nun gegen die negativen Nebenwirkungen von Nervosität unternehmen? Zunächst möchte ich nicht mehr von *Nervosität* sprechen, denn dieser Begriff ist mir zu negativ behaftet. Damit werden wir dem eigentlichen Phänomen, das meines Erachtens mehr positive als negative Aspekte hat, nicht gerecht. Ich schlage daher *Aufregung* vor. Dieser Begriff ist positiver besetzt als *Nervosität*, ohne dabei das Angespanntsein, das für anspruchsvolle Situationen typisch ist, zu ignorieren. Hinter dieser Umdeutung steht das bereits angesprochene *Reframing*, das darauf abzielt, einem Bedeutungsinhalt einen positiven Bedeutungsrahmen zu geben, um ihn aufzuwerten. So kann es uns gelingen, eine positivere Einstellung zur Nervosität zu finden. Das ist der erste Schritt, um besser mit ihr zurechtzukommen.

Neben diesem sprachlichen Reframing müssen wir einer Präsentationssituation ihren Bedrohungscharakter nehmen. Dazu sollten wir uns verdeutlichen, dass eine Präsentation keine Gefahr darstellt und wir deshalb keine Angst zu haben brauchen. Schließlich verfügen wir über alle Werkzeuge, die nötig sind, um Präsentationssituationen zu kontrollieren oder eine einmal verloren gegangene Kontrolle wieder zurückzugewinnen. Oder anders: Wir müssen uns klar machen, dass uns bei einer Präsentation nichts, aber auch gar nicht passieren kann. Und welche konkreten Werkzeuge es zur Aufregungssteuerung gibt, zeige ich gleich im Detail.

Tab. 4.1 Werkzeuge der Aufregungssteuerung

	Länger vor Beginn der Präsentation	Direkt vor Beginn der Präsentation	Während der Präsentation
Auftrittsangst	Sport treiben	Eingrooven	Energie richtig kanalisieren
Erfolgsbedenken	Präsentation mit Wingman trainieren	Kenne deine Technik	Sich Zeit nehmen

Um die verschiedenen Werkzeuge der Aufregungssteuerung voneinander abzugrenzen, möchte ich zwei Arten negativer Emotionen, die mit Aufregung einhergehen, und drei Zeitpunkte, zu denen diese Emotionen auftreten können, voneinander unterscheiden (vgl. Tab. 4.1). Die erste Art negativer Emotionen ist das *Lampenfieber.* Allerdings bin ich mit diesem Begriff nicht ganz glücklich. Der englische Ausdruck *performance anxiety,* also *Auftrittsangst,* passt eigentlich besser, denn das Gefühl, das wir in diesem Zusammenhang erleben, ist in der Tat eine Form von Angst. Sie möchte ich von der zweiten Art negativer Emotionen, den *Erfolgsbedenken* abgrenzen. Erfolgsbedenken stellen sich ein, wenn wir der Überzeugung sind, inhaltlich oder in Bezug auf einen anderen Aspekt unserer Präsentation nicht gut vorbereitet zu sein. Dazu ein Beispiel: Stellen Sie sich vor, Sie sind Musiker und stehen kurz vor einem Auftritt. Je größer das Publikum und je wichtiger der Auftritt für Sie und Ihre weitere Karriere, desto größer ist tendenziell Ihre Auftrittsangst. Unabhängig davon haben Sie große Erfolgsbedenken, wenn Sie in der Woche vor dem Auftritt wenig geübt haben und schon in den Proben festgestellt haben, dass es nicht ganz rund läuft. Aufregung ergibt sich also aus Auftrittsangst *und* Erfolgsbedenken. Haben wir das eine im Griff, bleibt noch das andere, wir müssen uns also um beides kümmern.

Beide Arten negativer Emotionen unterscheiden sich vor allem in ihrem *Ursprung.* Auftrittsangst entsteht in der Amygdala, unserer Angstzentrale, die – wie ich schon angesprochen habe – sowohl in unserer vegetativ-affektiven Ebene 1 als auch in unserer emotional-motivatorischen Ebene 2 liegt. Erfolgsbedenken entspringen unserer kognitiv-sprachlichen Ebene 3. Der unterschiedliche Ursprung führt dazu, dass Auftrittsangst eher instinktiv ist, Erfolgsbedenken hingegen eher rational sind. Denn wie viele andere Ängste auch hat die Auftrittsangst keinen rationalen Nutzen, sondern sie entspringt mehr oder weniger angeborenen Instinkten. Die meisten Leser dieses Buches leben nicht in Regionen, in denen es giftige Spinnen oder Schlangen gibt, und sie müssen sich auch nicht fürchten, dass sie von ihrem Publikum angegriffen werden.[2] Trotzdem haben sie vor allen

---

[2]Bei Wikipedia findet sich eine beeindruckende, wenn auch an der einen oder anderen Stelle sicher nicht ganz ernst zu nehmende, Liste von Phobien. Ein Großteil dieser Angststörungen hat für die meisten Menschen keinen rationalen Nutzen. Um deutlich zu machen, was ich mit *rationalem Nutzen* meine, möchte ich auf einen anderen, tief in den menschlichen Genen verwurzelten Wahrnehmungsprozess verweisen: Die Fähigkeit, verdorbene Lebensmittel zu riechen. Ist unser Geruchszentrum im Gehirn normal ausgebildet, können wir sehr gut verdorbene Lebensmittel riechen und uns so vor Krankheiten schützen. Ein klarer rationaler Nutzen.

drei Dingen Angst, wobei die Angst, vor Gruppen zu sprechen, eine der bedeutendsten menschlichen Ängste überhaupt ist (vgl. Pease und Pease 2006, S. 343). Einige Ängste, die uns umtreiben, haben also keinen rationalen Sinn. *Vernünftig* hingegen können bestimmte Bedenken sein, etwa wenn wir zu wenig Vorbereitungszeit hatten oder die Präsentation nicht häufig genug geübt haben. Diese Bedenken sind rational, denn schlechte Vorbereitung kann ganz konkrete negative Auswirkungen haben (vgl. hierzu McGowan und Bowman 2014, S. 32 f. mit seinem Beispiel zur Barak Obama im US-Wahlkampf 2012). Weil sich Auftrittsangst und Erfolgsbedenken in ihrem Ursprung unterscheiden, braucht es auch verschiedene Werkzeuge, um sie in den Griff zu bekommen.

Aus zeitlicher Sicht möchte ich hinsichtlich der Werkzeuge der Aufregungsteuerung zwischen einem Zeitraum *länger vor Beginn der Präsentation, direkt vor Beginn der Präsentation* und *während der Präsentation* unterscheiden. *Länger vor Beginn der Präsentation* betrifft den Zeitraum, bevor wir am Präsentationsort ankommen. Wenn wir den Präsentationsort erreichen bis hin zum Präsentationsstart ist der Zeitraum *direkt vor der Präsentation*. Ab Präsentationsbeginn spreche ich vom Zeitraum *während der Präsentation*. Diese Logik, die Zeit und Raum zugegebenermaßen ein bisschen vermischt, hat den Vorteil, dass Sie die Zeit *direkt vor der Präsentation* dadurch verlängern können, dass Sie sich frühzeitig am Präsentationsort einfinden. Wenn Sie zu besonderer Aufregung neigen, planen Sie einfach etwas mehr Vorlauf ein, um ausreichend Zeit zur Anwendung aller entsprechenden Werkzeuge der Anspannungssteuerung zu haben.

In den folgenden Abschnitten möchte ich Ihnen die Werkzeuge vorstellen, die meiner Erfahrung nach am besten funktionieren, um die negativen Nebenwirkungen von Aufregung in den Griff zu bekommen. Natürlich gibt es deutlich mehr als die von mir beschriebenen, aber auf Basis der folgenden Werkzeuge werden Sie ausreichend Ansatzpunkte bekommen, um aus Ihrer Nervosität positive Aufregung zu machen.

Empfohlene Dosierung
Für alle folgenden Werkzeuge gilt: Je stärker Sie zu Aufregung neigen und je mehr Sie unter den Nebenwirkungen von Aufregung leiden, desto intensiver sollten Sie die Werkzeuge anwenden oder sogar mehrere Werkzeuge miteinander kombinieren. Die Gefahr einer Überdosierung besteht dabei kaum, auch nicht bei den Werkzeugen, die auf die Senkung des eigenen Energieniveaus setzen. Denn selbst wenn Sie Ihr Energieniveau so weit senken, dass Sie meinen, eigentlich zu wenig Spannung zu haben, kommt die notwendige Spannung kurz vor Beginn Ihrer Präsentation zurück und versetzt Sie in die Lage, exzellent zu präsentieren.

4.1.1.1 Sport treiben

Die positiven Auswirkungen von Sport
Oft steigt unsere Auftrittsangst bereits Stunden vor einer Präsentation merklich an. Das beste Mittel dagegen ist es, *Sport zu treiben*. Damit erzielen wir zwei wichtige Resultate: Erstens hebt Sport unsere Stimmung (vgl. Birbaumer 2015, S. 153) und zweitens bauen

wir durch Sport überschüssige Energie ab. Wir wollen uns beide Aspekte einmal genauer ansehen.

Die Stimmungsaufhellung beim Sport wird, je nachdem, wo man liest, unterschiedlichen Stoffen zugeschrieben: Serotonin, Endorphinen, Cannabinoiden. Ziemlich sicher scheint, dass beim Sport *Serotonin* ausgeschüttet wird. Dabei handelt es sich um einen Neurotransmitter, der unsere Stimmung positiv beeinflusst (vgl. Beck 2013, S. 125). Serotoninmangel wird daher als eine Ursache für Depressionen betrachtet (vgl. Thompson 2012, S. 148). Das sogenannte serotonerge System, die Nervenbahnen also, die durch Serotonin aktiviert werden, ist im Gehirn weit verzweigt (vgl. Jäncke 2013, S. 362) und reicht unter anderem bis zur Amygdala (vgl. Beck 2013, S. 125), unserer Angst- und Stresszentrale. Damit hat die Ausschüttung von Serotonin eine beruhigende und gelassenheitssteigernde Wirkung auf uns. Ob beim Sport auch Endorphine mit ihrer ebenfalls beruhigenden und schmerzstillenden Wirkung ausgeschüttet werden, ist noch unklar. Gleiches gilt für körpereigene Cannabinoide, die ebenfalls beruhigend wirken. Klar ist jedoch, dass Sport durch seine Stimmungsaufhellung einen sehr wirksamen Gegenspieler zur Auftrittsangst darstellt. Nach dem Sport erscheinen uns viele Sorgen oder Probleme auf einmal gar nicht mehr so schlimm, obwohl sich an ihnen eigentlich gar nichts geändert hat. Damit führt Sport zu einer positiveren emotionalen Neubewertung, geprägt von Gelassenheit und Zuversicht. Das ist doch eine wunderbare Ausgangsbasis für eine Präsentation.

Der Rhythmus ist entscheidend
Es gibt im Zusammenhang mit der Stimmungsaufhellung beim Sport die These, dass insbesondere *rhythmische* Bewegungsabläufe sehr gut stimmungsaufhellend wirken. Diese These beruht auf einem Zusammenhang, den wir schon beim Lachyoga kennengelernt haben: der Umkehrung von Ursache und Wirkung. Wir hatten festgestellt, dass nicht nur *gute Laune* ursächlich für *Lachen* ist, sondern *Lachen* auch ursächlich für *gute Laune* sein kann. Daher gibt es Menschen, die bewusst und ohne echten Anlass lachen, um ihre Laune zu verbessern. So verkehren sich Ursache und Wirkung. Gleiches gilt bei der Stimmungsaufhellung beim Sport: Eigentlich bewirkt *Serotonin* eine *Harmonisierung von Hirnprozessen* (vgl. Hüther 2008), wodurch eine harmonische Stimmung entsteht. Setzen wir auch hier darauf, dass sich Ursache und Wirkung umkehren lassen, müssten *harmonische Hirnprozesse* eine *Ausschüttung von Serotonin* bewirken. Rhythmische Bewegungen beim Sport unterstützen solche harmonische Hirnprozesse. Dazu ist eine in der Regel wenig komplexe Bewegung notwendig, die sich stetig wiederholt. Laufen, Schwimmen oder Radfahren sind daher aufgrund ihres repetitiven Bewegungsmusters besonders geeignet, um eine Serotoninausschüttung zu bewirken (vgl. „Aus der Praxis: Beten an der Klagemauer") – viel besser als Hanteltraining oder Tischtennis.

Aus der Praxis: Beten an der Klagemauer
Bislang habe ich keine Studie gefunden, die die Rhythmus-Serotonin-These dezidiert untermauert oder sie widerlegt. Es gibt für sie also keinen wissenschaftlichen Beweis,

aber ich bin dennoch von ihrer Richtigkeit überzeugt. Bei vielen Menschen habe ich dieses Wirkungsmuster bereits beobachtet. Außerdem ist mir dieser Zusammenhang auch außerhalb des Sports begegnet: Als ich vor einigen Jahren in Israel Urlaub machte, beobachtete ich streng gläubige Juden an der Klagemauer. Sie waren in ihr Gebet vertieft und bewegten dabei rhythmisch Kopf und Oberkörper vor und zurück. Sie trugen eine *Teffelin*, einen Gebetsriemen, der aus einem Hand- und einem Kopfteil besteht. Der Kopfteil umfasst eine Gebetskapsel, die auf der Stirn fixiert wird. Beim Beten berührten die Gläubigen mit der Gebetskapsel immer wieder die Klagemauer. Der Bewegungsablauf beim Beten war stereotyp: immer wieder vor und zurück. Dahinter steckt, wie mir von einem Gläubigen berichtet wurde, der Versuch, eins mit Gott zu werden und alle äußeren und inneren Störfaktoren auszuschließen. Es geht also auch hierbei darum, Hirnprozesse zu vereinheitlichen und sich ganz einer einzigen Sache hinzugeben. Die rhythmische Bewegung scheint hierbei äußerst hilfreich zu sein.

Egal, ob Sie an die Rhythmus-Serotonin-These glauben oder nicht: Unbestritten wirkt Sport sehr gut präventiv gegen Auftrittsangst beim Präsentieren. Ich würde für eine rhythmische Sportart plädieren, aber es ist meines Erachtens fast egal, welchen Sport Sie treiben. Im Zweifel reicht auch ein sportlicher Spaziergang. Wichtig ist nur, dass zwischen Ende der sportlichen Betätigung und Beginn unserer Präsentation nach Möglichkeit nicht mehr als zwei Stunden liegen, damit wir von den positiven Nachwirkungen des Sports tatsächlich profitieren können. Denn neben dem Gefühl der Harmonie und damit der Verringerung von Ängsten baut Sport *überschüssige* Energie ab.

Energieabbau durch Sport
In der Regel stellt uns unser Körper bei einem mehr oder weniger ausgewogenen Lebenswandel, normaler Arbeitsbelastung und angemessenem Schlafpensum ausreichend Energie zur Verfügung, um unsere täglichen Herausforderungen zu meistern. Sind wir unter diesen Voraussetzungen mit einer anspruchsvollen Aufgabe konfrontiert, führt die automatische Mobilisierung von Energiereserven unter Umständen dazu, dass wir *overenergized* sind: Es liegt ein Energieüberschuss vor, der es uns erschwert, Aufgaben ruhig und fokussiert zu bewältigen. Wenn wir also vor einer Präsentation Sport treiben, sinkt unser Energieniveau. Unter dem Strich gleichen sich beide Größen wieder aus, sodass wir vor einer Präsentation wieder über ein angemessenes Energieniveau verfügen und nicht overenergized sind.

Auf einen Blick
- Eine gute Möglichkeit, um Auftrittsangst abzubauen, besteht darin, Sport zu treiben. Sport hebt die Stimmung und baut überschüssige Energie ab.
- Wir sollten eine Sportart wählen, bei der sich Bewegungen rhythmisch wiederholen. Diese Sportarten wirken am stärksten stimmungsaufhellend.

4.1.1.2 Präsentation mit Wingman trainieren

Erst alleine, dann zu zweit
Neben der Auftrittsangst können uns auch Erfolgsbedenken zu schaffen machen. Ist die Präsentation gut strukturiert und damit nachvollziehbar? Ist sie unterhaltsam? Werden wir in der Lage sein, alle Fragen unseres Publikums zu beantworten? Auch wenn sich ein Teil dieser Sorgen, vor allem in Bezug auf das Verhalten unseres Publikums, nie ganz eliminieren lässt, können wir durch angemessene Vorbereitung und Training einen Großteil von ihnen in den Griff kriegen. Vor allem, wenn wir unsere Präsentation mit unserem Wingman üben, können wir von ihm wichtige Hinweise erhalten und ggf. nachbessern.

Des Teufels Anwalt einbestellen
Optimalerweise bereiten wir eine Präsentation zunächst für uns vor und üben sie anschließend auch für uns – und zwar laut. Hat die Präsentation das von uns gewünschte Niveau, sollten wir nach Möglichkeit einen Durchgang mit unserem Wingman üben. Dieser sollte dabei vor allem darauf achten, ob unsere Ausführungen nachvollziehbar sind und uns ganz offen sagen, ob bzw. an welchen Stellen dies nicht der Fall ist. Dabei ist es egal, ob es um logische Nachvollziehbarkeit (roter Faden), sprachliche Nachvollziehbarkeit (Deutlichkeit der Aussprache) oder um inhaltliche Längen geht (Dramaturgie). Der Wingman ist an dieser Stelle unser *Advocatus Diaboli*, des Teufels Anwalt: Er übernimmt die Rolle des kritischsten Zuhörers, den man sich denken kann, und gibt uns aus dessen Perspektive ein Feedback.

Möglicherweise müssen wir die Präsentation nach dem Training mit unserem Wingman noch einmal überarbeiten. Daher sollten wir bei der Vorbereitung der Präsentation ausreichend Zeit für das eigene Training, das Training mit unserem Wingman sowie mehrere Überarbeitungsschleifen einplanen. Dadurch wird die Vorbereitungszeit für die Präsentation zwar zunächst steigen, Sie werden aber sehr schnell ein Gefühl für das richtige inhaltliche Niveau Ihrer Präsentation bekommen. Und wenn wir es schaffen, unseren Wingman zu einer echten konstruktiv-kritischen Bewertung unserer Präsentation zu bringen, und wenn wir dieses Feedback berücksichtigen, können wir sicher sein, dass wir gut vorbereitet sind.

> **Auf einen Blick**
> - Nach Möglichkeit sollten wir unsere Präsentation mit unserem Wingman üben. So können wir Erfolgsbedenken in den Griff bekommen.
> - Dabei sollte der Wingman die Rolle des Advocatus Diaboli, des Teufels Anwalt, spielen.

4.1.1.3 Eingrooven

Auch wenn wir vor einer Präsentation Sport getrieben und die Präsentation mit unserem Wingman geübt haben, ist die Wahrscheinlichkeit groß, dass die Auftrittsangst direkt vor

Beginn der Präsentation wieder zunimmt. Um sie in den Griff zu bekommen, empfehle ich das *Eingrooven*. Dazu gehören – meines Erachtens auch in dieser Reihenfolge:

- den Kontakt zu Offiziellen herstellen,
- das Einrichten unserer Bühne,
- der kurzfristige Energieabbau,
- das Fokussieren und Imaginieren sowie
- das bewusste Atmen.

Kontakt zu Offiziellen herstellen
Am Präsentationsort angekommen sollten wir zunächst Kontakt mit unserem Ansprechpartner aufnehmen. Mit dieser Person sollten wir dann alles Notwendige klären: Zeit- und Pausenplanung für die Präsentation, ggf. Sitzordnung und Bühnengestaltung (worauf ich gleich eingehe) sowie Abschlussgestaltung (zum Beispiel Fragerunde) und so weiter. Manchmal sind das mehrere Personen, etwa wenn es unterschiedliche Ansprechpartner für Raum, Technik und Inhalte gibt. Allen sollten wir uns kurz vorstellen und alle offenen Fragen klären. Im Anschluss können wir uns für die weiteren Vorbereitungen zurückziehen. Niemand nimmt es uns übel, wenn wir keine 30 min Small Talk halten, sondern uns noch einmal auf die Präsentation vorbereiten möchten. Unterhaltungen bieten sich, mit einer Ausnahme, die ich beim Werkzeug *Motivorientierte Nutzenversprechen abgeben* (Abschn. 4.2.1.2) vorstellen werde, sowieso eher für die Zeit *nach Ende* der Präsentation an, weil wir durch die Präsentation eine Vielzahl anknüpfungsfähiger Gesprächsthemen liefern.

▶ Verlegen Sie Unterhaltungen ans Ende Ihrer Präsentation, denn durch die Präsentation ergeben sich viele inhaltliche Anknüpfungspunkte für ein Gespräch. So werden aus Small Talk gehaltvolle Gespräche und Sie können die Zeit vor Präsentationsbeginn für Ihre Vorbereitungen nutzen.

Unsere Bühne einrichten
Ich bezeichne den Ort, von dem aus wir unsere Präsentation halten, ja immer als unsere Bühne. Damit wir auf dieser Bühne exzellent präsentieren können, müssen wir sie so einrichten, wie es für uns optimal ist. Wie das aussehen kann, habe ich bereits bei mehreren Werkzeugen beschrieben, etwa bei der *Schaffung einer positiven Präsentationsatmosphäre* (Abschn. 3.1.2.2) oder bei der *Wahl der Spots* (Abschn. 3.1.2.7). Auf diese Punkte möchte ich hier nicht noch einmal eingehen. Vielmehr ist es mir wichtig, darauf hinzuweisen, dass wir *ausreichend Zeit* einplanen sollten, um die Bühne so einzurichten, wie es für uns optimal ist. Das sind *mindestens* 30 min vor Präsentationsbeginn. Wenn wir an einem gänzlich unbekannten Ort präsentieren, benötigen wir wahrscheinlich mehr Zeit. Das gilt vor allem, wenn aufwendige Technik im Spiel ist. Denn manchmal greift *Murphy's Law*: Es geht alles schief, was nur schief gehen kann.

Beim Einrichten der Bühne empfehle ich keine falsche Bescheidenheit: Es ist *unsere* Bühne. Nur wenn die Bühne perfekt auf unsere Präsentation abgestimmt ist, können wir exzellent präsentieren. Die Umsetzung dieser Philosophie ist nicht immer ganz einfach. Etwa bei Verkaufspräsentationen im Sitzen oder bei Präsentationen, die wir das erste Mal bei einem potenziellen Kunden halten, kann es etwas befremdlich wirken, wenn wir alles im Raum über den Haufen werfen wollen, nur um die Spots richtig zu wählen. Aber wie bei allen anderen Werkzeugen gibt es auch hier die Möglichkeit der Dosierung: Wir müssen nicht alles ändern, wenn wir nicht sicher sind, ob das bei einem potenziellen Kunden richtig ankommt. Aber vielleicht können wir *eine* oder *zwei* für uns wichtige Dinge auf unserer Bühne anpassen. Denn wenn ein Raum zu *unserer Bühne* wird, steigt unser Selbstvertrauen und die Auftrittsangst sinkt. Also: Im Zweifel sollten wir einfach nachfragen, ob etwas in unserem Sinne vorbereitet werden kann. Damit es nicht hektisch wird, planen wir ausreichend Vorlaufzeit ein.

Der kurzfristige Energieabbau
Zum Energieabbau kurz vor Präsentationsbeginn bietet sich die *progressive Muskelrelaxation*, eine besondere Entspannungstechnik, an. Ich möchte sie Ihnen einmal kurz erläutern: Ziehen Sie sich in einen Raum zurück, in dem Sie ungestört sind. Im Zweifel reicht hierfür eine WC-Kabine. Stellen Sie Ihre Füße ungefähr schulterbreit nebeneinander, die Arme sind seitlich am Körper angewinkelt, die Haltung ist aufrecht. Schließen Sie die Augen und spannen Sie nun *alle Muskeln Ihres Körpers* für *zehn Sekunden* so *fest es geht* an. Zählen Sie die zehn Sekunden im Kopf mit: Einundzwanzig, zweiundzwanzig … Nach zehn Sekunden entspannen Sie alle Muskeln, schütteln Ihre Arme und Beine aus und lockern den Rest Ihres Körpers. Sie werden merken, wie Wärme in Ihnen aufsteigt, weil Ihr Kreislauf angeregt wurde. Nun stellen Sie sich möglichst bildhaft vor, dass es gleich losgeht, zum Beispiel indem Sie sich die Zuhörer in der ersten Reihe vorstellen. Warten Sie, bis die Spannung wieder in Ihnen aufsteigt. Wenn sie ein Ausmaß erreicht hat, das sich unangenehm anfühlt, wiederholen Sie die Übung: Spannen Sie noch einmal für zehn Sekunden alle Muskeln an.

Sie können diese Übung bis zu fünf Mal durchführen. Danach sollten Energiespitzen abgebaut sein und Sie werden sich entspannter und ausgeglichener fühlen. Wenn Sie bei der Übung ins Schwitzen geraten, machen Sie sich keine Gedanken, denn das Schwitzen wird sich schnell wieder legen. Außerdem ist es der Beweis dafür, dass Sie gerade erfolgreich Energie abgebaut haben und damit Ihrer Auftrittsangst entgegengetreten sind.

Fokussieren und Imaginieren
Als es um die innere Haltung des Lächelns ging, habe ich bereits von aktiver Gedankensteuerung gesprochen. Auf diese Herangehensweise möchte ich nun zum Abbau von Auftrittsangst zurückkommen – und zwar aus zwei Richtungen: dem *Fokussieren* und dem *Imaginieren*.

Beim Fokussieren geht es darum, sich noch einmal ganz deutlich zu machen, dass die Präsentation ein Erfolg werden wird. Schließen Sie die Augen und sagen Sie sich:

„Ich schaffe das." oder „Meine Präsentation wird ein Erfolg." Konzentrieren Sie sich ganz auf diese Aussage und den dahinterstehenden Gedanken. Machen Sie sich klar, dass Sie gut vorbereitet sind, dass Sie sorgfältig geübt und trainiert haben. Verdeutlichen Sie sich, dass Sie einen Mehrwert für Ihr Publikum vermitteln werden und dass es Ihnen dafür dankbar sein wird. So alt dieser *Tschacka-du-schaffst-das-Gedanke* vielleicht auch sein mag, so wirksam ist er, um letzte Zweifel auszuräumen.

Beim Imaginieren geht es darum, sich einen geistigen *Anker* zu schaffen, der Sicherheit vermittelt. Den *Ankereffekt* habe ich im Rahmen des Werkzeugs *Authentisch agieren* (Abschn. 3.1.1.2) schon vorgestellt. Dort ging es um positive Vorabinformationen, die unser Publikum in eine positive Grundstimmung versetzen sollen. Hier geht es mir nicht um einen geistigen Anker für unser Publikum, sondern für uns selbst: Wenn wir uns vor unserem inneren Auge ein Bild vorstellen, das uns Kraft und Sicherheit gibt, zum Beispiel unsere Familie, unsere Freunde oder einen Ort, an dem wir uns besonders wohl und sicher fühlen, gibt uns diese bildhafte Vorstellung Kraft und baut Auftrittsangst ab.

Bewusst atmen
Nervosität aktiviert verschiedene körperliche Prozesse, wie ich bereits dargelegt habe. Damit steigt unser Sauerstoffbedarf, sodass wir den Impuls verspüren, vermehrt zu atmen. Wenn wir bei starker Nervosität diesem inneren Drang des Atmens folgen, atmen wir stärker ein als aus, und unsere Lunge ist voll Luft. Das hat zwei entscheidende Nachteile: Erstens führt die viele Luft dazu, dass sich unsere Stimme verändert. Sie wird *höher*. Das Problem einer höheren Tonlage ist, dass sie für die meisten Menschen unangenehmer klingt als eine tiefere Tonlage (vgl. Abschn. 4.3.2.1). Unser Ziel muss es also sein, eine möglichst tiefe Tonlage zu erreichen. Dazu ist es nötig, möglichst wenig Luft in den Lungen zu haben. Zweitens verändern prall gefüllte Lungen unsere Körperhaltung. Wenn Sie mögen, probieren Sie es einmal aus: Stellen Sie sich vor einen Spiegel in die klare Grundhaltung, wie ich sie im Rahmen des Werkzeugs *Achsen ausrichten* (Abschn. 3.1.2.4) vorgestellt habe. Atmen Sie nun so tief wie möglich ein. Sie werden merken, wie sich Ihr Brustkorb wölbt. In der Folge werden Sie Ihren Kopf leicht anheben, damit sich Ihre Atemwege weiterhin frei anfühlen. Dadurch verlieren Sie an Sympathie, weil Sie Ihre Nase buchstäblich etwas höher tragen. Und das nur, weil Sie ursprünglich das Gefühl hatten, zu wenig Sauerstoff im Blut zu haben.

Eine gute Atemübung, die Sie direkt vor Präsentationsbeginn durchführen können, ist folgende: achten Sie darauf, mehr aus- als einzuatmen. Atmen Sie in langen Zügen *aus* und in kleinen und kurzen Zügen *ein*. So werden Sie nie zu viel Luft in den Lungen haben, und Ihre Stimme und Körperhaltung bleiben sympathisch und klar. Wenn Sie vor Präsentationsbeginn etwas Zeit haben, versuchen Sie die bewusste *Bauchatmung*, sie hilft sehr gut zur Beruhigung. Dazu setzen Sie sich gerade auf einen Stuhl, mit dem Gesäß möglichst nah an der Lehne. Legen Sie nun Ihre Hände auf den Bauch. Beim Einatmen sollte sich Ihr Bauch (nicht Ihr Brustkorb) wölben, beim Ausatmen sollte er abflachen. Es bedarf ein bisschen Übung für diese Atemtechnik, aber früher oder später werden Sie spüren, wie sich Ihr Bauch beim Atmen hebt und senkt. Achten Sie dabei rein auf die Bewegung Ihres Bauches und denken Sie nur ans Einatmen und Ausatmen, nicht an Ihre Präsentation. Nach einigen Minuten werden Sie sich ruhiger und ausgeglichener fühlen.

Um sich voll auf diese Atemübungen zu konzentrieren, werden Sie sich wahrscheinlich ein bisschen Ruhe gönnen wollen. Daher eignen sie sich nicht zum Einsatz unmittelbar vor einer Präsentation. Hier ist eine andere Herangehensweise sinnvoll: Atmen Sie beim Gang auf die Bühne lange und langsam aus. Ist der Weg sehr lang, holen Sie zwischendurch ein wenig Luft und konzentrieren sich dann wieder auf ein langes Ausatmen. Timen Sie das Ausatmen so, dass Sie auf dem Punkt, an dem Sie mit Ihrer Begrüßung beginnen wollen (wahrscheinlich der Sweet Spot) mit kaum noch Luft in den Lungen ankommen. Füllen Sie dann Ihre Lungen leicht, vielleicht zu einem Viertel, und sprechen Sie Ihre Begrüßung. Sie werden eine wundervolle tiefe Stimme haben, die Ruhe und Kraft vermittelt. Dabei brauchen Sie keine Angst zu haben, dass Sie durch das bewusste und sparsame Atmen an Konzentration verlieren oder gar ohnmächtig werden. Eine Lunge verfügt über ein Restluftvolumen von rund eineinhalb Litern, auf das wir nicht willkürlich zugreifen können (vgl. Habermann 2003, S. 17). Egal, wie viel wir ausatmen, wir verfügen immer über genug Sauerstoff.

Auf einen Blick
- Unsere Auftrittsangst nimmt häufig direkt vor Beginn der Präsentation wieder zu. Dagegen können wir eine Reihe an Maßnahmen ergreifen, die ich als *Eingrooven* bezeichne.
- Zum Eingrooven gehören die Kontaktaufnahme zu Offiziellen, das Einrichten der Bühne nach unseren Bedürfnissen und der Abbau überschüssiger Energie. Aber auch die bewusste Gedankensteuerung oder Atemübungen helfen, Auftrittsangst abzubauen.

4.1.1.4 Die eigene Technik kennen

Technikfragen klären
Die Ausstattung in den meisten Präsentationsräumen ist heute deutlich besser als noch vor fünf oder zehn Jahren. Damals war es beinahe Glückssache, ob ein Notebook mit einem Beamer harmonierte. Das Wissen um die „geheime" Umschaltfunktion bei Windows-Rechnern, die das Bild vom Notebook auf den Beamer schickte (Strg. + F8), war fast schon Herrschaftswissen. Technische Erfolgsbedenken waren damals deutlich berechtigter als heute.

Heute erkennen die meisten Rechner den angeschlossenen Beamer oder Bildschirm von alleine, und die Bildumschaltung ist komfortabel geworden. Dennoch sollten wir bei einer Präsentation, die auf Technik zurückgreift (und das sind die meisten), sicherstellen, dass alles gut miteinander funktioniert: Welcher Anschluss und welches Kabel sind nötig? Soll Ton abgespielt werden, und wie wird die dazu nötige Wiedergabequelle an den Rechner angeschlossen? Reichen die Kabel bis zum Verstärker, sodass wir unseren Rechner noch im Blick haben? Wie laut muss der Ton eingestellt und muss er am Rechner oder am Verstärker geregelt werden? Welchen Eingang nutzt ein Verstärker und wie lässt sich dieser ansteuern? Ist die Auflösung am Beamer ausreichend hoch? Passt der Farbkontrast oder werden Bilder zu blass dargestellt? Ist überhaupt ein Anschluss über Kabel möglich oder gibt es eine Funkübertragung zwischen Notebook und Anzeigegerät (bei der in der Regel die Referentenansicht nicht verfügbar ist, weswegen ich kein großer Fan dieser Technik bin)?

Eine Generalprobe machen
Ich könnte unzählige weitere solcher Fragen stellen und würde dennoch niemals alle technischen Probleme beschreiben können, mit denen ich es bislang zu tun hatte. In der Regel bekommt man alle technischen Probleme in den Griff, wenn man genügend Zeit mitbringt und sein eigenes Equipment gut kennt.[3] Daher ist besonders bei einem Systemwechsel, zum Beispiel von Windows auf Apple, Vorsicht geboten und etwas mehr Zeit zur Vorbereitung vor Ort einzuplanen. Wenn die Technik besonders komplex ist, sollten wir versuchen, alles ein paar Tage oder Wochen vorher vor Ort auszuprobieren. Auch wenn das nicht immer ganz einfach ist, ist eine solche Generalprobe bei besonders wichtigen Präsentationen unabdingbar, wenngleich sie zusätzliche Zeit kostet.

> **Exkurs: Die eigene Animation kennen**
> Tatsächlich bin ich ein großer Freund von Animationen auf Folien. Natürlich nicht von solchen, die mit viel Bewegung und womöglich sogar Tonunterstützung daher kommen und dadurch vom Inhalt ablenken. Aber unauffällige Animationen halte ich für sinnvoll, weil sie dazu führen, dass Folien nicht überfrachtet werden und durch sie immer nur der Aspekt dargestellt wird, um den es gerade geht, dann der nächste und so weiter.[4]
>
> Bei ausgewählter Referentenansicht sehen wir nicht nur das aktuell auf Leinwand oder externem Bildschirm dargestellte Bild, sondern auch die nächste Folie oder Animation. Wenn Sie allerdings nicht mit PowerPoint oder Keynote präsentieren, sondern etwa mit Prezi (vgl. Abschn. 4.3.1.1), werden Sie feststellen, dass es diese Ansicht dort (noch) nicht gibt. Daher sollten wir uns beim Präsentieren mit Prezi stets darüber im Klaren sein, welche Animation als nächstes folgt, sodass wir nicht von unseren eigenen Animationen überrascht werden.

---

[3]Eine Ausnahme bildet eine Präsentation, die ich nicht halten konnte, weil ich dummerweise kurz vorher meinem Windows-Rechner erlaubt hatte, Updates zu installieren. Dieser Vorgang dauerte DREI Stunden. Danke, Microsoft!
[4]Dazu nutze ich den Animationsbefehl *Erscheinen* bei Microsoft PowerPoint.

> **Auf einen Blick**
> - Erfolgsbedenken vor Präsentationsbeginn entstehen oft auch durch Unsicherheit darüber, ob die einzusetzende Technik wie geplant funktioniert.
> - Wir sollten alle technischen Aspekte unserer Präsentation, also Anschlüsse und Kabel, die Ansteuerung externer Geräte etc. selbst kennen.
> - Bei komplexer Technik sollten wir nach Möglichkeit eine Generalprobe durchführen.

4.1.1.5 Energie richtig kanalisieren

Gerichtete und ungerichtete Energie
Das beste Mittel gegen zurückkehrende Auftrittsangst während des Präsentierens ist es, *energiegeladen* zu präsentieren. Dazu müssen wir unsere Energie richtig kanalisieren. Tatsächlich erkennt man Aufregung bei vielen Präsentatoren daran, dass sie *ungerichtet* Energie ablassen. Was meine ich damit? Bei Aufregung bewegen sich viele Menschen unruhig und ohne feste Bewegungspfade. Typisch sind

- das *Wippen*, also ein Strecken über die Zehenspitzen,
- das *Pendeln*, also ein Verlagern des Körpergewichts von einem Bein auf das andere,
- das *Hüftwackeln*, also eine Bewegung, bei der sich die Hüfte mehr oder weniger rhythmisch nach links und rechts bewegt,
- das *Händereiben*, bei dem die Hände aneinander gerieben werden, als müssten sie aufgewärmt werden, sowie das *Händepressen*, bei dem die Hände so stark aneinandergedrückt werden, dass das Blut abgeschnürt wird und sich weiße und rote Stellen bilden,
- das *Kopf- oder Oberkörperdrehen*, bei dem der Kopf oder sogar der ganze Oberkörper ständig zwischen Leinwand und Publikum hin- und her rotiert,
- das *Umherirren*, also ein Laufen auf der Bühne zwischen den Spots, das keinem klaren Muster folgt, oder
- eine Kombination aus diesen Punkten.

Der richtige Energiefluss
Mitunter wirken wir dann wie ein angeschlagener Boxer, der orientierungslos durch den Ring irrt. Darunter leidet vor allem unsere Klarheit. Besser ist es daher, Energie *gerichtet* abzubauen, also bewusst in bestimmte Haltungen und Bewegungen zu kanalisieren. Wenn Sie diesen Ansatz umsetzen möchten, achten Sie auf drei Punkte:

1. Bauen Sie *Körperspannung* auf: Körperspannung erzeugen Sie, wenn Sie aus einem exakt geraden Stand in einen leichte Vorlage übergehen. So können wir den spannenden Inhalt unserer Präsentation buchstäblich verkörpern.

2. Nutzen Sie Ihre *Hände:* Versuchen Sie, die Bewegungsenergie aus Ihren Füßen, aus Ihrer Hüfte durch Ihre Hände fließen zu lassen. Die Hände sind es, die mit ihren Bewegungen einen Mehrwert für unser Publikum schaffen können, weil sie unsere Aussagen unterstreichen und die inhaltliche Struktur unserer Ausführungen unterstützen.
3. *Bewegen* Sie sich zielgerichtet vor Ihrem Publikum: Nutzen Sie so oft es geht den Sweet Spot und gehen Sie von diesem Punkt aus bewusst vor Ihrem Publikum hin und her, wie ich es beim Werkzeug *vor dem Publikum bewegen* (Abschn. 3.1.2.8) dargestellt habe.

Durch die Kanalisierung von Energie in diese drei Haltungs- und Bewegungsmuster wird die Energie der Auftrittsangst zu Spannung und Dynamik.

Sollten Sie dennoch einmal das Gefühl bekommen, dass Ihre Auftrittsangst zu groß wird, können Sie auf das Prinzip der progressiven Muskelrelaxation zurückgreifen, das ich beim *Eingrooven* (Abschn. 4.1.1.3) vorgestellt habe. Zwar ist es während einer Präsentation nicht möglich, alle Muskeln für zehn Sekunden anzuspannen, um Energiespitzen abzubauen – das würde recht verwirrend wirken. Aber Sie können einen recht großen Muskel anspannen und darüber Energie abbauen, ohne dass Ihr Publikum das merkt. Der *Gesäßmuskel*, den Ihr Publikum nicht zu Gesicht bekommt, weil Sie ihm ja stets mit Ihrer Vorderseite zugewandt sind, lässt sich unauffällig an- und entspannen. Oder anders formuliert: Manchmal hilft es, die Pobacken zusammenzukneifen, wenn es unangenehm wird. Klingt komisch, hilft aber sehr gut.[5]

> **Auf einen Blick**
> - Auftrittsangst kann während einer Präsentation zurückkommen. Das beste Mittel dagegen ist es, energiegeladen zu präsentieren und seine Energie in die Präsentation unterstützende Bewegungen zu leiten.
> - Energie wird richtig kanalisiert, wenn wir mit Körperspannung, klarem Einsatz der Hände und klaren Bewegungen vom Sweet Spot aus präsentieren.

4.1.1.6 Sich Zeit nehmen

Anker nutzen
Natürlich kann es während einer Präsentation immer passieren, dass etwas schiefläuft. Wir verlieren den Faden, wir können eine Frage nicht beantworten, die Technik funktioniert nicht so wie geplant, obwohl wir alles gut vorbereitet hatten, und so weiter.

---

[5]Wenn Sie mögen, üben Sie das Pobacken-Zusammenkneifen einmal vor dem Spiegel. Denn es besteht die Möglichkeit, dass sich Ihre Hüfte dabei nach vorne bewegt, was bei wiederholtem An- und Entspannen komisch aussieht. Wenn Ihre Hüfte zu stark auf die Anspannung des Gesäßmuskels reagiert, können Sie dem über die Anspannung der Baumuskeln entgegenwirken.

Die Möglichkeiten, was alles *nicht* klappen kann, sind fast unbegrenzt. Solche Pannen sind der häufigste Anlass für zurückkehrende Erfolgsbedenken und ansteigende Aufregung.

Wenn Ihnen eine Panne unterläuft, versuchen Sie, sich nicht von Ihrer Aufregung übermannen zu lassen: Alles wird gut. Atmen Sie einfach ruhig weiter, zählen Sie dabei bis drei und rufen Sie sich Ihren *geistigen Anker* vors innere Auge, wie ich ihn beim *Eingrooven* im Teil *Imaginieren* vorgestellt habe. Denken Sie für einen Augenblick an ihre Familie, Ihre Freunde oder einen bestimmten Ort, an dem Sie sich wohlfühlen. Dann nehmen Sie sich Zeit für die nächsten Schritte, also das Suchen nach dem roten Faden, passenden Antworten oder der Fehlersuche. So mancher Blackout verschlimmert sich sogar, weil man *sofort* den Faden wiederfinden oder die passende Antwort auf eine Frage abrufen möchte. Sie kennen das bestimmt: Wenn Sie sich unbedingt an einen bestimmten Begriff oder Namen erinnern wollen, fällt er Ihnen partout nicht ein. Der Grund ist, dass Sie sich einfach zu sehr unter Druck setzen und dieser Druck das Denkvermögen mindert. Aber wenn Sie an etwas anderes denken, dann erinnern Sie sich auf einmal von ganz alleine. Wenn Sie also erst einmal Ihre Gedanken zu Ihrem geistigen Anker schweifen lassen, ist die Chance groß, dass Sie Ihren Faden wiederfinden oder Ihnen die Antwort auf eine Frage spontan einfällt. Im Übrigen hilft diese Herangehensweise auch bei Technikversagen: Atmen Sie ruhig weiter, rufen Sie sich Ihren Anker vors innere Auge und machen Sie sich klar, dass alles nicht so schlimm ist. Erst dann machen Sie sich an die Fehlersuche und -behebung.

Positiv mit Herausforderungen umgehen
Optimalerweise erläutern Sie Ihrem Publikum kurz, wenn Sie etwas Zeit brauchen, um nachzudenken oder einen technischen Fehler zu beheben: „Geben Sie mir einen kurzen Augenblick, bitte, ich muss einmal überlegen, wie ich weitermachen möchte." (Faden verloren), „Geben Sie mir einen Moment, ich möchte über Ihre Frage nachdenken." (Antwort unklar) oder „Die liebe Technik – bitte geben Sie mir doch einen kleinen Augenblick, um alles wieder zum Laufen zu bringen." So oder so ähnlich können Sie es formulieren. Bitte achten Sie dabei darauf, dass Sie *positive* Formulierungen mit Begründungscharakter verwenden. Aussagen wie: „Ich habe den Faden verloren.", „Ich bin mir nicht sicher, ob ich Ihre Frage beantworten kann." oder „Auf diese verdammte Technik ist nie Verlass." sind wenig hilfreich, weder für uns noch für unser Publikum: Uns helfen solche Aussagen nicht weiter, weil sie den Druck auf uns nur weiter erhöhen und damit die Chance senken, die aktuellen Schwierigkeiten in den Griff zu bekommen. Unserem Publikum gegenüber vermitteln wir mit solchen Aussagen Unsicherheit und Anspannung, was sich negativ auf unsere Klarheit auswirkt. Darüber hinaus signalisieren wir dem Publikum mit solchen Aussagen vor allem, dass ein *Problem* vorliegt und nicht, dass wir gerade an einer *Lösung* arbeiten.

Die Zeit, die Sie sich zum Nachdenken oder zum Lösen von Problemen nehmen, wird Ihnen wie eine Ewigkeit vorkommen, auch wenn es nur ein paar Momente sind. Lassen Sie sich von diesem Gefühl nicht irritieren und vor allem nicht hetzen. Nehmen Sie sich so viel Zeit, wie Sie brauchen. Schließlich ist es Ihre Präsentation, und Sie haben jedes Recht auf ein paar Minuten, um Herausforderungen in den Griff zu kriegen, egal wer vor Ihnen im Publikum sitzt.

Nun kann es natürlich sein, dass Sie irgendwann feststellen, dass Sie wirklich nicht weiterkommen, weil Sie die Technik doch nicht in den Griff kriegen, den Faden doch nicht wiederfinden oder eine Frage doch nicht beantworten können. In solchen Situationen sollten Sie ehrlich sein: „Bitte lassen Sie uns 10 Minuten Pause machen, damit ich die Technik wieder zum Laufen kriege." oder „Ich würde gerne noch einmal in meine Unterlagen schauen, lassen Sie uns doch in 10 Minuten weitermachen." In Bezug auf eine Frage, die Sie nicht beantworten können, sagen Sie einfach: „Das weiß ich nicht. Gerne recherchiere ich diesen Punkt für Sie und reiche Ihnen die Information nach." Ehrlich zu sein, ist besser, als sich durch eine Präsentation zu stottern, sich in Widersprüche zu verstricken oder unter widrigen technischen Bedingungen weiter zu präsentieren. Und wenn Sie eine Pause oder die Tatsache, dass Sie eine Antwort nicht kennen, vom Sweet Spot aus mit ausgerichteten Achsen, Händen in der Ausgangshaltung, festem Blick und einem Lächeln verkünden, werden weder Ihre Sympathie noch Ihre Klarheit darunter leiden.

Auf einen Blick
- Erfolgsbedenken kommen während einer Präsentation oft bei kleinen Pannen zurück.
- Um solche Pannen zu überstehen, sollten wir in Ruhe und mit Geduld nach einer Lösung suchen. Dazu hilft es, sich während der Panne seinen geistigen Anker vor Augen zu rufen.
- Es kann sinnvoll sein, das Publikum bei einer Panne einzubeziehen und es zu informieren, wie es weitergeht. Dabei sollten wir auf positive Formulierungen achten und uns nicht selbst schlecht machen.

4.1.2 Energiereserven mobilisieren

Motivation und Wille
Während Aufregung in der Regel mit einem Energie*überschuss* einhergeht, gibt es auch Situationen, in denen scheinbar *gar keine* Energie vorhanden ist: Wir sind antriebslos und haben keine echte Lust, unsere Präsentation zu halten. Daher möchte ich nun vorstellen, wie wir die notwendige Energie für eine exzellente Präsentation mobilisieren können. Dabei möchte ich zwei Quellen der Energie unterscheiden: die *Motivation* und den *Willen*.

Wenn wir motiviert sind, haben wir *Lust,* etwas zu machen, wir haben einen inneren Antrieb. Aber natürlich gibt es viele Situationen, in denen wir keine Lust haben, etwas zu machen, und es trotzdem tun. Haben Sie wirklich *Lust*, Ihre Fenster zu putzen, das Auto in die Werkstatt zu fahren oder zum Arzt zu gehen? Wahrscheinlich nicht, Sie machen es aber trotzdem. Da, wo die Lust, etwas zu tun, endet, startet der *Wille*. Die folgenden Werkzeuge setzen sowohl an der Motivation als auch am Willen an, denn oftmals wechseln sich Motivation und Wille ab. Es ist wie bei einem Marathonlauf (oder bei einem Halbmarathon oder bei der Shoppingtour): Am Anfang ist die Motivation hoch, dann lässt sie irgendwann nach, weil die Beine schmerzen, aber kurz vor dem Ziel kommt sie doch noch einmal zurück. Dass wir zwischendrin nicht aufgeben, verdanken wir unserem Willen. Das eine geht nicht ohne das andere, wenn wir unsere Ziele erreichen wollen.

Empfohlene Dosierung
Bei den folgenden Werkzeugen der Motivations- und Willenssteuerung verhält es sich umgekehrt zur Nervosität. Hier gilt: Je geringer Ihre Ausgangsenergie ist, desto stärker sollten Sie diese Werkzeuge dosieren. Allerdings wird es in den allermeisten Fällen wohl nicht dazu kommen, dass Sie gar keine Energie haben, schließlich ist es Ihre Idee, die Sie vermitteln wollen. Natürlich kann es sein, dass Sie vor besonders kritischen Zuhörern, zu unangenehmen Uhrzeiten oder an unpraktischen Orten präsentieren müssen oder dass Sie einen bestimmten Teil Ihrer Präsentation nicht sonderlich spannend finden. Solche punktuellen Demotivatoren, die eigentlich nur einen Bruchteil dessen betreffen, was eine Präsentation insgesamt ausmacht, können schnell unsere gesamte Stimmung negativ beeinflussen. Daher ist eine *aktive Gedankensteuerung* notwendig, um unsere Aufmerksamkeit auf solche Aspekte zu richten, die wir mögen, die uns Spaß und Freude bereiten und die uns damit Energie zur Verfügung stellen. Es geht also oftmals nicht um eine pauschale Dosierung dieses Werkzeugs, sondern um eine selektive, wie Sie gleich sehen werden.

4.1.2.1 Sich durch Gedankensteuerung motivieren

Motive, Motivierung und Motivation
Motivation ist ein emotionaler Zustand der Leistungsbereitschaft, in dem bestimmte Motive – das sind menschliche Beweggründe, die unser Handeln antreiben – verfolgt werden. Ein motivierter Mensch ist damit ein aktiver, leistungsbereiter Mensch, der eine Anstrengung auf sich nimmt, um den Befriedigungsgrad eines bestimmten Motives zu erhöhen. Eine besondere Bedeutung bei der Motivation hat der Neurotransmitter *Dopamin*. Er ist dafür verantwortlich, dass eine Handlungsabsicht, zum Beispiel eine bessere Leistung zu erbringen, um im Job befördert zu werden, auch wirklich zu einer Handlung wird. „Das Dopamin-System [...] bildet die Grundlage unseres Antriebs- und Motivationssystems", so der Hirnforscher Gerhard Roth (Roth 2014, S. 86). Roth führt weiter aus, dass Dopamin immer dann ausgeschüttet wird, wenn eine Belohnung in Aussicht steht. Die Ausschüttung erfolgt im Belohnungszentrum unseres Gehirns, dem Nucleus accumbens, das im limbischen System liegt und Teil unserer emotional-motivatorischen Ebene 2 ist.

Neben der Aussicht auf Befriedung bestimmter körperlicher Bedürfnisse wie etwa Essen, auf die unser Belohnungszentrum besonders reagiert (vgl. Spitzer 2011, S. 3), spielt die Möglichkeit der Befriedigung unserer *Motive* bei der Motivation eine entscheidende Rolle. Dopamin wird im Gehirn immer dann ausgeschüttet, wenn wir der Überzeugung sind, wir könnten das Befriedigungsniveau unserer Motive verbessern. Das Dopamin unterstützt uns dabei dadurch, dass es Leistungsbereitschaft aufbaut und damit die Anstrengung, die zur Befriedigung unserer Motive nötig ist, ermöglicht. Werden unsere Motive dann *tatsächlich* erfüllt, bedankt sich unser Belohnungszentrum zusätzlich mit der Ausschüttung von Endorphinen, also körpereigenen Opiaten (vgl. Kasten 2009, S. 252). Motivation ist damit vor allem ein chemischer Prozess, an dessen Anfang und Ende Substanzen stehen, die in unserem Gehirn ausgeschüttet werden, uns antreiben bzw. belohnen und sich dabei äußerst angenehm anfühlen. Daher sind motivierte Menschen in der Regel gut gelaunt.

Motivierung ist im Gegensatz zur Motivation ein *Prozess,* der im Ergebnis zur Ausschüttung von Dopamin führt. Dabei können zwei Arten der Motivierung unterschieden werden: Motivierung über extrinsische oder über intrinsische Anreize. Anreize sind dabei nichts anderes als in Aussicht gestellte Belohnungen. Ein *extrinsischer* Anreiz ist eine in Aussicht gestellte Belohnung *für* eine erbrachte Leistung. zum Beispiel Lob und Anerkennung vom Chef für gute Arbeit. Es gibt unzählige extrinsische Anreize, die sich unter anderem darin unterscheiden, wie stark sie uns wirklich motivieren. Lob und Anerkennung motivieren fast jeden Menschen, denn unser Belohnungszentrum reagiert auf Lob und Anerkennung fast immer mit einer Dopaminausschüttung. Für die meisten von uns sind Lob und Anerkennung also ein attraktiver Anreiz. Das gilt aber nicht für alle Anreize. Für manche Menschen ist ein bestimmter Anreiz, zum Beispiel eine mögliche Beförderung, hoch attraktiv, für andere überhaupt nicht. Anreize wirken individuell sehr unterschiedlich, weil sich unsere Motive von Mensch zu Mensch stark unterscheiden. Wie intensiv die Dopaminausschüttung bei einem bestimmten Anreiz ist, hängt also von unserer Persönlichkeitsstruktur ab.

Bei der Motivierung über extrinsische Anreize ist die Ausschüttung von Dopamin das *Mittel,* das den letztlichen *Zweck* einer Endorphinausschüttung unterstützen soll: Wir sind motiviert, um eine bestimmte Belohnung zu erreichen, die uns einen Moment der Freude beschert. Etwas anders ist es bei der Motivierung über *intrinsische* Anreize. Hier fällt die Ausschüttung von Dopamin und Endorphin zeitlich zusammen. Wir bekommen nicht eine Belohnung *für* eine Leistung, sondern *die Leistung selbst* ist Belohnung, weil sie uns Freude bereitet. Ein Beispiel hierfür ist eine Tätigkeit, die uns so viel Spaß macht, dass wir dabei Motivation *und* Freude empfinden. Niemand muss uns dann noch für diese Tätigkeit belohnen, denn sie ist schon Belohnung genug. Beim Sport ist genau das oft der Fall: Die Bewegung macht einfach Spaß, wir empfinden zugleich Motivation und Freude.

Motivation tritt also nur dann ein, wenn entweder die in Aussicht stehende Belohnung oder die Tätigkeit an sich zu unseren Motiven passt. Ist weder das eine noch das andere der Fall, wird keine Motivation eintreten. Motive, Motivierung und Motivation stehen somit in enger gegenseitiger Abhängigkeit.

Unsere Motivation steckt an
Ebenso wie ein Lächeln ansteckt, ist auch Motivation ansteckend. Wenn wir mit jeder Faser unseres Körpers ausstrahlen, dass wir Lust auf unsere Präsentation haben, bekommt auch unser Publikum Lust. Andererseits gilt aber auch: Wenn uns unser Publikum anmerkt, dass wir keine Lust haben oder nicht von dem überzeugt sind, was wir präsentieren, wird es uns nicht aufmerksam zuhören und uns unsere Idee auch nicht abnehmen. Damit gefährdet mangelnde Motivation das eigentliche Ziel einer Präsentation, nämlich die Übermittlung einer Idee von Mensch zu Mensch. Hohe Motivation unterstützt dieses Ziel, sie wirkt wie ein Beschleuniger. Wie so oft im Leben sollten wir für das brennen, was wir tun. Beim Präsentieren ist das nicht anders.

In den meisten Fällen ist es ganz selbstverständlich, dass wir motiviert sind, zu präsentieren. Wir haben Lust, unsere Arbeit, unsere Produkte oder welche Idee auch immer unserem Publikum vorzustellen. Ist Lust vorhanden, brauchen wir uns eigentlich keine weiteren Gedanken zum Thema Motivation zu machen. Aber natürlich es gibt Situationen, in denen es uns an Motivation fehlt. Wir präsentieren vor einem Publikum, mit dem wir erfahrungsgemäß nicht so gut zurechtkommen. Wir sollen eine Idee vermitteln, hinter der wir nicht zu 100 % stehen. Wir müssen eine Präsentation halten, die wir schon häufig gehalten haben und die wir beinahe auswendig kennen. Wir müssen präsentieren, obwohl sich Berge von Arbeit auf unserem Schreibtisch stapeln. Es gibt unzählige weitere Beispiele – Sie haben die eine oder andere Situation bestimmt schon selbst erlebt. Nun ist es für mich gar nicht so sehr die Frage, *wie oft* wir motiviert sind und wie oft nicht, sondern es geht darum, *dass* es zu einer Situation kommen kann, in der wir unmotiviert sind. Für solche Fälle brauchen wir Ansätze der Motivationssteigerung.

Aktive Gedankensteuerung
Es gibt grundsätzlich zwei verschiedene Möglichkeiten, die eigene Motivation zu steigern, wobei ich die zweite noch einmal unterteilen möchte. Sie orientieren sich an den verschiedenen Arten der Motivation, die ich eben vorgestellt habe: Steigerung der *intrinsischen* und Steigerung der *extrinsischen* Motivation. Bei der Steigerung der intrinsischen Motivation geht es um die Frage, was uns beim Präsentieren Spaß mach: „Worauf freue ich mich *in meiner Präsentation?*" Darauf, den Chef oder einen Kunden mit guten Zahlen zu beeindrucken? Darauf, einen besonderen interaktiven Teil durchzuführen, der unserem Publikum und uns Spaß machen wird? Enthält unsere Präsentation ein unterhaltsames Video, das viele Lacher produziert? Wissen wir schon jetzt, dass es Zuhörer geben wird, die vehement miteinander streiten werden, sodass wir uns dieses Schauspiel ein paar Momente ansehen, bevor wir die scheinbar unterschiedlichen Positionen strukturiert zusammenführen? Oder freuen wir uns einfach nur darauf, dass aus anfänglich zurückhaltenden oder kritischen Blicken im Laufe unserer Präsentation begeisterte Gesichtsausdrücke werden?

Um unsere intrinsische Motivation zu steigern, müssen wir uns bildhaft vorstellen, worauf wir uns freuen, und dieses Bild ein paar Momente im Kopf durchspielen. Dann ist es das Gleiche, wie wenn wir morgens im Bett liegen: Wir wachen auf, weil der

Wecker klingelt. Lust aufzustehen haben wir keine. Aber dann überlegen wir, was der Tag so bringt. Das Päckchen, das wir bestellt hatten, kommt heute an. Mittags treffen wir uns mit einem Kollegen, den wir lange nicht gesehen haben. Wir haben uns vorgenommen, früher Feierabend zu machen, um mit einem Freund ein Bier zu trinken. Dann beginnt das Wochenende. Lauter positive Ereignisse stehen bevor. Je stärker wir uns die mit diesen Ereignissen verbundenen Bilder vorstellen, desto mehr Dopamin wird ausgeschüttet. Ehe wir uns versehen, ist aus der Absicht „Ich müsste eigentlich mal aufstehen" eine tatsächliche Handlung geworden, und wir sind auf dem Weg zur Kaffeemaschine. Selbstmotivierung ist also reine Gedankensteuerung mit dem Fokus auf das, was uns Spaß machen wird. Unser Gehirn dankt es uns mit der Ausschüttung des Motivationsturbos *Dopamin*.

Neben dieser intrinsischen Motivation gibt es die *extrinsische* Motivation. Wenn uns nichts einfällt, warum uns unsere Präsentation Spaß machen könnte, fällt uns bestimmt ein, *wofür* wir präsentieren, welchen Nutzen die Präsentation also *für uns* hat. Ein guter Eindruck beim Chef bereitet den Weg für die nächste Beförderung. Ein überzeugender Auftritt vor dem Kunden sichert den nächsten Auftrag. Wenn wir die Kollegen überzeugen, stärkt das unsere Rolle im Team. Eine gute Präsentation vor unseren Mitarbeitern stärkt unsere Führungsrolle und die Leistungsfähigkeit unserer Abteilung. Jede Präsentation verfolgt einen Zweck, und dieser Zweck birgt Motivationspotenzial. Stellen Sie sich die Frage: „Was bringt *mir* eine erfolgreiche Präsentation?" (vgl. Pantalon 2015, S. 24). Wenn Sie eine Antwort auf diese Frage finden, habe Sie auch Ihre Motivationsquelle gefunden, und das Dopamin wird sprudeln.

In einigen seltenen Fällen bleibt auch die Frage nach dem *Wofür* unbeantwortet: Es gibt eigentlich nichts, was uns an unserer Präsentation Spaß machen wird *und* wir erkennen auch nicht, welchen Nutzen uns eine erfolgreiche Präsentation stiften könnte. Dann gibt es eine zweite Möglichkeit der extrinsischen Motivation. Wir können uns die Frage stellen: „Worauf freue ich mich, *wenn ich fertig bin?*" Trennt uns nur noch diese eine Präsentation von unserem Urlaub? Wollen wir nach der Präsentation mit der Familie essen gehen? Haben wir die Gelegenheit, im Anschluss an die Präsentation mit unserem Chef zu sprechen? Freuen wir uns einfach auf das wunderbare Gefühl, es geschafft zu haben? Auch hier sollten Sie sich das, worauf Sie sich freuen, bildlich vorstellen. Das Ausmalen der Bilder im Kopf wird die Dopaminausschüttung beflügeln.

Es gibt also verschiedene Möglichkeiten der aktiven Gedankensteuerung, die mit der Ausschüttung von Dopamin und deshalb mit vermehrter Motivation einhergehen. Über die Motivationswirkung hinaus können die Bilder als geistige Anker dienen. Das hilft uns für den Fall, dass es während der Präsentation einmal brenzlig wir und unsere Aufregung steigt: Halten Sie sich an Ihrem Anker fest, er bändigt Ihre Aufregung und steigert Ihre Motivation.

Motivationsentstehung automatisieren
Vielleicht haben Sie schon einmal von der sogenannten klassischen Konditionierung gehört: Zwei voneinander unabhängige Reize werden so miteinander verknüpft, dass

unser Gehirn nicht nur auf den eigentlichen Reiz reagiert, sondern auch auf einen eigentlich unbeteiligten Ersatzreiz (vgl. Wiswede 2012, S. 70). Pawlow und seinen Kollegen haben dieses psychologische Phänomen entdeckt. Ausgangslage für ihre Versuche war, dass Hunde mit ausgeprägtem Speichelfluss auf vorgesetztes Futter reagieren. Der visuelle *Reiz* eines gefüllten Futternapfs verursacht bei Hunden also die körperliche *Reaktion* des Speichelflusses. In ihren Versuchen läuteten die Forscher eine Glocke, wenn die Versuchstiere das Futter erstmalig erblickten. Sie setzten also einen eigentlich für den Speichelfluss unbeteiligten *zusätzlichen Reiz*. Nach mehrmaligem Wiederholen dieses Vorgangs stellten die Forscher fest, dass die Hunde auch dann mit ausgeprägtem Speichelfluss reagierten, wenn *nur* der eigentlich unbeteiligte Reiz gesetzt wurde. Die Hunde hatten in ihren Gehirnen also eine Verknüpfung zwischen Glocke und Speichelfluss entwickelt – und das nur, weil ein ursächlicher Reiz (Anblick Futternapf) und ein unbeteiligter Reiz (Läuten einer Glocke) über einen längeren Zeitraum *gleichzeitig* stattgefunden hatten. Ein eigentlich unbeteiligter Reiz wurde zu einem kausalen Ersatzreiz.

Das Prinzip der klassischen Konditionierung können wir uns im Rahmen der Selbstmotivierung zunutze machen. Es funktioniert folgendermaßen: Um Motivation zu erzeugen, steuern wir unsere Gedanken in eine bestimmte Richtung. So können wir überlegen, was uns bei unserer Präsentation Spaß machen wird, warum sich eine gute Präsentation für uns lohnt oder was wir Schönes tun werden, wenn wir mit der Präsentation fertig sind. Das ist der klassische Reiz-Reaktions-Zusammenhang zur Erzeugung von Motivation, den ich eben unter der aktiven Gedankensteuerung vorgestellt habe. Damit nun eine klassische Konditionierung entstehen kann, brauchen wir einen unbeteiligten Ersatzreiz. Dieser könnte zum Beispiel eine *Tasse Kaffee* sein, die wir *immer* vor einer Präsentation trinken, während wir im Kopf unsere motivierenden Gedanken durchgehen. Oder wir machen einen *kurzen Spaziergang* und gehen dabei unsere Motivationsgründe durch. Wir können auch immer einmal *in den dritten Stock und wieder hinunter* gehen und dabei unsere Gedanken auf unsere Motivation richten. Was auch wir machen, es sollte einen möglichst *beiläufigen* Charakter haben, sodass wir uns währenddessen auf unsere Motivationsquellen konzentrieren können.

Die beiläufige Handlung – Kaffee trinken, Spazierengehen, Energie kanalisieren – bildet nun einen Ersatzreiz, wie es im Beispiel mit Pawlows Hunden die Glocke war. Die Wirksamkeit der Gedankensteuerung wird irgendwann auf den Ersatzreiz übergehen, sodass dann alleine dieser Ersatzreiz in der Lage ist, unsere Motivation zu steigern. Wie oft wir Reiz und Ersatzreiz koppeln müssen, damit die klassische Konditionierung greift, ist individuell unterschiedlich. Bei manchen Menschen geht es etwas schneller, bei anderen dauert es etwas länger. Aber früher oder später werden ein Kaffee, ein Spaziergang oder Treppensteigen Sie motivieren. Probieren Sie es aus.

▶ Nutzen Sie die Kraft der klassischen Konditionierung und koppeln Sie motivierende Gedanken mit einer beiläufigen Handlung. Irgendwann wird allein diese beiläufige Handlung Quelle Ihrer Motivation sein.

Worin liegt nun der Vorteil der klassischen Konditionierung gegenüber der ursprünglichen Gedankensteuerung, wenn wir unsere Motivation steigern wollen? Wenn der Ersatzreiz, also zum Beispiel der regelmäßige Spaziergang vor der Präsentation, Motivation auslöst, können wir viel Zeit und vor allem geistige Energie sparen. Schließlich müssen wir unsere Gedanken nicht mehr Schritt für Schritt im Kopf durchgehen, sondern entsteht ein Automatismus, der den Weg zur Motivation deutlich verkürzt (vgl. „Aus der Praxis: Wie am ersten Tag").

Aus der Praxis: Wie am ersten Tag

Ich habe ja schon berichtet, dass ich seit vielen Jahren einmal pro Semester die Vorlesung *Personalmanagement* halten darf. Diese hat sich während dieser Zeit inhaltlich kaum verändert, weil es darum geht, den Studierenden Grundlagen im Personal- und Organisationswesen zu vermitteln, und diese Grundlagen sind relativ konstant. Für mich ist es allerdings nicht sonderlich motivierend, immer wieder mehr oder weniger dasselbe zu erzählen – nunmehr zum 17. Mal. Nun ist es aber mein Wunsch und Anspruch, dass die Studierenden genau das nicht merken. Sie sollen den Eindruck haben, dass ich für dieses Thema brenne wie am ersten Tag.

Um die notwendige Motivation dafür aufzubringen, immer wieder dieselben Inhalte mit Begeisterung zu vermitteln, habe ich mir einige Motivationsfragen überlegt, die ich mir immer wieder selbst beantworte. Bei der ersten geht es darum, warum ich diesen Job mache. Und meine Antwort lautet immer wieder: „Weil ich gerne mit Menschen zusammenarbeite." Die zweite Frage heißt dann: „Was möchte ich heute in der Vorlesung erreichen?" Und die Antwort lautet: „Begeisterung für das Personalmanagement vermitteln." Die letzte Frage ist: „Wie kann ich das erreichen?" Meine Antwort: „Indem ich mich engagiere und eine tolle Vorlesung halte."

Irgendwann habe ich angefangen, einen Kaffee zu trinken, während ich diese Fragen und Antworten durchgegangen bin. Bereits nach ein paar Wiederholungen habe ich gemerkt, dass schon der Gang zur Kaffeemaschine meine Motivation gesteigert hat, ohne dass ich die Fragen wieder und wieder durchgehen musste. Ich wusste: Gleich geht es los, und darauf freue ich mich. Die klassische Konditionierung wirkte.

Auf einen Blick
- Motivation ist ein emotionaler Zustand der Leistungsbereitschaft, der durch intrinsische oder extrinsische Anreize hervorgerufen wird.
- Hohe Motivation steckt unser Publikum an, geringe demotiviert es, uns zuzuhören. Unsere Motivation ist für unseren Präsentationserfolg also von fundamentaler Bedeutung.
- Zur Steigerung der Eigenmotivation hilft aktive Gedankensteuerung: Was wird uns an unserer Präsentation Freude bereiten, welchen Nutzen hat diese Präsentation für uns und worauf freuen wir uns, wenn wir fertig sind?

> • Wenn wir während der aktiven Gedankensteuerung immer wieder ein und dieselbe beiläufige Handlung durchführen, wird uns allein diese Handlung irgendwann motivieren. Dahinter steckt das Prinzip der klassischen Konditionierung.

4.1.2.2 Den eigenen Willen durch Energierituale stärken

Den Willen schärfen
Motivation ist nicht die einzige Energiequelle, aus der wir schöpfen können. Zwar ist motivationsbasiertes Arbeiten die angenehmste Art des Arbeitens, weil sich das dabei im Gehirn ausgeschüttete Dopamin gut anfühlt, aber es gibt noch eine weitere Energiequelle: den Willen. Willensbasiertes Arbeiten bedeutet Arbeiten, *obwohl* wir keine Lust dazu haben, schließlich wird ja kein Dopamin ausgeschüttet. Manchmal ist es sogar noch schlimmer: Wir müssen etwas tun, worauf wir keine Lust haben, und gleichzeitig auf etwas anderes verzichten, auf das wir viel Lust haben. Dazu ist ein starker Wille notwendig (vgl. hierzu auch den „Exkurs: Marshmallows und Erfolg").

Exkurs: Marshmallows und Erfolg
Es gibt viele Situationen, in denen wir auf unseren Willen angewiesen sind: Wir stehen auf, fahren zur Arbeit und bewältigen unser tägliches Pensum, treffen uns mit unserem Chef zum Essen oder gehen zum Sport – alles, obwohl wir nicht immer Lust darauf haben. Aber wir machen es trotzdem, denn wir haben einen Willen, der uns antreibt.
Der Psychologe Walter Mischel hat die Kraft des Willens untersucht, indem er Kindern Süßigkeiten vorsetzte und ihnen weitere Süßigkeiten versprach, wenn sie eine bestimmte Weile warteten und die Süßigkeiten *nicht* aßen. Nun sind Süßigkeiten für Kinder das Nonplusultra, ihr Anblick motiviert sie, sofort zuzugreifen und alles aufzuessen. Sie hingegen nicht zu essen, ist pure Qual und setzt einen starken Willen voraus. Das Experiment von Mischel entfachte also einen Kampf in den Kindern zwischen Motivation (Süßigkeiten sofort aufessen) und Willenskraft (abwarten).
Die Experimente sind als *Marshmallow-Tests* in die Geschichte der Psychologie eingegangen (vgl. Mischel 2014).[6] In einer Langzeitstudie konnte Mischel herausfinden, dass die Kinder, die dem sofortigen Zugreifen und Aufessen der Süßigkeiten widerstehen konnten, in Beruf und Karriere deutlich erfolgreicher waren als die, die nicht warten konnten (vgl. Mischel 2014, S. 5). Wer Belohnungsaufschub ertragen kann, ist offensichtlich generell erfolgreicher im Leben.

Die Fähigkeit, willensbasiert zu arbeiten, ist also ein wichtiger Erfolgsfaktor, das gilt auch fürs Präsentieren. Manchmal haben wir keine Lust auf eine Präsentation, und es gibt auch nichts, wofür sie uns nützen könnte oder worauf wir uns im Anschluss freuen. Die Präsentation ist reine Pflicht. Gerade dann ist es wichtig, auf seinen Willen zurückgreifen zu können und trotz mangelnder Motivation sein Bestes zu geben.

---

[6]Ferrero hat für eine Kinder-Überraschungsei-Werbung die Idee der Marshmallow-Tests aufgegriffen. Das entsprechende Video ist bei YouTube unter *Kinderüberraschung* und *Test* zu finden.

4.1 Mensch

Für mich ist *Wille* die Kompetenz, bewusst Energiereserven zu mobilisieren, um Aufgaben zu erfüllen, die keinen Spaß machen oder für die wir nicht belohnt werden. Den Willen zu stärken und daraus Kraft und Energie zu schöpfen, ist erlernbar (vgl. Mischel 2014, S. 233 ff.) – so weit die gute Nachricht. Die schlechte lautet: Willensbasierte Handlungen verbrauchen viel Energie. Wenn Sie also auf Ihren puren Willen zurückgreifen müssen, weil grade keine Motivation verfügbar ist, sollten Sie für ausreichend Schlaf und gute Ernährung sorgen. So machen Sie es sich viel leichter, Ihren Willen zu nutzen (vgl. Stenger 2014, S. 205 ff.). Im Zweifel hilft auch etwas Nervennahrung wie zum Beispiel ein großes Stück Schokolade.

Energierituale
Mit der Idee des *Energierituals*, die ich Ihnen hier vorstellen möchte, bekommen Sie eine Technik, um Ihren Willen zu stärken. Sie kennen es sicherlich aus dem Sport: Vor dem Anpfiff stellt sich eine Fußballmannschaft in einen Kreis, jeder legt die Arme um die Schultern des Nachbarn, und einer stimmt einen Schlachtruf oder einen Motivationsgesang an. Alpinskifahrer gehen kurz vor dem Start im Kopf noch einmal den Parcours mit geschlossenen Augen durch, Bobfahrer schlagen sich auf Helm und Oberschenkel, bevor sie ihren Schlitten anschieben. Viele Tennisspieler tippen den Ball vor dem Aufschlag immer gleich oft auf den Boden, bevor sie ihn in die Luft werfen. Es gibt unzählige weitere Beispiele von Ritualen im Sport, vielleicht haben Sie sogar Ihre eigenen. Was ist der Sinn und die Funktion solcher Rituale?

Zunächst ist ein Ritual nichts weiter als ein fester Ablauf an Handlungen. Bei Rafael Nadal, dem ehemaligen Tennisweltranglisten-Ersten, läuft es wie folgt ab: Schuhe mit dem Schläger abklopfen, Grundlinie mit dem Fuß abputzen (auf Sand), Hose zurechtzupfen, T-Shirt richten, Haare hinters Ohr schieben, Schweiß aus dem Gesicht wischen und dabei immer den Ball auftippen. Viele Gegner und Zuschauer macht das wahnsinnig, für Nadal ist es eine immer wiederkehrende Möglichkeit, sich auf den nächsten Ballwechsel zu fokussieren. Und genau darin liegt der Sinn eines Rituals: Der feste Ablauf an Handlungen ermöglicht es, sich voll und ganz auf die anstehende Aufgabe zu konzentrieren, sodass diese mit einer gleichbleibend hohen Qualität ausgeführt werden kann (vgl. Shaw 2016, S. 41). Damit sind Rituale nicht die *Ticks*, für die sie oft gehalten werden, sondern stellen eine wichtige Ressource dar, um Konzentration und Kraft zu schöpfen.

Wie kann Ihr Energieritual aussehen? Welche Schritte können Sie vor jeder Präsentation wiederholen und daraus Kraft und Konzentration schöpfen? Sie könnten es sich beispielsweise zur Übung machen, immer 30 min vor Präsentationsbeginn vor Ort zu sein, Ihre Bühne so einzurichten, dass alles für Sie perfekt ist, dann noch einmal alle Folien durchzuklicken, um schließlich kurz zu verschwinden und sich in einem Spiegel einen aufmunternden Blick zuzuwerfen oder sich ein kurzes „come on" zuzurufen. Oder Sie bereiten Ihre Bühne vor, überlegen sich Ihren authentischen Satz und Ihre Begrüßung, prüfen im Spiegel noch einmal, ob der Anzug sitzt, und gehen dann nach draußen und machen eine kurze progressive Muskelrelaxation. Es ist fast egal, was Sie machen, solange es *mehrere* Schritte sind, die Ihr Ritual umfasst, und es immer *dieselben* Schritte sind, die in stets gleicher Reihenfolge durchgegangen werden. Dann entfaltet das Ritual seine konzentrations- und energiesteigernde Wirkung.

▶ Schaffen Sie sich Ihr eigenes Energieritual und gehen Sie die einzelnen Schritte dieses Rituals vor jeder Präsentation in derselben Reihenfolge durch.

Auf einen Blick
- Neben der Motivation ist der Wille eine wichtige Energiequelle, um exzellente Präsentationen zu halten.
- Wille ist die Fähigkeit, bewusst Energiereserven zu mobilisieren. Dabei können uns individuelle Energierituale unterstützen. Sie umfassen eine Reihe von Schritten, die wir immer wieder in derselben Reihenfolge durchgehen, um uns auf die bevorstehende Präsentation zu fokussieren.

4.2 Materie

Eine Idee von Mensch zu Mensch zu vermitteln – das ist für mich der Kern einer jeden Präsentation. Bis hier stand der Mensch im Fokus meiner Betrachtungen, weil ich der Auffassung bin, dass er in den meisten Präsentationen unterrepräsentiert ist. Oft geht es nur um eine Botschaft, die in einem Wust an Folien versteckt wird. Um eine Idee wirksam zu vermitteln, ist eine solche Herangehensweise jedoch kontraproduktiv, sodass ich Ihnen bisher viele Ansätze gezeigt habe, um den Menschen wieder in den Mittelpunkt einer Präsentation zu rücken.

Aber natürlich kann eine Präsentation niemals exzellent sein, wenn wir die Idee, die wir vermitteln wollen, ignorieren. Vielmehr gehen Mensch und Idee immer Hand in Hand. Daher wird es Zeit, dass wir uns um die bei einer Präsentation zu vermittelnden Ideen kümmern. Lassen Sie uns über Inhalte sprechen.

Alle Ausführungen zur inhaltlichen Gestaltung von Präsentationen fasse ich unter dem Oberbegriff *die Materie* zusammen. Dabei kann ich natürlich nichts zu spezifischen Inhalten Ihrer Präsentationen sagen, weil Präsentationsanlässe und -zwecke ja überaus vielfältig sind. Es geht mir vielmehr darum, *generelle Strukturen* zu schaffen, die Ihnen dabei helfen werden, Ihre Idee so präzise wie möglich zu transportieren. Dazu werde ich Ihnen im Folgenden unterschiedliche Werkzeuge vorstellen, die sich an einer Logik orientieren, die Sie wahrscheinlich noch von Ihrem letzten Aufsatz aus der Schule kennen: *Einleitung, Hauptteil* und *Schluss*. Dieser Dreiklang ist einfach zu handhaben und gleichzeitig sinnvoll, um einer Präsentation eine grobe Struktur zu geben. Allerdings nenne ich die drei Punkte ein wenig anders und betrachte im Folgenden – aus dramaturgischen Gründen – Hauptteil und Schluss zusammen.

4.2.1 Eröffnung zelebrieren

The first cut is the deepest
„Für den ersten Eindruck gibt es keine zweite Chance", diesen Ausspruch kennen Sie wahrscheinlich. In ihm steckt viel Wahres, er lässt sich sogar psychologisch belegen: Jedem Menschen, mit dem wir es erstmalig zu tun haben, schreiben wir automatisch hauptsächlich ausgehend von dem, was wir von ihr sehen und hören, und weitgehend ohne bewusste Steuerung positive und negative, aber natürlich auch wertfreie Eigenschaften zu. So wollen wir feststellen, ob diese Person für uns nützlich, gefährlich oder ohne Bedeutung ist. Maßgeblich verantwortlich für diesen Prozess ist unsere vegetativ-affektive Ebene 1. Sie macht aus einem unbeschriebenen Blatt, denn das ist ja jeder Mensch, den wir nicht kennen, zunächst für uns, ein Individuum mit konkreten Eigenschaften. Sie entscheidet auf Basis dieser Eigenschaften, wie wir mit dem Menschen umgehen wollen.

Je nach Ergebnis dieses Prozesses der Eigenschaftszuschreibung entsteht in uns eine innere Grundhaltung, die eher positiv, neutral oder negativ ist und im negativen Fall über einen Drang zu Angriff, Flucht oder Verteidigung Ausdruck findet. Dabei geht es unserem Gehirn niemals um die *wahren* Eigenschaften einer Person. Denn wir alle haben fest verwurzelte Vorurteile gegenüber bestimmten Personengruppen. Begegnen wir nun einer uns fremden Person, die dieser Gruppe angehört, übertragen wir automatisch die Attribute, die wir als Vorurteile gegenüber der Gruppe haben, auch auf die Einzelperson und leiten daraus eine Bewertung ab. Dieser Vorgang war aus evolutionärer Sicht durchaus überlebenswichtig, um schnell Feinde zu erkennen, weswegen er sich tief in unseren Genen verfestigt hat. Hinter ihm steckt das *Priming*, über das ich schon mehrfach gesprochen habe: Wir lassen uns durch bestimmte Eindrücke beeinflussen, sodass wir Personen oder Situationen gegenüber *voreingenommen* sind. Unser weiterer Umgang mit der Person oder Situation ist dann stark von unserem Voreingenommensein abhängig. Weitere Informationen, die wir über Personen oder Situationen sammeln und die unsere erste Einschätzung ja durchaus relativieren oder gar wiederlegen könnten, spielen kaum eine Rolle (vgl. Dutton 2013, S. 232 f.). Die Engländer und Amerikaner sagen daher: „The first cut ist the deepest."[7]

Den ersten Eindruck steuern
Wenn wir das erste Mal die Bühne betreten, sind wir für Zuhörer, die uns noch nicht kennen, ein unbeschriebenes Blatt. Natürlich gibt es die Möglichkeit, dass diese Zuhörer schon etwas über uns oder unseren Vortrag in Erfahrung gebracht haben, etwa durch Vorankündigungen oder persönliche Gespräche mit anderen Personen, die uns schon einmal erlebt haben. Aber diese Sachinformationen oder persönlichen Schilderungen haben niemals eine so starke Priming-Wirkung wie der erste persönliche Eindruck, den wir auf

---
[7] „Der erste Eindruck ist der stärkste".

einer Bühne vermitteln.[8] Daher ist es essenziell, einen *guten ersten Eindruck* zu hinterlassen. In diesem Zusammenhang möchte ich noch einmal auf einen Aspekt hinweisen, den ich beim Werkzeug *authentisch agieren* (Abschn. 3.1.1.2) schon angesprochen habe: Machen Sie sich niemals selbst schlecht! Wenn Sie aufgeregt sind, behalten Sie es für sich. Wenn Sie diese Information mit Ihrem Publikum teilen, führt das nur zu negativem Priming. Setzen Sie eher auf positives Priming, zum Beispiel durch ein Lächeln.

▶ Menschen bewerten uns nachhaltig nach dem ersten Eindruck, den sie von uns bekommen. Setzen Sie daher auf positives Priming und sorgen Sie für einen guten ersten Eindruck.

Die folgenden Werkzeuge helfen dabei, einen guten ersten Eindruck zu hinterlassen. Sie sind teils sprachlich-körperlicher, teils inhaltlich-struktureller Natur. In ihrer Gesamtheit ermöglichen sie uns einen exzellenten Start in unsere Präsentationen.

4.2.1.1 Mit den ersten Schritten und Worten überzeugen

Der Gang auf die Bühne
In meinen Präsentationstrainings mache ich oft die folgende Übung: Ich bitte die Teilnehmer, nach vorne zu kommen, sich vorzustellen und einen authentischen Satz zu sprechen. Dabei achte ich sehr genau darauf, was sie auf dem Weg nach vorne machen und wann sie anfangen zu sprechen. Fast immer fallen mir zwei Punkte auf. Erstens wird der Gang auf die Bühne von den meisten Teilnehmern nicht als Teil der Präsentation betrachtet. Das mache ich daran fest, dass viele von ihnen den Weg nach vorne dazu nutzen, Kleidung zu richten, noch mal die Arme auszuschütteln oder lauthals ein- oder auszuatmen. Zweitens fangen praktisch alle Teilnehmer an, sich vorzustellen, *bevor* sie wirklich auf der Bühne angekommen sind.

Beide Verhaltensmuster lassen sich damit erklären, dass die Aufmerksamkeit, die beim Gang auf die Bühne auf einem liegt, zu vermehrter Aufregung führt. Darauf reagieren die meisten von uns mit Übersprunghandlungen (Kleidung richten), Maßnahmen zum Stressabbau (körperliche Bewegung und verstärkte Atmung) oder dem Versuch, möglichst schnell wieder von der Bühne wegzukommen (zu frühes Beginnen mit der persönlichen Vorstellung).

Nun stehen wir ja aber nicht erst dann im Fokus unseres Publikums, wenn wir den Punkt erreicht haben, an dem wir anfangen zu sprechen. Bereits während unseres Gangs auf die Bühne ist die Aufmerksamkeit unseres Publikums auf uns gerichtet. Alle Informationen, die wir währenddessen aussenden, beeinflussen den ersten Eindruck, den die

---

[8]Der Grund hierfür ist, dass Vorankündigungen oder Schilderungen von anderen über uns und unsere Präsentationen im Gehirn eher rational durch die kognitiv-sprachliche Ebene 3 verarbeitet werden, diese aber nicht so eine starke Priming-Wirkung hat, wie die vegetativ-affektive Ebene 1.

Zuhörer von uns gewinnen – und dieser kann endgültig sein. Daher ist es wichtig, sich klar zu machen, dass bereits der Gang auf die Bühne Teil der Präsentation ist und wir diesen sehr bewusst steuern sollten.

▶ Der Gang auf die Bühne ist bereits Teil Ihrer Präsentation. Alles, was Sie währenddessen machen, fließt in die Wahrnehmung Ihres Publikum mit ein.

Im Folgenden möchte ich Ihnen gerne einen Ablauf für den Gang auf die Bühne vorstellen. Er gibt Ihnen Sicherheit und wird für einen exzellenten ersten Eindruck gegenüber Ihrem Publikum sorgen:

1. Atmung steuern: Atmen Sie ruhig, während Sie auf Ihrem Platz darauf warten, dass Sie auf die Bühne gerufen werden. Wenn Sie auf die Bühne gehen, versuchen Sie, langsam und lange *auszuatmen*. Ist der Weg für ein langes Ausatmen zu lang, holen Sie zwischendurch kurz, aber wenig Luft. Versuchen Sie, das Ausatmen so zu timen, dass Ihre Lungen leer sind, kurz bevor Sie den Punkt erreichen, von dem Sie die Präsentation beginnen wollen. Atmen Sie im letzten Moment *flach* ein, sodass Ihre Lungen ungefähr zu einem Viertel gefüllt sind.
2. Vom Sweet Spot anfangen: Beginnen Sie Ihre Präsentation mit einer Begrüßung vom Sweet Spot aus. Achten Sie dabei darauf, dass das Bild Ihrer Präsentation schwarz geschaltet ist, sodass die Aufmerksamkeit nur auf Ihnen liegt (Taste *B* auf der Tastatur oder die entsprechende Taste auf der Präsentationsfernbedienung).
3. Achsen und Hände checken: Wenn Sie auf dem Sweet Spot angekommen sind, gehen Sie im Kopf einmal Ihre Achsen durch und stellen Sie sicher, dass diese ausgerichtet sind. Nehmen Sie Ihre Hände in die Ausgangshaltung.
4. Blicke prüfen und lächeln: Bevor Sie anfangen zu sprechen, blicken Sie einmal sorgsam in Ihr Publikum. Nehmen Sie zwei bis vier Sekunden lang bewusst die Blicke Ihrer Zuhörer wahr und entgegnen Sie diese Blicke mit einem Lächeln.
5. Loslegen: Fangen Sie erst jetzt an zu sprechen.

Diese fünf Schritte kommen natürlich nicht für jede Präsentation infrage: Bei einem Training oder einer Vorlesung sowie einer Präsentation im Sitzen an einem Tisch ergeben sich gänzlich andere Rahmenbedingungen. Aber auch in solchen Fällen können Sie prüfen, ob nicht der eine oder andere Baustein doch eingesetzt werden kann (etwa die Ausrichtung der Achsen, die zum Teil natürlich auch im Sitzen möglich ist).

Ihre ersten Worte
Was glauben Sie, sind die Worte, mit denen die meisten Präsentationen beginnen? „Herzlich Willkommen"? „Guten Tag"? „Hallo zusammen"? Oder „Mein Name ist …"? Meiner Erfahrung nach ist es nichts von alledem, sondern es ist ein Wort, das eigentlich gar nicht zum Beginn einer Präsentation geeignet ist. Die meisten Menschen beginnen ihre Präsentation mit: „Ja". Manchmal mit kurz betontem Vokal, sodass es eher wie „Nein!"

klingt, manchmal als „Jaaaaaaaaa" betont, sodass der Eindruck entsteht, der Präsentator sei von der Gelegenheit, präsentieren zu dürfen, überrascht worden. Manchmal ist es auch ein „So!" oder ein „Ähm".

Der Grund dafür, dass viele von uns diese Begriffe verwenden, ist, dass wir eine Art internen *Soundcheck* machen. Wir wollen einmal hören, wie unsere Stimme klingt, bevor wir loslegen, weswegen erste Wort oft lang betont werden. Dann haben wir etwas mehr Zeit, den Klang unserer eigenen Stimme zu hören. Auch wenn dieses Bestreben durchaus nachvollziehbar ist, gehört es nicht in eine Präsentation, sondern in die Vorbereitungszeit. Bei einem Konzert wird der Soundcheck ja schließlich auch durchgeführt, bevor das Publikum da ist. Daher spreche ich mich dafür aus, auf Jas und Sos und Ähs zu verzichten. Vielmehr sollte jede Präsentation mit einer Begrüßung beginnen, so wie am Anfang jeder Begegnung zwischen Menschen eigentlich auch eine Begrüßung stehen sollte. Die einfachste Begrüßung ist schlicht und ergreifend: „Hallo". Aber letztlich ist es nicht entscheidend, welche Begrüßung Sie wählen, sondern dass Sie Ihr Publikum zunächst begrüßen.

Der Einsatz des Werkzeugs *Wertschätzung zeigen* (Abschn. 3.1.1.3) eignet sich dann hervorragend im Anschluss an die Begrüßung des Publikums. „Wie schön, dass Sie zu meiner Präsentation gekommen sind. Ich bin mir sehr sicher, dass Sie auch andere Dinge in dieser Zeit erledigen könnten, daher weiß ich Ihre Anwesenheit sehr zu schätzen", ist eine Aussage, die ich in der oder einer ähnlichen Art häufig verwende. Schließlich gibt es kaum Situationen, in denen die Teilnahme an einer unserer Präsentationen alternativlos wäre. Die meisten Zuhörer sind freiwillig da, sie alle könnten während der Zeit unserer Präsentation etwas anderes machen. Sie könnten weiter ihr Tagesgeschäft bewältigen, einen Spaziergang machen oder eine andere Präsentation besuchen. In der Betriebswirtschaftslehre wird in einer solchen Situation auch von *Opportunitätskosten* gesprochen (vgl. „Aus der Praxis: Negative Opportunitätskosten"). Sie entstehen, wenn uns ein bestimmter Vorteil oder Nutzen *entgeht*. Jedem Zuhörer entgeht ein spezifischer Nutzen, weil er eben nicht weiter arbeitet oder sich entspannt, sondern bei uns ist. Daher sollte es stets unser Anspruch sein, eine exzellente Präsentation zu halten, damit die Opportunitätskosten für unser Publikum so gering wie möglich bleiben.

Aus der Praxis: Negative Opportunitätskosten
Eckard von Hirschhausen ist meines Erachtens ein herausragender Entertainer und Moderator. Und: Er ist ein großartiger Präsentator. Seine Bühnenprogramme sind für mich echte Präsentationen, auch wenn er vor einem riesigen Publikum auftritt, denn er vermittelt Ideen von Mensch zu Mensch und setzt dazu bei seinen Shows auf ein hohes Maß an Sympathie, Klarheit, Dynamik und Interaktion. Jeder, der einmal einen Auftritt von ihm gesehen hat, hat nicht nur einen wunderbaren Abend verbracht, sondern etwas über den menschlichen Körper und dessen Funktionen dazugelernt.

Typisch für gute Bühnenprogramme ist, dass sie *negative* Opportunitätskosten haben. Sie sind für uns so unterhaltsam, dass jede alternative Beschäftigung weniger Spaß machen würde. Also anstatt bei Herrn von Hirschhausen im Publikum zu sein, würden wir vor dem Fernseher sitzen und definitiv nicht so gut unterhalten und weitergebildet werden wie in seiner Show. Genau diesen Anspruch hat ein Dozentenkollege von mir auch. Er verfolgt das Ziel, dass alle seine Studenten in seiner Vorlesung eine derart gute Zeit haben, dass sie lieber in seine Vorlesung kommen, als zu

Hause vor dem Fernseher zu sitzen. Dieses Ziel erreicht er zum einen durch sein Entertainer-Gen (worauf sicherlich nicht alle von uns setzen können), aber auch durch eine sehr praxisnahe Vorlesung mit vielen sorgsam überlegten Praxisbeispielen. Daher sind die Studierenden nicht nur extrem gerne in seinen Vorlesungen, weil es einfach Spaß macht, dabei zu sein. Sie lernen auch eine Menge. Damit ist er ein bisschen wie Herr von Hirschhausen, auch wenn er nicht Mediziner, sondern Jurist ist. Dieser Anspruch, den beide gleichermaßen verkörpern, sollte eigentlich Grundlage für eine jede Präsentation sein: Lassen Sie uns negative Opportunitätskosten schaffen.

Nach Begrüßung und Wertschätzung bietet sich die persönliche Vorstellung an. Natürlich können wir die Reihenfolge auch tauschen, sodass wir uns erst vorstellen und uns danach für die Anwesenheit unseres Publikums bedanken. Aber ich bleibe lieber bei der dargestellten Reihenfolge, denn bei Begrüßung und Wertschätzung liegt der Fokus auf dem Publikum, bei der persönlichen Vorstellung liegt er hingegen bei uns. In der empfohlenen Reihenfolge müssen wir daher nicht so oft den Fokus wechseln.

Wie intensiv wir uns unserem Publikum vorstellen, ist von verschiedenen Faktoren abhängig. Wie gut kennt unser Publikum uns schon? Wurden wir bereits von jemand anderem vorgestellt? Wie viel Präsentationszeit steht uns zur Verfügung? Unabhängig von den Antworten auf diese Fragen empfehle ich immer zumindest eine kurze Vorstellung.

Bei unserer persönlichen Vorstellung sollte es nicht so sehr um unseren Werdegang oder unsere Person gehen, sondern um die *Beziehung zur Idee,* die wir präsentieren wollen. Lassen Sie uns im Rahmen unserer persönlichen Vorstellung die Frage beantworten, die in allen Köpfen umgeht: „Warum kennt er/sie sich mit dem Thema aus?" Lassen Sie uns deutlich machen, dass wir Experten im jeweiligen Thema sind, ohne dass wir uns dabei unser Expertentum zu Kopf steigen lassen. Wenn unserem Publikum nachvollziehbar ist, warum wir uns auskennen, hört es uns bereitwilliger und aufmerksamer zu. Bitte erinnern Sie sich: Als ich das Werkzeug *rollengerechte Kleidung wählen* vorgestellt habe, habe ich argumentiert, dass ein Publikum immer eine Rollenerwartung an einen Präsentator richtet. Optimalerweise entsprechen wir dieser Rollenerwartung durch unsere Kleidung. Aber wir sollten ihr auch durch unsere bisherigen Erfahrungen entsprechen. Auf diese Erfahrungen sollten wir daher im Zuge der persönlichen Vorstellung auf jeden Fall eingehen.

Jetzt fehlt nur noch der authentische Satz, wie ich ihn beim Werkzeug *authentisch agieren* (Abschn. 3.1.1.2) vorgestellt habe, als Teil unserer ersten Worte. Mit ihm ergeben sich dann insgesamt folgende vier Bausteine:

1. Publikum begrüßen und lächeln,
2. Anwesenheit des Publikums wertschätzen,
3. sich persönlich vorstellen und
4. einen authentischen Satz sprechen.

Sie haben sicherlich gemerkt, dass ich bei diesem Werkzeug bereits das zweite Mal auf ein festes Ablaufschema gesetzt habe. Daher möchte ich an dieser Stelle noch einmal auf meine Werkzeug-Logik hinweisen: Nichts von dem, was ich Ihnen hier vorstelle, ist ein Muss. Sie kombinieren die einzelnen Aspekte so miteinander, wie es für Sie persönlich sinnvoll und nützlich ist. Nichts liegt mir ferner als eine Präsentation in ein starres Korsett zu pressen. Ich möchte lediglich konkrete Möglichkeiten aufzeigen. Wie Sie diese nutzen, liegt bei Ihnen.

Empfohlene Dosierung
Das Einhalten der ersten *Schritte,* wie ich sie am Anfang dieses Abschnittes beschrieben habe, halte ich für jeden von uns für sinnvoll, weil der Gang auf die Bühne immer den ersten Eindruck bestimmt. Die Dosierung der ersten *Worte* hängt davon ab, wie leicht uns der sprachliche Einstieg in eine Präsentation von Haus aus fällt. Haben Sie eher mit Schwierigkeiten beim Einstieg zu kämpfen, weil Sie insbesondere zu Beginn von Präsentationen sehr aufgeregt sind (so wie ich), sollten Sie dieses Werkzeug eher hoch dosieren und sich strikter an die vorgestellten Bausteine halten. Fällt Ihnen der Einstiegt eher leicht, reicht es aus, wenn Sie nur einzelne Bausteine wählen. Allerdings empfehle ich in jedem Fall, *im Vorfeld* zu überlegen, welche Bausteine Sie nutzen wollen und welche Formulierungen Sie verwenden möchten. Wie Sie wissen, bin ich grundsätzlich dagegen, dass wir bestimmte Passagen unserer Präsentation auswendig lernen oder ganze Sätze in das Notizenfeld einer Präsentation schreiben, weil es in den meisten Fällen zu einem schrecklichen Leiern beim Sprechen führt. Aber bei den ersten Worten halte ich es manchmal für äußerst sinnvoll, wenn wir diese auswendig gelernt haben, insbesondere wenn wir zu besonderer Aufregung neigen. Vielleicht müssen es nicht alle Bausteine sein, sondern nur die Begrüßung, die Sie in- und auswendig können: „Hallo und herzlich Willkommen zu meiner Präsentation!" Dann müssen Sie sich hierzu schon mal keine Gedanken mehr machen.

> **Auf einen Blick**
> - Der Gang auf die Bühne ist bereits Teil unserer Präsentation. Wir sollten ihn daher ganz bewusst steuern.
> - Optimalerweise beginnen wir unsere Präsentation vom Sweet Spot aus mit einer Begrüßung des Publikums und nicht mit einem Füllwort wie „Ja" oder „So".
> - Weitere Bestandteile einer überzeugenden Begrüßung sind die Wertschätzung der Anwesenheit des Publikums, unsere persönliche Vorstellung sowie ein authentischer Satz.

4.2.1.2 Motivorientierte Nutzenversprechen abgeben

Jeder Mensch hat etwas, das ihn antreibt
Beim letzten Werkzeug habe ich schon dargelegt, dass eigentlich jeder unserer Zuhörer freiwillig in unseren Präsentationen sitzt. Jeder Mensch hat mehrere Alternativen, seine

4.2 Materie

Zeit zu verbringen. Dass er sich dafür entschieden hat, bei uns zu sein, hat nicht nur Wertschätzung verdient, es sollte auch Ansporn für uns sein, eine möglichst gehaltvolle oder zumindest unterhaltsame Präsentation zu bieten. Diesen Gedanken möchte ich noch etwas vertiefen. Er führt zu der Erkenntnis, dass irgendetwas unsere Zuhörer antreibt, zu uns zu kommen. Vielleicht erinnern Sie sich in diesem Zusammenhang an eine Fernsehwerbung der Volksbanken Raiffeisenbanken aus dem Jahr 2012, in der Jürgen Klopp erzählt, was ihn motiviert, seine Spieler jeden Tag aufs Neue zu inspirieren. Der Spot endet mit der Aussage: „Jeder Mensch hat etwas, das ihn antreibt." Die Motivationsforschung kommt zu einer ganz ähnlichen Einschätzung, wenn sie den Menschen als Träger von Motiven erachtet, der stets bestrebt ist, ein möglichst hohes Befriedigungsniveau dieser Motive zu erreichen (vgl. Schulenburg 2016, S. 23 ff.). Das ist die Kraft, die uns antreibt.

Was treibt jemanden an, in unsere Präsentationen zu kommen? Oder anders formuliert: Welche Motive stecken hinter der Anwesenheit unseres Publikums? Pflichtbewusstsein? Lernwille? Neugier? Lassen Sie uns zunächst einmal davon ausgehen, dass unsere Zuhörer freiwillig kommen und nicht von ihren Chefs oder irgendjemand anderem gezwungen werden. Dann gibt es ja zweifelsohne einen inneren Antrieb. Diesen Antrieb, das Motiv unserer Zuhörer, sollten wir nach Möglichkeit *im Vorfeld* unserer Präsentation in Erfahrung bringen, damit wir sie darauf zuschneiden können. Allerdings ist das gar nicht so einfach, denn nicht immer sind die Motive unserer Zuhörer offensichtlich. Dazu zwei Beispiele: Stellen Sie sich vor, Sie müssen Quartalszahlen vor der Geschäftsführung präsentieren oder Ihre neueste Produktinnovation auf einer Messe vorstellen. Was treibt Ihre Zuhörer an, in Ihre Präsentation zu kommen? Das Interesse an Zahlen, etwa an Umsätzen oder Deckungsbeiträgen? Wie sie sich im Vergleich zum letzten Quartal verändert haben? Oder das Interesse an Ihrem neuen Produkt? Dass es im Vergleich zur letzten Version deutlich besser was auch immer kann? Nein! Die wenigsten Geschäftsführer interessieren sich für Zahlen, weil sie Zahlen lieben. Die wenigsten Kunden interessieren sich für unser Produkt, weil sie unser Produkt lieben. Sowohl Geschäftsführer als auch Kunden haben es tagtäglich mit *Herausforderungen* zu tun, die sie lösen müssen. Das führt sie in unsere Präsentation: Unternehmenswachstum steigern, Kosten senken, Produktqualität erhöhen, Mitarbeiter- und Kundenzufriedenheit steigern, Fluktuation senken. Nicht Zahlen oder Produkte stehen im Vordergrund, sondern die Bewältigung dieser Herausforderungen. Daher müssen wir uns beim Präsentieren die Frage stellen, welchen Beitrag *wir* leisten können, damit unsere Zuhörer *ihre* Herausforderungen bewältigen können: Wie kann ich helfen, die Probleme meines Publikums zu lösen?

▶ Jeder hat etwas, das ihn antreibt. Wenn wir herausfinden, was das ist, können wir unsere Präsentationen besser auf unser Publikum zuschneiden.

Natürlich ist es nicht immer so, dass unsere Zuhörer freiwillig zu uns kommen. Manchmal wird es von ihnen erwartet oder sie werden, beispielsweise bei bestimmten Trainings, geschickt und *müssen* teilnehmen. In solchen Situationen können wir nicht davon ausgehen, dass die Zuhörer ein hohes Eigeninteresse an unserer Präsentation haben. Aber auch hier können wir uns auf die Suche nach den Motiven unserer Zuhörer machen. Die Frage würde nur etwas anders lauten: „Welche Motive könnte mein Publikum haben, deren Erfüllung ihm weiterhilft?" Fast jeder Mitarbeiter verfolgt das Ziel, seine Arbeit schneller oder besser zu bewältigen. Wenn wir durch unsere Präsentation dazu einen Beitrag leisten können, erreichen wir auch solche Zuhörer, die nicht freiwillig in unsere Präsentation gekommen sind.

Manchmal ist schwierig, Motivlagen im Vorfeld zu ergründen. Wir wissen nicht genau, vor wem wir präsentieren, oder das Publikum setzt sich aus vielen verschiedenen Interessensgruppen mit vielen unterschiedlichen Motiven zusammen. Ein solcher Fall ist zwar nicht optimal, es besteht allerdings immer noch die Möglichkeit, *direkt* vor Beginn der Präsentation durch informelle Gespräche herauszufinden, was Menschen in unsere Präsentation treibt: „Warum sind Sie heute hier?" kann eine gute Frage sein. Natürlich können wir unsere Präsentation dann nicht mehr kurzfristig ändern. Aber wir können mündlich auf die Motive, die wir kurz zuvor in Erfahrung gebracht haben, eingehen. Daraus ergibt sich ein weiterer Grund, rechtzeitig am Präsentationsort zu sein: Wir sollten uns Zeit nehmen, um Vorabgespräche zur Motivklärung führen.

Smarte Nutzenversprechen
Was machen wir nun mit den Motiven unserer Zuhörer, wenn wir sie in Erfahrung gebracht haben? Wie können wir sie konkret in unsere Präsentation einfließen lassen? Die beste Möglichkeit ist, die Motive unseres Publikums als Grundlage für ein Nutzenversprechen zu verwenden, das wir zu Beginn unserer Präsentation abgeben. Ein Nutzenversprechen konkretisiert den Mehrwert unserer Präsentation für jeden einzelnen Zuhörer: „Ich verspreche Ihnen, dass Sie heute drei Ansätze bekommen, um Ihre Produktionskosten im Bereich Endmontage um bis zu 5 % zu senken." Oder: „Gleich werden Sie erfahren, was die Ursachen für unseren Umsatzrückgang sind und wie wir dem entgegenwirken können."

Das Nutzenversprechen ist der Höhepunkt unserer Eröffnung. Wir geben es nach dem Gang auf die Bühne und unseren ersten Worten, wie ich es beim letzten Werkzeug beschrieben habe, ab. Diese frühe Platzierung des Nutzenversprechens ist deswegen sinnvoll, weil wir damit die Erwartungen unseres Publikums in eine konkrete Richtung lenken. Wenn wir es schaffen, unser Nutzenversprechen an den Motiven unseres Publikums auszurichten, unterstützen wir damit zudem eine positive Grundstimmung bei unseren Zuhörern. Denn sie wissen sofort zu Beginn, worauf unsere Präsentation hinausläuft und dass sich die gemeinsame Reise dorthin für sie lohnen wird. Etwaige Zweifel, ob die Teilnahme an unserer Präsentation berechtigt ist oder nicht, lösen sich in Luft auf.

Wir können das Nutzenversprechen in freier Rede vom Sweet Spot aus vorstellen, aber optimalerweise ist es *als Satz formuliert* und für das Publikum *sichtbar.* Unsere erste inhaltliche Folie (also die erste nach der Titelfolie) könnte das Nutzenversprechen darstellen. Wenn Sie sich für diese Variante entscheiden, würden Sie das Nutzenversprechen vom Präsentationsspot aus vorstellen.

Ein gutes Nutzenversprechen ist ein SMARTes Nutzenversprechen. Vielleicht kennen Sie das SMART-Prinzip aus einem anderen Kontext, nämlich der Vereinbarung von Zielen zwischen Führungskräften und Mitarbeitern. Auch diese sollten möglichst SMART formuliert sein. Und da das Nutzenversprechen das Ziel Ihrer Präsentation verkörpert, eignet sich auch hier die Verwendung des SMART-Prinzips. SMART steht für:

- Spezifisch, also konkret,
- Messbar, also quantifiziert,
- Anspruchsvoll, also nicht einfach zu erreichen,
- Realistisch, also trotz allen Anspruchs dennoch erreichbar, und
- Terminiert, also mit einer Zeitangabe versehen.

Die Formulierung: „Ich werde Ihnen sagen, wie Sie Kosten sparen können." Ist demnach kein gutes, weil kein SMARTes Nutzenversprechen. Es mag vielleicht messbar sein, weil man feststellen kann, ob Aussagen zu Einsparpotenzialen in unserer Präsentation vorhanden sind, aber die anderen Kriterien werden nicht berücksichtigt. Besser ist daher ein Nutzenversprechen in der Art, wie ich es eben schon verwendet habe: „Ich verspreche Ihnen, dass Sie heute drei Ansätze bekommen, um Ihre Produktionskosten im Bereich Endmontage um bis zu 5 % zu senken." Diese Aussage ist *spezifisch*, also konkret, weil der Bereich genannt wird, in dem Einsparungen möglich sind, und weil eine konkrete Höhe des Einsparpotenzials genannt wird. Sie ist *messbar*, weil es um drei Ansätze, also eine quantifizierbare Größe, geht. Sie ist *anspruchsvoll*, weil 5 % Kostenersparnis sicherlich nicht einfach zu erreichen sind, aber *realistisch*, weil wir wissen, was unsere Ansätze leisten können. Und schließlich ist die Aussage *terminiert*, da ein spezifischer Zeitraum, nämlich *heute* genannt wird, in dem das Versprechen eingelöst wird.

Wenn Sie also bei der Vorbereitung Ihrer Präsentation sind und sich Gedanken über die Motive Ihres Publikums sowie ein daraus ableitbares Nutzenversprechen machen, dann schreiben Sie dieses am besten Wort für Wort auf und prüfen, ob alle der fünf SMART-Kriterien erfüllt sind. Es ist nicht ganz einfach, ein gutes Nutzenversprechen zu formulieren, aber mit etwas Übung erreichen Sie ein SMARTes Nutzenversprechen, das als Dreh- und Angelpunkt Ihrer Präsentation dient (vgl. „Aus der Praxis: Beispiele für SMARTe Nutzenversprechen").

Aus der Praxis: Beispiele für SMARTe Nutzenversprechen

Aus meinen letzten zehn Präsentationen habe ich einmal die jeweiligen (SMARTen) Nutzenversprechen aufgeführt. Wie Sie sehen werden, gebe ich nicht immer ein *explizites*, wohl aber zumindest ein *implizites* Versprechen ab:

1. „Ich verspreche Ihnen, dass Sie bis heute Abend mindestens drei neue Werkzeuge kennengelernt haben, die Ihnen die Arbeit als Führungskraft erleichtern."
2. „Durch den Ansatz der Pitch-Präsentation, den ich Ihnen in den nächsten 30 Minuten vorstellen werde, können Sie Kunden innerhalb von fünf Minuten von Ihren Produkten überzeugen."

3. „Heute lernen Sie, wie Motivation entsteht, und ich gebe Ihnen zehn konkrete Ansätze, um Eigen- und Fremdmotivation zu steuern."
4. „Menschen verhalten sich oftmals nicht rational: Heute zeige ich Ihnen, was die zehn häufigsten Muster nicht rationalen Verhaltens sind und wie wir dagegen angehen können, um bessere Entscheidungen zu treffen."
5. „Ich verspreche Ihnen, dass Sie nach dem heutigen Training mindestens fünf neue Werkzeuge kennengelernt haben, mit denen Sie bessere Präsentationen halten können."
6. „Nach meiner Präsentation wissen Sie, was die zehn wirklichen Eigenschaften der Generation Y sind und wie sich Führungskräfte darauf einstellen können."
7. „Ich vermittle Ihnen zwölf Werkzeuge des Zeit- und Selbstmanagements, die Sie nicht nur produktiver, sondern auch zufriedener arbeiten lassen."
8. „Am Ende meiner Präsentation kennen Sie die wichtigsten menschlichen Veränderungshemmnisse und sechs Ansätze, um in Change-Projekten mit ihnen umzugehen."
9. „Ich möchte Ihnen heute aufzeigen, welche drei Faktoren die Leistungsfähigkeit von Mitarbeitern bestimmen und wie Sie unabhängig von deren Alter Motivation erzeugen können."
10. „Innerhalb der nächsten 120 Minuten zeige ich Ihnen, wann die Selbstführung gegenüber der Fremdführung vorzuziehen ist und mit welchen fünf Maßnahmen Sie Ihre Mitarbeiter bei der Selbstführung unterstützen können."

Empfohlene Dosierung
Nicht bei jeder Präsentation bietet sich die explizite Formulierung eines motivorientierten Nutzenversprechens an. Bei Routine-Präsentationen, etwa der regelmäßigen Vorstellung von Quartalszahlen, ist es zwar wichtig zu überlegen, welche Motive unsere Zuhörer verfolgen, und sich auf diese Motive einzustellen. Es ist aber sicherlich keine Folie mit einem smarten Nutzenversprechen notwendig. Es reicht ein *implizites* Nutzenversprechen: Wir müssen sicherstellen, dass für unser Publikum ein konkreter Nutzen entsteht. Dieser ergibt sich aus dessen Motiven.

Bei den meisten Präsentationen ist die Verwendung eines SMARTen, motivorientierten Nutzenversprechens jedoch sinnvoll. Dieses Versprechen gibt unserem Publikum eine klare inhaltliche Orientierung und baut eine positive Grundstimmung auf. Aber vor allem uns hilft es, uns ganz klar darüber zu werden, was wir unserem Publikum bieten wollen und warum genau diese Inhalte für unser Publikum relevant sein könnten. Damit ist die wichtigste Voraussetzung für eine saubere Präsentationsstruktur geschaffen.

> **Auf einen Blick**
> - Die meisten Menschen haben ein Motiv, das sie in unsere Präsentation führt. Wir sollten im Vorfeld versuchen herauszufinden, welches das ist. Dazu können wir uns die Frage stellen, welche konkreten Herausforderungen unsere Zuhörer zu bewältigen haben.

4.2 Materie

> - Passend zu den Motiven unseres Publikums sollten wir zu Beginn unserer Präsentation ein Nutzenversprechen abgeben. Das Nutzenversprechen verkörpert das eigentliche Ziel unserer Präsentation.
> - Ein gutes Nutzenversprechen ist SMART: spezifisch, messbar, anspruchsvoll, realistisch und terminiert.

4.2.1.3 Das inhaltliche Startsignal geben

Empfehlenswerte Openings
Lassen Sie uns nun zur *inhaltlichen* Eröffnung einer Präsentation kommen. Den ersten persönlichen Eindruck haben wir ja bereits durch unsere ersten Schritte und Worte sowie das motivorientierte Nutzenversprechen hinterlassen, sodass unser Publikum nun auf unsere ersten inhaltlichen Aussagen gespannt ist. Dabei ist es oft sinnvoll, recht allgemein zu beginnen, damit wir alle Zuhörer gleichermaßen inhaltlich abholen. Besonders geeignet hierfür sind

- aktuelle Nachrichten,
- allgemein bekannte Beispiele,
- Zitate,
- kurze Geschichten,
- Cartoons, Fotos oder kurze Filmsequenzen sowie,
- Objekte zum Anfassen.

Die Verwendung *aktueller Nachrichten* als Opening bietet sich an, da wir damit große Teile des Publikums erreichen können. „Haben Sie auch mitbekommen, dass ...?" Wenn wir mit einer solchen Aussage beginnen und über eine Nachricht sprechen, die nicht allzu speziell ist, werden wir bei der Mehrheit unseres Publikums ein zumindest innerliches Nicken erzeugen. Ausgehend von dieser Nachricht können wir dann einen konkreten Bezug zu unserer Idee herstellen. Damit belegen wir gleichzeitig deren Aktualität und verankern konkrete Beispiele in den Köpfen unseres Publikums, auf die wir während unserer Ausführungen immer wieder zurückkommen können. Allerdings kann es sein, dass wir das aktuelle Beispiel nicht in unsere Folien aufnehmen können, insbesondere wenn wir die Präsentation bereits mit einigen Tagen Vorlauf fertiggestellt haben. Für einen solchen Fall beziehen wir uns mündlich vom Sweet Spot aus auf die Nachricht (natürlich mit schwarz geschaltetem Bildschirm). Wenn wir ausgehend von der aktuellen Nachricht ein Bild in den Köpfen unserer Zuhörer verankert haben, können wir auf den Präsentationsspot wechseln und mit unseren Folien beginnen.

Gibt es gerade keine passenden aktuellen Nachrichten, können wir uns *allgemein bekannter Beispiele* bedienen. Das können Erlebnisse sein, die jeder schon einmal am eigenen Leib erfahren hat, oder einfach allgemein verbreitete Erkenntnisse. Wenn ich

Präsentationen zum Veränderungsmanagement in Unternehmen halte, beginne ich immer mit meinem Umzugsbeispiel (vgl. „Aus der Praxis: Der Mensch ist ein Gewohnheitstier"). Der Vorteil solcher Beispiele gegenüber aktuellen Nachrichten ist ihre zeitlose Gültigkeit. Schließlich ist nichts älter als die Nachrichten von gestern. Technisch gesehen tragen Sie Bespiele entweder von Sweet Spot aus vor oder vom Präsentationsspot. Für die erste Variante entscheiden Sie sich, wenn Sie das Beispiel ohne den Rückgriff auf Folien vorstellen wollen. Das ist auch meine Empfehlung, damit die Aufmerksamkeit des Publikums rein auf Ihnen liegt. Die zweite Variante ist geeignet, wenn Sie Ihre Beispiele durch Schlagworte, Bilder oder Grafiken untermauern wollen, etwa wenn Sie im Zusammenhang mit Ihrem Beispiel Zahlen oder Statistiken zeigen wollen.

Aus der Praxis: Der Mensch ist ein Gewohnheitstier

Sind Sie auch kürzlich umgezogen? Dann können Sie sich vielleicht noch an die ersten Tage in Ihrem neuen Zuhause erinnern. Selbst wenn Sie alle Umzugskisten ausgepackt haben und Ihr Hab und Gut sinnvoll verstaut ist, sitzen Ihre Handgriffe am Anfang noch nicht so richtig gut. Das Kaffeekochen etwa dauert deutlich länger als in der alten Wohnung, weil die Kaffeemaschine jetzt woanders steht und die Becher im Schrank nicht mehr oben links, sondern unten rechts untergebracht sind. Das Rasieren nimmt mehr Zeit in Anspruch, weil Sie den Spiegel erst föhnen müssen, schließlich ist er nach dem Duschen immer so beschlagen. Und auch die Fahrt zur Arbeit nervt jetzt mehr als vorher, weil Sie über eine Ampelkreuzung müssen, bei der die Grünphase nur gefühlte fünf Sekunden dauert.

Haben Sie auch einmal darauf geachtet, *wie lange* diese Sie Punkte stören? Wahrscheinlich sind es nur einige wenige Tage, maximal drei Wochen. Danach greifen Sie auf dem Weg zur Kaffeemaschine zielsicher den Kaffeebecher unten rechts, föhnen abwechselnd Ihre Haare und Ihren Spiegel, *bevor* Sie sich rasieren, und haben einen neuen Weg zur Arbeit gefunden, der sogar kürzer ist als der alte. Die kleinen Änderungen, die Sie anfangs noch so genervt haben, sind für Sie jetzt überhaupt kein Thema mehr, weil Sie sich an sie gewöhnt haben.

So ist es auch bei Veränderungen in Unternehmen: Zunächst nehmen wir Veränderungen als störend wahr, weil wir in den neuen Abläufen noch ungeübt sind. Aber je öfter wir die neuen Handgriffe durchführen, desto selbstverständlicher werden sie. Und früher oder später geht uns die neue Arbeit so leicht wie die alte oder sogar noch leichter von der Hand.

Der Mensch ist ein Gewohnheitstier, das stimmt. Deswegen fallen uns Veränderungen besonders schwer. Aber es stimmt auch, dass wir uns an alles gewöhnen können, sodass wir in der Lage sind, mit fast jeder Veränderung klarzukommen. Wir müssen es nur wollen. Und da ist der Umzug doch etwas anderes als neue Abläufe im Unternehmen: Wir *wollen* in den meisten Fällen ein neues Zuhause, aber wir *müssen* uns an neue Arbeitsabläufe anpassen. Daher ist unsere Einstellung oft eine negativere, wenn es um Veränderungen in Unternehmen geht. Ein gutes Veränderungsmanagement setzt daher an der Frage an: Warum ist eine Veränderung von Arbeitsabläufen für den Mitarbeiter sinnvoll, sodass er sich verändern möchte (vgl. hierzu auch Pantalon 2015)?

4.2 Materie

Zitate stellen für mich immer noch ein gutes Opening dar, auch wenn einige Zitate sehr abgegriffen sind. Das Zitat, das ich bislang am häufigsten bei Präsentationen gesehen habe, ist das folgende: „Wenn Du ein Schiff bauen willst, dann rufe nicht die Menschen zusammen, um Holz zu sammeln, Aufgaben zu verteilen und die Arbeit einzuteilen, sondern lehre sie die Sehnsucht nach dem großen, weiten Meer." Dieser Satz stammt von Antoine de Saint-Exupéry, dem Autor des kleinen Prinzen. Er wird so häufig verwendet, dass er nicht mehr wirklich in der Lage ist, irgendein Publikum zu beeindrucken. Wenn Sie also ein Zitat zum Thema *Motivation* verwenden wollen, nehmen Sie doch vielleicht das folgende: „Chef ist nicht der, der etwas tut, sondern der das Verlangen weckt, etwas zu tun." Es stammt vom französischen Politiker Edgar Pisani und ist etwas weniger pathetisch als das von Saint-Exupéry, hat aber denselben inhaltlichen Kern. Letztlich liegt es bei Ihnen, welchem Urheber Sie folgen mögen. Das Internet ist voll von Zitate-Seiten, sodass sich viele weise Sätze finden, die noch nicht zu abgegriffen sind.

Bei der Vorstellung eines Zitates sollten wir das Zitat samt Urheber auf eine Folie aufnehmen, sodass unser Publikum es lesen und auf sich wirken lassen kann. Dabei können wir zunächst einen ankündigenden Satz formulieren: „Dazu habe ich einmal folgendes Zitat mitgebracht." Dann blenden wir das Zitat ein, lassen es kurz wirken und lesen es schließlich mit der von uns gewünschten Betonung vor. Die Kombination aus selbstständigem Lesen durch das Publikum, Wirkenlassen und Vorlesen durch uns gibt einem Zitat das maximale Gewicht. Alles kann von Präsentationsspot aus erfolgen.

Geschichten bilden dann eine gute Möglichkeit der inhaltlichen Eröffnung, wenn sie kurz und knackig vorgetragen werden und eine Pointe haben, die zur Idee unserer Präsentation passt. Allerdings ist es nicht ganz einfach, eine Geschichte unterhaltsam und dann auch noch kurz und knackig vorzutragen, weswegen diese Eröffnung eine der schwierigsten ist. Ich werde auf das *Storytelling,* so der Fachausdruck fürs Geschichtenerzählen, später noch separat eingehen (vgl. Abschn. 4.3.2.5). Wenn Sie also kein Naturtalent im Geschichtenerzählen sind, dann sollten Sie auf das Storytelling als Eröffnung eher verzichten, nicht zuletzt weil die Aufregung in der Eröffnungsphase noch vergleichsweise hoch ist. Wie dem auch sei: Eine Geschichte erzählen Sie von Sweet Spot aus, je nach Länge mit mehr oder weniger Bewegung vor dem Publikum.

Bei allen bis hierhin vorgestellten Openings bilden sich auf Basis des Erzählten automatisch Bilder im Kopf unserer Zuhörer. Welche Bilder das konkret sind, können wir nicht beeinflussen, auch wenn unsere Ausführungen noch so präzise sind. Wollen wir es also nicht der Fantasie unseres Publikums überlassen, welche Bilder in den Köpfen entstehen, können wir konkrete Bilder in Form von *Cartoons, Fotos oder kurzen Filmsequenzen* verwenden. Diese stellen wir vom Präsentationsspot aus vor und wechseln ggf. zum Erklärungsspot, wenn wir Details, hauptsächlich bei Cartoons oder Fotos, hervorheben möchten. Beim Einsatz von Filmen – YouTube bietet eine unendliche Vielfalt von Clips – sollten wir darauf achten, dass diese nicht zu lang sind. Denn bei der inhaltlichen Eröffnung geht es ja neben der Hinführung zur unserer Idee vor allem darum, vom Publikum fachliche Glaubwürdigkeit zugeschrieben zu bekommen. Je länger ein Video an unserer Stelle spricht, desto weniger Glaubwürdigkeit schreibt ein Publikum uns zu, weswegen wir uns auf 60 oder 90 Sekunden-Clips beschränken sollten.[9]

Schließlich gibt es die Möglichkeit, ein Opening anhand von *Objekten* zu machen. Dabei verstehe ich unter einem Objekt jegliche Art von berührbaren Gegenständen, die sich dazu eignen, mit unserem Publikum in Interaktion zu treten. Der Einsatz von Objekten ist sinnvoll, wenn wir einen visuellen (über unsere Folien) und akustischen Eindruck (über Videos) um andere Sinneseindrücke, etwa einen haptischen, olfaktorischen oder gustatorischen, ergänzen wollen (vgl. „Aus der Praxis: Mit allen Sinnen"). So können wir eine ganzheitliche Sinneserfahrung schaffen. Zu beachten ist allerdings, dass die Aufmerksamkeit des Publikums dann eine Zeit lang fast ausschließlich auf dem Objekt und nicht auf uns liegt. Das ist für die Zeitplanung unserer Eröffnung wichtig, denn bis wir wieder die ungeteilte Aufmerksamkeit unseres Publikums haben, müssen die Objekte wieder eingesammelt oder gut verstaut sein, damit sie im weiteren Verlauf der Präsentation nicht ablenken. Gesteuert wird der Einsatz von Objekten vom Sweet Spot aus. Insgesamt ist dieses Opening aufgrund der verschiedenen aufeinander abzustimmenden Schritte durchaus anspruchsvoll, weswegen ich auf den Einsatz von Objekten noch einmal separat eingehen werde (vgl. Abschn. 4.3.1.3).

> **Aus der Praxis: Mit allen Sinnen**
>
> Bei einem Vortrag über Mitarbeitermotivation habe ich einmal 30 Kuchenriegel eines bekannten Markenartiklers verteilt. Die Zuhörer sollten die Kuchen auspacken und sie zunächst 30 Sekunden intensiv betrachten und an ihnen riechen. Erst dann sollten sie hineinbeißen und sich schließlich aufschreiben, was mit ihnen während des Auspackens, Ansehens, Riechens und Zubeißens passiert war. Auf diese physiologischen Reaktionen bin ich dann im Verlauf meiner Präsentation eingegangen.[10]

Entscheidend für ein gutes Opening ist die *emotionale Reaktion* unseres Publikums: Es sollte positiv überrascht bis begeistert sein. So schaffen wir die Grundlage dafür, dass die folgenden Inhalte auch wirklich hängen bleiben, schließlich ist positive Emotionalität eine wichtige Grundlage für erfolgreiches Lernen, wie der Neurowissenschaftler Gerhard Roth feststellt: „Gefühle haben einen starken Einfluss auf Lern- und Gedächtnisleistungen" (Roth 2015, S. 209). Also sollen wir alles versuchen, um bereits während der Eröffnung positive Emotionen zu schaffen.

---

[9]Mittlerweile gibt es diverse Programme, die es Ihnen ermöglichen, Videos herunterzuladen, sodass Sie diese auch offline ansehen können.

[10]Warum ich Küchlein verteilt habe? Bei der Mitarbeitermotivation spielt der Neurotransmitter *Dopamin* eine entscheidende Rolle. Bei der Nahrungsaufnahme spielt Dopamin ebenfalls eine entscheidende Rolle, vor allem wenn die Nahrung kohlenhydrat- und fettreich ist, wie bei einem Kuchenriegel. Es gibt Zusammenhänge zwischen bestimmten Nahrungsmitteln und deren Suchtpotenzial sowie der Motivation von Mitarbeitern, wie der Psychologe Manfred Spitzer eindrucksvoll belegt (vgl. Spitzer 2011).

Weniger gut geeignete Openings

Einige typische Openings sind meines Erachtens weniger gut geeignet, auch wenn man sie immer wieder zu Beginn von Präsentationen beobachten kann. Der Klassiker dabei ist sicherlich das Vorstellen der Agenda. Selbstverständlich ist es wichtig, eine Agenda zu haben, und natürlich darf diese auch an der passenden Stelle vorgestellt werden (vgl. Abschn. 4.2.2.1), nur sollte das eben nicht während der inhaltlichen Eröffnung passieren. Denn die Vorstellung einer Agenda ist komplett *unemotional,* ein emotionaler Einstieg aber wichtig, wie ich eben dargelegt habe. Daher sollte zunächst eine gute inhaltliche Eröffnung im Fokus stehen.

Ebenfalls mit Vorsicht zu genießen sind Witze und Humor sowie die Verwendung provokanter Thesen. Lassen Sie uns zunächst über die Eignung von Witzen und Humor sprechen. Dazu folgende Überlegung: Warum ist fast jeder Witz von Mario Barth ein Lacher? Weil er so wahnsinnig witzig ist? Sicherlich können wir über die Qualität des Humors von Mario Barth streiten, aber ohne Zweifel hat auch er lustigere und weniger lustige Anekdoten. Dennoch lacht sein Publikum fast permanent. Der Grund dafür ist, dass die Menschen in seinem Publikum lachen *wollen.* Jeder weiß ja, worauf er sich bei Mario Barth einlässt, sodass jeder schon vor Beginn seiner Show aufs Lachen vorbereitet ist. Hier kommt damit wieder der Mechanismus des *Primings* zum Zuge: Die Menschen im Publikum eines Comedians sind *voreingenommen.* Sie bringen eine innere Bereitschaft zum Lachen mit in die Vorstellung. Kaum einer hat schlechte Laune, die sich durch die Bühnenshow bessern soll, sondern alle haben bereits gute Laune, *bevor* die Vorstellung beginnt. Dieser Mechanismus des Primings greift fast immer, denn Menschen haben eigentlich immer *Erwartungen,* wenn sie Teil eines Publikums sind. Bei Mario Barth ist es die Erwartung, dass es witzig wird.

Ein Publikum hat auch dann Erwartungen, wenn es eine unserer Präsentationen besucht – es ist ebenfalls *geprimt.* Allerdings ist es kein Priming auf Lachen, sondern eher ein Priming auf Ernsthaftigkeit, denn es geht in unseren Präsentationen ja in der Regel um fachliche Themen im Arbeitsumfeld, wo Witz und Humor eher die Ausnahme sind. Daher ist es für einen Präsentator durchaus schwierig, mit Witzen und Humor Lacher zu erzeugen, selbst wenn die Witze wirklich gut sind, weil der *Modus* des Publikums auf Ernsthaftigkeit steht. Wollen wir Witze und Humor nutzen, müssen wir Schritt für Schritt den Modus ändern, was im Laufe der Präsentation wunderbar gelingen kann. Nur zu Beginn ist das eben schwierig, weil es einfach etwas dauert, den Modus zu ändern. Und nichts ist schlimmer als ein Witz, dessen Pointe nicht zündet. Daher sollten wir auf Witze und Humor als Opening verzichten.

▶ Ihr Publikum kommt immer in einem bestimmen *Modus* in Ihre Präsentation. Achten Sie darauf, dass Ihre Eröffnung zu diesem Modus passt.

Auf provokante Thesen sollte verzichtet werden, weil sie eine Spielart der Ironie darstellen, schließlich soll ja niemand wirklich provoziert werden. Allerdings ist es für unser

Publikum nicht so leicht, zwischen Ironie und Ernsthaftigkeit zu unterscheiden, denn es kennt uns zum Zeitpunkt des Openings in der Regel ja noch nicht. Daher kann eine provokante These zu Beginn schnell falsch verstanden werden, und die emotionale Befindlichkeit unseres Publikums verschlechtert sich. Dann hätten wir nicht nur *keine positive* Emotionalität erreicht, die für Aufmerksamkeit und Lernen so wichtig ist, sondern eine negative Emotionalität erzeugt, die beides verhindert. Außerdem kann es natürlich sein, dass sich jemand wirklich provoziert fühlt, auch wenn ihm die Ironie unserer These durchaus bewusst ist. Damit hätten wir ebenfalls das Gegenteil von dem erreicht, was für einen guten Start in eine Präsentation wichtig ist. Also ist es besser, auf Provokationen zu verzichten, auch wenn sie nicht ernst gemeint sind.

Empfohlene Dosierung
Die erste Frage bei der Dosierung der inhaltlichen Eröffnung lautet: Brauchen wir immer ein Opening? Meine Antwort hierzu lautet: Ja, denn wir sollten immer versuchen, positive Emotionalität zu erzeugen. Die zweite Frage lautet dann: Welches Opening sollten wir wählen? Die Antwort hierauf ist nicht so einfach. Sie hängt davon ab, wie viel Zeit wir für unsere Präsentation und damit auch für das Opening haben und wie sicher wir in der Anwendung der verschiedenen Openings sind. Je mehr Zeit zur Verfügung steht, desto länger darf unser Opening sein, auch wenn wir es nicht übertreiben sollten. Als Daumenregel bietet sich an, dass die gesamte Eröffnung, vom Gang auf die Bühne bis zum Ende der inhaltlichen Eröffnung nicht mehr als ca. 10 % der gesamten Präsentationszeit einnehmen sollte. Wenn Sie 90 min zur Verfügung haben, sind zehn Minuten für die Eröffnung angemessen, haben Sie ein Training, das von 9:30 bis 16:30 Uhr geht, kann Ihre Eröffnung ruhig eine gute halbe Stunde dauern.

Anspruchsvolle Openings, etwa das Erzählen einer Geschichte oder der Einsatz von Objekten, sollten nur eingesetzt werden, wenn Sie bereits Übung mit den entsprechenden Werkzeugen haben, zum Beispiel wenn Sie sie bei einer anderen Präsentation bereits einsetzen konnten. Ansonsten greifen Sie lieber auf einfache Openings zurück, etwa aktuelle Nachrichten oder Zitate.

> **Auf einen Blick**
> - Nach den ersten Schritten und Worten sowie dem motivorientierten Nutzenversprechen folgt das inhaltliche Opening. Es stellt einen ersten inhaltlichen Bezug zu unserer Idee her.
> - Gute Openings sind aktuelle Nachrichten, praktische Beispiele, Zitate, Geschichten, Cartoons, Fotos, Videoclips oder Objekte zum Anfassen, sofern wir es damit schaffen, positive Emotionen bei unserem Publikum zu erzeugen.
> - Als Openings weniger gut geeignet sind die Vorstellung der Agenda, Witze und Humor sowie die Verwendung provokanter Thesen.

4.2.2 Dramaturgie planen und steuern

Vielleicht ist Ihnen das auch schon einmal passiert: Sie besuchen eine Präsentation, weil der Titel und die Kurzbeschreibung des Inhaltes spannend klangen. Mit positiven Erwartungen verfolgen Sie die ersten Ausführungen des Referenten, der seine Gedanken und Ansichten mithilfe einer PowerPoint- oder Keynote-Präsentation vorstellt. Doch trotz aller positiven Erwartungen lässt Ihre Aufmerksamkeit schnell nach, und bald ertappen Sie sich dabei, dass Ihre Gedanken abschweifen. Sie denken an Ihren Partner, daran, was am nächsten Tag auf der Arbeit ansteht oder was Sie noch einkaufen müssen. Wie kann es zu einer solchen Ablenkung kommen, schließlich fanden Sie das Thema doch so spannend?

Wenn wir im Nachhinein über Präsentationen sprechen und diese als gut bewerten, liegt das oft daran, dass der Präsentator die Inhalte „gut rübergebracht hat". Oder anders ausgedrückt: Eine Präsentation hat uns deswegen *nicht gut* gefallen, weil der Präsentator uns nicht erreichen konnte oder langweilig vorgetragen hat. Das eigentliche Problem ist also die Ideen*vermittlung* und nicht die generelle Attraktivität der Inhalte. Denn Sie haben bestimmt auch schon Präsentatoren erlebt, die trockene Themen wie Bilanzierungsverfahren oder Rechtsvorschriften so mitreißend präsentiert haben, dass Sie sich die Frage gestellt haben, warum Sie nicht Buchhalter oder Rechtsanwalt geworden sind.

Was ist der eigentliche Grund dafür, dass uns bestimmte Inhalte erreichen und andere eben nicht? Eine positive Wirkung des Präsentators über Sympathie, Klarheit, Dynamik und Interaktion ist wichtige Voraussetzung, sie ist aber keine Garantie dafür, dass Inhalte einer Präsentation wirklich ankommen, insbesondere wenn es sich um relativ lange Präsentationen handelt. Das Problem ist in der Regel, dass Inhalte nicht *hirngerecht* aufbereitet sind, sodass die Publikumsgehirne früher oder später abschalten. Dabei verstehe ich unter einer hirngerechten Aufbereitung von Inhalten die Beachtung von *drei* entscheidenden Besonderheiten des menschlichen Wahrnehmens und Denkens:

1. Menschen brauchen zunächst ein strukturelles Gerüst für eine Präsentation, ehe sie sich inhaltlich auf einzelne Gedankengänge einlassen können.
2. Menschen denken vor allem in Bildern und nicht in abstrakten Inhalten.
3. Die menschliche Aufmerksamkeitsspanne beträgt 15 bis 20 min bzw. lediglich drei bis fünf Minuten bei besonders intensiver Konzentration.

Wenn diese drei Besonderheiten (und zwar alle drei) *nicht* berücksichtigt werden, werden Ideen auch nicht oder zumindest nicht vollständig transportiert werden. Durch die Berücksichtigung dieser drei Aspekte können also drei äußerst negative *Konsequenzen* vermieden werden, die sich mit drei englischen Schlagworten auf den Punkt bringen lassen:

1. *Getting lost:* Unser Publikum *verliert* den roten Faden unserer Präsentation aus den Augen, weil es nicht weiß, worauf wir inhaltlich hinaus wollen, wo wir gerade sind und was das bereits Präsentierte mit dem Ziel unserer Präsentation zu tun hat.

2. *Getting bored:* Unser Publikum wird *gelangweilt,* weil wir zu viel Text oder textlastige Tabellen einsetzen.
3. *Getting tired:* Unser Publikum wird *müde,* weil wir seine Aufmerksamkeit übermäßig strapazieren.

Die im Folgenden dargestellten Werkzeuge zielen darauf ab, diese negativen Konsequenzen zu vermeiden: *Strukturen schaffen,* um das Ziel der Präsentation und den roten Faden immer im Blick zu haben, *in Bildern sprechen,* um Langeweile zu vermeiden, und *Längen* derart *meistern,* dass die Aufmerksamkeit nicht überstrapaziert wird.

4.2.2.1 Strukturen schaffen

Der rote Faden als Reise
Um zu vermeiden, dass unser Publikum während unserer Präsentation inhaltlich verloren geht, was ich eben mit *getting lost* bezeichnet habe, müssen wir unseren roten Faden zu einem sehr frühen Zeitpunkt vorstellen und immer wieder auf ihn zurückkommen. Dazu eignet sich nichts besser als die Darstellung unserer *Agenda.* Jetzt denken Sie vielleicht, dass Agenda-Folien schrecklich langweilig sind und wir damit zwar vermeiden, dass unser Publikum den roten Faden verliert, es aber bereits direkt zu Beginn einer Präsentation gelangweilt wird *(getting bored).* Nun, das kommt ganz darauf an, *wie* wir unsere Agenda präsentieren.

Das Problem bei der Vorstellung einer Agenda ist oft, dass sie einfach vorgelesen wird: „Als erstes kommt [...], als zweites [...] und am Ende [...]." Das reine Vor*lesen* schafft aber noch keine echten Strukturen in den Köpfen unserer Zuhörer. Erst das Vor*tragen* der Agenda im Sinne einer – lassen Sie es mich etwas pathetisch ausdrücken – Reise, auf die wir unser Publikum mitnehmen, schafft Verständnis. Dazu stellen wir die einzelnen Punkte der Agenda mit einem kurzen konkreten Ausblick auf das, was dort inhaltlich passieren wird, vor und versuchen, diese Punkte so *bildhaft* wie möglich darzustellen. Auch sollten wir darauf eingehen, wie die einzelnen Punkte der Agenda miteinander in Verbindung stehen, wieso es also logisch ist, dass auf unseren ersten Punkt der zweite folgt und darauf der dritte. Eben genauso, wie wir es bei der Vorstellung einer Reise machen würden, bei der die einzelnen Stationen sinnvoll aneinandergereiht sind, um in der gegebenen Zeit möglichst viele unterschiedliche Facetten eines Landes kennenzulernen. Daher eignet sich der Erklärungsspot besonders gut zur Vorstellung der Agenda, weil wir dort direkt an der Projektionsfläche stehen und beim Vortragen der Agenda immer wieder *visuell* auf die einzelnen Punkte der Agenda Bezug nehmen können (vgl. „Aus der Praxis: Foliengestaltung").

▶ Stellen Sie Ihrem Publikum die Agenda Ihrer Präsentation so vor, dass es sich genau vorstellen kann, was in den einzelnen Abschnitten behandelt wird und es Lust bekommt, diese Abschnitte von Ihnen präsentiert zu bekommen.

> **Aus der Praxis: Foliengestaltung**
>
> Wie sollten Präsentationsfolien optisch gestaltet werden? Regelmäßig diskutiere ich hierüber mit einem Freund, dem Inhaber einer Werbeagentur. Vor allem bei zwei Punkten scheiden sich unsere Geister. Erstens bei der Frage, ob Seitenzahlen auf Folien gehören, und zweitens, ob die Agenda auf jeder Seite zu sehen sein sollte. Seine Einstellung ist ganz klar: Für ihn ist sind sowohl die Darstellung von Seitenzahlen als auch der Agenda aus gestalterischer Sicht ein Verbrechen. Ich sehe das nicht so: Um in der Diskussion am Ende einer Präsentation schnell zu einzelnen Folien zu springen, ist eine Nummerierung extrem hilfreich.[11] So geht keine Zeit für langes Durchklicken verloren. Und die Darstellung der Agenda am unteren, linken oder rechten Rand einer Folie, mit einer farbigen, fetten oder kursiven Hervorhebung des aktuellen Abschnittes, erleichtert die Orientierung.
>
> Im Wettbewerb zwischen Gestaltung und Struktur gewinnt für mich stets die Struktur. Erst dann, wenn unser Publikum weiß, wo wir inhaltlich stehen, warum wir gerade dort sind und wo wir noch hinkommen werden, kann eine ansprechende Gestaltung ihre Überzeugungskraft entfalten. Andersherum funktioniert das nicht. Aber natürlich würde mein Freund der Werbefachmann das etwas anders bewerten.

Argumentationsarten

Selbstverständlich fällt unsere Agenda nicht vom Himmel. Sie ist das Ergebnis der Planung und Gestaltung unserer Inhalte. Wir überlegen, welche Punkte wir ansprechen wollen, um unsere Idee erfolgreich zu transportieren, und bringen diese in eine geeignete Reihenfolge. Im Rahmen der Präsentationsentwicklung sind wir also mit der Herausforderung konfrontiert, unsere Gedanken zu strukturieren – eine der schwierigsten Aufgaben beim Präsentieren überhaupt. Es gibt viele verschiedene Möglichkeiten, Gedanken zu strukturieren und daraus Argumentationsketten zu stricken. Die drei am meisten verbreiteten möchte ich im Folgenden vorstellen.

Die erste Argumentationsart, die ich Ihnen vorstellen möchte, ist die *chronologische*. Sie strukturiert Gedanken in einer *zeitlichen* Logik, sodass als Erstes das vorgestellt wird, was auch als Erstes passiert ist, als Zweites das, was danach passiert ist und so weiter. Wir argumentieren oft chronologisch, weil unser Gehirn Erinnerungen in der Reihenfolge abspeichert, in der sie passiert sind (vgl. Shaw 2016, S. 43). Sie kennen chronologisch orientierte Präsentationen aus Urlaubsberichten Ihrer Freunde: Sie sehen zunächst Fotos vom Abflug, dann von der Ankunft im Hotel, dann von den einzelnen Tagen vor Ort, dann von der Rückreise.

---

[11] Technisch ist das Springen auf eine bestimmte Folie bei PowerPoint oder Keynote ganz einfach: Wichtig ist, dass Sie sich im *Präsentationsmodus* befinden. Wenn Sie dann die Seitenzahl über die Tastatur eingeben und anschließend *Enter* drücken, springen Sie direkt auf die entsprechende Seite.

In Zeiten der digitalen Fotografie wird diese chronologische Art der Urlaubspräsentation manchmal zur Qual, da wir uns unter Umständen mehrere Hundert Fotos ansehen müssen. Viel angenehmer wäre es doch, wenn unsere Freunde eine *Vorauswahl* solcher Bilder treffen würden, die ihr Urlaubserlebnis am ehesten verkörpern, und uns dazu ihre Erfahrungen berichten würden. Denn uns ist es ja vollkommen egal, ob der Traumstrand am ersten oder fünften Tag besucht wurde. Wir wollen solche Fotos sehen, die uns Spaß machen, obwohl wir nicht im Urlaub dabei waren. Das sind in der Regel weniger als 20, denn die wenigsten von uns sind wirklich begnadete Fotografen. Und 20 Bilder reichen vollkommen aus, um einen lebendigen Eindruck vom Urlaub zu bekommen.

Chronologische Darstellungen beschreiben in der Regel Ereignisse aus der Vergangenheit. Das Problem chronologischer Darstellungen ist dabei oft, dass jede Zeiteinheit (etwa Urlaubstage) als gleich wichtig erachtet wird, sodass *Zeittreue* mit *Relevanz* verwechselt wird. Um in der Urlaubsanalogie zu bleiben: Niemand interessiert sich für die Bilder des Regentages, denn bei schlechtem Wetter werden die meisten Fotos ebenfalls schlecht. Eine chronologische Darstellung von Gedanken ist also oftmals nicht zielgruppengerecht, weil wichtige und unwichtige Aspekte aneinandergereiht werden.

Die zweite Argumentationstechnik ist die *sachlogische*. Stellen Sie sich vor, Sie möchten jemandem erklären, wie ein bestimmtes Gericht, etwa Ihr Lieblingskuchen, zubereitet wird. Dazu erläutern Sie den Vorgang des Backens sachlogisch: Nimm 250 g Mehl und vermenge es mit 3 Eiern, nimm dann 50 g Butter und so weiter. Der Unterschied zur chronologischen Darstellung besteht darin, dass sachlogische Ausführungen eher vorschreibenden Charakter haben. Es geht nicht darum, was in der Vergangenheit passiert *ist*, sondern wie etwas ablaufen *sollte*.

Sachlogische Darstellungen haben den Vorteil, dass sie in der Regel nur solche Argumente enthalten, die auch wirklich notwendig sind, um ein bestimmtes Ziel zu erreichen. Sie werden nur wenige Kochanleitungen finden, in denen steht, dass Sie zwischen Arbeitsschritt drei und vier einen großen Schluck Rotwein trinken sollten (auch wenn Sie das vielleicht dennoch tun). Der Nachteil sachlogischer Argumentationen ist allerdings, dass zu Beginn niemand absehen kann, worauf die Argumentation hinausläuft. Wenn Sie also nicht zunächst erläutern, dass ein Kuchen gebacken werden soll, dann ist der Hinweis, dass Mehl und Eier zu vermengen sind, höchst irritierend, denn jeder fragt sich: Wozu das Ganze?

Daher empfehle ich die dritte Argumentationstechnik, die sogenannte *teleologische* Argumentation. Die *Teleologie* ist die Lehre des zielgerichteten Vorgehens. Den Ausdruck *tele* kennen Sie nicht zuletzt vom Telefon oder vom Teleobjektiv Ihrer Kamera. Er stammt aus dem Griechischen und bedeutet *weit* oder *fern*. Eine teleologische Argumentation richtet sich auf das in der Ferne liegende Ziel und richtet alle Argumente auf die Erreichung dieses Ziels aus (vgl. auch den „Exkurs: Die Macht von Zielen"). Zunächst geht es bei einer teleologischen Argumentation also darum, seinem Publikum klar zu machen, welches *Ziel* man erreichen will. Anschließend wird sich diesem Ziel Schritt für Schritt, also Argument für Argument, genähert.

Exkurs: Die Macht von Zielen
Seit den 1960er Jahren untersuchte der amerikanische Psychologe Edwin Locke, später zusammen mit seinem Kollegen Gary Latham, den Einfluss von Zielen auf die Motivation von Menschen. Seine Zielsetzungstheorie ist eine der bekanntesten Motivationstheorien überhaupt, und seine Erkenntnisse über die Funktionsweise von Zielen haben es in viele Organisationen auf der ganzen Welt geschafft (vgl. Locke und Latham 1990). Locke geht davon aus, dass Ziele dann besonders motivierend wirken, wenn sie einige Voraussetzungen erfüllen: Die Person, die ein Ziel erreichen möchte, sollte regelmäßig Feedback dazu bekommen, wie nah sie schon am Ziel ist. Ziele sollten greifbar und konkret formuliert sein. Die gesetzten Ziele sollten vom Schwierigkeitsgrad her zur Qualifikation der Person passen, die sie erreichen möchte. Außerdem sollte die Zielakzeptanz möglichst hoch sein. Sind diese Voraussetzungen erfüllt, können wir von *guten Zielen* sprechen. Sie bewirken konzentriertes und fokussiertes Arbeiten, steigern die Bereitschaft, sich zur Zielerreichung anzustrengen und ausdauernd an ihr zu arbeiten, und unterstützen die Entwicklung innovativer Problemlösungen (vgl. Berthel und Becker 2010, S. 64).

Allerdings war Locke nicht der erste, der die Macht von Zielen erkannte. Schon vor ihm, in den 1950er Jahren, entwickelte der amerikanische Managementvordenker Peter Drucker einen Führungsansatz, der noch heute sehr populär ist: Management by Objectives – Führen mit Zielen (vgl. Drucker 2009). Der österreichische Managementforscher und -berater Fredmund Malik folgt dem Geiste Druckers und plädiert nach wie vor vehement dafür, mit Mitarbeitern Ziele zu vereinbaren: „Die erste Aufgabe wirksamen Managements ist es, für Ziele zu sorgen" (Malik 2007, S. 176).

Die Macht von Zielen ist unbestritten. Wir sollten diese Macht nicht nur im Management, sondern auch für unsere Präsentationen nutzen. Damit ist die allererste Frage, die wir im Zuge der Präsentationsvorbereitung beantworten müssen: „Welches Ziel wollen wir erreichen?"

Weil über eine stringente Zielorientierung unserer Ausführungen immer klar ist, worauf wir erstens hinaus wollen und wie wir zweitens gedenken dorthin zu kommen, bietet es sich in einer Präsentation an, teleologisch zu argumentieren. Genau diese zwei Aspekte sind dann die Grundlage für unsere Agenda, um die es mir ja in diesem Abschnitt geht.

Was bietet sich denn nun als Ziel im Rahmen einer teleologischen Argumentation an? Natürlich das Ziel, das sich in unserem motivorientierten Nutzenversprechen verbirgt. Lassen Sie mich zur Verdeutlichung noch einmal mein bereits genanntes Nutzenversprechen darstellen: „Ich verspreche Ihnen, dass Sie bis heute Abend mindestens drei neue Werkzeuge kennengelernt haben, die Ihnen die Arbeit als Führungskraft erleichtern." Hierbei besteht das Ziel darin, verschiedene Werkzeuge der Personalführung, welche die Führungsarbeit erleichtern, vorzustellen. Wahrscheinlich werden wir mehr als drei vorstellen, damit wir unser Ziel auch erreichen können.

Über allen Strukturen steht letztendlich das Ziel unserer Präsentation, aus dem wir dann unser Nutzenversprechen ableiten (und nicht umgekehrt). Beides sollten wir strikt auf die Motive und Erwartungen unseres Publikums zuschneiden.

Strukturen anlegen
Die streng teleologische Vorbereitung unsere Präsentation ist der Erfolgsfaktor für die Schaffung einer nachvollziehbaren Argumentation. Einen wunderbaren Impuls zur Strukturierung von Gedanken liefert die ehemalige McKinsey-Beraterin Barbara Minto. Mit ihrem *Prinzip der Pyramide* (vgl. Minto 2005) zeigt sie, wie sich Gedanken so strukturieren lassen, dass

sie für einen Adressaten, sei es der Leser eines Berichtes oder das Publikum einer Präsentation, klar nachvollziehbar werden. Dazu spricht Minto zwei Empfehlungen aus. Der erste Hinweis besteht darin, einen Gedankengang zunächst *logisch abzubilden,* bevor er in eine Präsentation überführt wird. Der zweite darin, Gedanken *pyramidenförmig* anzuordnen. Schauen wir uns beide Aspekte einmal genauer an.

Das logische Abbilden eines Gedankenganges losgelöst von einer PowerPoint- oder Keynote-Präsentation führt dazu, dass unsere ersten Überlegungen auf einem Blatt Papier, einem Flipchart oder durch eine Mind-Map-Software abgebildet werden. Das mag auf den ersten Blick unattraktiv erscheinen, weil es mehr Arbeit verlangt. Es zahlt sich aber am Ende aus, weil die spätere Gestaltung von Folien und das Üben der Präsentation dann deutlich schneller gehen. Also machen Sie eine Zeichnung oder Skizze zur Logik Ihrer Präsentation, bevor Sie mit der Arbeit an einzelnen Folien beginnen.

Für die Art und Weise, *wie* wir unsere Gedanken darstellen, empfiehlt Minto eine Pyramide. Charakteristisch für eine Pyramide ist, dass sie sich nach unten hin verbreitert. Diese Herangehensweise ist für Gedankengänge sehr gut geeignet, da wir in der Regel mit *einer* Aussage beginnen, für gewöhnlich dem Ziel unserer Präsentation. Dieses Ziel gilt es dann Schritt für Schritt, also über *mehrere* Aussagen hinweg, zu erreichen. So folgt unsere Argumentation einem generellen Logikmuster, das da heißt: vom *Allgemeinen* zum *Speziellen.* Und dieses Logikmuster entspricht der Form einer Pyramide: von oben nach unten breiter werdend.

Stellen Sie sich einmal eine einfache Pyramide mit drei Ebenen vor. In welchem Verhältnis stehen dann Aussagen auf ein- und derselben Ebene und in welchem Verhältnis Aussagen von über- und untergeordneter Ebene? Nach Mito haben Aussagen derselben Ebene auch inhaltlich dieselbe Logik: Äpfel, Birnen und Bananen sind alle auf derselben Logikebene, Äpfel, Birnen und Karotten sind es nicht. Es muss also eine schlüssige horizontale Beziehung in einer Pyramide geben, und diese besteht in der logischen Gleichheit von Argumenten derselben Ebene.

Das Verhältnis von über- und untergeordneten Ebenen ergibt sich nach Minto durch die Herleitung einer logischen Frage, die beide Ebenen verbindet: Wenn Sie einen Vortrag über vergessene Obstsorten halten, besteht das Ziel (oberste Ebene) vielleicht darin, dem Publikum die wichtigsten vergessenen Obstsorten vorzustellen. Die erste Frage, die man sich dann stellen könnte, wäre: „*Warum* sind Obstsorten in Vergessenheit geraten?", sodass Sie auf Ebene 2 Gründe hierfür nennen. Eine weitere Frage könnte sein, *welche* Obstsorten in Vergessenheit geraten sind, sodass Sie (ebenfalls auf Ebene 2, aber in einem anderen Argumentationsstrang) diese Obstsorten nennen könnten. Dazu passend könnten Sie schließlich die Frage nach den wichtigsten Vitaminen und Spurenelementen dieser Obstsorten stellen, die Sie dann auf Ebene 3 beantworten (vgl. Abb. 4.1).

Die Pyramidenlogik ist universell einsetzbar. Es ist egal, ob sie eine Präsentation zu Obst, Personalführung oder einem anderen Thema halten. Ausgehend von dem bereits angesprochenen Ziel einer Präsentation, darin verschiedene Werkzeuge der Personalführung vorzustellen, würde die Pyramide wie in Abb. 4.2 aussehen.

4.2 Materie

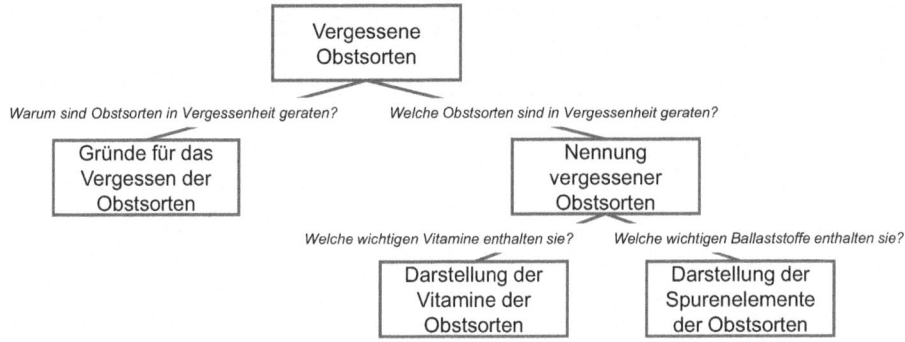

Abb. 4.1 Pyramidenstruktur einer Argumentation zu vergessenen Obstsorten

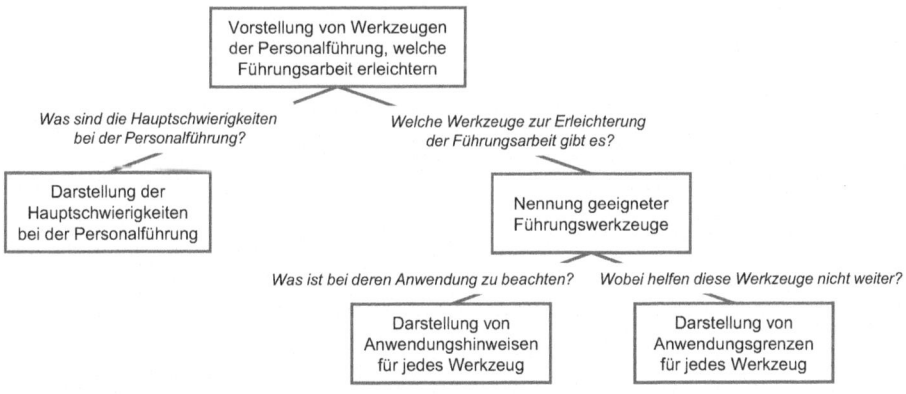

Abb. 4.2 Pyramidenstruktur einer Argumentation zu Führungswerkzeugen

Strukturen überführen

In der Regel ist die Darstellung der Pyramidenstruktur nicht Teil der eigentlichen Präsentation, denn sie dient eher dazu, *unsere* Gedanken zu ordnen. Wie kann es dann gelingen, aus einer Pyramide eine folienbasierte Präsentation zu machen, welche die Logik der pyramidenhaften Darstellung transportiert? Dazu müssen wir uns zunächst einmal verdeutlichen, dass eine Pyramide *zwei* Dimensionen hat, nämlich eine horizontale (Argumentationsbreite) und eine vertikale (Argumentationstiefe). Die Darstellung von Folien über PowerPoint oder Keynote ist aber *eindimensional:* Auf einen Spiegelstrich folgt der nächste, auf eine Folie folgt eine weitere Folie. Die gängigen Präsentationsprogramme stellen Inhalte immer *sequenziell* dar, immer einen Punkt nach dem anderen.[12]

---

[12]Etwas anders funktioniert zum Beispiel die Präsentationssoftware Prezi, auf die ich später noch eingehen werde (vgl. Abschn. 4.3.1.1).

Die Schwierigkeit besteht also darin, zwei Dimensionen in eine zu überführen. Um verständlich zu machen, wie das gelingen kann, habe ich die Pyramidenstruktur in Abb. 4.3 einmal etwas anders dargestellt. Stellen Sie sich dazu vor, Sie wollten ein Buch zu Werkzeugen der Personalführung schreiben. Die logische Gliederung der Kapitel, Abschnitte und Unterabschnitte Ihres Buches sähe dann ungefähr so aus wie in Abb. 4.3.

Die Bezeichnung der jeweiligen Gliederungspunkte und einen prägnanten inhaltlichen Titel können wir dann als Folientitel in die Kopfzeile der jeweiligen Folie übernehmen (vgl. Abb. 4.4). Wenn Ihnen diese Art der Darstellung zu formal ist, können Sie auch auf eine stärker visuell ausgerichtete Gestaltung der Kopfzeile setzen (vgl. Abb. 4.5). Die Aussagekraft der beiden Varianten ist identisch, die erste, formalere, ist für die meisten Menschen allerdings etwas eingängiger, dafür aus gestalterischer Sicht weniger ansprechend.

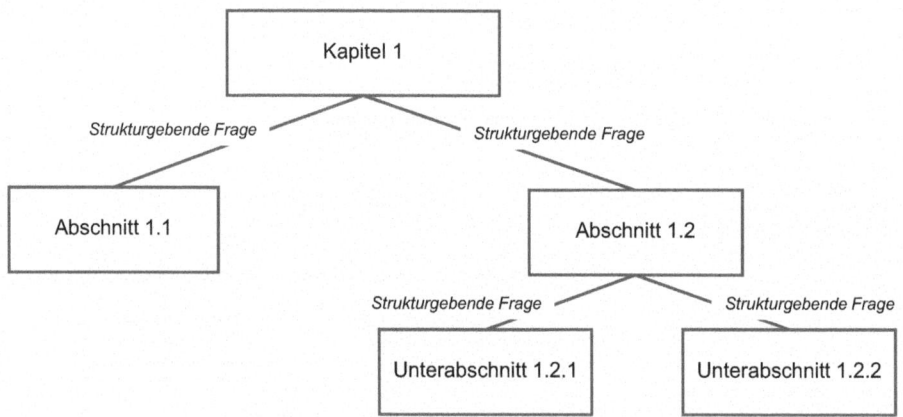

Abb. 4.3 Kapitel und Abschnitte in einer Pyramide

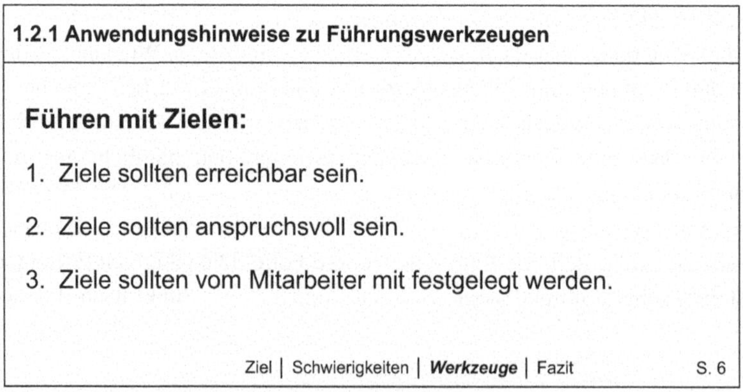

Abb. 4.4 Aus der Pyramidenstruktur abgeleitete Folie (formale Variante)

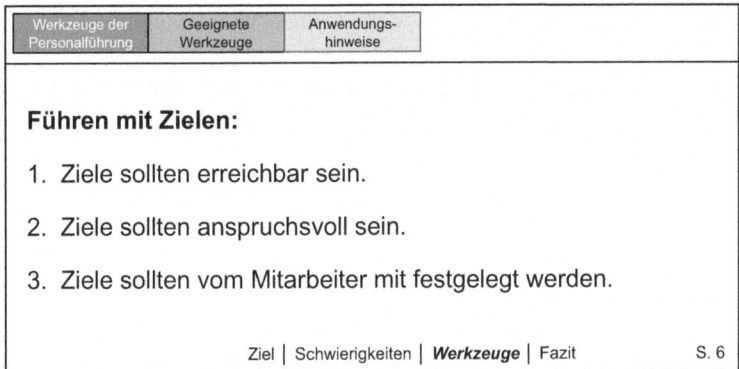

Abb. 4.5 Aus der Pyramidenstruktur abgeleitete Folie (gestalterische Variante)

Im unteren Teil der Folien ist immer die Agenda unserer Präsentation zu finden, wobei der Punkt optisch hervorgehoben ist, an dem wir uns gerade befinden. Die Agenda bezieht sich in der Regel auf die *zweite Ebene* der Pyramide, ergänzt um Einführung (inkl. unserer Zielsetzung) und Fazit. Wenn Ihre Pyramide allerdings deutlich breiter oder tiefer ist als meine in diesem Beispiel, kann die Agenda auch etwas anders aussehen. Wichtig ist zu berücksichtigen, dass Agenda und Folientitel *nicht* dieselbe Funktion haben: Die Agenda befasst sich mit der Breite unserer Ausführungen, die Folientitel in der Kopfzeile geben eine Orientierung in Bezug auf ihre Tiefe. Nur wenn wir zwischen Breite und Tiefe unterscheiden und beides auf der Folie nachvollziehbar dargestellt wird, gelingt die Überführung der zweidimensionalen Pyramidenstruktur in die eindimensionale Präsentationslogik. Das führt dazu, dass wir in jeder Präsentation an zwei Stellen Platz brauchen, um unsere Struktur abzubilden (vgl. hierzu auch „Aus der Praxis: Präsentationsvorlagen").

Aus der Praxis: Präsentationsvorlagen
Viele Unternehmen verfügen über Präsentationsvorlagen im Corporate Design, sodass sich Logo und Unternehmensfarben in jeder Präsentation wiederfinden. Oft sind auch feste Textfelder vorgegeben oder es ist festgelegt, wo Inhalte eingefügt werden dürfen und wo nicht. In meinen Trainings höre ich daher immer wieder, dass es gar nicht möglich sei, die von mir vorgeschlagene Logik zur optischen Strukturierung vorzunehmen. Leider muss ich dem oft zustimmen: Je starrer die Vorgaben sind, desto weniger Gestaltungsspielraum gibt es. Allerdings schließt die Existenz einer Präsentationsvorlage im Corporate Design die optische Strukturierung von Folien nach meinem Vorbild nicht zwingend aus. In vielen Fällen können Sie selbstständig Kästen und Text einfügen und diese ausgehend von den Unternehmensfarben gestalten und farblich abstufen. Die Konsequenz ist oft lediglich, dass auf einer Folie weniger Platz ist. Das wiederum ist nicht weiter schlimm, denn erstens neigen wir ohnehin dazu, zu

viele Inhalte auf eine Folie zu packen, und zweitens können wir einen Gedanken, der nicht mehr auf eine Folie passt, ja einfach auf der nächsten darstellen. Platz ist nicht das Problem, schlechte Nachvollziehbarkeit unserer Ausführungen aufgrund mangelnder Strukturierung wird jedoch sehr schnell zu einem.

Insgesamt ergibt sich damit eine feste Herangehensweise bei der Vorbereitung einer Präsentation:

1. Präsentationsziel festlegen
2. Inhalte der Präsentation nach dem Prinzip der Pyramide strukturieren
3. Aus der Pyramide eine sinnvolle Agenda ableiten
4. Folientitel festlegen und Folieninhalte gestalten

Killing Darlings
In Präsentationsratgebern wird zur Vorbereitung einer Präsentation oftmals ein Brainstorming empfohlen (vgl. exemplarisch Reynolds 2010, S. 86). Oder es wird vorgeschlagen, erst einmal reichlich mögliche Inhalte zu sammeln und dann zu entscheiden, welche davon wirklich verwendet werden sollen (vgl. Seifert 2006, S. 53). Beiden Empfehlungen kann ich mich nur begrenzt anschließen, denn sie widersprechen unserer teleologischen Herangehensweise. Am Anfang unserer Überlegungen sollte immer das Ziel unserer Präsentation stehen. Alle Inhalte sind auf dieses Ziel auszurichten. Hierbei helfen weder Brainstorming noch eine Stoffsammlung, sondern nur die systematische Entwicklung von Argumentationsketten nach dem Pyramidenprinzip.

Allerdings können wir unserem Gehirn das Denken natürlich nicht verbieten, sodass selbst der systematischste Pyramidenbauer eine Vielzahl gedanklicher Assoziationen hat: Unsere kognitiv-sprachliche Ebene 3 versorgt uns mit Ideen, auch wenn wir sie nicht darum bitten (mehr dazu beim nächsten Werkzeug). Weil uns unsere eigenen Ideen lieb und kostbar sind, schließlich sind es ja *unsere* Ideen, tendieren wir dazu, möglichst viele dieser Ideen in unserer Präsentation unterzubringen. Hier greift der sogenannte *Besitztumseffekt*. Er bewirkt, dass Dinge für uns an Wert gewinnen, sobald sie uns gehören (vgl. Kahneman 2012, S. 356 ff.). Und dieser Effekt greift nicht nur bei materiellen Dingen, sondern auch bei Ideen (vgl. Taleb 2014, S. 182). Nun ist es natürlich nicht immer sinnvoll, alle unsere Ideen unterzubringen, denn nur weil uns eine Idee lieb und kostbar ist, ist sie für unser Publikum noch lange nicht relevant. Schlimmstenfalls überfordern wir unser Publikum mit der Vielzahl an Ideen und Gedanken, die wir unbedingt transportieren wollen, und der rote Faden geht verloren. Aus diesem Grund plädiere ich fürs *Killing Darlings*.

Killing darlings stammt aus der Medienbranche (vgl. McGowan und Bowman 2014, S. 85 f.). Wird eine Reportage oder ein Beitrag gefilmt, nimmt der Kameramann in der Regel mehr Bilder auf, als später im Film gezeigt werden können. Alle Bilder unterzubringen, würde den Zeitrahmen des Films sprengen, also müssen Bilder geopfert werden. Sie schaffen es nicht in den fertigen Film, auch wenn sie noch so schön sind. Dafür steht *Killing Darlings*.

Auch bei der Strukturierung unserer Präsentation sollten wir uns die Frage stellen: Ist dieser Gedanke wirklich notwendig? Konkreter noch: Ist dieser Gedanke wirklich geeignet, um mein Präsentationsziel zu erreichen? In vielen Fällen ist er das nicht, sondern nur für uns persönlich wichtig. In einem solchen Fall: weg damit.

Nicht (zu sehr) abschweifen
Das stringente Folgen unserer Struktur während der Präsentation, vom ersten Punkt der Einführung bis letzten Aspekt des Schlussteils, bezeichne ich als *stringente Argumentation*. Sie ist der direkte Weg vom Anfang zum Ende. Das Gegenteil ist das Abschweifen. Beim Abschweifen bleiben wir auf einer Stufe unserer Argumentation stehen, kommen vom Hundertsten ins Tausendste und verlieren uns damit im Detail. Die *Vorbereitung* einer sauberen Präsentationsstruktur und das Vorstellen dieser Struktur am Anfang unserer Präsentation ist damit nur das Eine. Etwas ganz anderes und ungleich schwieriger ist es, diese Struktur auch *einzuhalten*. Denn Menschen neigen generell dazu abzuschweifen, sich also in Details zu verlieren. Es liegt in der Natur unseres Gehirns, dass wir vom Thema abkommen und unseren roten Faden verlieren. Warum ist das so?

Nobelpreisgewinner Daniel Kahneman bezeichnet unser Gehirn als *Assoziationsmaschine* (vgl. Kahneman 2012, S. 69). Wenn wir ein bestimmtes Objekt sehen, etwa ein Auto, dann werden bestimmte Vorstellungsstrukturen in unserem Gehirn aktiviert, damit wir das Auto auch geistig erfassen können. Allerdings sind es nicht nur die Auto-Strukturen, die aktiviert werden, sondern auch benachbarte Strukturen, also solche Vorstellungsinhalte, die wir mit *Auto* assoziieren: Garage, Straße, Geschwindigkeit, Stolz, Werkstatt oder Bus und Bahn (vgl. Shaw 2016, S. 73). Kahneman schreibt: „Vorstellungen, die wachgerufen wurden, lösen viele andere Vorstellungen aus, in einer sich ausbreitenden Aktivitätskaskade im Gehirn" (Kahneman 2012, S. 70). Das bedeutet, dass wir stets und ständig assoziieren bzw. unser Gehirn für uns *automatisch* Assoziationen bildet. Wenn wir also ein Auto sehen, schießen uns automatisch unzählige assoziativ damit verbundene Bilder und Gefühle ins Bewusstsein. Und wenn diese Bilder und Gefühle schon in unserem Bewusstsein sind, dann neigen wir dazu, sie auch auszusprechen.

Diese natürliche *Assoziationsfalle* führt dazu, dass wir schnell von einer stringenten Argumentation abkommen und abschweifen. Wenn wir nicht aufpassen, wissen wir irgendwann überhaupt nicht mehr, wo wir vom Weg abgekommen sind, denn auf eine Assoziation folgt die nächste und immer so weiter. „Wo war ich doch gleich?" ist die Aussage, die uns schließlich entlarvt und deutlich macht, dass wir in die Assoziationsfalle getappt sind. Das Schlimme an ihr ist, dass jeder Mensch andere Assoziationen hat, je nachdem, welche Erfahrungen er mit bestimmten Dingen gemacht hat. Wenn Sie mit *Auto* also vor allem einen *Stern* und *Unabhängigkeit* assoziieren, sind es für mich vielleicht *Staus* und der *Abgasskandal*. Unsere eigenen Assoziationen kommen uns immer vollkommen logisch vor, weil sie im Gehirn eben eng miteinander verknüpft sind. Da neuronale Verbindungen aber höchst individuell sind, kann ein anderer unseren eigenen Assoziationen womöglich überhaupt nicht folgen. Sich einer horizontalen Argumentation hinzugeben, bringt also die Gefahr mit sich, dass wir unser Publikum verlieren, weil es nicht nachvollziehen kann, wie wir vom einen zum anderen kommen.

Die Lösung für die Assoziationsfalle lautet: Schaffen Sie sich eine klare Struktur und bleiben Sie dieser treu. Je ausgefeilter unsere Struktur ist, je stärker uns vor Beginn unserer Präsentation also bewusst ist, was wir an welchem Punkt sagen wollen, desto weniger Raum entsteht, den unser Gehirn mit Assoziationen füllen könnte. Gute Planung und Vorbereitung einer Präsentation helfen also auch hier enorm weiter.

Aber natürlich spreche ich mich nicht per se *gegen* das Abschweifen aus. Es gibt gute Gründe *dafür*. Exkurse, Anekdoten, der Bericht über persönliche Erfahrungen – übers Abschweifen können wir unsere Sympathie steigern, Brüche schaffen oder unserem Publikum eine kleine Nachdenkpause gönnen. Es geht mir mehr um die Frage, wie sehr wir von Haus aus dazu neigen abzuschweifen und damit Gefahr laufen, unser Publikum zu verlieren. Je stärker das der Fall ist, desto eher sollten wir auf die Einhaltung unseres roten Fadens und auf eine saubere, stringente Argumentation achten.

Empfohlene Dosierung
Meines Erachtens kann dieses Werkzeug gar nicht hoch genug dosiert werden. Ein Präsentator, der seinem Publikum nicht vermitteln kann, wo er mit seiner Präsentation hin möchte und welchen Weg er dafür gehen wird, erfüllt eine entscheidende Grundanforderung des Präsentierens nicht. Ebenso wie einer, der sein Publikum auf dem Weg zum Ziel verliert. Da wir von Haus aus eher dazu neigen, chronologisch oder sachlogisch anstatt teleologisch zu argumentieren und dazu tendieren, vom Thema abzuschweifen, sollten wir viel Wert auf die Entwicklung, Darstellung und Einhaltung einer sauberen Struktur legen.

Eine zu hohe Dosierung dieses Werkzeuges liegt dann vor, wenn wir kaum noch über Inhalte, sondern lediglich über die Struktur unserer Präsentation sprechen. In den meisten Fällen ist es aber eher andersherum: Es wird zu wenig über Strukturen gesprochen, Inhalt wird einfach an Inhalt gereiht. Daher möchte ich Sie zu einer intensiven Nutzung dieses Werkzeuges ermuntern.

Auf einen Blick
- Damit unser Publikum dem roten Faden unserer Präsentation folgen kann und nicht inhaltlich verloren geht, sollten wir zu Beginn unsere Agenda vorstellen und immer wieder auf sie zurückkommen.
- Die Agenda sollte stringent auf das Ziel unserer Präsentation hinauslaufen, das sich aus unserem motivorientierten Nutzenversprechen ergibt.
- Bevor wir uns an die Erstellung unserer Präsentationsfolien machen, sollten wir die generelle Struktur der Präsentation einmal aufzeichnen – sei es auf einem Blatt Papier, einem Flipchart oder in einer Mind-Map-Software.
- Das Prinzip der Pyramide eignet sich hervorragend zur logischen Strukturierung von Präsentationen. Bei der Überführung der Pyramide in Folien sollten wir darauf achten, dass Breite und Tiefe unserer Argumentation separat visualisiert werden.

> - Wir neigen oft dazu, zu viele Inhalte in unsere Präsentation aufzunehmen. Um unser Publikum nicht zu überfordern, sollten wir nur solche Inhalte behandeln, die zur Erreichung unseres Ziels unmittelbar notwendig sind.
> - Unser Gehirn ist eine Assoziationsmaschine. Daher neigen die meisten Menschen dazu, vom Thema abzuschweifen. Wir sollten uns daher sehr darauf konzentrieren, unsere einmal erarbeitete Struktur während der Präsentation auch einzuhalten.

4.2.2.2 In Bildern sprechen

Abstraktes und konkretes Denken
Schließen Sie doch einmal die Augen und denken an die Sieben. Die meisten von Ihnen werden an diese Sieben denken: 7. Andere fügen vielleicht noch einen Querstrich hinzu, wiederum andere denken an diese Sieben: VII. Kaum einer stellen sich sieben Punkte (oder Zwerge) vor. Was wir beim Vorstellen der Sieben fast alle gemeinsam haben, ist, dass wir uns nicht die Sieben *an sich* vorstellen, denn das ist eine *abstrakte* Größe, sondern ein konkretes *Bild* der Sieben. Menschen denken in Bildern, denn Gehirne sind Bilder erzeugende Organe, wie es der Hirnforscher Gerald Hüther ausdrückt (vgl. Hüther 2015, S. 22 f.).

Es gibt nur wenige Menschen, die mit abstrakten Größen sicher operieren können. Am auffälligsten sind hierbei sicherlich Menschen mit sogenannten *Inselbegabungen* (auch Savant-Syndrom genannt, vgl. Birbaumer 2015, S. 217 ff.). Häufig geht eine solche Inselbegabung, also eine außerordentliche Leistungsfähigkeit in einem kleinen kognitiven Bereich, einer Insel, mit Autismus einher. Im Film *Rain Man* aus dem Jahr 1988 spiel Dustin Hoffman einen Autisten namens Raymond Babbit. Dessen Inselbegabung liegt in einer herausragenden Gedächtnisleistung, sodass er ganze Telefonbücher auswendig kennt. Außerdem ist er in der Lage, Rechenoperationen ohne Zählen auszuführen: Als einer Kellnerin in einem Café eine Schachtel mit Zahnstochern herunterfällt, reicht Raymond ein kurzer Blick auf den Boden und er sagt: „82, 82, 82". Und in der Tat waren es 246 Zahnstocher, die auf dem Boden lagen, denn es waren noch 4 in der 250er-Schachtel.

Wie gelingen solche schnellen Denkvorgänge? Inselbegabte haben offenbar einen Zugriff auf das sogenannte *Vorbewusste* (vgl. Birbaumer 2015, S. 221 ff.). Der Neurowissenschaftler Gerhard Roth unterscheidet drei Bewusstseinsebenen: das bewusste, das vorbewusste und das unbewusste System. Das bewusste System arbeitet mit konkreten Repräsentationen bedeutungsbehafteter Inhalte, also mit Bildern. Das Vorbewusste tut dies nicht (vgl. Roth 2015, S. 149). Normalerweise müssen wir vorbewusstes Wissen ins Bewusstsein befördern, es also über Bilder konkretisieren, um damit arbeiten zu können. Menschen mit einer Inselbegabung müssen dies nicht, sondern können direkt im Vorbewussten operieren. Das führt zu einem enormen Geschwindigkeitsgewinn bei gedanklichen Prozessen, sodass Raymond Babbit mit einem kurzen Blick erkennt, dass 246 Zahnstocher heruntergefallen sind.

Der Hirnforscher Niels Birbaumer ist der Auffassung, wir alle könnten unser persönliches Savantfenster weiter öffnen und damit Zugriff auf unser Vorbewusstes bekommen. Dazu schlägt er zum Beispiel Meditation oder Neurofeedback vor (vgl. Birbaumer 2015, S. 225 ff.). Allerdings sollten wir beim Präsentieren nicht davon ausgehen, dass unser Publikum einen ausgedehnten Zugriff auf sein Vorbewusstes hat. Also müssen unsere Zuhörer jeden abstrakten Gedanken, den wir formulieren, im eignen Kopf zunächst in ein konkretes Bild umwandeln. Und das hat zwei entscheidende Nachteile: Erstens kosten solche Umwandlungsprozesse viel Energie, sodass unser Publikum schneller geistig erschöpft, je abstrakter wir präsentieren. Zweitens dauert es seine Zeit, bis diese Bilder im Kopf Gestalt annehmen, woraus die Gefahr entsteht, dass wir unser Publikum verlieren, wenn wir zu schnell vorgehen. Kommt beides zusammen, kann unser Publikum uns irgendwann nicht mehr folgen, und es wird sich, egal wie spannend unser Thema eigentlich sein mag, *langweilen*. In Abschn. 4.2.2.1 hatte ich in diesem Zusammenhang von *getting bored* gesprochen. Vorbeugend gegen Langeweile hilft der Einsatz von Bildern anstelle von Text in unseren Präsentationen, da wir unserem Publikum das Nachzeichnen dieser Bilder in ihren Köpfen abnehmen.

Unterschiedliche Arten von Bildern
Der Anteil von Bildern in Präsentationen hat in den letzten Jahren – glücklicherweise – stark zugenommen. Vorreiter ist hier, wie in anderen Bereichen auch, Apple. Apple-Manager stellen Produktneuerungen des Unternehmens im Rahmen von Keynote-Präsentationen vor, die mittlerweile fast ausschließlich aus Bildern bestehen.[13] Umfangreiche Textfolien sucht man vergebens.

Nun sind Bilder nicht gleich Bilder. Es gibt eine Vielzahl unterschiedlicher Arten von Bildern, die wir in eine Präsentation einbinden können. Über die wichtigsten möchte ich einen Überblick geben:

1. Fotos: Über Fotos gelingt eine sehr starke Visualisierung, sodass Emotionen oder Einblicke in ganz konkrete Situationen vermittelt werden können. Fotos können als Aufhänger für die Interaktion mit dem Publikum dienen. Gute Fotos haben darüber hinaus einen hohen optischen Reiz und sind damit attraktiv fürs Publikum. Im Internet gibt es viele Seiten für sogenannte *Stockfotos,* also Fotos, die für vielerlei Verwendungszwecke und Anlässe auf Vorrat produziert werden. Einige sind lizenzfrei und damit kostenlos, andere sind kostenpflichtig.[14]
2. Screenshots: Eigentlich ist ein Screenshot keine Bild*art,* sondern eine Technik, um an ein bestimmtes Bild heranzukommen und dieses weiterverwenden zu können.

---

[13]Beispiele gibt es unter http://www.apple.com/de/apple-events/.
[14]Es gibt unzählige Anbieter für Stockfotos, sehr populär sind zum Beispiel istockphoto.com oder fotolia.com, wobei die Fotos hier meist kostenpflichtig sind. Eine Internetrecherche nach *kostenlosen Stockfotos* lohnt sich, weil immer mehr Anbieter gute lizenzfreie Bilder zum Download anbieten.

4.2 Materie

Mit einem Screenshot machen Sie quasi ein Foto Ihres aktuellen Bildschirmausschnittes. Das funktioniert sowohl bei Smartphones also auch bei Tablets oder Computern. Bei Windows-PCs gibt es seit Windows 9 das sogenannte *Snipping Tool,* mit dem Sie einen Bildausschnitt auswählen und in die Zwischenablage einfügen können, um ihn dann abzuspeichern und später in eine Präsentation einzusetzen.[15] Das direkte Einfügen funktioniert seit PowerPoint 2010 über den Befehl *Screenshot* im Reiter *Einfügen.* Bei Keynote funktioniert es etwas anders: Mit der Tastenkombination „cmd" + „ctrl" + „Shift" + „4" rufen Sie ein Fadenkreuz auf und können dann einen beliebigen Bildausschnitt auswählen. Dieser Bildausschnitt wird dann in die Zwischenablage kopiert und Sie können ihn in Keynote einfügen. Sie können Screenshots von Filmen, Videos oder Computerspielen machen, wenn Sie Ihrem Publikum ein Bild aus einer besonders repräsentativen Szene zeigen möchten.[16] Natürlich können Sie auch Screenshots von Computeranwendungen erstellen, zum Beispiel um deren Funktionsweise oder typische Anwendungsfehler zu erläutern. Letztlich können Sie alles, was auf Ihrem Bildschirm dargestellt wird, durch einen Screenshot für Ihre Präsentation nutzbar machen.

3. Cliparts: Hierbei handelt es sich um grafische oder zeichnerische Illustrationen, die einen Zusammenhang visualisieren sollen. Cliparts gibt es in unzähligen Varianten. Vielleicht kennen Sie die Kugelmännchen-Cliparts, bei denen knubbelige Figuren mit Kugelköpfen bestimmte Schlagworte visualisieren, zum Beispiel Teamwork, Fortschritt oder Leistung. Zur Qualität der unterschiedlichen Darstellungen möchte ich mich gar nicht auslassen, aber generell denke ich, dass Cliparts umso hilfreicher sind, je weniger klischeebehaftet sie wirken.[17]

4. Schaubilder: Über Schaubilder können Sie Zusammenhänge zwischen verschiedenen Größen visualisieren. Ein typisches Schaubild sind etwa unsere drei Hirnebenen aus Abb. 2.2. Solche Schaubilder lassen sich wunderbar mit PowerPoint oder Keynote erstellen und stellen für mich eine der wichtigsten Eigenschaften einer Präsentationssoftware dar: Durch die Nutzung von Formen, Pfeilen, Linien und Textfeldern können wir fast jeden Zusammenhang verdeutlichen.

5. Diagramme: Diagramme sind Schaubilder, die einer Visualisierung von Daten oder anderen quantitativen Größen dienen. Wahlergebnisse etwa werden uns nicht nur in Prozentzahlen, sondern auch in Balken präsentiert, damit wir die Relationen der Ergebnisse zueinander besser abschätzen können. Oft geht es so weit, dass wir der grafischen Aussage mehr Beachtung schenken als der dahinter liegenden quantitativen,

---

[15]Alternativ können Sie über die Taste „Druck" auf Ihrer Tastatur einen Screenshot erstellen und diesen dann in eine Präsentation einfügen und so zuschneiden, dass nur der Ausschnitt übrig bleibt, den Sie zeigen wollen. Die Alternative auf einem Mac ist das Drücken von *Apfeltaste + Shift + 3.*

[16]Wobei Sie natürlich die Urheberrechte beachten müssen.

[17]Unter openclipart.org finden sich viele kostenlose Cliparts, allerdings funktioniert die Suche nur auf Englisch.

wodurch wir Diagramme falsch interpretieren (vgl. hierzu Krämer 2008). Das zeigt, dass Diagramme sehr gut dazu geeignet sind, unsere Gedanken zu steuern. Die wichtigsten sind wohl die Balken-, Torten- und Liniendiagramme. Sie können diese direkt in PowerPoint oder Keynote erstellen oder aber in Excel oder Numbers eine Tabelle anlegen und diese dann als Grafik in Ihre Präsentation einfügen.

6. Tabellen: Letztlich weisen Tabellen den geringsten Visualisierungsgrad aller Bilder auf. Sie dienen dazu, Daten nach Kriterien oder Kategorien zu ordnen. Aber allein dieser Schritt ist enorm hilfreich, um die Nachvollziehbarkeit zu steigern, allerdings nur, wenn eine Tabelle logisch strukturiert und nicht überladen ist.

Von den sechs genannten Arten von Bildern kommen meist nur Fotos ganz ohne Text aus. Und selbst hier ist es manchmal hilfreich, ein Schlagwort auf oder unter ein Foto zu schreiben. Je weiter wir in der Auflistung der Bilder nach unten gehen, desto geringer ist der Visualisierungsgrad und desto mehr Text ist notwendig, um die zu visualisierenden Inhalte verständlich zu machen. Es geht mir also nicht darum, ganz auf Text zu verzichten, sondern darum, so viel Text wie möglich durch geeignete Visualisierungen zu ersetzen. Auf welche Art der Visualisierung wir setzen, hängt letztlich von den Gedanken ab, die wir vermitteln wollen. Aber für beinahe jeden Gedanken gibt es ein passendes Bild.

▶ Sprechen Sie so oft wie möglich in Bildern, so erleichtern Sie Ihrem Publikum das Eindenken in Ihre Ideen.

Von Bildern zu Filmen
Wann entstehen aus Bildern Filme? Wenn Sie als Kind ein Daumenkino besessen haben, dann wissen Sie es: Laufen mehrere Bilder schnell hintereinander ab und verändert sich von Bild zu Bild nur ein Teil, sehen wir einen Film. Je schneller das Daumenkino läuft, desto „ruckelfreier" läuft auch der Film. Ab ca. 30 Bildern pro Sekunde erkennt unser Gehirn nicht mehr, dass es sich um Einzelbilder handelt, und der Film läuft absolut flüssig. Deswegen nehmen die meisten Camcorder oder Kameras Videos standardmäßig mit 24 bis 30 fps (frames per second oder Bilder pro Sekunde) auf. Es werden also in einer Sekunde zwischen 24 und 30 Einzelbilder geschossen, die wir zum Beispiel in einem Videoschnittprogramm Bild für Bild ansehen können. Damit ist jedes Video eigentlich nichts anderes als ein Daumenkino.

Um Geschichten zu erzählen, sind Filme noch besser geeignet als einzelne Bilder. Denn es sind Geschichten, die uns besonders gut im Gedächtnis bleiben, viel besser als blanke Daten und Fakten. Der Grund ist, dass Geschichten in der Regel emotional aufgeladen sind und Emotionen unserem Gehirn das Speichern und Erinnern von Informationen maßgeblich erleichtern (vgl. Roth 2015, S. 206 ff.).

Führt diese Erkenntnis nun dazu, dass wir unserem Publikum nur noch Bilder, besser noch ganze Filme zeigen? Sicherlich nicht, denn wenn Sie sich an meine Definition vom Präsentieren erinnern, geht es ja immer darum, eine Idee von *Mensch* zu *Mensch* zu

4.2 Materie

vermitteln. Ich halte es für absolut sinnvoll, Filme oder Filmausschnitte in Präsentationen einzubinden, egal ob zu Präsentationsbeginn oder im weiteren Verlauf der Präsentation. Das Einbinden von Videos in Präsentationen ist technisch kein Problem mehr,[18] egal welche Präsentationssoftware wir verwenden. Ohne viel Aufwand wird ein Film oder Filmausschnitt Teil unsere Präsentation, ohne dass wir zwischen verschiedenen Programmen hin- und herschalten müssen. Aber natürlich können uns Filme ebenso wie Bilder lediglich dabei unterstützen, unsere Präsentationsziele zu erreichen. Sie können uns aber *niemals* ersetzen.

Empfohlene Dosierung
Generell darf dieses Werkzeug ruhig hoch dosiert werden, denn die Verwendung von Bildern und zum Teil auch Filmen macht es unserem Publikum leichter, uns zu folgen. Gleichzeitig steigern wir den Unterhaltungsgrad unserer Präsentation, sodass sich unser Publikum nicht langweilt. Besonders wichtig ist mir aber, dass es nicht um den Einsatz von Bildern *zusätzlich* zu Text geht, sondern *anstelle von* Text. Überlegen Sie also für jede einzelne Folie ganz genau, ob Sie Text einsetzen müssen oder nicht vielleicht doch irgendeine Form eines Bildes, gerne mit ergänzendem Text, einsetzen können. Die empfohlene Dosierung lautet also: weniger Text, mehr Bilder.

Natürlich gibt es immer wieder Präsentationsanlässe, bei denen zu viele Bilder störend wirken würden, etwa bei Präsentationen vor der Geschäftsführung oder vor einem potenziellen Kunden. Aber auch hier ist der Einsatz von Bildern nicht rundherum abzulehnen. Vielleicht hilft Ihnen in einem solchen Fall Folgendes: Überlegen Sie zunächst, welche Art der Darstellung Sie normalerweise nehmen würden: Text, eine Tabelle, ein Diagramm, ein Schaubild, ein Clipart, einen Screenshot, ein Foto. Versuchen Sie nun, einen Visualisierungsgrad höher zu verwenden, also eine Tabelle statt Text oder einen Film statt eines Fotos. So können Sie sicherstellen, dass Sie es mit der Bildhaftigkeit nicht übertreiben und trotzdem unterhaltsam präsentieren.

Auf einen Blick
- Menschen können grundsätzlich besser in konkreten als in abstrakten Dimensionen denken. Das sollten wir bei unserer Foliengestaltung berücksichtigen und unsere Aussagen durch Bilder unterstützen.
- Es gibt verschiedene Arten von Bildern: Fotos, Scenshots, Cliparts, Diagramme, Schaubilder oder Tabellen. Um sie vollständig verständlich zu machen, müssen wir sie mehr oder weniger intensiv durch Text unterlegen.
- Neben Einzelbildern eigenen sich auch Filme in Form von Clips oder Videoausschnitten, um Inhalte konkret und leicht vorstellbar zu vermitteln.

---

[18]Auch wenn etwaige Urheberrechte natürlich zu berücksichtigen sind.

4.2.2.3 Längen meistern

In Hits denken

Wenn uns unsere Zuhörer aufmerksam folgen, dann verrichten ihre Gehirne Höchstleistungen (vgl. Roth 2015, S. 344): Kurzzeit- und Arbeitsgedächtnisse haben die Aufgabe, das Gehörte, Gelesene und das ansonsten visuell Wahrgenommene zu einem sinnvollen Ganzen zusammenzusetzen. Dazu müssen Vorerfahrungen und Vorwissen aus dem Langzeitgedächtnis abgerufen werden. Dieser Vorgang ist extrem energieintensiv, weswegen ein Gehirn nur wenige Minuten am Stück mit voller geistiger Kapazität arbeiten kann und dabei schnell ermüdet, was ich als *getting tired* bezeichnet hatte. Schon nach kurzer Zeit ist daher eine geistige Pause nötig, damit sich die am Denken beteiligten Hirnareale erholen können. Diese Pausen müssen mit fortschreitender Präsentationsdauer tendenziell länger werden, damit ein Gehirn seine volle Denkkapazität zurückerlangen kann. Und irgendwann, das kennen wir alle, geht es dann gar nicht mehr: Unsere Aufmerksamkeit ist so gering geworden, dass jeder weiteren Information der Weg ins Gehirn verschlossen bleibt.

Optimal geeignet für jeden Zuhörer sind kleine inhaltliche Häppchen à ca. 5 min. Diese Häppchen nenne ich *Hits*. Nach jedem Hit sollten wir unserem Publikum eine kleine gedankliche Pause gönnen, sodass sich das Arbeitsgedächtnis kurz entspannen kann. Bevor wir dann zum nächsten Hit übergehen, bietet es sich an, einmal in die Augen unseres Publikums zu blicken und uns zu fragen, ob unser Gedanke auch angekommen ist. Wenn Sie diesbezüglich unsicher sind, Fragen Sie Ihr Publikum einfach, so wie ich es beim Werkzeug *gute Fragen stellen* vorgestellt habe. Erst wenn wir uns sicher sind, dass unser Gedanke verstanden wurde, gehen wir zum nächsten Hit über.

▶ Machen Sie nach jedem Hit eine kurze Pause: Halten Sie inne, schauen Sie Ihrem Publikum in die Augen und erfragen Sie im Zweifel, welche Unklarheiten es gibt.

Hits sind die kleinsten inhaltlichen Blöcke. Mehrere Hits, ca. fünf bis sechs, ergeben ein *Break*. Damit dauert ein Break ca. 30 min. Ein Break ist gut geeignet, um einen geschlossenen inhaltlichen Gedankengang vorzustellen, dessen Argumentationsverlauf sich über die einzelnen Hits ergibt.

Die Pause am Ende eines Breaks sollte deutlich länger sein als die nach einem Hit. In dieser Pause sollten wir auf jeden Fall klären, ob unser Publikum Fragen zu unseren bisherigen Ausführungen hat. Außerdem können wir uns einen Moment Zeit nehmen, um uns auf unser nächstes Break gedanklich vorzubereiten.

Mehrere Breaks, in der Regel drei, ergeben einen *Frame*. Ein Frame dauert damit ca. 90 min. Am Ende eines Frames sollte auf jeden Fall eine längere Pause erfolgen, in der sich die Zuhörer erfrischen und mit Getränken versorgen (oder eine Zigarette rauchen) können.

4.2 Materie

Für den Fall, dass Ihre Präsentationsdauer insgesamt zwei Stunden beträgt, bietet es sich an, zwei Frames à rund 60 min zu planen. Beide bestehen dann aus jeweils zwei Breaks. Wenn Sie ganztägige Präsentationen, zum Beispiel Trainings halten, ist es sinnvoll, die Frames am Nachmittag aus weniger Breaks aufzubauen als am Vormittag. Schließlich nimmt das Aufmerksamkeitspotenzial des Publikums trotz sinnvoller Pausen im Tagesverlauf kontinuierlich ab.

Schließlich ergeben mehrere Frames, in der Regel zwei, ein *Interval*, also einen halben Tag. Daher können wir maximal zwei Intervals pro Tag verplanen. Daraus ergeben sich damit maximal 72 Hits (vgl. Abb. 4.6).

Natürlich ist es relativ unwahrscheinlich, dass wir eine ganztägige Präsentation auf fünf Minuten genau timen können, sodass wir mit unserem letzten geplanten Hit exakt um 16:30 Uhr fertig werden. Schließlich geht es beim exzellenten Präsentieren immer auch darum, das Publikum aktiv einzubinden, um über einen längeren Zeitraum hinweg den Kanal zu den Zuhörern offen zu halten. Aber die dafür notwendige Flexibilität ersetzt nicht die *saubere zeitliche Planung* im Vorfeld. Ob wir diese dann zu 100 % einhalten oder flexibel Anpassungen vornehmen, weil der Präsentationsverlauf es verlangt, ist dann eine andere Sache.

Uhrzeit	Hits	Break	Frame	Interval	Tag
09:00	3	1			
09:15	3				
09:30	3	1	1		
09:45	3				
10:00	3	1			
10:15	3				
10:30		Pause		1	
10:45	3	1			
11:00	3				
11:15	3	1	1		
11:30	3				
11:45	3	1			
12:00	3				
12:15					
12:30		Pause			1
12:45					
13:00	3	1			
13:15	3		1		
13:30	3	1			
13:45	3				
14:00		Pause			
14:15	3	1			
14:30	3		1	1	
14:45	3	1			
15:00	3				
15:15		Pause			
15:30	3	1			
15:45	3		1		
16:00	3	1			
16:15	3				
Summe	72	12	5	2	1

Abb. 4.6 Möglicher zeitlicher Aufbau einer Tagespräsentation

Denken Sie bitte noch einmal zurück an unsere Werkzeuge *Strukturen schaffen* (Abschn. 4.2.2.1) und *In Bildern sprechen* (Abschn. 4.2.2.2). Wenn ich die Inhalte aus beiden Werkzeugen betrachte, ergibt sich folgende Reihenfolge der Präsentationsvorbereitung:

1. Präsentationsziel festlegen
2. Inhalte der Präsentation nach dem Prinzip der Pyramide strukturieren
3. Aus der Pyramide eine sinnvolle Agenda ableiten
4. Folieninhalte möglichst bildhaft gestalten.

Diese Herangehensweise berücksichtigt noch nicht unser Planen in Hits, Breaks, Frames und so weiter, sodass ich im Folgenden beides zusammenführen möchte.

Entspannungspassagen und Chilis
Ein *Hit* ist ein inhaltliches Häppchen, so habe ich es eben definiert. Wenn wir nun dem Umstand Rechnung tragen wollen, dass das Aufmerksamkeitspotenzial unseres Publikums mit zunehmender Präsentationsdauer nicht gleichbleibt, sondern abnimmt, können wir nicht jeden Hit gleich anspruchsvoll gestalten. Vielmehr muss auf ein denkintensives Häppchen ein Hit folgen, der weniger denkintensiv ist, sodass unser Publikum etwas Zeit zum geistigen Durchschnaufen hat (vgl. Roth 2015, S. 146). Solche Hits möchte ich *Entspannungspassagen* nennen. Daneben möchte ich von *Chilis* sprechen. Das sind Hits, mit denen wir die schwindende Aufmerksamkeit des Publikums zurückholen, denn sie sind besonders unterhaltsam, abwechslungsreich oder aktivierend.

Damit gibt es insgesamt drei Arten von Hits: normale Hits, Entspannungspassagen und Chilis. Der Unterschied zwischen Entspannungspassagen und Chilis besteht darin, dass die Aufmerksamkeitsanforderungen in Entspannungspassagen deutlich geringer sind als bei Chilis. Entspannungspassagen dienen zum geistigen Relaxen. Chilis hingegen setzen intensive Reize und sind damit hirnphysiologisch durchaus anspruchsvoll. Sie sollen wach rütteln und gedankliche Prozesse wieder in Schwung bringen. Damit sind Chilis eigentlich das Gegenteil von Entspannungspassagen. Bezogen auf normale Hits sollen Entspannungspassagen die geistige Aktivität also drosseln, wohingegen Chilis sie erhöhen sollen.

Wie stehen diese drei Arten von Hits nun zueinander im Verhältnis? Sollte auf einen normalen Hit immer eine Entspannungspassage und dann eine Chili folgen? Oder kommt erst die Chili und dann die Entspannungspassage? Nun, so pauschal lässt sich keine Reihenfolge bilden. Vielmehr ist es sinnvoll, dass wir zunächst überlegen, welche Hits sich aus unserer Pyramide ergeben und wie wir diese auf unseren Folien gestalten wollen (vgl. 1. in Abb. 4.7). Dabei kann es sein, dass ein Hit auch genau einer inhaltlichen Folie entspricht. Allerdings werden wir wohl in den meisten Fällen zwei oder drei Folien pro Hit benötigen, wenn wir die Folien nicht überladen wollen. Anschließend überlegen wir *für jeden Hit einzeln,* ob wir diesen durch eine Chili *ergänzen* sollten, weil uns unser Publikum ansonsten bei unserem Gedanken womöglich nicht folgen kann

4.2 Materie

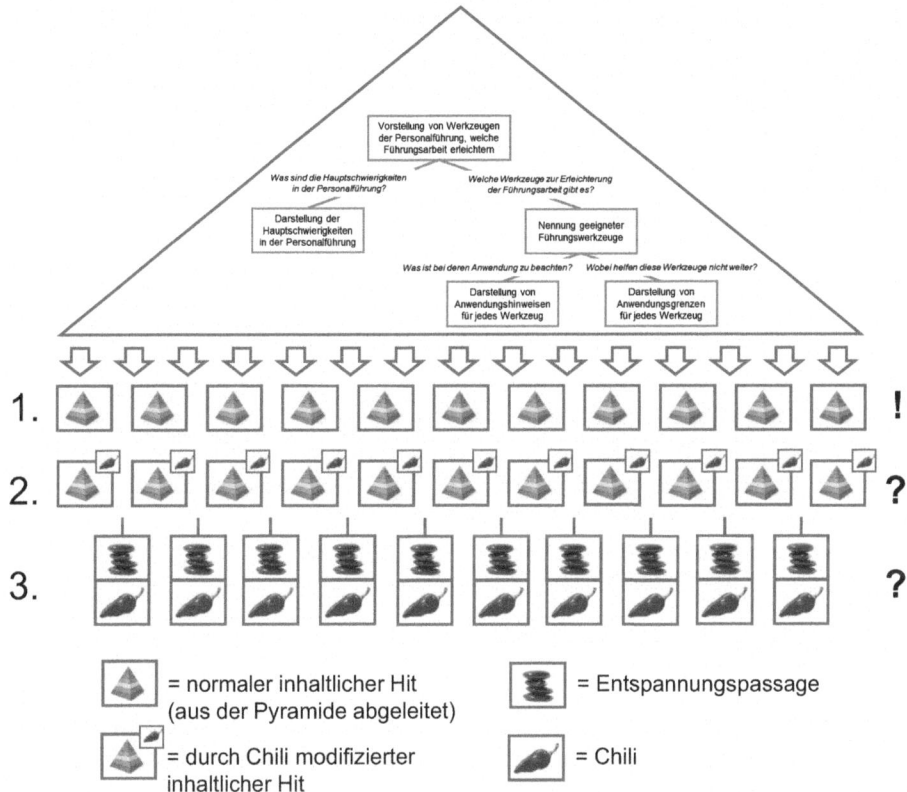

Abb. 4.7 Gestaltung von Hits ausgehend von der Pyramidenstruktur

(vgl. Nr. 2 in Abb. 4.7). Schließlich überlegen wir ebenfalls *für jeden Hit einzeln,* ob wir *im Anschluss* an diesen Hit zusätzlich eine Entspannungspassage oder eine Chili einbauen sollten, um dem aktuellen Aufmerksamkeitsgrad unseres Publikums gerecht zu werden.

Im Ergebnis führen diese Überlegungen zu einer Art *Ablaufplan* unserer Präsentation (vgl. Abb. 4.8): Wir haben auf Ebene der Hits, also in ca. Fünf-Minuten-Bausteinen, unsere Präsentation inhaltlich geplant und unterscheiden dabei in normale inhaltliche Hits, durch Chili modifizierte Hits, Entspannungspassagen und Chilis. Darüber hinaus wissen wir, welche Art von Pause wir zum Abschluss eines jeden Hits, Breaks oder Frames machen werden. In einem Tabellenkalkulationsprogramm, zum Beispiel Excel oder Numbers, können wir uns diesen Ablaufplan anlegen und auf dieser Basis dann Hit für Hit unsere Präsentation planen.

Bevor ich gleich zur inhaltlichen Gestaltung von Entspannungspassagen und Chilis komme, noch ein Kommentar zum Unterschied dieser beiden zum Werkzeug *Brüche schaffen* Abschn. 3.2.2.1), das ja einen ähnlichen Zweck hat. Er besteht zum einen darin,

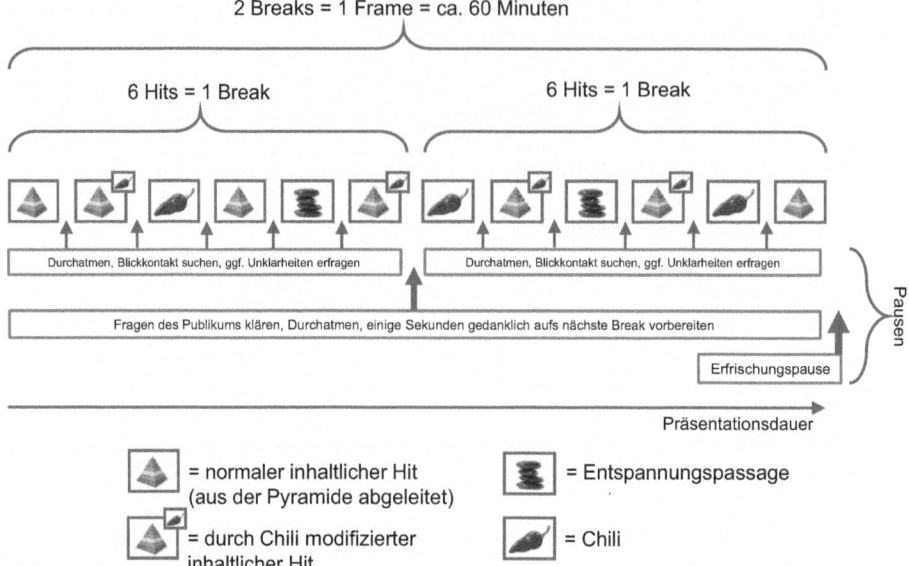

Abb. 4.8 Ablaufplan auf Basis von Hits und Pausen

dass wir Brüche relativ *spontan* schaffen, nämlich immer dann, wenn die Augen unseres Publikums uns sagen, dass der einmal geöffnete Kanal zusammenzubrechen droht. Entspannungspassagen und Chilis sind *geplant* und werden damit nicht spontan eingesetzt. Sie folgen damit einem Grundsatz von Rudi Carrell: „Wer ein Ass im Ärmel haben will, muss erstmal eines hineinstecken." Zum anderen geht es beim *Brücheschaffen* eher um unsere Sprache, Mimik, Gestik und Achsenhaltung, unsere Bewegung im Raum oder den Einsatz von Medien, also weniger um den Inhalt unserer Präsentation. Dieser ist bei Entspannungspassagen und Chilis jedoch essenziell, nämlich die Aufbereitung unserer Inhalte passend zum zu erwartenden Aufmerksamkeitspotenzial unseres Publikums. Es handelt sich also um zwei Werkzeuge, die dasselbe Ziel verfolgen, aber an verschiedenen Punkten ansetzen, um dieses Ziel zu erreichen.

Inhaltliche Gestaltung von Entspannungspassagen und Chilis
Auch wenn Entspannungspassagen und Chilis den Zweck haben, dem wechselnden Aufmerksamkeitsniveau unseres Publikums gerecht zu werden, sollten beide doch immer einen *inhaltlichen Bezug* zu unserer Präsentation haben, da wir ansonsten nicht mehr unserer teleologischen Argumentationstechnik folgen. Folgende Beispiele (vgl. Tab. 4.2) eigenen sich grundsätzlich als Entspannungspassen bzw. Chilis, allerdings sollten wir vor dem Hintergrund unserer Präsentation stets kritisch überprüfen, ob bzw. wie ein inhaltlicher Bezug zur unserer Idee hergestellt werden kann.

Mehrere der genannten Beispiele kommen sowohl als Entspannungspassage als auch als Chilis infrage. So kommt es bei der Einbindung von Videos etwa darauf an, welchen

Tab. 4.2 Beispiele für Entspannungspassagen und Chilis

Entspannungspassagen	Chilis
Einbindung von Bildern und Videos, je nach Art eher Entspannungspassage oder Chili	
Storytelling, je nach Art eher Entspannungspassage oder Chili	
Einbindung von Objekten, je nach Art eher Entspannungspassage oder Chili	
Nutzung von Humor, je nach Art eher Entspannungspassage oder Chili	
Durchführung von Einzel- oder Gruppenübungen, je nach Art eher Entspannungspassage (einfache Übungen, Diskussionsrunden oder einfache Quiz) oder Chilis (Fallstudien, Rechenaufgabe)	
Meinungsaustausch oder Diskussion	Diskussion einer Streitfrage oder provokanten These, Aufruf zur kritischen Reflexion
Wiederholungen	Besonderer Medieneinsatz (zum Beispiel PINGO über Smartphone oder Nutzung einer Twitterwall)
Bewusstes Strecken von Inhalten über mehrere Folien mit viel Bildunterstützung	Besondere grafische Aufbereitung von Inhalten, ggf. abweichend von der bisherigen Darstellungsart
Nutzung vereinfachender didaktischer Mittel: Analogien, historische Ereignisse, Geschichten aus dem Leben mit viel Bildunterstützung	Übertreibung und Dramatisierung: Nutzung besonders ergreifender Beispiele oder Geschichten mit viel Bildunterstützung (zum Beispiel aus der Presse)
	Abgabe des Rederechts an einen oder mehrere Zuhörer
	Darstellung von Statistiken, Studienergebnissen oder sonstigen wissenschaftlichen Erkenntnissen

Zweck das Video verfolgt, also ob es eher wach rütteln oder eher beim geistigen Durchatmen helfen soll.

Auf zwei der genannten Beispiele werde ich im weiteren Verlauf noch eingehen, nämlich das Storytelling und die Einbindung von Objekten, auch wenn ich beides schon kurz angeschnitten habe.

Das in der Tabelle angesprochene *PINGO* ist eine gute Möglichkeit, das Publikum aktiv in unsere Präsentation einzubinden, insbesondere wenn das Publikum relativ groß ist.[19] Auch Twitterwalls eignen sich hierzu. Dabei handelt es sich um Monitore oder andere Darstellungsflächen, auf denen Tweets zu unserer Präsentation angezeigt werden, wenn zuvor ein Hashtag vergeben wurde. Über die Twitterwall können dann Fragen gestellt oder Kommentare abgegeben werden.

Zum Abschluss dieses Werkzeugs möchte ich noch einmal den Unterschied zwischen einer Chili und einem durch eine Chili modifizierten Hit eingehen. Beides klingt ähnlich,

---

[19] Vgl. hierzu die Webseite www.trypingo.com der Universität Paderborn.

unterscheidet sich aber in einem wichtigen Punkt. Grundsätzlich nehmen wir eine Chili, ebenso wie eine Entspannungspassage, *zusätzlich* zu den aus unserer Pyramide abgeleiteten Hits in unsere Präsentation auf. Bei einem durch Chili modifizierten Hit verwenden wir Bestandteile einer Chili, zum Beispiel ein knackiges Zitat, überraschende Aspekte einer Statistik, ein besonders betrachtenswertes Bild oder eine grafische Variante in der Darstellung unserer Folien, um die Attraktivität eines *direkt* aus der Pyramide *abgeleiteten* Hits zu steigern. Oftmals reicht diese Modifikation schon aus, um die Aufmerksamkeit unseres Publikums zu erhalten oder zurückzugewinnen, sodass keine eigenständige Chili notwendig ist.

Empfohlene Dosierung
Wie die anderen Werkzeuge zur Dramaturgie sollte auch dieses Werkzeug hoch dosiert werden. Es gibt viel zu viele Präsentationen, bei deren Vorbereitung sich die Präsentatoren keine Gedanken über den zu erwartenden Aufmerksamkeitsverlauf ihrer Zuhörer machen. Die Aufmerksamkeit ist dann schon längst massiv gesunken, wenn die wichtigen inhaltlichen Gedanken kommen. Also tun Sie Ihrem Publikum einen Gefallen und überlegen Sie schon während der Präsentationsvorbereitung, was Sie zu welchem Zeitpunkt vorstellen wollen und ob dabei der Einsatz von Entspannungspassagen oder Chilis sinnvoll ist.

Auch möchte ich mich dafür aussprechen, eine Präsentation auf Ebene von Hits, also in Fünf-Minuten-Blöcken zu erstellen. Fassen Sie gerne zwei oder drei Hits zusammen, wenn Sie absehen können, dass die Vorstellung eines bestimmten Gedankens mehr als fünf Minuten dauern wird. Aber kehren Sie in einem solchen Fall immer wieder auf die Ebene einzelner Hits zurück, um für die *Gesamtdauer* Ihrer Präsentation das Aufmerksamkeitspotenzial Ihres Publikums zu würdigen. Und: Je kürzer Ihre Präsentation ist, desto stärker sollten Sie auf Basis *einzelner* Hits planen, je länger sie dauert, desto öfter können Sie mehrere Hits *zusammenfassen*.

Davon ausgehend, dass der Aufmerksamkeitsgrad unseres Publikums mit zunehmender Präsentationsdauer abnimmt, sollten Sie insbesondere zum Ende Ihrer Präsentation hin mehr inhaltliche Hits mit Chilis modifizieren oder Entspannungspassagen und Chilis einbauen. Außerdem sollten auf inhaltliche Hits dann Entspannungsphasen oder Chilis folgen, wenn inhaltliche Hits *besonders anspruchsvoll sind*.

Auf einen Blick
- Da die Aufmerksamkeit unserer Zuhörer begrenzt ist, sollte wir unsere Inhalte in Fünf-Minuten-Pakete verpacken, die ich Hits nenne.
- Nach jedem Hit sollten wir mit einem Blick in unser Publikum prüfen, ob unsere Zuhörer unseren Gedanken nachvollziehen konnten.
- Aus Hits ergeben sich Breaks, mehrere Breaks ergeben einen Frame, Frames können zu Intervals zusammengefasst werden, die wiederum einen Tag ergeben.

> - Neben normalen Hits gibt es Entspannungspassagen und Chilis. Erstere sollen unserem Publikum eine geistige Pause verschaffen, Letztere sollen die Aufmerksamkeit unserer Zuhörer zurückholen.
> - Chilis und Entspannungspassagen sollten immer einen inhaltlichen Bezug haben, auch wenn sie hauptsächlich zur Aufmerksamkeitssteigerung bzw. geistigen Entspannung dienen.

4.2.2.4 Schlusspunkt setzen

Es gibt keine zweite Chance für einen guten letzten Eindruck
Zu Beginn dieses Kapitels habe ich darauf hingewiesen, dass ich den Schluss einer Präsentation nicht in einem eigenen Abschnitt, sondern als einen Teil der *Dramaturgie* betrachte. Das liegt hauptsächlich daran, dass der Schluss einer Präsentation einen deutlich stärkeren inhaltlichen Bezug aufweist als die Eröffnung. Denn während der Eröffnung sind noch kaum inhaltliche Aspekte unserer Präsentation bekannt, sodass wir hierauf auch keinen Bezug nehmen könnten. Dabei war eine meiner ersten Aussagen in diesem Kapitel: „Es gibt keine zweite Chance für einen guten ersten Eindruck." Zu ihr stehe ich nach wie vor, aber es gibt eben auch keine zweite Chance für einen guten *letzten* Eindruck.

Bei der Darstellung der verhaltenspsychologischen Grundlagen des exzellenten Präsentierens habe ich auf einen typischen menschlichen Bewertungsfehler hingewiesen: die Höchststand-Ende-Regel. In der nachträglichen Bewertung von Ereignissen sind nicht alle gesammelten Eindrücke gleich wichtig. Der *intensivste* und der *letzte* Eindruck sind maßgeblich für die Gesamtbewertung – Höchststand und Ende sind entscheidend. Da wir über den Einsatz unserer Chilis beeindruckende Höchststände erzeugt haben, geht es mir nun darum, einen überzeugenden Schlusspunkt zu setzen, der allen Zuhörern im Gedächtnis bleibt. Dazu können wir drei Dinge tun:

1. Top-Aussagen zusammenfassen,
2. Nutzenversprechen aufgreifen und ggf. Feedback einfordern,
3. einen starken letzten Satz abgeben.

Top-Aussagen zusammenfassen
Der Neurowissenschaftler Gerhard Roth schreibt: „Wiederholung ist das A und O des Lernens. Mit Ausnahme stark emotionaler Geschehnisse, die meist ungesteuert ins Gedächtnis eindringen, wird nichts mit einem Mal oder auch nur mit zwei Malen gelernt" (Roth 2015, S. 348). Damit unsere Idee also nachhaltig im Kopf unseres Publikums verankert wird, sollten wir nicht nur im Laufe der Präsentation immer wieder kurze Zusammenfassungen machen, sondern vor allem zum Ende hin die Top-Aussagen zusammenfassen. *Wie viele* das sind, ist nicht ganz einfach zu sagen, denn je nach Art und Umfang einer Präsentation gibt es eben mehr oder weniger wichtige Aussagen, die

eine Aufnahme in die finale Zusammenfassung verdient hätten. Daher möchte ich zur Klärung dieser Frage eine der am häufigsten zitierten psychologischen Untersuchungen überhaupt heranziehen. Sie stammt von George Miller aus dem Jahr 1956: Das Arbeitsgedächtnis eines Erwachsenen sei lediglich in der Lage, *sieben* Informationseinheiten gleichzeitig aufzunehmen – je nach Individuum bis zu zwei mehr oder weniger (vgl. Shaw 2016, S. 7).[20] Neuere Untersuchungen kommen zum Ergebnis, dass Erwachsene im Durchschnitt lediglich *dreieinhalb* Informationseinheiten gleichzeitig behalten können (vgl. Roth 2015, S. 155). Wenn Sie also Ihre Top 5 zusammenfassen, werden Sie damit wahrscheinlich bereits einen Teil Ihres Publikums überfordern. Ich empfehle Ihnen daher Ihre Top 3 (plus 2 bei längeren Präsentationen) in Ihre finale Zusammenfassung aufzunehmen.

Durch die Begrenzung der letzten Zusammenfassung auf die drei bis fünf wichtigsten Punkte müssen wir uns bei der Vorbereitung unserer Präsentation noch einmal intensiv mit der Frage auseinandersetzen, was denn überhaupt die wichtigsten Gedanken oder Erkenntnisse unserer Präsentation sind. Das schärft die Sensibilität für unsere Idee, denn durch die intensive Auseinandersetzung mit unserer Materie werden wir alle manchmal etwas „betriebsblind".

Die Top-Aussagen fassen wir dann optimalerweise auf einer Folie zusammen – wenn es geht natürlich möglichst bildhaft, so erleichtern wir unserem Publikum das Einprägen der wichtigsten Aussagen. Die Vorstellung dieser Punkte erfolgt vom Präsentationsspot aus, wenn wir eine Präsentationssoftware einsetzen, oder vom Erklärungsspot aus, wenn wir die Top-Aussagen auf einem Flipchart darstellen möchten. Bei der Verwendung eines Flipcharts ist es ratsam, rechtzeitig ein Blatt mit den Top-Aussagen vorzubereiten, damit wir uns rein auf die Vorstellung der wichtigsten Punkte konzentrieren können und uns nicht mehr mit deren Darstellung aufhalten müssen.

Nutzenversprechen aufgreifen
Der zweite Baustein des Schlussteils ist das Aufgreifen unseres motivorientierten Nutzenversprechens. „Erinnern Sie sich noch an das Versprechen, das ich Ihnen zu Beginn meiner Präsentation gegeben habe?" ist eine Frage, mit der wir diesen Baustein einleiten können. Gehen Sie dazu auf den Sweet Spot, schalten Sie Ihre Präsentation aus und treten Sie in den Dialog mit Ihrem Publikum.

Hinsichtlich der Erfüllung eines Nutzenversprechens gibt es nun zwei Varianten. Auf der einen Seite kann es sein, dass seine Erfüllung allein *in unserer Hand* liegt. Dann ist es auch ausschließlich an uns, das Nutzenversprechen zu erfüllen und seine Erfüllung für unser Publikum nachvollziehbar zu machen. Auf der anderen Seite kann es sein, dass die

---

[20]Die *Sieben plus/minus Zwei* wird daher auch als Millersche Zahl bezeichnet. Miller bezeichnet Informationseinheiten als *Chunks*. Die Zahl 2 kann eine Informationseinheit darstellen, ebenso wie die Zahl 24 oder 375. Gedächtniskünstler versuchen daher, so viele unterschiedliche Zahlenkombinationen wie möglich als Chunks zu abzuspeichern und diese dann auch noch mit Bildern zu belegen (vgl. Stenger 2014, S. 228 f.).

Erfüllung unseres Nutzenversprechens teilweise oder gänzlich von der *Bewertung des Publikums* abhängt. Dann müssen wir natürlich zunächst unser Publikum fragen, ob das Nutzenversprechen *aus seiner Sicht* erfüllt wurde. Zu beiden Varianten möchte ich je ein Beispiel geben:

1. „Ich verspreche Ihnen, dass Sie bis heute Abend mindestens drei neue Werkzeuge kennengelernt haben, die Ihnen die Arbeit als Führungskraft erleichtern."
2. „Innerhalb der nächsten 120 min zeige ich Ihnen, wann die Selbstführung gegenüber der Fremdführung vorzuziehen ist und mit welchen fünf Maßnahmen Sie Ihre Mitarbeiter bei der Selbstführung unterstützen können."

Die Erfüllung des ersten Nutzenversprechens liegt *nicht* vollständig in unserer Hand. Vielmehr ist es am Publikum zu bewerten, ob unter den von uns vorgestellten Werkzeugen mindestens drei neue waren. Die Erfüllung des zweiten Nutzenversprechens hingegen liegt allein in unserer Hand. Es gibt keinen Bewertungsspielraum wie beim ersten. Damit ist das erste Nutzenversprechen deutlich riskanter als das zweite, weil wir uns niemals hundertprozentig sicher sein können, es auch für alle Zuhörer wirklich erfüllen zu können.

Egal, auf welche Art von Nutzenversprechen wir setzen, wir sollten es zum Schluss unserer Präsentation auf jeden Fall noch einmal aufgreifen. Dazu können wir es noch einmal auf einer Folie oder einem Flipchart visualisieren und stellen uns dazu auf den Präsentations- (bei Nutzung einer Software) bzw. Erklärungsspot (bei Nutzung eines Flipcharts). Für den Fall, dass es sich um ein selbsterfüllbares Nutzenversprechen handelt, also eines, dessen Erfüllung wir vollständig in der Hand haben, legen wir für unser Publikum nun nachvollziehbar dar, *warum* wir der Auffassung sind, das Nutzenversprechen erfüllt zu haben. Dazu brauchen wir keine weitere Folie bzw. kein weiteres Flipchart, unsere mündlichen Ausführungen reichen aus.

Für den Fall, dass wir *kein* selbsterfüllbares Nutzenversprechen abgegeben haben, gehen wir in den Dialog mit unserem Publikum – und zwar vom Sweet Spot aus. Dort überprüfen wir die Erfüllung des Nutzenversprechens, indem wir unsere Zuhörer hierzu befragen. Bei guter Vorbereitung unserer Präsentation ist die Wahrscheinlichkeit groß, dass wir unser Versprechen auch halten konnten.

Wenn wir die Erfüllung unseres Nutzenversprechens überprüft haben, ist der Zeitpunkt gekommen, an dem wir von unserem Publikum Feedback einfordern können. *Wie* wir das machen können, habe ich beim Werkzeug *Gute Fragen stellen* (Abschn. 3.2.3.1) beschrieben. *Ob* wir ein Feedback einholen sollten, hängt von verschiedenen Faktoren ab. Bei einer klassischen Präsentation werden wir zum Schluss wahrscheinlich kein Feedback einfordern, dazu sind eher Einzelgespräche im Anschluss sinnvoll. Bei Trainings hingegen sollte das Einholen eines Feedbacks ein fester Bestandteil des Schlussteils sein.

Starken letzten Satz abgeben
Nun stehen wir kurz vor dem Ende unserer Präsentation: Wir haben die wichtigsten Punkte zusammengefasst, die Erfüllung unseres Nutzenversprechens überprüft und unter

Umständen sogar ein Feedback eingeholt. Jetzt fehlt noch das i-Tüpfelchen, die kleine Explosion zum Schluss. Und das ist unser *starker letzter Satz*.

Man könnte meinen, der letzte Satz einer Präsentation sollte „Vielen Dank für Ihre Aufmerksamkeit" oder „Schön, dass Sie heute hier waren" sein. Und auch wenn eine solche finale Bemerkung durchaus sinnvoll sein kann, wie ich noch zeigen werde, ist dergleichen niemals ein *starker* letzter Satz, denn er ist nicht in der Lage, große Emotionen hervorzurufen. Ein starker letzter Satz bleibt in Erinnerung, weit über das Ende unserer Präsentation hinaus. Es ist ein Satz, der das gute Gefühl hinterlässt, dass es die richtige Entscheidung war, uns zuzuhören oder uns als Präsentator eingeladen zu haben. Es ist ein Satz, der unser Publikum animiert, unsere Idee aufzugreifen, ihr zu folgen, sie zu nutzen und weiterzuentwickeln.

Der wohl berühmteste starke letzte Satz stammt von John F. Kennedy (vgl. „Aus der Praxis: Ich bin ein Berliner"). Es ist ein Satz, der Millionen Menschen Vertrauen und Mut gegeben hat. Deswegen war dieser Satz auch eigentlich keine einfache Aussage, sondern ein *Appell:* Vertraut mir, habt keine Angst. Und genau ein solcher Appell sollte der Kern eines jeden letzten starken Satzes sein. Er sollte *frei* auf dem *Sweet Spot* vorgetragen werden. Damit er seine volle Überzeugungskraft entfalten kann, sollten wir uns unseren starken letzten Satz gut einprägen und seine Betonung und Aussprache gut trainieren.

Aus der Praxis: Ich bin ein Berliner

Im Jahr 1963 kam der damalige US-Präsident, John F. Kennedy, ins seit 1961 durch die Mauer geteilte Berlin. Vor dem Schöneberger Rathaus bekannte er sich zur Freiheit Berlins und sprach den Berlinern damit Mut und Verbundenheit zu: „All, all free man, wherever they may live, are citizens of Berlin. And therefore, as a free man, I take pride in the words: Ich bin ein Berliner."

Der letzte Satz Kennedys war keinesfalls eine spontane Eingabe, er war wohlgeplant. Sein Redenschreiber bediente sich eines römischen Sprichwortes: *Civis romanum sum,* ich bin ein römischer Bürger. Mit diesem Ausspruch berief man sich im gesamten Römischen Reich, also auch außerhalb Roms, auf sein römisches Bürgerrecht. Egal, wo man war, man war immer Römer. So wollte es auch Kennedy seinem Publikum verdeutlichen: Egal wo ich bin, ich bin immer einer von euch.

Wer diese Rede Kennedys schon einmal gesehen hat, weiß, dass seine Aussage „Ich bin ein Berliner" tatsächlich das Letzte war, was er auf der Bühne gesagt hat. Kein „Thank you for your attention", kein „I appreciate you all came here". Ein starker letzter Satz steht eben für sich alleine.

▶ Richten Sie am Ende Ihrer Präsentation vom Sweet Spot aus einen Appell an Ihr Publikum und animieren Sie es dadurch, Ihre Idee weiterzutragen.

Ich habe Ihnen passend zu den zehn motivorientierten Nutzenversprechen einmal mögliche starke letzte Sätze dargestellt, um Ihnen einige Beispiele hierfür an die Hand zu geben (vgl. Tab. 4.3).

4.2 Materie

Tab. 4.3 Motivorientierte Nutzenversprechen und mögliche starke letzte Sätze

Motivorientiertes Nutzenversprechen	Starker letzter Satz
Ich verspreche Ihnen, dass Sie bis heute Abend mindestens drei neue Werkzeuge kennengelernt haben, die Ihnen die Arbeit als Führungskraft erleichtern	Gute Führung ist der einzige nicht kopierbare Wettbewerbsvorteil. Leisten Sie einen Beitrag zu guter Führung, indem Sie Ihre Arbeit an diesen Führungswerkzeugen orientieren
Durch den Ansatz der Pitch-Präsentation, den ich Ihnen in den nächsten 30 min vorstellen werde, können Sie Kunden innerhalb von fünf Minuten von Ihren Produkten überzeugen	Heute haben Sie gelernt, wie Sie einen Kunden innerhalb von fünf Minuten überzeugen können. Nun gehen Sie raus und verdienen Sie Geld damit
Heute lernen Sie, wie Motivation entsteht, und ich gebe Ihnen zehn konkrete Ansätze, um Eigen- und Fremdmotivation zu steuern	Jetzt, wo Sie wissen, wie Motivation entsteht: Halten Sie Ihre Motivation hoch, und sie werden alle Menschen um sich herum damit anstecken
Menschen verhalten sich oftmals nicht rational: Heute zeige ich Ihnen, was die zehn häufigsten Muster nicht rationalen Verhaltens sind und wie wir dagegen angehen können, um bessere Entscheidungen zu treffen	Jetzt, da Sie wissen, dass wir Menschen oft nicht rational entscheiden: Bewahren Sie sich die Freude an der Irrationalität. Menschen sind keine Maschinen
Ich verspreche Ihnen, dass Sie nach dem heutigen Training mindestens funf neue Werkzeuge kennengelernt haben, mit denen Sie bessere Präsentationen halten können	Und wenn ich noch einen Wunsch loswerden darf: Nehmen Sie sich eines der neuen Präsentationswerkzeuge und wenden Sie es direkt in Ihrer nächsten Präsentation an
Nach meiner Präsentation wissen Sie, was die zehn wirklichen Eigenschaften der Generation Y sind und wie sich Führungskräfte darauf einstellen können	Trotz aller Erkenntnisse des heutigen Tages: Menschen sind immer einzigartig, wir sollten sie auch so behandeln. Erst kommt das Individuum, dann die Generation
Ich vermittle Ihnen zwölf Werkzeuge des Zeit- und Selbstmanagements, die Sie nicht nur produktiver, sondern auch zufriedener arbeiten lassen	Alle Werkzeuge des Zeit- und Selbstmanagements funktionieren nur, wenn Sie sie regelmäßig anwenden. Fangen Sie direkt morgen damit an
Am Ende meiner Präsentation kennen Sie die wichtigsten menschlichen Veränderungshemmnisse und sechs Ansätze, um in Change-Projekten mit ihnen umzugehen	Trotz aller Schwierigkeiten in Veränderungsprojekten sollten wir niemals die Geduld mit unseren Mitarbeitern verlieren, denn ohne Wandel gibt es keine erfolgreiche Unternehmensentwicklung
Ich möchte Ihnen heute aufzeigen, welche drei Faktoren die Leistungsfähigkeit von Mitarbeitern bestimmen und wie Sie unabhängig von deren Alter Motivation erzeugen können	Wir alle tragen Vorurteile zur Leistungsfähigkeit alter und junger Mitarbeiter in uns. Lassen Sie sich nicht von diesen Vorurteilen leiten, sondern suchen Sie das wahre Leistungspotenzial in allen Mitarbeitern
Innerhalb der nächsten 120 min zeige ich Ihnen, wann die Selbstführung gegenüber der Fremdführung vorzuziehen ist und mit welchen fünf Maßnahmen Sie Ihre Mitarbeiter bei der Selbstführung unterstützen können	Jeder Mensch hat gerne die Kontrolle, auch Führungskräfte. Versuchen Sie dennoch, Ihren Mitarbeitern so viel Freiheit wie möglich zu geben und ein Stück Ihrer Kontrolle abzugeben. Ihre Mitarbeiter werden zufriedener und produktiver arbeiten

Guten Tag und vielen Dank
Wann ist nun ein solcher starker letzter Satz zu flankieren mit einem letzten „Vielen Dank für Ihre Aufmerksamkeit"? Bei Kennedy war klar, dass seine Rede vorüber ist, weil er einfach die Bühne verlassen hat. Nun wollen wir zum Ende unserer Präsentation ja nicht fluchtartig die Bühne verlassen. Daher brauchen wir irgendein anderes Hilfsmittel, um unserem Publikum deutlich zu machen, dass wir fertig sind. Dazu ist ein finaler Dank, in einem Atemzug mit dem starken letzten Satz ausgesprochen, durchaus sinnvoll.

Aber: Es geht in einem finalen Dank eigentlich nicht darum, unserem Publikum klarzumachen, warum oder wofür wir dankbar sind. Das haben wir nämlich bereits zu Beginn unserer Präsentation getan und zwar im Rahmen unserer *ersten Worte*. Eine Wiederholung ist überflüssig. Also reicht ein *kurzer* Dank als eine Art Schlussakkord: „Danke schön" und Ende.

Mit diesem letzten Dank ergibt sich auch der sprachliche Rahmen unserer Präsentation: Als Erstes eine Begrüßung, wie ich es im Rahmen der *ersten Worte* vorgestellt habe und als Letztes ein Dank.

Empfohlene Dosierung
Stellen Sie sich folgende Situation vor: Sie sind mitten in Ihrer Präsentation und nicht ganz zufrieden mit dem bisherigen Verlauf: das Opening lief schleppend, Sie haben sich während Ihrer Präsentation nicht konsequent an Ihre Spots gehalten, und bei einem Gedanken haben Sie zwei wichtige Argumente vergessen. Alles verloren? Nein, ganz bestimmt nicht. Das Wichtigste kommt erst noch. Was allen Zuhörern im Gedächtnis bleiben wird, ist Ihr Finale. Wenn Ihr Finale gut läuft, beeinflusst das die Qualität Ihrer Präsentation insgesamt maßgeblich. Also legen Sie sehr viel Wert auf den Abschluss Ihrer Präsentation und nutzen Sie dieses Werkzeug, insbesondere den starken Schlusssatz, um einen unverrückbar positiven letzten Eindruck zu hinterlassen. Dosieren Sie dieses Werkzeug intensiv und sorgfältig. Und genießen Sie die positive Reaktion Ihres Publikums darauf.

Auf einen Blick
- Nicht nur der erste Eindruck bleibt unserem Publikum besonders im Gedächtnis, sondern auch der letzte. Daher ist es wichtig, einen überzeugenden Präsentationsabschluss zu finden.
- Zum Ende unserer Präsentation sollten wir unsere wichtigsten drei bis fünf Gedanken und Erkenntnisse noch einmal zusammenfassen.
- Das motivorientierte Nutzenversprechen, das wir zu Beginn unserer Präsentation abgegeben haben, sollten wir am Ende aufgreifen und überprüfen, ob wir es auch erfüllen konnten.
- Den Abschluss unserer Präsentation bildet unser starker letzter Satz: ein Apell, der unser Publikum animieren soll, unsere Idee anzuwenden oder weiterzutragen.

4.2.3 Das Drehbuch einer exzellenten Präsentation

Bislang sind einige Punkte zusammengekommen, die es bei der Eröffnung einer Präsentation und der Vorstellung unserer Gedanken zu beachten gilt. Daher habe ich alle relevanten Punkte noch einmal in einem *Drehbuch* zusammengefasst (vgl. Tab. 4.4). Dort sehen Sie, welche Aspekte beim Gang auf die Bühne, bei der Einführung, dem Hauptteil und dem Schluss eine Rolle spielen und vor allem, von welchem Spot aus Sie jeweils agieren sollten.

Ein Teil des *Gangs auf die Bühne* findet natürlich auf (noch) keinem Spot statt, nämlich die Steuerung der Atmung, also das Ausatmen auf dem Weg zum Sweet Spot, sowie der eigentliche Gang direkt zum Sweet Spot. Die *Eröffnung* findet dann zu großen Teilen auf dem Sweet Spot statt. Bei der Abgabe des motivorientierten Nutzenversprechens

Tab. 4.4 Das Drehbuch Ihrer Präsentation

Ablauf	Sweet Spot	Präsentationsspot	Erklärungsspot
Der Gang auf die Bühne			
•Atmung steuern			
• Direkt zum Sweet Spot gehen			
• Achsen und Hände checken	x		
• Blicke prüfen und lächeln	x		
Eröffnung			
• Publikum begrüßen	x		
• Anwesenheit des Publikums wertschätzen	x		
• Sich persönlich vorstellen	x		
• Einen authentischen Satz sprechen	x		
• Motivorientiertes Nutzenversprechen abgeben	(x)	x	
• Gutes Opening platzieren	(x)	x	
• Agenda vorstellen			x
• (Konstruktive Regeln vorstellen)			x
Hauptteil			
• Idee präsentieren	x	x	x
Schluss			
• Top-Aussagen zusammenfassen		x	(x)
• Nutzenversprechen aufgreifen	x	x	(x)
• (Feedback einholen)	x		
• Starken letzten Satz abgeben	x		
• Kurz bedanken	x		

sowie der Platzierung eines guten Openings gibt es zwei Möglichkeiten der Positionierung. In der Regel stellen wir beides vom Präsentationsspot aus vor, da wir eine Folie mit entsprechenden Inhalten haben werden. Wie ich aber bereits dargelegt habe, ist es in manchen Situationen durchaus sinnvoll, hierfür den Sweet Spot zu nutzen. Die Präsentation der Agenda und die – sofern vorhanden – Vorstellung konstruktiver Regeln unserer Präsentation, wie ich sie beim Werkzeug *Rolle des Publikums schärfen* (Abschn. 3.1.2.3) vorgestellt habe, erfolgen vom Erklärungsspot aus.

Unsere Idee, also die eigentlichen Inhalte unserer Präsentation, stellen wir dann auf allen drei Spots vor, da wir, je nach inhaltlichen Aspekten und Aufmerksamkeitsgrad unseres Publikums, flexibel zwischen den Spots wechseln. Das ist der Hauptteil unserer Präsentation.

Am *Schluss* gibt es für die Zusammenfassung der Top-Aussagen und das Aufgreifen des Nutzenversprechens dann wieder zwei mögliche Spots. In der Regel stellen wir beides vom Präsentationsspot aus vor, weil wir dort Zugriff auf entsprechende Folien haben. Wenn wir keine Präsentationssoftware nutzen, präsentieren wir ein (vorbereitetes) Flipchart vom Erklärungsspot aus. Die einzige Ausnahme hierzu bildet die Überprüfung eines nicht selbsterfüllbaren Nutzenversprechens. Um zu bestimmen, ob wir dieses Versprechen erfüllen konnten, gehen wir vom Sweet Spot aus in den Dialog mit unserem Publikum. Wenn sich der Rahmen unserer Präsentation für ein Feedback eignet, holen wir dieses ebenfalls vom Sweet Spot aus ein. Den Schlusspunkt setzen wir dann mit einem starken letzten Satz und einem kurzen Dank – ebenfalls vom Sweet Spot aus.

Aus dem Drehbuch unserer Präsentation ergeben sich dann bestimmte Wege auf der Bühne. Diese habe ich einmal für eine typische Präsentationssituation bei Nutzung einer Präsentationssoftware dargestellt (vgl. Abb. 4.9):

1. Der *erste* Weg geht auf die Bühne zum Sweet Spot, um dort die Einführung zu geben.
2. Der *zweite* Weg geht zum Präsentationsspot, um dort das motivorientierte Nutzenversprechen abzugeben und ein gutes Opening zu platzieren (Hauptteil 1).
3. Der *dritte* Weg geht zum Erklärungsspot, um die Agenda und unsere konstruktiven Regeln vorzustellen (Hauptteil 2).
4. Der *vierte* Weg geht zum Zentrum der Bühne, um von dort aus flexibel alle Spots zu erreichen, je nachdem, was unsere Inhalte und der Aufmerksamkeitsgrad des Publikums erfordern (Hauptteil 2).
5. Der *fünfte* Weg geht zum Präsentationsspot, um von dort aus die zusammengefassten Top-Aussagen vorzustellen (Schluss 1).
6. Der *sechste* und letzte Weg geht dann wieder zum Präsentationsspot, um dort im Dialog mit dem Publikum die Erfüllung des Nutzenversprechens zu prüfen, den starken letzten Satz zu sprechen und sich zu bedanken (Schluss 2).

Sie müssen sich also nie wieder die Frage stellen, wo Sie wann stehen sollten, wenn Sie diesen Wegen folgen.

4.3 Medium

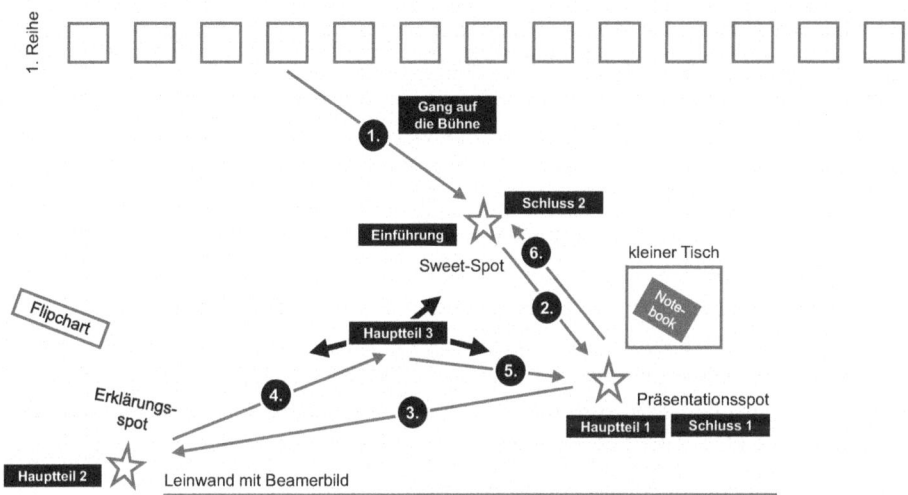

Abb. 4.9 Wege auf der Bühne nach Drehbuch

4.3 Medium

Keine Angst, im Folgenden wird es nicht esoterisch. Das *Medium* ist für mich kein Vermittler zwischen dem Irdischen und dem Übersinnlichen, sondern neben dem Menschen und der Materie das dritte unterstützende Feld des exzellenten Präsentierens. Während es bislang um den Träger von Ideen (den Menschen) und deren Strukturierung ging (die Materie), möchte ich den Fokus nun auf deren *Übermittlung* legen.

Wenn wir einmal von unseren fünf Sinnen ausgehen, so spielen beim Präsentieren vor allem zwei eine besondere Rolle. Unser Publikum nimmt uns in erster Linie durchs *Sehen* und *Hören* wahr. Also müssen wir uns vor allem auf diese beiden Sinne einstellen, indem wir passende visuelle Hilfsmittel, also Folien, Bilder auf Tafeln und Flipcharts oder Objekte, nutzen und unsere Stimme und Sprache richtig einsetzen. Daraus ergeben sich die zwei Abschnitte dieses Kapitels: *visuelle Hilfsmittel nutzen* und *mit Stimme und Sprache wirken,* in denen ich Ihnen insgesamt acht weitere Werkzeuge vorstellen möchte.

4.3.1 Visuelle Hilfsmittel nutzen

Vielleicht ist Ihnen auf den bisherigen Seiten die Doppeldeutigkeit des Begriffs *Präsentation* aufgefallen. Einerseits – und das ist die von mir bevorzugte Bedeutung – lässt sich unter diesem Begriff alles das verstehen, was nötig ist, um eine Idee von Mensch zu Mensch zu vermitteln. Eine Präsentation ist das, was wir auf einer Bühne unternehmen, um unsere Gedanken zu vermitteln. Es ist sogar noch mehr, etwa die Begrüßung unseres

Publikums per Handschlag oder der Gang auf die Bühne – alles Teil der Präsentation. Damit ist eine Präsentation unsere *Gesamtperformance*.

Andererseits lässt sich unter *Präsentation* in einem engeren Sinne das verstehen, was wir unter Nutzung einer Präsentationssoftware erstellen. Unsere Folien mit Text, Bildern und Videos, deren Animation und die Gestaltung ihrer Übergänge, also die Dokumentation unserer Gedanken. Dieses Verständnis greift mir als allgemeine Definition zu kurz, weil es die Rolle des Menschen bei der Vermittlung von Ideen nicht ausreichend berücksichtigt, wie ich immer wieder dargelegt habe. Aber egal, welcher Begriff mir lieber ist, beide haben ihre Daseinsberechtigung. Bislang ging es mir eher um die Gesamtperformance, sodass ich mich um eine ganzheitliche Sicht bemüht habe. Aber natürlich möchte ich auch die Präsentation im engeren Sinne, also die Dokumentation von Gedanken und Ideen, ansprechen und hierzu Werkzeuge zur Verfügung stellen. Dabei geht es mir als Erstes natürlich um klassische Präsentationsprogramme wie *PowerPoint* oder *Keynote*, aber auch um einen etwas anderen Ansatz des Präsentierens, den man mit *Prezi* erreichen kann.

Nun haben diese Medien den Nachteil, dass sie *während* einer Präsentation nur sehr schwer anzupassen bzw. zu gestalten sind. Klassischerweise bereiten wir unsere PowerPoint-Präsentation vor und halten sie dann vor unserem Publikum, ohne dass wir während der Präsentation daran noch etwas ändern würden.[21] Wenn uns aber Dynamik und Interaktion beim Präsentieren besonders wichtig sind, brauchen wir ein zusätzliches Medium, das die individuelle Entwicklung und Darstellung von Gedanken während des Präsentierens ermöglicht. Besonders geeignet hierzu sind jegliche Art von Tafeln oder ein Flipchart. Und schließlich bietet es sich manchmal im wahrsten Sinne des Wortes an, das Objekt einer Präsentation tatsächlich einzubinden, etwa bei Produktpräsentationen. Welche Aspekte hierbei jeweils zu beachten sind, möchte ich nun vorstellen.

4.3.1.1 Präsentationssoftware einsetzen

Präsentationen selbst erstellen
Mein erster Hinweis zum Einsatz von Präsentationssoftware ist, dass wir unsere Folien nach Möglichkeit selbst erstellen sollten. Das ist selbstverständlich, sagen Sie? Nun, es gibt verschiedene Organisationen, in denen an zentraler Stelle Präsentationen erarbeitet werden, zum Beispiel damit sie dem Corporate Design entsprechen oder bestimmte Inhalte garantiert aufgenommen werden. Wir Präsentierende dürfen sie dann später lediglich halten. Dass diese Herangehensweise eher kontraproduktiv ist, wird deutlich, wenn wir uns noch einmal das Grundverständnis exzellenten Präsentierens verdeutlichen: eine Idee von Mensch zu Mensch transportieren. Wessen Idee lässt sich wohl besser transportieren? Die eigene oder eine fremde?

---

[21]Natürlich können Sie eine PowerPoint- oder Keynote-Präsentation theoretisch jederzeit ändern. Dazu müssen Sie aber den Präsentationsmodus verlassen, wodurch ein Bruch entsteht und Sie den Kontakt zu Ihrem Publikum verlieren. Deswegen ist das Ändern oder Ergänzen einer PowerPoint oder Keynote während einer Präsentation eigentlich keine Option.

Aus zwei Gründen lassen sich eigene Ideen besser transportieren als die von anderen. Der erste ist der sogenannte *Besitztumseffekt*, den ich Ihnen beim Werkzeug *Strukturen schaffen* (Abschn. 4.2.2.1) schon vorgestellt habe. Er bewirkt, dass unsere eigenen Ideen für uns wertvoller sind als die Ideen anderer. Das führt dazu, dass die Ideen anderer für uns oft weniger *attraktiv* sind als unsere eigenen. Wird uns eine fertige Präsentation vorgelegt, sind dort nicht unsere Ideen eingeflossen, sondern die Ideen der Person, die die Folien erstellt hat. Die Präsentation ist damit für unser Gehirn, insbesondere für unsere emotional-motivatorische Ebene 2, relativ unattraktiv.

Der zweite Grund, warum sich eigene Ideen besser transportieren lassen, ist die Art, wie wir unsere Folien vorbereiten. Normalerweise stellen wir uns die Frage, wie wir die Punkte vortragen werden, die wir auf eine Folie aufnehmen, und entwickeln damit parallel zur Foliengestaltung eine Argumentationstaktik. Eine solche Taktik gibt es auch bei der bereits vorbereiteten Präsentation, aber es ist eben nicht unsere. Daher besteht die Möglichkeit (und auch das Risiko), dass diese Taktik nicht zu uns passt (vgl. „Aus der Praxis: Jahreswechselseminare").

Aus der Praxis: Jahreswechselseminare

Einer meiner Kunden ist ein großes deutsches Versicherungsunternehmen. Zum Ende eines jeden Jahres dürfen ausgewählte Berater die Unternehmenskunden über gesetzliche und unternehmensspezifische Neuerungen des folgenden Jahres informieren. Grundlage dafür ist eine zentral erstellte Präsentation, die von einer externen Firma im Corporate Design meines Kunden und auch ansonsten gestalterisch ansprechend vorbereitet wird.

Im Rahmen eines dreitägigen Inhouse-Seminars zum exzellenten Präsentieren durfte ich einige Kundenberater auf die anstehenden Jahreswechselseminare vorbereiten. Bereits vor Seminarbeginn waren alle sehr gute Präsentatoren, doch es wurde schnell ersichtlich, dass ich an der einen oder anderen Stelle noch einige Verbesserungen anregen konnte. Je mehr Übungen wir machten, desto runder und überzeugender wurden die Präsentationen. Am dritten Tag stand dann die Videoanalyse an, die auf Basis der Jahreswechselseminar-Präsentationen erfolgte. Natürlich kann nicht eindeutig bestimmt werden, ob es die Anwesenheit der Videokamera oder die vorgegebenen Präsentationen waren, aber alle Präsentationen waren deutlich schwächer als zuvor. Ich bin mir ehrlich gesagt ziemlich sicher, dass es nicht die Videoanalyse war, die diesen Leistungsabfall bewirkte. Denn alle Passagen, die losgelöst von den Folien präsentiert wurden, waren nach wie vor sehr gut. Die Präsentationen wurden immer dann unrund und zum Teil etwas langatmig, wenn es darum ging, eine der zentral vorbereiteten Folien zu präsentieren.

Die Teilnehmer und ich haben nach der Videoanalyse darüber gesprochen, was Gründe für die etwas holprigen Präsentationen waren und was mögliche Lösungsansätze sein könnten. Ein Ansatz war eine noch stärkere inhaltliche Vorbereitung, um die Gedanken der Präsentationsersteller besser als die eigenen rüberbringen zu können. Ein anderer die Initiative, die Präsentationen in Zukunft selbst zu erstellen und die eigenen Ideen und Gedanken mit den eigenen Worten und Argumentationsgängen einzupflegen. Ich hoffe, dass meine Seminarteilnehmer ihre Organisation vom zweiten Punkt überzeugen können, denn nur selbst erstellte Präsentationen transportieren eine Idee wirklich überzeugend.

Wir sollten unsere Präsentationen also so weit möglich selbst erstellen. Geht das aus bestimmten Gründen nicht, dann wird der Übungsaufwand deutlich höher. Schließlich ist die Präsentationserstellung auch immer zum Teil Präsentationstraining. Dieser Teil fällt weg, wenn jemand anders die Erstellung von Folien für uns übernimmt. Was also als vermeintlicher Vorteil daherkommt, kann sich als substanzieller Nachteil entpuppen.

PowerPoint und Keynote-Präsentationen gestalten
Es gibt unzählige PowerPoint- und Keynote-Ratgeber, die wertvolle Hinweise zur Gestaltung von Präsentationsfolien geben. Ich will diese Punkte hier nicht alle zusammenfassen, sondern mich auf die aus meiner Sicht wichtigsten zehn Punkte zur Foliengestaltung konzentrieren.[22] Bitte berücksichtigen Sie dabei, dass ich weder Grafikdesigner noch irgendein anderer Künstler bin und PowerPoint und Keynote als Mittel zum Zweck begreife. Sie werden daher von mir kaum Hinweise zu Designs, Komplementärfarben oder einheitlicher Bildsprache bekommen. Meine Hinweise sind eher ökonomisch-psychologischen Ursprungs, nicht gestalterischen (vgl. hierzu eher Reynolds 2010). Allerdings wird die Berücksichtigung meiner Hinweise dazu führen, dass sich Ihr Publikum weder in Ihren Folien verliert, weil sie so wunderhübsch gestaltet sind, noch dass es einzuschlafen droht, weil die Folien überladen oder aus sonst einem Grund nicht hirngerecht aufbereitet sind.

1. 16:9-Format wählen: Unser Gehirn hat sich an das Kino-Bildformat 16:9 gewöhnt, wenn es um spannende Inhalte geht. Daher sollten wir unsere Folien ebenfalls in 16:9 gestalten, damit die Publikumsgehirne an spannendes Kino erinnert werden, sobald wir unsere erste Folie zeigen.
2. Wenig Inhalte auf die Folien: Wir sollten unsere Folien nicht überfrachten. Je mehr Inhalte auf den Folien stehen, desto schwerer fällt es einem Gehirn, diese in eine logische Ordnung zu bringen. Daher sollten wir mit wenigen Inhalten und optimalerweise mit Bildern oder Stichworten arbeiten. Ganze Sätze oder gar mehrere Sätze hintereinander sollten vermieden werden. Es gilt die Daumenregel: Maximal fünf, besser nur drei Aspekte pro Folie.
3. Geringe Signal-to-Noise Ratio (Abb. 4.10): Unter der Signal-to-Noise Ratio kann das Verhältnis von relevanten zu irrelevanten Informationen auf einer Folie verstanden werden (vgl. Reynolds 2010, S. 122). Irrelevante Informationen sind zum Beispiel unnötige Linien, Farben oder 3-D-Darstellungen, überflüssige Bilder oder

---

[22]Ich selbst arbeite mit Microsoft PowerPoint, meine Hinweise gelten aber gleichermaßen für Apples Keynote.

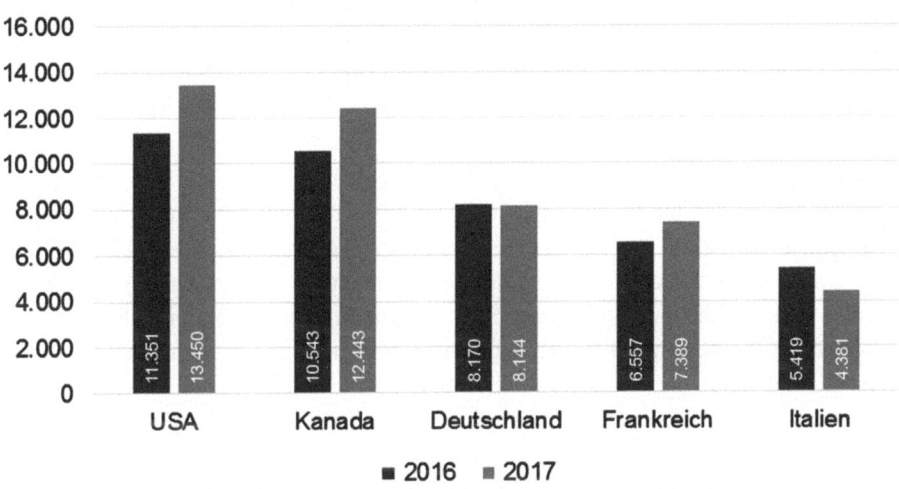

Abb. 4.10 Folie zum Produktabsatz mit geringer Signal-to-Noise Ratio

Grafiken. Je mehr irrelevante Informationen zu den relevanten hinzukommen, desto höher ist die Signal-to-Noise Ratio und desto schlechter kann die jeweilige Folie mental verarbeitet werden.

4. Reine Textfolien vermeiden: Eine Präsentation ist kein Buch, und wir halten bei einer Präsentation keine Lesung. Deswegen sollten wir reine Textfolien vermeiden, auch wenn es mit Aufzählungs- oder Spiegelstrichen gegliederter Text ist. Text sollte nach Möglichkeit mit Bildern oder Abbildungen einhergehen.
5. Tabellen und Schaubilder partiell vergrößern: Manchmal ist es notwendig, eine umfangreiche Tabelle oder ein großes Schaubild zu präsentieren. Das Problem hierbei ist, dass sie kaum zu lesen sind und jeden Zuhörer ob ihrer Informationsfülle erschlagen. Besser ist es daher, die entsprechende Tabelle oder das entsprechende Schaubild nur kurz zu zeigen und mit einem roten Kasten den Bereich zu umranden, auf den wir genauer eingehen werden, um auf der nächsten Folie dann nur noch diesen Bereich vorzustellen. Der Bereich wird dann vergrößert und ist entsprechend gut lesbar. So können wir umfangreiche Tabellen oder Schaubilder Schritt für Schritt vorstellen.
6. Inhalte animieren: Sobald eine Folie angezeigt wird, schaut sich unser Publikum diese Folie *sofort* und *vollständig* an. Das ist ein Automatismus, der nicht zu beeinflussen ist. Kein Zuhörer schaut sich Folieninhalte erst dann an, wenn wir sie von uns aus ansprechen, und hängt uns bis dahin an den Lippen. Daher sollten wir nur

die Inhalte visualisieren, um die es gerade geht, nicht aber die folgenden oder die übernächsten. Sonst verlieren wir die Aufmerksamkeit unseres Publikums an die Folie. Der Schlüssel dazu ist das Animieren von Inhalten oder genauer: das schrittweise Einblenden der relevanten Inhalte. Dabei sollte so zurückhaltend wie möglich animiert werden, damit die Animation an sich nicht zu viel Ablenkung in unsere Präsentation bringt.[23]

7. Agenda, Überschriften und Seitenzahlen aufnehmen: Wir sollten stets die Agenda auf unsere Folien aufnehmen, damit das Publikum immer weiß, an welcher Stelle unserer Präsentation wir uns gerade befinden. Außerdem sollten wir für jede Folie eine passende Überschrift wählen, die die Folieninhalte in einen Gesamtzusammenhang stellt. Schließlich sollten wir Seitenzahlen aufnehmen. Unser Publikum kann sich dann die Seitenzahl notieren und wir müssen in einer etwaigen Fragerunde nicht lange durch die Präsentation klicken, um die jeweilige Folie zu finden, sondern müssen im Präsentationsmodus lediglich die Seitenzahl über die Tastatur eingeben und „Enter" drücken.

8. Notizen ins Notizenfeld: Ich habe bereits angesprochen, dass ich kein Freund von Notizzetteln oder Moderationskarten beim Präsentieren bin, weil sie die Komplexität des Präsentierens steigern, ohne dass sie einen echten Nutzen stiften. Hinweise zu den Inhalten unserer Präsentation können ins Notizenfeld geschrieben werden. Die Formulierung und Gliederung dieser Hinweise ist ebenso Teil der Präsentationsvorbereitung wie die eigentliche Foliengestaltung.

9. Killing Darlings: Bei der Foliengestaltung ist weniger oftmals mehr. Wir sollten sorgfältig überlegen, ob wir alle geplanten Inhalte auch wirklich visualisieren müssen. Vielleicht können wir auf den einen oder anderen Punkt verzichten, weil er für die Erreichung unseres Präsentationsziels nicht essenziell ist. Niemand ist uns böse, wenn unsere Präsentation ein paar Minuten kürzer ist.

10. Backoffice erstellen: Besser, als alles auf den Präsentationsfolien unterbringen zu wollen und diese damit zu überfrachten oder einfach zu viele Folien zu haben, ist die Erstellung eines *Backoffices*. Dazu teilen wir unsere PowerPoint- oder Keynote-Präsentation in zwei Teile: Zu präsentierende und nicht unbedingt zu präsentierende Folien. Letztere bilden das Backoffice. Dort nehmen wir alle Folien auf, die nicht Teil des eigentlichen roten Fadens sind, aber bei Nachfragen des Publikums relevant sein könnten. Kommen Detailfragen auf oder interessiert sich doch jemand für weitergehende Inhalte (die wir aufgrund des Prinzips der Killing Darlings schweren Herzens rausgenommen haben), können wir einfach ins Backoffice springen und haben eine passende Folie parat. Der Sprung auf eine solche Backoffice-Folie kann mit den Worten „Ich glaube, dazu habe ich noch etwas Passendes" überzeugend eingeleitet werden.

---

[23]Bei PowerPoint ist es die Animationsart *Erscheinen,* die Teil der einfachen Eingangseffekte ist.

4.3 Medium

▶ Erarbeiten Sie einfache und klare Folien. Es geht nicht um gestalterische Höchstleistungen, sondern um eine hirngerechte Aufbereitung von Inhalten.

Prezis gestalten

Seit einiger Zeit gibt es die Präsentationssoftware *Prezi* des gleichnamigen Unternehmens aus San Francisco.[24] Im Gegensatz zu PowerPoint oder Keynote besteht eine Präsentation bei Prezi nicht aus mehreren Seiten einer festen Größe, sondern aus *einem* theoretisch unbegrenzt großen Arbeitsblatt. Auf diesem Blatt können Text, Objekte, Bilder und Videos in unterschiedlicher Größe und an jeder gewünschten Stelle eingefügt werden. Dadurch können Inhalte nicht nur – wie in den klassischen Präsentationsprogrammen – sequenziell, also Seite für Seite, dargestellt werden, sondern zusätzlich besteht die Möglichkeit des Hinein- und Herauszoomens. Damit steht uns quasi eine dritte Präsentationsdimension zur Verfügung, denn wir können in die *Tiefe* gehen, Aspekte also detaillieren. Das ist sehr nützlich, weil so auch visuell zwischen der Darstellung von Aspekten derselben logischen Ebene und detaillierenden Aspekten unterschieden werden kann, so wie es unsere Pyramide aus dem Werkzeug *Strukturen schaffen* auch tut.

Rein visuell betrachtet ist bei PowerPoint und Keynote alles auf einer gemeinsamen logischen Ebene, auch wenn man natürlich die Möglichkeit hat, über unterschiedliche Schriftgröße oder Aufzählungen Detaillierungen zu veranschaulichen. Prezi schafft auch visuell eine dritte Dimension. Durch entsprechende Animationen können Gedanken also horizontal, vertikal und in die Tiefe verlaufen.

Die hohe Gestaltungsvielfalt von Prezi hat allerdings zwei Nachteile. Erstens ist die Vorbereitung einer Prezi zeitaufwendiger als die Vorbereitung einer PowerPoint- oder Keynote-Präsentation (was zum Teil sicherlich auch daran liegt, dass vielen von uns PowerPoint oder Keynote geläufiger ist als Prezi). Dadurch, dass Inhalte absolut frei, also zum Beispiel auch um 90° oder 180° gedreht, angeordnet und in verschiedenen Tiefenebenen dargestellt werden können, kann die eigentliche Präsentation zweitens sehr unruhig werden. Alles dreht sich und fliegt hinein und heraus. Manche Zuhörer empfinden das als störend, einige haben mir sogar schon berichtet, sie seien seekrank geworden. Daher sollte auch bei Prezi darauf geachtet werden, nicht zu viel Unruhe zu erzeugen, sondern eher zurückhaltend zu animieren. Allerdings habe ich fast immer die Erfahrung gemacht, dass meine Zuhörer Prezi toll fanden. Viele Menschen sind an langweile PowerPoint-Präsentationen gewöhnt. In der Kombination von Werkzeugen des exzellenten Präsentierens mit einer neuen und sehr dynamischen Präsentationssoftware haben Sie gleich mehrere Aha-Effekte auf Ihrer Seite.

---

[24]Weitere Infos finden Sie unter www.prezi.com.

Handouts verteilen

Der Vorteil von PowerPoint und Keynote besteht auch darin, dass wir einfach Handouts erstellen und diese dann ans Publikum verteilen können. Bei Prezi ist das nicht ganz so einfach: Hier muss erst ein PDF erstellt werden, das wir dann ausdrucken könnten. Das PDF hat dann allerdings nicht mehr den Charme der dynamischen Prezi, ist aber natürlich geeignet, um unserem Publikum etwas an die Hand zu geben. Jedoch stellt sich ja ganz grundsätzlich die Frage: Sollte überhaupt ein Handout ausgegeben werden? Und wenn ja, zu welchem Zeitpunkt, also zum Beginn oder zum Ende der Präsentation?

Dass ein Handout ausgegeben werden sollte, halte ich für unstrittig. Natürlich muss es nicht unbedingt ein gedrucktes Handout sein, sondern es reicht oft aus, im Nachhinein ein PDF zu verschicken. Aber die Frage nach dem Zeitpunkt der Ausgabe eines Handouts ist nicht ganz einfach zu beantworten. Tendenziell bin ich *gegen* die Ausgabe eines Handouts zu Beginn der Präsentation. Denn sobald unser Publikum unsere Folien in den Händen hält, fängt es an zu blättern. Wenn ein Zuhörer blättert, kann er uns nicht inhaltlich folgen, denn Menschen sind nicht Multitasking-fähig, wie im beim Werkzeug *Rolle des Publikums schärfen* (Abschn. 3.1.2.3) gezeigt habe. Also führt die Verteilung eines Handouts in aller Regel dazu, dass wir Aufmerksamkeitskonkurrenz zu uns selbst herstellen. Das ist taktisch nicht sehr klug, denn wir brauchen ja die ungeteilte Aufmerksamkeit unseres Publikums, um unsere Idee nachhaltig zu vermitteln.

Ein häufiges Argument für Handouts ist, dass unsere Zuhörer Anmerkungen dann strukturierter aufnehmen könnten.[25] Allerdings können sie sich auch einfach die Foliennummer notieren, schließlich geben wir auf unseren Folien ja Seitenzahlen an, darunter ihre Notizen machen und diese dann später dem Handout zuordnen. Natürlich ist es ein guter Service, dem Publikum ein Handout zu überreichen, aber es stellt sich die Frage, ob der Preis des Aufmerksamkeitsverlustes, den wir dafür zahlen, diesen Vorteil nicht übersteigt. Daher empfehle ich in Bezug auf die Verwendung von Handouts folgende Daumenregel:

- Wenn die Präsentation auf einem Bildschirm oder einer Leinwand angezeigt wird, gibt es das Handout *am Ende* der Präsentation oder im Nachgang per E-Mail. Gibt es keinen Bildschirm und keine Leinwand, wird ein Handout verteilt, wobei dann pro Seite auch eine Folie gedruckt werden sollte.
- Bei Präsentationen, bei denen am Ende eine Prüfungsleistung abzulegen ist (bei Vorlesungen oder manchen Trainings ist das der Fall), wird das Handout *zu Beginn* ausgeteilt, damit sich die Zuhörer Anmerkungen direkt notieren können.
- Bei Management-Meetings, Kundenpräsentationen oder Prüfungen, also bei relativ kurzen Präsentationen, bei denen die Entscheidungsträger wenig Zeit haben, wird das Handout ebenfalls *zu Beginn* ausgeteilt.

---

[25]Es gibt bei PowerPoint und Keynote verschiedene Druckoptionen. So können Sie eine oder mehrere Folien auf einer Seite oder auch drei Folien untereinander mit Querstrichen rechts daneben als Handouts drucken.

4.3 Medium

Grundsätzlich gilt: wenn der Kunde, wer auch immer das im Rahmen einer Präsentation ist, ein Handout möchte, bekommt er ein Handout. Im Zweifel können wir nachfragen, was gewünscht ist.

Empfohlene Dosierung
Meine relativ kritische Haltung gegenüber PowerPoint und Keynote rührt ja vor allem daher, dass Präsentieren oft mit dem Halten einer solchen Präsentation gleichgesetzt wird, was meines Erachtens die besondere Bedeutung des Menschen vernachlässigt. Deswegen bin ich aber natürlich noch lange nicht *gegen* den Einsatz von PowerPoint, Keynote oder Prezi. Ganz im Gegenteil, die meisten Präsentationen kommen ohne Softwareunterstützung nicht mehr aus. Allerdings ist der heutige Stellenwert einer Präsentationssoftware meiner Meinung nach diskussionswürdig. Ich bin der Überzeugung, dass an allererster Stelle der Mensch mit seiner Idee steht. Um die Vermittlung dieser Idee zielgruppengerecht zu erreichen, kann er sich verschiedener Hilfsmittel bedienen, unter anderem einer Präsentationssoftware. Aber: Eine Präsentationssoftware ist eben nur *ein* Werkzeug von vielen, ihr Einsatz ist bei Weitem nicht der entscheidende Faktor auf dem Weg zum exzellenten Präsentieren. Daher empfehle ich: so wenig PowerPoint etc. wie *möglich*, aber doch so viel wie *nötig*.

Insgesamt sollten wir den Einsatz von Präsentationsprogrammen tendenziell etwas zurückzuschrauben, weil die meisten von uns eben sehr stark in PowerPoint- oder Keynote-Folien denken. Besser wäre es, in Bezug auf unsere jeweiligen Inhalte Punkt für Punkt zu überlegen, wie sie transportiert werden sollen: als freie Rede oder Interaktionsübung mit dem Publikum? Dargestellt auf einem Flipchart oder an einer Tafel (worauf ich gleich eingehen werde)? Vielleicht einmal als Prezi? Oder doch klassisch als PowerPoint oder Keynote? Diese Gedanken sollten wir uns zu Beginn der Vorbereitung jeder Präsentation machen.

Für die Inhalte, die durch eine Präsentationssoftware abgebildet werden, empfehle ich: zurückhaltende Gestaltung sowie knappe und bildorientierte Inhalte. Der Präsentator ist der Star, nicht die Software.

Auf einen Blick
- Wenn wir unsere Präsentation auf Basis einer Software erstellen, dann sollten wir sie so weit es geht selbst gestalten und nicht auf Folien zurückgreifen, die jemand anders erstellt hat.
- Bei der Erstellung von Folien sollten wir aus ökonomisch-psychologischer Sicht einige Punkte berücksichtigen: Folien im 16:9-Format erstellen, möglichst wenige Inhalte auf eine Folie, auf eine geringe Signal-to-Noise Ratio achten, reine Textfolien vermeiden, Tabellen und Schaubilder partiell vergrößern, Inhalte animieren, Agenda, Überschriften und Seitenzahlen aufnehmen, Notizen ins Notizenfeld, Killing Darlings und Backoffice erstellen.

- Eine Alternative zu PowerPoint und Keynote ist Prezi. Bei dieser Software verfügen wir über eine zweite gestalterische Dimension, und sie erlaubt es, sehr dynamische Präsentationen zu erstellen.
- Wenn wir ein Handout verteilten wollen, dann sollten sorgfältig überlegen, ob wir es vor oder nach der Präsentation verteilen. In vielen Fällen ist es sinnvoll, das Handout erst nach Ende der Präsentation auszugeben, damit die Aufmerksamkeit nicht von uns abgelenkt wird.

4.3.1.2 Tafeln und Flipcharts nutzen

Spontan Gedanken festhalten

Eine Präsentationssoftware ist vor allem dafür geeignet, vorbereitete Inhalte vorzustellen. Wenn es darum geht, spontane Anmerkungen oder Gedanken sowie Interaktionsergebnisse (zum Beispiel Diskussionen, Übungen, Aufgaben) festzuhalten oder zu visualisieren, ist sie eher ungeeignet, weil es einfach zu lange dauern würde, Inhalte gestalterisch einigermaßen ansprechend aufzubereiten. Daher sollte bei einer Präsentation immer eine Tafel oder ein Flipchart vorhanden sein, um flexibel eigene Gedanken oder Gedanken des Publikums aufzunehmen. Allerdings scheuen viele von uns vor der Nutzung von Tafeln und Flipcharts zurück und verschenken damit viel Potenzial für noch bessere Präsentationen. Die häufigsten Bedenken sind:

- „Nur in der Schule werden Tafeln verwendet und ich bin hier nicht der Lehrer."
- „Meine Handschrift kann eh keiner lesen."
- „Ich kann nicht zeichnen."

In der Tat ist es so, dass wir alle noch Kreide-Tafeln aus der Schule kennen. Auch wenn Schulen und Hochschulen heutzutage zunehmend mit (interaktiven) Whiteboards ausgestattet sind,[26] haben Tafeln egal welcher Art noch immer etwas sehr Verschultes an sich. Zu Unrecht, wie ich finde, denn wenn die Interaktion mit unserem Publikum auf Augenhöhe stattfindet, hat die Nutzung einer Tafel nichts Verschultes oder gar Oberlehrerhaftes, sie ist einfach nur praktisch. So viel zur ersten Sorge.

Die Sorge hinsichtlich der Handschrift ist schon berechtigter: In der Tat ist es so, dass man die Handschrift vieler Menschen nicht gut lesen kann, wenn sie auf eine Tafel oder

---

[26]Ein Whiteboard ist eine Tafel, die sich mit speziellen Tintenstiften beschreiben und deren Farbe sich trocken abwischen lässt (wenn es die richtigen Stifte waren). Bei einem interaktiven Whiteboard (auch Smartboard genannt, wobei dies die Marke eines Anbieters interaktiver Whiteboards ist) wird ein Beamerbild auf die Tafel projiziert, zu dem dann handschriftliche Ergänzungen festgehalten werden können. Bei bestimmten Modellen können entwickelte Tafelbilder gespeichert und später wieder aufgerufen werden.

ein Flipchart schreiben. Das liegt daran, dass diese Menschen ihre *Alltagshandschrift* nutzen, wenn sie an eine Tafel oder ein Flipchart schreiben und nicht ihre *Präsentationshandschrift*. Unsere Alltagshandschrift dient in Zeiten elektronischer Konversation meistens dazu, Gedanken *für uns selbst* oder für solche Menschen, die mühsam das Lesen unserer Schrift lernen mussten (wie die freundlichen Helferinnen bei meinem Hausarzt) zu konservieren. Unsere Präsentationshandschrift hingegen dient dazu, Gedanken *für andere* festzuhalten. Es handelt sich um zwei völlig unterschiedlich Herangehensweisen des Schreibens.

Wenn man Ihre Handschrift auf einem Flipchart oder an einer Tafel nicht gut lesen kann, sollten Sie sie trainieren. Eine gute Präsentationshandschrift berücksichtigt folgende Punkte (vgl. Seibold 2015, S. 115):

1. In Druckbuchstaben, nicht in Schreibschrift, schreiben.
2. Buchstaben eines Wortes blockartig zusammenschreiben, Lücken zwischen den Wörtern lassen.
3. Groß- und Kleinbuchstaben verwenden.
4. Schriftgröße an der Größe des Mediums und am Abstand des Publikums zum Medium ausrichten, nicht zu groß schreiben.

Beim Schreiben auf Flipcharts sollten spezielle Stifte verwendet werden. Diese haben keine runde Stiftspitze, sondern eine kantige. Es sollte dann auf der Kante geschrieben werden. Und schließlich braucht es manchmal noch etwas Übung, um auf einer Tafel ohne Linien einigermaßen gerade schreiben zu können.

Dass man Ihre Handschrift nicht lesen kann, ist also keine Ausrede, denn Ihre Präsentationshandschrift können Sie durch Training leicht beeinflussen, sodass sie jeder lesen kann.

▶ Trainieren Sie Ihre Präsentationshandschrift und nutzen Sie diese an Tafeln oder Flipcharts, um spontane Gedanken festzuhalten.

Bleibt noch eine Sorge, nämlich die, man könne nicht zeichnen. Dazu schreibt die Moderationstrainerin Brigitte Seibold, es gebe zwar eine Recht*schreibung*, aber keine Recht*zeichnung*: Man könne eigentlich gar keine Fehler beim Zeichnen machen (vgl. Seibold 2015, S. 39). Ich mag diesen Ansatz, denn er motiviert uns, einfach auszuprobieren und uns nicht zu viele Gedanken über die Qualität unserer Zeichnungen zu machen. Aber natürlich besteht die Möglichkeiten, dass unser Publikum nicht sofort erkennt, was wir mit unsere Zeichnung ausdrücken wollten (wer kennt diese Situation nicht aus der einen oder anderen Runde *Activity*). Die Lösung für dieses Problem ist ebenfalls: Übung, Übung, Übung. Zeichnen Sie, so oft es geht, und berücksichtigen Sie dabei das Prinzip der Reduktion (vgl. Seibold 2015, S. 38 ff.): In der Einfachheit liegt die Ausdrucksstärke einer Zeichnung, den Rest fügen die Publikumsgehirne hinzu, schließlich ist das Gehirn ein sinnstiftendes Organ (vgl. Roth 2015, S. 138).

Wenn Sie Inspiration für bestimmte Zeichnungen brauchen, gibt es umfangreiche Literatur zum Visualisieren und zur Bildsprache. Exemplarisch möchte ich hier auf die Bikablo-Werke der Kommunikationslotsen und der Firma Neuland verweisen (vgl. zum Beispiel Haussmann 2016). Hier finden Sie einfache Visualisierungen zu Schriften, Gegenständen, Symbolen, Figuren, Situationen und ganze Bildwelten.

Medienwechsel
Die Nutzung von Tafeln oder Flipcharts stellt auch eine Möglichkeit dar, Brüche zu schaffen und damit die Dynamik unserer Präsentation zu steigern. Dabei eignen sich Tafeln und Flipcharts für *spontane* Medienwechsel oder Exkurse. Ein Flipchart eignet sich darüber hinaus auch für *geplante* Medienwechsel. Dazu bereiten wir einfach zu Hause oder vor Beginn unserer Präsentation ein Flipchart vor, schlagen es aber so zurück, dass unser Publikum es noch nicht sehen kann. Wenn wir den Medienwechsel vornehmen, schalten wir das Beamerbild schwarz und schlagen das Flipchart um. Die Art der Darstellung auf einem Flipchart ist oftmals persönlicher, herzlicher und authentischer als die Darstellung über eine Präsentationssoftware, sodass zusätzlich zum Bruch in den verwendeten Medien ein Bruch in der Art der Darstellung kommt (vgl. „Aus der Praxis: Kurzpräsentationen").

> **Aus der Praxis: Kurzpräsentationen**
> Für meine Präsentationsseminare nutze ich PowerPoint. Auf den Folien stelle ich die theoretischen Grundlagen des exzellenten Präsentierens sowie die einzelnen Werkzeuge vor. Da es nicht wenige Werkzeuge sind, habe ich über den Tag verteilt recht viele Folien, sodass ich immer etwas Sorge habe, zu PowerPoint-lastig zu sein. Daher nutze ich für die Ankündigung der ersten großen Präsentationsübung ein Flipchart (vgl. Abb. 4.11). So schaffe ich über einen Medienwechsel einen anderen optischen Reiz. Außerdem sollen die Teilnehmer in der Übung ein Flipchart erarbeiten, daher bietet sich die Instruktion ebenfalls auf einem Flipchart durchaus an.[27]

Empfohlene Dosierung
So wie ich im Vorangegangenen für weniger PowerPoint oder Keynote plädiert habe, möchte ich an dieser Stelle für den vermehrten Einsatz von Tafeln und Flipcharts plädieren. Wobei *mehr* für mich an dieser Stelle mehr als *aktuell durchschnittlich verbreitet* bedeutet. Denn mehr Tafeln und Flipcharts können vielleicht einen Beitrag dazu leisten, dass PowerPoint und Keynote etwas an Bedeutung verlieren und der Mensch wieder stärker in den Fokus einer Präsentation gerät. Aber natürlich ist auch der Einsatz von

---

[27]Wobei ich einräumen muss, dass dieses Flipchart von meiner Frau erstellt wurde, weil sie in solchen Dingen außerordentlich geschickt ist.

Abb. 4.11 Flipchart mit Übungs-Instruktion

Tafeln und Flipcharts Mittel zum Zweck, sodass zunächst ein passender Anwendungszweck für diese Medien vorhanden sein muss.

Im Vergleich zwischen Tafeln und Flipcharts stellt sich die Frage, welches Medium wann vorzuziehen ist, sofern beide denn überhaupt zur Verfügung stehen. Tafeln sind besonders geeignet für kurze Notizen und einfache Visualisierungen und vor allem sind sie umweltfreundlicher als Flipcharts, da kein Papier verbraucht wird. Flipcharts haben den Vorteil, dass sie vorbereitet werden können und weitaus vielfältiger gestaltet werden können: Neben unterschiedlich farbigen Stiften können Sie mit den Inhalten eines Moderationskoffers wahre Kunstwerke auf ein Flipchart zaubern. Das geht bei Tafeln nicht so gut.

Auf einen Blick
- Tafeln und Flipcharts sind hervorragend geeignet, um während einer Präsentation spontane Gedanken festzuhalten oder Interaktionsergebnisse zu protokollieren.

- Auf Tafeln und Flipcharts sollten wir unsere Präsentationshandschrift verwenden, die wir ggf. etwas üben müssen, weil sie einer besonderen Technik bedarf.
- Gute Zeichnungen auf Tafeln und Flipcharts leben von ihrer Einfachheit. Es gibt zahllose Bücher, die Anregungen für Tafel- und Flipchartzeichnungen liefern.
- Schließlich eignen sich Tafeln und Flipcharts hervorragend für Medienwechsel.

4.3.1.3 Objekte einbinden

Medium und Information

Die ersten beiden Werkzeuge dieses Abschnittes befassten sich mit Medien im klassischen Sinne, da sie darauf ausgerichtet sind, Informationen *wiederzugeben*. Wenn wir eine Präsentationssoftware, eine Tafel oder ein Flipchart nicht zunächst mit Informationen füllen, dann sind sie beim Präsentieren relativ nutzlos (denn was bringt schon ein leeres Flipchart auf der Bühne). Damit sind diese Medien so etwas wie Container, denn sie helfen beim Transport von Ideen zwischen Menschen. Anders ist das bei *Objekten*, die wir in eine Präsentation einbinden können. Beim Werkzeug *Das inhaltliche Startsignal geben* (Abschn. 4.2.1.3) bin ich bereits auf den Einsatz von Objekten in unseren Openings eingegangen. Nun möchte ich ihren Einsatz im Hauptteil unserer Präsentation betrachten.

Beim Präsentieren ist ein Objekt ein Gegenstand, der einen hohen inhaltlichen Bezug zur Kernidee unserer Präsentation hat, sich harmonisch auf unserer Bühne platzieren lässt und sich in eine Interaktion mit unserem Publikum einbauen lässt. Damit kann ein Objekt zum Beispiel ein Teil einer Modekollektion sein, beispielsweise ein T-Shirt, das Sie als Vertriebsmitarbeiter eines Modelabels den Einkäufern großer Handelsunternehmen vorstellen möchten. Es kann aber auch der neue Airbus sein, den Sie als Mitglied des Top-Managements der Presse oder potenziellen Kunden präsentieren. Sowohl das T-Shirt als auch der Airbus weisen einen hohen Bezug zur Kernidee Ihrer Präsentation auf, denn Sinn und Zweck beider Präsentationen ist es, Ihre Produkte zu promoten. Zwar werden die Bühnen, auf denen Sie T-Shirt oder Airbus vorstellen, unterschiedlich aussehen (Showroom vs. Hangar), aber Sie können sie so einrichten, dass sich beide Objekte harmonisch einfügen lassen. Und eine Einbindung in eine Interaktion mit Ihrem Publikum ist ebenfalls möglich, da Sie das T-Shirt herumgeben können, damit jeder Zuhörer es berühren kann, bzw. da Sie Ihre Zuhörer zu einem Rundgang durch den neuen Airbus einladen können.

Die Liste möglicher Objekte ist quasi unendlich lang. Und im Gegensatz zu Präsentationssoftware, Tafel oder Flipchart ist ein Objekt *sowohl* Medium *als auch* Information: Einerseits transportiert es Informationen und ist damit ebenfalls ein Container. Beim T-Shirt ist es womöglich der neue Trend, der durch seine Form und Farben widergespiegelt wird, beim Airbus sind es vielleicht die vielen Arbeitsstunden, die in seinen Bau eingeflossen sind, oder die Kilometer an Kabeln, die verlegt wurden. Andererseits stellen

Objekte auch eine Information an sich dar und ist damit Inhalt. Denn T-Shirts und Airbusse lassen sich betrachten, anfassen und sogar riechen. Diese Doppelbödigkeit macht die Einbindung von Objekten zu einem wunderbaren Werkzeug des exzellenten Präsentierens. Denn während die klassischen Medien eigentlich nur unsere Augen ansprechen, weil visuelle Informationen vermittelt werden, können Objekte alle unsere Sinne ansprechen. Stellen Sie sich dazu einmal vor, Sie sind bei einer Weinverkostung. Dann sehen Sie nicht nur den Wein und bekommen (visuelle) Informationen über Rebsorte, Anbaugebiet und Lagerdauer, sondern Sie können den Wein zusätzlich riechen, schmecken und auf der Zunge fühlen (und wenn Ihr Nebenmann zu viel trinkt, ihn lallen hören). Die Einbindung von Objekten macht also umfassendere Sinneserfahrungen möglich. Und je mehr Sinne angesprochen werden, desto besser gelingen nach Hirnforscher Manfred Spitzer Lernen und Erinnern (vgl. Spitzer 2015, S. 24).

Phasen bei der Einbindung von Objekten
Objekte sind wahre Aufmerksamkeitsfresser. Ihr Einsatz muss wohl geplant und sauber gesteuert werden. Denn sobald es um das Objekt geht, zieht es die ganze Aufmerksamkeit auf sich und damit von uns ab. Daher sollten vier Phasen bei der Einbindung von Objekten berücksichtigt werden, die ich Ihnen nun vorstellen möchte. Dabei unterscheide ich zwei Arten von Objekten. Erstens *mobile Objekte*, die wir herumgeben können, sodass das Objekt zum Publikum kommen kann (wie zum Beispiel ein T-Shirt). Zweitens *nicht-mobile* Objekte, die wir aufgrund der Größe oder aus anderen Gründen (besonderer Wert, Zerbrechlichkeit, Explosionsgefahr usw.) nicht herumgeben können, weswegen das Publikum zum Objekt kommen muss (wie zum Beispiel der Airbus).

Die erste Phase ist die *Vorstellungs- und Auftragsphase*. Bevor wir ein Objekt herumgeben oder das Publikum aufsteht und auf die Bühne kommt, um ein Objekt in Augenschein zu nehmen, sollten wir eine kurze Einführung geben. Ein passender Satz dazu könnte zum Beispiel lauten: „Ich habe Ihnen hier etwas mitgebracht, das ich Ihnen einmal vorstellen möchte." Bei einem mobilen Objekt gehen wir auf den Sweet Spot, halten das Objekt für alle Zuhörer gut sichtbar hoch und geben einige erläuternde Bemerkungen ab: „Hier sehen Sie …", „In meiner Hand halte ich …" oder „Das ist unser neuestes …" Bei nicht-mobilen Objekten ist der Ablauf derselbe, allerdings gehen wir nur dann auf den Sweet Spot, wenn wir unser Objekt in der Hand halten können (zum Beispiel bei einem Edelstein oder einem anderen besonders wertvollen Objekt). Bei zu großen Objekten schalten wir das Beamerbild aus und gehen zu einem passenden, vorher extra für das Objekt festgelegten, Erklärungsspot, um von dort aus unsere einführenden Bemerkungen zum Objekt zu machen.

Nun gibt es eine Besonderheit bei mobilen Objekten. Normalerweise ist das Beamerbild auf dem Sweet Spot *immer* schwarz geschaltet, damit die Aufmerksamkeit vollständig auf uns liegt. Anders ist es, wenn wir ein Objekt in der Hand halten, das zu klein ist, als dass unser gesamtes Publikum (also auch die Personen in der letzten Reihe) es gut erkennen könnte. In einem solchen Fall können wir zur Einführung des Objektes ausnahmsweise

Folienunterstützung verwenden, obwohl wir auf dem Sweet Spot stehen. Dazu bereiten wir zwei bis vier Folien vor, die das Objekt vergrößert darstellen. Wir können dazu im Vorfeld Fotos aus unterschiedlichen Blickwinkeln machen und diese auf den Folien darstellen. So können alle Zuhörer sehen, was wir in der Hand halten, und nachvollziehen, worauf sich unsere einführenden Anmerkungen beziehen. Allerdings besteht die Herausforderung dieses Vorgehens darin, gleichzeitig das Objekt in der Hand zu halten und nach einer angemessenen Zeit die nächste Folie aufzurufen. Für Letzteres haben wir ja in der Regel eine Fernbedienung. Diese sollten wir aber nicht in der Hand halten, wenn wir gerade das Objekt hochhalten – das könnte störend wirken. Also müssten wir die Fernbedienung rechtzeitig in der Hosentasche parken, bis wir weiterklicken wollen. Das ist alles etwas umständlich und lenkt uns und unser Publikum vom Objekt ab. Daher empfehle ich für diesen besonderen Fall eine technische Lösung über PowerPoint oder Keynote (die vielleicht etwas umständlich klingen mag, aber eigentlich ganz einfach ist):

1. Fügen Sie Ihrer Präsentation zusätzlich zu Ihren eigentlichen Inhalten Folien mit Bildern Ihres Objektes aus unterschiedlichen Perspektiven hinzu (für mein Beispiel seien es die Folien mit den Seitenzahlen 17 bis 19).
2. Setzen Sie bei PowerPoint für alle Folien mit den Bildern Ihres Objektes unter dem Reiter *Übergänge* ein Häkchen bei *Nächste Folie Nach:* und nehmen das Häkchen bei *Bei Mausklick* raus. Außerdem tragen Sie die Zeit hinter dem neu gesetzten Häkchen ein, die Sie pro Folie zur Verfügung haben möchten, um das Objekt zu beschreiben. Bei Keynote fügen Sie einen Effekt für den Übergang unter *Animieren* ein und tragen ebenfalls eine Zeit ein. Nun springt die Folie nach Ablauf der eingestellten Zeit automatisch zur nächsten Folie (bis zur Folie 20, die dann ja wieder eine Ihrer eigentlichen inhaltlichen Folien ist).
3. Da Sie beim Zeigen Ihres Objektes nicht sehen, was auf dem Beamerbild dargestellt wird, bekommen Sie es auch nicht mit, wenn die nächste Folie erscheint und Sie passend zu dieser Folie Ihr Objekt aus einer anderen Perspektive zeigen sollten. Um zu *hören*, wann die Folie wechselt, stellen Sie daher unter PowerPoint ebenfalls unter dem Reiter *Übergänge* einen Sound ein, der abgespielt werden soll, wenn die Folien automatisch wechseln. Dabei ist es wichtig, dass Sie den Sound nicht auf den Seiten mit den automatischen Übergängen (also 17 bis 19), sondern um eine Folie versetzt einstellen (also 18 bis 20), da Sie die erste Folie mit der Darstellung Ihres Objektes ja manuell aufrufen (bei Keynote gibt es diese Möglichkeit leider nicht). Als Sound empfehle ich Ihnen etwas Unauffälliges wie zum Beispiel den *Klick*. So hören Sie, wann die nächste Folie kommt, und können dadurch bestimmen, wann die Zeit zur Vorstellung des Objektes vorüber ist (in unserem Beispiel wären das drei akustische Klicks).

Ist die Vorstellung unseres Objektes abgeschlossen, kommt es zum Auftrag. Wir sollten unserem Publikum einen *sinnbezogenen Wahrnehmungsauftrag* geben. Je nach Objekt können wir einen konkreten Beobachtungs-, Berührungs-, Geruchs-, Geschmacks- oder

Hörauftrag geben – oder eine entsprechende Kombination: „Was sehen/fühlen/riechen/ schmecken/hören Sie, wenn Sie …?" Je konkreter der Auftrag, desto höher ist die Aufmerksamkeit des Publikums und desto intensiver ist die Interaktionswirkung durch die Einbindung eines Objektes (vgl. hierzu auch den „Exkurs: Backmischungen und Mitarbeitermotivation"). Bei nicht-mobilen Objekten sollten wir darauf achten, dass wir unserem Publikum den Hinweis geben, dass es aufstehen und auf die Bühne kommen soll, um mit dem Objekt in Kontakt zu treten.

Exkurs: Backmischungen und Mitarbeitermotivation

Was hat eine Backmischung mit Mitarbeitermotivation zu tun? Diese Frage stellte ich meinem Publikum bei einer Präsentation über Mitarbeitermotivation im Mittelstand. Dazu gab ich eine geöffnete Backmischung herum und sagte: „Die Antwort auf meine Frage liegt in dem, was *nicht* in der Packung ist. Schauen Sie also genau nach, was Sie in der Backmischung finden und was nicht."

Es kamen einige Vorschläge, aber die richtige Lösung war nicht dabei. Also klärte ich mein Publikum auf: „Einer Backmischung fehlen normalerweise Eier und Milch, obwohl das produktionstechnisch nicht nötig wäre. Diese Zutaten werden herausgelassen, damit die Hausfrau das Gefühl bekommt, eine Leistung beim Backen erbracht zu haben. Wahrscheinlich kann man das auch auf die Mitarbeitermotivation übertragen: Zu einfache Tätigkeiten sind wenig motivierend."

Mitte des 20. Jahrhunderts gelang es der Industrie, Backmischungen herzustellen, denen nur noch Wasser hinzugefügt werden musste. Doch ihr Erfolg blieb aus. Erst als man Zutaten wegließ und die Hausfrau oder der Hausmann (den es damals allerdings kaum gab) diese extra hinzufügen musste, stellte sich der Erfolg der Backmischung ein. Und auch heute noch müssen einer Backmischung in der Regel frische Eier, Milch und Butter hinzugefügt werden, auch wenn das eigentlich gar nicht nötig ist. Was ist der Grund dafür? Unser Selbstwertgefühl ist umso größer, je anspruchsvoller die erbrachte Leistung ist. Das gilt beim Backen ebenso wie auf der Arbeit. Die Dinge sollten nicht zu einfach sein, sonst mangelt es schnell an Motivation.

Im Nachgang zur Präsentation wurde ich noch häufig angesprochen: „Sie waren doch der mit der Backmischung." Das Prinzip *Anspruch schafft Motivation* ist ebenfalls hängen geblieben, wie meine Nachfragen ergeben haben. Dadurch, dass die Zuhörer ein Objekt in die Hand bekamen und dazu einen klaren Wahrnehmungsauftrag erhielten, war ihre Aufmerksamkeit groß, und ein wichtiges Prinzip der Mitarbeitermotivation konnte sich nachhaltig verfestigen.

Die zweite Phase bei der Einbindung von Objekten ist die *Kontaktphase*. Hier nimmt unser Publikum direkten Kontakt mit dem Objekt auf, und seine Aufmerksamkeit geht von uns auf das Objekt über. Bei mobilen Objekten sollten wir darauf achten, dass ausreichend Objekte herumgegeben werden. Wenn wir ein Objekt bei 100 Zuhörern nutzen, dauert das Einbinden des Objekts sehr lange, und es wird schnell langweilig. Eine gute Quote ist 1:5 bis 1:10, also ein Objekt pro fünf bis zehn Zuhörer, je nachdem wie komplex der Wahrnehmungsauftrag ist. Bei nicht-mobilen Objekten sollten wir darauf achten, dass alle Zuhörer die Gelegenheit bekommen, Kontakt zum Objekt aufzunehmen. Je nach Art des Objektes können wir verschiedene Kontaktzonen anbieten, sodass die ersten Reihen sich zum Beispiel von links nähern, die mittleren von vorne und die hinteren von rechts. Während der Kontaktphase können wir uns zurückhalten und dem direkten Kontakt zwischen Publikum und Objekt Zeit und Raum geben.

Die dritte Phase, die *Trennungsphase,* beginnt mit dem Hinweis, dass die Kontaktphase nun abgeschlossen ist. Je nach Objekt können wir bei mobilen Objekten „Vielen Dank, bitte geben Sie mir die Objekte doch jetzt wieder zurück" und bei nicht-mobilen „Vielen Dank, bitte nehmen Sie doch jetzt wieder Platz" sagen. Wichtig bei dieser Phase ist, dass auch wirklich eine Trennung zwischen Publikum und Objekt stattfindet, da die Aufmerksamkeit des Publikums ansonsten in den folgenden Minuten weiterhin auf dem Objekt liegen wird und nicht bei uns. Für den Fall, dass wir ausgegebene mobile Objekte nicht wieder einsammeln wollen, können wir unser Publikum darum bitten, sie zu verstauen.

Die vierte und letzte Phase ist die *Reflexionsphase*. Hier erfragen wir, was das Publikum beim Kontakt mit dem Objekt wahrgenommen hat. In dieser Phase ermitteln wir also das Ergebnis unseres Wahrnehmungsauftrages. Bei dieser moderierten Abfrage bietet es sich an, die Rückmeldungen des Publikums auf einer Tafel oder einem Flipchart aufzuschreiben, sodass wir darauf Bezug nehmen können. Denn im weiteren Verlauf unserer Präsentation sollten wir die Besonderheiten des Objektes natürlich aufgreifen, zum Beispiel die besondere Weichheit der T-Shirts oder die beeindruckende Geräumigkeit des neuen Airbus.

▶ Bauen Sie Objekte in Ihre Präsentation ein, da Sie so vielfältige Sinneseindrücke vermitteln können. Beziehen Sie sich mit Ihren Ausführungen anschließend explizit auf diese Eindrücke.

Empfohlene Dosierung
Die Einbindung von Objekten ist nicht ganz trivial. Auch wenn wir auf die ergänzende Darstellung des Objektes in PowerPoint oder Keynote und den automatisierten und akustisch begleiteten Folienwechsel verzichten, steigert die Einbindung von Objekten die Komplexität einer Präsentation doch beträchtlich. Schließlich ist ein fester Ablauf an Schritten bei der Einbindung von Objekten zu beachten. Zusätzlich zieht ein Objekt immer Aufmerksamkeit auf sich und von uns ab, sodass die Gefahr entsteht, dass wir den Kontakt zu unserem Publikum verlieren. Das ist ein hoher Preis, den wir bei der Einbindung von Objekten zahlen müssen. Dafür bekommen wir aber Gelegenheit, ein absolutes Highlight zu setzen, das unserem Publikum aufgrund der intensiven Interaktion und der Aktivierung verschiedener Sinne besonders in Erinnerung bleiben wird. Und wenn Sie einmal an die bereits mehrfach angesprochene Höchststand-Ende-Regel zurückdenken, wissen Sie, dass unser Publikum sich an das intensivste und das letzte Ereignis besonders gut erinnern wird. Die Einbindung eines Objektes kann eine ganz besondere Chili

darstellen, die Chancen hat, das intensivste Ereignis unserer Präsentation zu werden. Das ist ein Nutzen, für den wir durchaus einen höheren Preis zahlen können. Meine Empfehlung lautet daher: Binden Sie Objekte in Ihre Präsentation ein. Je unerfahrener Sie damit sind, desto besser sollten Sie den Einsatz dieses Werkzeugs vorbereiten. Fangen Sie klein an, also nutzen Sie zu Beginn mobile Objekte, die nur einen oder zwei Sinne ansprechen und zu denen Sie einen klaren Wahrnehmungsauftrag erteilen können. Je erfahrener Sie sind, desto vielschichtiger können die Objekte sein, die Sie einbinden. Aber egal, wie erfahren Sie sind: Die Einbindung eines Objekts sollte etwas ganz Besonderes sein und je nach Länge Ihrer Präsentation nur ein- oder zweimal stattfinden.

Auf einen Blick
- Objekte sind Gegenstände, die einen hohen inhaltlichen Bezug zur Kernidee unserer Präsentation haben. Sie sind hervorragend zur Interaktion mit unserem Publikum geeignet.
- Klassische Präsentationsmedien sprechen in der Regel nur unsere visuelle Wahrnehmung an. Objekte können unsere Zuhörer mit mehreren, wenn nicht gar allen, Sinnen erfahren.
- Die Einbindung von Objekten sollte in mehreren Phasen erfolgen. In der Einführungsphase stellen wir unser Objekt vor, in der Kontaktphase erfolgt die Interaktion zwischen Objekt und Publikum, in der Trennungsphase verlagert sich die Aufmerksamkeit wieder auf uns, und in der Reflexionsphase besprechen wir die gesammelten Eindrücke mit unserem Publikum.

4.3.2 Mit Stimme und Sprache wirken

Neben visuellen Hilfsmitteln stehen uns beim Präsentieren akustische Hilfsmittel zur Verfügung. Das ist in erster Linie unsere Stimme, über die wir den Einsatz unserer Sprache steuern. Nun sind Stimme und Sprache mächtige Werkzeuge. Zu beiden alleine lassen sich ganze Bücher füllen. Sie können Gesang und Schauspiel studieren oder eine Logopädieausbildung machen und bekommen dabei jeweils eine umfassende Stimmausbildung, die mehrere Jahre dauert. Jeder Versuch, ein solches Niveau im Rahmen dieses Buches zu erreichen, ist zum Scheitern verurteilt, denn er würde der Komplexität und dem Anspruch einer umfassenden Stimm- und Sprachbildung nicht gerecht werden. Daher möchte ich in diesem Abschnitt die wichtigsten Grundlagen von Stimme und Sprache in Bezug auf das Präsentieren vorstellen, und zwar so, dass Sie diese Grundlagen wie bei allen anderen Werkzeugen auch selbst trainieren können. Ich gebe Ihnen an der einen oder anderen Stelle kleine Übungen an die Hand, um Stimme und Sprache vor einer Präsentation in Schwung zu bringen. Sollte diese Auseinandersetzung mit Stimme und Sprache Begeisterung in Ihnen wecken, dann gehen Sie den nächsten Schritt: Nehmen Sie ein paar Stunden Gesangsunterricht, besuchen Sie ein Sprechtraining oder melden Sie sich bei einem Theaterkurs an. Viele Volkshochschulen haben passende und gleichzeitig günstige Angebote im Programm.

Die Steuerung von Stimme und Sprache ist eine Grundvoraussetzung für das exzellente Präsentieren, denn neben unserer Körpersprache hängt die Wirkung auf unser Publikum maßgeblich von unserer Stimme ab. Und während wir auf viele andere Werkzeuge verzichten oder sie je nach Anlass flexibel einsetzen können, sind Stimme und Sprache bei einer Präsentation unerlässlich. *Präsentieren ist sprechen.* Damit ist die stetige Weiterentwicklung von Stimme und Sprache eine der wichtigsten Aufgaben auf dem Weg zur Exzellenz.

Zu Beginn dieses Abschnittes möchte ich mich mit Werkzeugen der Stimme befassen: Lenkung von Tonlage, Betonung und Lautstärke. Im Weiteren geht es mir um die Steuerung der Sprache, um Sprechgeschwindigkeit und -pausen sowie um die Wahl einer zielgruppengerechten Sprache. Die letzten beiden Werkzeuge dieses Abschnittes sind indirekte Sprachwerkzeuge. Beim Einsatz von Meta-Sätzen und Geschichten führt die inhaltliche Gestaltung von Sprache zu einem besseren Verständnis unserer Idee. Dabei verfolgen alle Werkzeuge ein und dasselbe Ziel: die Wirkung auf unser Publikum und damit unsere Überzeugungskraft zu stärken.

4.3.2.1 Tonlage, Betonung und Lautstärke lenken

Die Macht der Stimme

Sind Sie auch Fan einer ganz bestimmten Stimme? Damit meine ich nicht eine Stimmgattung, etwa den Sopran oder den Bariton, sondern die Stimme einer ganz bestimmten Person? Ich liebe die Stimme von Simon Jäger. Er ist Hörbuch- und Synchron-Sprecher und leiht unter anderem Matt Damon seine Stimme. Wobei es nicht ganz stimmt, wenn ich sagen, dass ich seine Stimme liebe. Ich liebe es, wie er mit seiner Stimme *spricht,* wenn er liest oder synchronisiert. Damit wird schon deutlich, dass Tonlage, Betonung und Laustärke sowie die sinnvolle Veränderung dieser Größen während des Sprechens zusammengehören, wenn es um die Macht von Stimmen geht. Der Einfachheit halber werde ich aber trotzdem weiter von *der Stimme* sprechen.

Wenn Sie auch Fan einer bestimmten Stimme sind, dann wissen Sie, was Stimmen in Köpfen auslösen können. Eine gute Stimme hilft uns nicht nur, eine konkrete Vorstellung von dem zu einwickeln, worüber sie spricht. Sie versetzt uns zudem in eine zu den jeweiligen Inhalten passenden Stimmung, mal fröhlicher, mal ernster, mal dramatischer. Denken Sie etwa an Jürgen von der Lippe, dessen schelmisch-heitere Grundhaltung fest in seiner Stimme verankert zu sein scheint. Oder denken Sie an die Sprecher der Drei Fragezeichen, Oliver Rohrbeck (Justus Jonas), Jens Wawrczeck (Peter Shaw) und Andreas Fröhlich (Bob Andrews), die uns seit 1979 mit ihren so unterschiedlichen Stimm-Charakteren entweder wachhalten oder in den Schlaf begleiten.

Mein Trauzeuge ist Radiomoderator. Als er früher noch öfter in Bars und Klubs unterwegs war, kam er häufig mit jungen Damen ins Gespräch. Nach kurzer Zeit sagten sie eigentlich immer dasselbe: „Irgendwoher kenne ich deine Stimme." Daraufhin nannte er seinen Namen und sagte, dass er die Morgensendung in meiner Stadt moderiere. Und auch die Entgegnung daraufhin war immer dieselbe: „Echt? Du siehst ganz anders aus, als deine Stimme klingt."

Nun ergibt es wenig Sinn, Rückschlüsse von der Stimme auf das Aussehen oder umgekehrt zu ziehen. Das eine hat mit dem anderen nichts zu tun. Und doch sind wir immer wieder überrascht, wenn wir das Gesicht zu einer tollen Stimme sehen, denn eine Stimme weckt in unserem Kopf ihre ganz eigenen Bilder. Vielleicht können Sie sich an die Blütezeit der Sex-Hotlines in den späten 90er-Jahren erinnern. Im Fernsehen wurde zu später Stunde für diverse 0190-Nummern (zu horrenden Minutenpreisen) geworben. Der Erfolg der Branche war nicht zuletzt darauf zurückzuführen, dass man sein Gegenüber ja nur hören, nicht aber sehen konnte. Vielen Anrufern wäre sicher augenblicklich die Lust vergangen, wenn nicht nur die Stimme zu hören, sondern auch ein Gesicht zu sehen gewesen wäre (womit ich niemandem zu nahe treten möchte). Manchmal braucht es nur eine Stimme, den Rest erledigt unser Gehirn von alleine.

Die Macht der Stimme besteht also darin, Bilder in unseren Köpfen zu kreieren und unsere Stimmung zu beeinflussen. Während wir Ersteres bei einer Präsentation nicht so sehr brauchen, weil wir tatsächliche Bilder zeigen können, ist Letzteres umso wichtiger. Eine unangenehme Tonlage, undeutliche Betonung oder zu leises oder lautes Sprechen führt nicht nur dazu, dass uns unser Publikum nicht mehr optimal folgen *kann*. Es kann auch negative Emotionen hervorrufen, die so weit gehen, dass man uns gar nicht mehr zuhören *will*. Sie haben vielleicht als Zuhörer auch schon einmal eine Situation erlebt, in der Sie einem Präsentator nicht mehr folgen wollten, weil seine Stimme schrecklich klang, er vor lauter Nuscheln nicht zu verstehen war oder einfach zu schnell oder langsam gesprochen hat. Also lassen Sie uns unsere Stimme so steuern, dass man uns gerne zuhört und unsere Stimme ihre volle Macht einfalten kann.

▶ Die Stimme ist eines der wichtigsten Werkzeuge beim Präsentieren: trainieren und pflegen Sie Ihre Stimme, so gut Sie können.

Eine angenehme Tonlage
Die meisten Menschen nehmen tiefe Stimmen als angenehmer wahr als hohe Stimmen (vgl. Eberhart und Hinderer 2014, S. 59). Wenn Sie mögen, schauen Sie sich dazu einmal zwei YouTube-Videos an: Das erste finden Sie unter den Stichworten *Ted Williams Raw Video*. Es handelt von einem Obdachlosen, Ted Williams, der mit seiner „Radiostimme" spricht, wenn man ihm dafür einen Dollar gibt. Auffällig ist die tiefe, volle Stimme von Ted Williams.[28] Das zweite handelt von einem niederländischen Fernsehmoderator, den die hohe Stimme eines Gastes derart aus der Fassung bringt, dass er

---

[28]Das Video war bei YouTube so erfolgreich, dass Ted Williams tatsächlich Angebote als Moderator und Sprecher bekam und seiner Obdachlosigkeit entkommen konnte (so berichten es zumindest einige Medien).

sein Lachen nicht mehr in den Griff bekommt. Sie finden es unter den Stichworten *hohe Stimme Lachanfall*.[29]

Tendenziell haben Frauen eine etwas höhere Stimme, besser: ein höheres Tonspektrum, als Männer (vgl. Ehrlich 2007, S. 49 f.). Damit klingen Frauenstimmen aber nicht unbedingt weniger angenehm als Männerstimmen. Vielmehr scheint es so, dass eine gleichbleibend hohe Sprechweise, also ein Sprechen am oberen Ende des Tonspektrums, als unangenehm empfunden wird (vgl. Eberhart und Hinderer 2014, S. 59). Jeder Mensch kann innerhalb seines Tonspektrums auf eine Bandbreite an Tonlangen zurückgreifen. Bewegt sich eine Person allerdings lange und ohne viel Variation am oberen Ende, dann wird dies von vielen Zuhörern als unangenehm empfunden. Vor allem lässt sich dieses Phänomen bei Babygeschrei feststellen: Die Evolution hat Babys dazu gebracht, in der Tonlage zu schreien, die uns am unangenehmsten ist, also in einer schrillen und hohen. So haben wir einen Anreiz, das Geschrei schnell abzustellen (und das geht bei Babys nur, wenn man sich kümmert, was ihr erfolgreiches Heranwachsen und Überleben sichert).

Der Grund, warum wir hohe Tonlagen als unangenehm empfinden, ist, dass sie uns in Alarmbereitschaft und damit in einen Spannungszustand versetzen, wie etwa beim Babygeschrei oder bei Sirenen. Der Auslöser für diesen Spannungszustand ist aber nicht zwangsweise die hohe Tonlage an sich, sondern es kann auch der emotionale Zustand des Sprechenden sein. Insbesondere bei Aufregung und Ärger sprechen Menschen in einer hohen Tonlage (vgl. Eberhart und Hinderer 2014, S. 61 f.). Da die meisten von uns empathisch sind, können wir die Aufregung oder den Ärger selbst förmlich spüren, allein wenn wir die Stimme einer aufgeregten Person hören. Verantwortlich hierfür sind Spiegelneuronen, deren Wirkungsweise ich beim Werkzeuge *Innere Haltung des Lächelns finden* (Abschn. 3.1.1.1) vorgestellt habe. Damit alarmieren uns sowohl Aufregung als auch Ärger anderer. Hören wir in der Stimme eines Präsentators Aufregung oder Ärger, sind das keine guten Vorzeichen dafür, dass unser Gehirn ihm Sympathie und Klarheit zuschreibt.

Da wir eine monoton hohe Stimme also als relativ unangenehm empfinden, sollten wir beim Sprechen die Tonlage verändern und die Bandbreite unserer Tonlage ausnutzen. Außerdem sollten wir tendenziell etwas *tiefer sprechen*. Um beides zu erreichen, bieten sich verschiedene Übungen an. In der Literatur finden sich viele an Profis gerichtete Übungen, bei denen das Schämpotenzial für den unbedarften Übenden teilweise recht hoch ist (vgl. Ehrlich 2007, S. 91 ff.). Daher empfehle ich etwas natürlichere Übungen:

1. Aufwärmübungen: Jeder Sänger, Schauspieler oder Sprecher wärmt seine Stimme auf, bevor er sie im Rahmen seiner Arbeit einsetzt (vgl. dazu „Aus der Praxis: Stimmübungen im Taxi"). Das sollten wir auch tun. Eine guter Anfang ist das *Gähnen* – eine

---

[29]Der Moderator verlor aufgrund seiner Entgleisung seinen Job und das Format wurde abgesetzt, sagte er in einem späteren Interview.

der klassischen Stimmübungen (vgl. Coblenzer und Muhar 2006, S. 45). Atmen Sie tief ein und gähnen Sie aus vollem Leib. Wiederholen Sie diese Übung mehrere Male. Alternativ bietet es sich an, ein *Lied zu singen*. Es sollte möglichst melodisch sein, sodass Ihre Stimme verschiedene Tonhöhen einnehmen muss. Text, den Sie nicht auswendig können, ersetzen Sie einfach durch Fantasiewörter oder durch *lalala*. Mir hilft *I've been looking for freedom* von David Hasselhoff.

2. Übungen, um das Tonspektrum zu erweitern: Nachdem Sie Ihre Stimme aufgewärmt haben, sind Übungen, die ein breites Tonspektrum ausnutzen, sinnvoll. Wenn Sie das *Gähnen* ausprobiert haben, konnten Sie vielleicht feststellen, dass Ihre Stimme zum Ende des Ausatmens hin tiefer wurde. Das liegt daran, dass unsere Stimme tendenziell höher klingt, je mehr Luft wir in den Lungen haben – auf dieses Phänomen bin ich bereits im Rahmen des Werkzeugs *Mit den ersten Schritten und Worten überzeugen* (Abschn. 4.2.1.1) eingegangen. Hier können Sie etwas übertreiben: Atmen Sie tief ein und beginnen in hoher Tonlage zu gähnen. Achten Sie darauf, dass Ihre Stimme immer tiefer wird, je weiter Sie ausatmen, bis Sie am Ende ganz tief gähnen. Ähnlich funktioniert auch die Lip-Roll: Drücken Sie Ihre Lippen leicht aufeinander und atmen Sie aus, sodass Ihre Lippen anfangen zu vibrieren. Vielleicht hilft Ihnen dabei die Vorstellung, Sie sollten einen Hubschrauber lautmalerisch nachahmen). Atmen Sie wie bei der Gähnübung langsam aus, mit einer hohen Tonlage beginnend und immer tiefer werdend.

3. Übungen, um die Stimmlage zu senken: Um eine tiefe Tonlage einzunehmen, hilft ein Brummen (vgl. Eberhart und Hinderer 2014, S. 64). Fangen Sie mit einem emotionslosen Brummen an, wie Sie es vielleicht vom Telefon kennen, wenn Sie Ihrem Gesprächspartner nickend zustimmen. Der Mund ist dabei geschlossen. Atmen Sie tief ein und langsam brummend aus. Wiederholen Sie diese Übung, wobei Sie versuchen das Brummen immer ein bisschen tiefer zu bekommen. Ebenfalls hilft die *BOMM-Übung:* Singen Sie mehrfach BOMM-BOMM-BOMM-BOMM, wobei das erste BOMM in einer mittleren Tonlage gesungen wird und jedes weiter tiefer gesungen wird.

> **Aus der Praxis: Stimmübungen im Taxi**
>
> Von meinem Trauzeugen, der sein Geld als Radiomoderator verdient, hatte ich ja schon berichtet. Die Morgensendung, die er seit einigen Jahren moderiert, beginnt um 5:00 Uhr. Damit er morgens ein paar Minuten sparen kann, fährt er mit dem Taxi und nicht mit Bus und Bahn. Dabei ist es für ihn ganz normal, während der Fahrt seine Stimme aufzuwärmen, indem er einige Sprech- und Singübungen macht: Tonleitern, Schlager, Zungenbrecher – Hauptsache, die Stimme kommt auf Touren.
>
> Normerweise ist es immer derselbe Fahrer, der ihn in den Sender bringt. Ist es ein anderer, warnt mein Freund ihn kurz vor, damit er nicht überrascht ist, wenn es von der Rückbank Tonleitern hagelt. Aber er fährt halt immer sehr früh morgens, und manchmal ist er zu verschlafen, um auf den Fahrer zu achten. Das hat schon dazu geführt, dass der Taxifahrer dachte, mein Freund käme aus der Kneipe, anstatt auf

dem Weg zur Arbeit zu sein. Aber er ist da schmerzfrei, denn das Wichtigste für ihn ist eine gut geölte Stimme.

Körperhaltung und Atmung
Nicht nur bei den Übungen, die ich gerade vorgestellt habe, sondern vor allem beim Sprechen selbst ist auf zwei Punkte besonders zu achten: Körperhaltung und Atmung. Bei der Körperhaltung ist die Achsenausrichtung, wie ich sie beim entsprechenden Werkzeug vorgestellt habe, entscheidend dafür, dass sich das volle Stimmpotenzial entfalten kann (vgl. Ehrlich 2007, S. 61). Das gilt übrigens nicht nur im Stehen, sondern auch im Sitzen. Hier sollten wir auf eine gerade, aufrechte Haltung, mit dem Kopf senkrecht über dem Gesäß, achten.

Hinsichtlich unserer Atmung können grundsätzlich drei Arten unterschieden werden: die Brustatmung, die Bauchatmung und eine Mischung beider Atemtechniken, die sogenannte Zwerchfellseitenatmung (vgl. Habermann 2003, S. 14 ff.). Bei der Brustatmung wird durch die Bewegung des Brustkorbes Raum für die Ausdehnung der Lunge geschaffen, bei der Bauchatmung durch das Zwerchfell bzw. die Bauchdecke. Als optimale Atemtechnik für Sprechen und Singen wird die Zwerchfellseitenatmung, also die Mischung aus Brust- und Bauchatmung, erachtet, weil sie für einen optimalen Lufttransport sorgt und den Körper in die richtige Ausgangslage für gutes Sprechen versetzt (vgl. Ehrlich 2007, S. 56). Da die meisten von uns, die wir keine Gesangsausbildung genossen haben, eher an die Brustatmung gewöhnt sind, ist eine Sensibilisierung für die Bauchatmung hilfreich, damit eine Kombination aus beiden Atemtechniken gelingen kann. Eine gute Übung hierfür, die sowohl im Sitzen als auch im Liegen durchgeführt werden kann, zielt darauf ab, bewusst die Bewegung der Bauchdecke beim Atmen zu spüren. Dazu setzen Sie sich gerade hin oder legen sich flach auf den Rücken, legen Ihre Hände auf Ihren Bauch und steuern Ihre Luft beim Einatmen in Ihren Bauchraum, sodass sich die Bauchdecke *beim Einatmen wölbt*. Wenn Ihre Lungen gefüllt sind, halten Sie kurz inne und atmen dann *langsam* aus. Ihre Hände begleiten die Bewegungen der Bauchdecke *passiv*, sodass Sie das Auf und Ab der Bauchdecke spüren können.

Um beim Präsentieren in eine gute Ausgangsposition der Atmung für das Sprechen zu kommen, atmen Sie zunächst vollständig aus und füllen Ihre Lungen dann zu etwa einem Viertel mit Luft (Ihr Gefühl reicht hier als Näherung vollkommen aus). Beim Einatmen sollte sich der Bauch leicht wölben und der Brustkorb leicht heben. Sie können diese Ausgangsposition zu Hause vorm Spiegel üben und dann im Geiste für Ihre nächste Präsentation abspeichern.

Eine angenehme Betonung
Die richtige Betonung von Sätzen ist der Schlüssel zu deren Verständnis. Daher haben gute Schauspieler und vor allem Sprecher nicht nur eine angenehme Stimme, sondern können ihre Texte auch hervorragend betonen. Ein zweites Mal möchte ich Jürgen von der Lippe ins Feld führen: Wenn Sie bei YouTube *Jürgen von der Lippe* und *Vorleseabend* suchen, finden Sie den *witzigsten Vorleseabend der Welt* mit Carolin Kebekus, Jochen

4.3 Medium

Malmsheimer und eben Jürgen von der Lippe. Hier erleben Sie ein Meisterwerk des Humors und vor allem der Betonung mit drei völlig unterschiedlichen sprachlichen Charakteren – und Jürgen von der Lippe als Großmeister.

Eine angenehme Betonung wird durch zwei Faktoren beeinflusst: *Deutlichkeit* und *Natürlichkeit* der Aussprache. Eine hohe Deutlichkeit steigert das Verständnis unserer Aussagen. Die Messlatte bildet hier die Tagesschau der ARD. Susanne Daubner, Jan Hofer, Judith Rakers, Jens Riewa und Thorsten Schröder und noch einige andere mehr sprechen die Nachrichten in der sogenannten *Standardsprache*,[30] ohne jeglichen Dialekt und mit dem Ziel der maximalen Verständlichkeit. Dem steht die Natürlichkeit der Aussprache natürlich manchmal im Wege. Für jemanden aus Hannover, wo man ein relativ neutrales Hochdeutsch spricht, ist es recht schwer, einen Menschen aus Landshut oder Deggendorf, wo man ein wundervolles Niederbayerisch spricht, zu verstehen. Die Natürlichkeit gibt damit die Nähe zur regional angestammten Mundart des Sprechers wieder. Wie kann dieser Zielkonflikt zwischen Deutlichkeit und Natürlichkeit aufgelöst werden?

Insgesamt geht Deutlichkeit vor Natürlichkeit. Wir sollten so sprechen, dass unser Publikum uns ohne Einschränkung verstehen kann. Das gilt vor allem für *Schlüsselbegriffe* unserer Präsentation, also solche Wörter, die in unserer Argumentationslogik entscheidend sind. Diese können wir uns ins Notizenfeld schreiben, dann wissen wir an den entsprechenden Stellen, auf welche Wörter wir beim Sprechen besonderen Wert legen sollten. Wenn wir eine deutliche Aussprache sicherstellen, ist das Sprechen im jeweiligen Dialekt überhaupt kein Problem, es steigert vielmehr unsere Authentizität.

Um die Deutlichkeit der Aussprache zu verbessern – die Natürlichkeit ist uns ja quasi angeboren, weswegen ich nicht weiter darauf eingehen muss – gibt es verschiedene Übungen. Es geht mir dabei nicht so sehr um die Einhaltung von Ausspracheregeln (vgl. hierzu zum Beispiel Eberhart und Hinderer 2014, S. 112 ff. oder Ehrlich 2007, S. 143 ff.). Das Hauptproblem bei einer undeutlichen Aussprache ist vielmehr, dass das Bewegungsspektrum der beim Sprechen eingebundenen Gesichtsmuskeln nicht voll ausgeschöpft wird. Daher geht es mir um Lockerung und Training dieser Muskeln. Besonders gut geeignet sind *Zungenbrecher* und *lautes Vorlesen*.

Sie alle kennen sicherlich diverse Zungenbrecher, im Internet finden Sie unzählige mehr. Suchen Sie sich einfach einige heraus, bei denen Ihnen die Aussprache schwerfällt, denn nur dann gibt es einen Übungseffekt. Sprechen Sie die Zungenbrecher *übertrieben deutlich* und am Anfang durchaus langsam aus. Werden Sie dann immer schneller. Beim Zungenbrechertraining hilft es mir tatsächlich sehr gut, mir die einzelnen Begriffe bildlich vorzustellen. Dann gelingt mir die fehlerfreie Aussprache leichter. *Tschechische Stretch-Jeans mit Strass-Steinchen. Tschechische Strass-Steinchen-Stretch-Jeans. Sechzig tschechische Chefchemiker scheuchen keusche chinesische Mönche in seichte Löschteiche* (Eberhart und Hinderer 2014, S. 125).

---

[30]Die richtige standardsprachliche Aussprache eines Wortes lässt sich zum Beispiel im Aussprachewörterbuch des Dudenverlages finden.

Wenn Sie Kinder haben, sind Sie das laute Vorlesen, mein zweiter Ansatz zur Lockerung und zum Training der Sprechmuskeln, ja bestimmt gewohnt. Ansonsten sollten Sie es sich angewöhnen, es ist meines Erachtens das wirkungsvollste Sprechtraining, das es gibt. Denn wir merken sofort, wo unsere Schwächen liegen, und es ist nicht so künstlich wie die Übung von Zungenbrechern. Nehmen Sie sich irgendein Buch und schlagen Sie eine beliebige Seite auf. Lesen Sie so lange laut vor, bis Sie eine Seite ohne Versprecher geschafft haben. Wenn Ihnen das gelungen ist, greifen Sie zu anspruchsvollerer Literatur und steigern die fehlerfrei vorzulesende Seitenzahl. Bereits nach kurzer Zeit werden Sie den Übungseffekt merken.

Eine angenehme Lautstärke
Lautstärke wird in Dezibel gemessen. In einem ruhigen Zimmer oder bei leichtem Wind beträgt die Lautstärke rund 30 Dezibel, ein normales Gespräch oder der Fernseher in Zimmerlaustärke schallen mit etwa 65 Dezibel. Bei langfristiger Einwirkung können Geräusche ab 85 Dezibel bereits Hörschäden anrichten. Damit dürfte die richtige Lautstärke eines Redners bei einer Präsentation bei 70 bis 75 Dezibel liegen. Diese Feststellung ist allerdings relativ nutzlos, denn niemand von uns hat bei einer Präsentation ein Schallpegelmessgerät dabei, mit der wir die Lautstärke messen könnten.

Eine angenehme Lautstärke ist dann erreicht, wenn uns alle Zuhörer verstehen können und wir weder zu laut noch zu leise sprechen – so einfach ist das. Zu lautes Sprechen lässt uns aggressiv wirken und hat negative Auswirkungen auf unsere Sympathie, zu leises Sprechen lässt uns schüchtern wirken und hat negative Auswirkungen auf unsere Klarheit. Um herauszufinden, ob uns alle Zuhörer verstehen können, sollten wir zwei Fragen stellen: „Können Sie mich gut verstehen? Spreche ich zu laut oder zu leise?"

Problematisch ist die Lautstärkesteuerung oft bei großen Gruppen in großen Räumen. Dann kann es dazu kommen, dass Sie zwar laut genug für die Zuhörer sprechen, die in der Mitte sitzen, aber zu leise für die in den hinteren und zu laut für die in den vorderen Reihen. In einem solchen Fall bietet sich der Einsatz eines Mikrofons an, weil die Lautstärke unserer Stimme dann für alle Zuhörer ausgepegelt werden kann. Allerdings sollten Sie wirklich nur dann auf ein Mikrofon zurückgreifen, wenn es nicht anders geht. Denn die Nutzung eines Mikrofons bringt verschiedene Nachteile mit sich:

1. Wenn unsere Stimme aus Lautsprechern kommt, entsteht dadurch sofort eine gefühlte Distanz zwischen uns und unserem Publikum, was das Transportieren unserer Idee erschwert.
2. Aus der gefühlten Distanz wird oft auch eine räumliche, weil wir mit Mikrofon nicht mehr gezwungen sind, nah an unser Publikum heranzutreten.
3. Mikrofone sind oft zu laut ausgepegelt, sodass wir, um eine für das Publikum angenehme Lautstärke zu erreichen, zu leise sprechen. Das hat negative Auswirkungen auf unsere Körpersprache und damit auf unsere Klarheit.
4. Bei Handmikrofonen fehlt uns eine Hand zur Untermalung unserer Ausführungen mit Gesten, was sich ebenfalls negativ auf unsere Klarheit auswirkt.

Eine Präsentation ist ohne den Einsatz eines Mikrofons bei Gruppen bis ungefähr 100 Personen in einem entsprechenden Raum möglich. Müssen wir doch ein Mikrofon nutzen, sollten wir, wenn es irgendwie geht, auf ein Ansteckmikrofon bestehen und es etwas leiser auspegeln als normal, damit wir mit kräftiger, voller Stimme sprechen können.

Wenn Sie die eigene Sprechlautstärke steigern möchten, brauchen Sie dafür Körperspannung. Um Sensibilität für Ihre Körperspannung aufzubauen, können Sie folgende Übung machen: Pusten Sie eine rund einen Meter entfernt stehende (imaginäre) Kerze aus und achten Sie dabei darauf, dass Ihre Muskeln in Bauch und Rücken angespannt sind. Wenn Sie Ihre Sprechlautstärke steigern möchten, setzen Sie zum Auspusten der Kerze an und fangen im Zuge des Ausatmens an zu sprechen. Je stärker Sie Bauch- und Rückenmuskeln anspannen (oder je weiter Ihre imaginäre Kerze entfernt steht), desto lauter werden Sie sprechen.

Empfohlene Dosierung
Die besondere Rolle der Stimme beim Präsentieren habe ich zu Beginn dieses Werkzeugs vorgestellt. Für mich führt das vor allem dazu, dass dieses Werkzeug *grundsätzlich* hoch dosiert werden sollte. Das bedeutet konkret: größtmögliche Ausnutzung des Tonspektrums beim Sprechen mit eher tiefer Stimme, saubere und klare Betonung, so weit es geht, ohne die eigene Mundart zu unterdrücken, und Sprechen mit einer für unser Publikum angenehmen, tendenziell etwas höheren Lautstärke.

Auf einen Blick
- Präsentieren ist Sprechen. Wir sollten auf unsere Tonlage, unsere Betonung und unsere Sprechlautstärke besonderen Wert legen.
- Die meisten Menschen empfinden monoton hohe Tonlagen als unangenehm. Daher sollten wir versuchen, die gesamte Bandbreite unserer Stimme auszunutzen und möglichst tief zu sprechen.
- Für eine angenehm klingende Stimme sind Körperhaltung und Atmung entscheidend. Dazu richten wir unsere Achsen aus und achten darauf, nicht zu tief einzuatmen.
- Eine angenehme Betonung schafft den Grenzgang zwischen Deutlichkeit der Aussprache und Natürlichkeit in der Mundart. Dabei ist zunächst auf die Deutlichkeit zu achten, vor allem bei Schlüsselbegriffen unserer Präsentation.
- Wir sprechen in der richtigen Lautstärke, wenn uns alle unsere Zuhörer einwandfrei verstehen können, egal ob sie in der ersten oder letzten Reihe sitzen. Bei großen Gruppen ab ca. 100 Personen sollten wir ein Mikrofon benutzen, bei kleineren Gruppen nach Möglichkeit nicht, weil durch den Einsatz eines Mikrofons unsere Sympathie und Klarheit leiden können.

4.3.2.2 Geschwindigkeit und Pausen steuern

Lieber zu schnell als zu langsam
Barbara Schöneberger ist eine der erfolgreichsten deutschen Moderatorinnen. Und das trotz einer Eigenart, vor der ich früher immer gewarnt wurde: Sie spricht unglaublich schnell. In den Präsentationstrainings, die ich früher besucht habe, wurde mir immer eingebläut, man dürfe nicht zu langsam *und* nicht zu schnell sprechen. Denn ein zu geringes Sprechtempo schläfere ein, ein zu hohes hänge den Zuhörer ab. Demnach dürfte Barbara Schöneberger eigentlich nicht derart erfolgreich sein.

In der Tat bin ich der Auffassung, dass langsames Sprechen einschläfernd wirkt. Den langsam Sprechenden mangelt es an Dynamik, sodass der Kanal zum Publikum irgendwann zusammenbricht. Schnelles Sprechen ist meines Erachtens allerdings nicht so schlimm wie sein Ruf. Es verkörpert Dynamik und ist damit geeignet, den Kanal zwischen uns und unserem Publikum offen zu halten. Natürlich gibt es ebenso wie für das langsame Sprechen auch für das schnelle Sprechen Grenzen, die nicht überschritten werden sollten. Aber die Grenze zum zu schnellen Sprechen liegt deutlich weiter entfernt als die zum zu langsamen Sprechen. Also machen Sie es wie Frau Schöneberger: Lassen Sie sich nicht beunruhigen, wenn Sie von Haus aus schnell sprechen. Wenn Sie sich unsicher sind, ob Sie *zu schnell* sprechen, fragen Sie Ihr Publikum oder geben Sie einen Beobachtungsauftrag an Ihren Wingman, der Ihnen ein Feedback geben soll.

Pausen können Leben retten
Entscheidend für die Verständlichkeit unserer Inhalte ist also nicht so sehr die Sprechgeschwindigkeit – es sei denn, sie ist zu niedrig –, sondern es sind eher die Pausen. Dazu ein Beispiel. Der folgende Satz bekommt eine ganz andere Bedeutung, je nachdem, wo Sie das Komma (und damit die Pause) setzen: Komm wir essen Opa. Eine Pause bzw. ein Komma vor dem *Opa* kann Leben retten.

Jede Pause, die wir beim Präsentieren machen, gibt unserem Publikum die Gelegenheit, geistig kurz durchzuschnaufen. Wie ich beim Werkzeug *Auf die Augen achten* (Abschn. 3.2.1.2) dargelegt habe, ist das Aufmerksamkeitsreservoir unseres Publikums begrenzt, und es nimmt mit zunehmender Präsentationsdauer kontinuierlich ab. Je weniger Pausen wir machen, desto schnell schrumpft es. Daher ist es für unseren Präsentationserfolg entscheidend, *regelmäßig* Pausen zu machen. Und da es mir hier ums Sprechen geht, möchte ich auch auf Sprechpausen eingehen (zu Pausen im Sinne von echten Unterbrechungen vgl. Abschn. 4.2.2.3).

▶ Machen Sie regelmäßig Sprechpausen und schenken Sie Ihrem Publikum damit einen Moment kurzer geistiger Entspannung.

Bevor ich unterschiedliche Arten von Sprechpausen vorstelle, möchte ich darauf eingehen, warum es uns so schwerfällt, Sprechpausen zu machen. Stellen Sie sich dazu einmal vor, Sie stehen vor einem Publikum von 50 Personen auf dem Sweet Spot und sollen zwei Minuten lang *nichts* sagen. Das werden wahrscheinlich die längsten zwei Minuten Ihres Lebens. Dass diese Situation für uns so unangenehm ist, liegt an ihrem Bedrohungscharakter. Denn unsere affektiv-vegetative Ebene 1 nimmt sie als Ausgeliefertsein vor 50 Menschen wahr und reagiert mit Fluchtimpulsen. Der Bedrohungscharakter dieser Situation nimmt ab, sobald wir zu präsentieren anfangen, denn dann bekommt unsere Anwesenheit auf der Bühne eine Daseinsberechtigung – sowohl für unser Publikum als auch für uns selbst. Doch die Bedrohung samt Fluchtimpuls kommt mit jeder Pause wieder. Daher sind Pausen für uns sehr schwer zu ertragen und es braucht viel Übung, bis wir Tatenlosigkeit auf der Bühne ohne negative Emotionen aushalten können.

Dem Drang, *keine* Pausen zu machen, müssen wir also widerstehen. Die Kenntnis um die Wichtigkeit von Pausen und etwas Gewöhnung an das unangenehme Schweigen während der Pausen helfen da gut weiter. Vor allem, weil es mir hier nicht um Pausen von zwei oder mehr Minuten Länge geht, sondern um Pausen von maximal einigen Sekunden.

Pausen beim Sprechen

Beim Sprechen kann man zwischen *Atempausen* und *Staupausen* unterscheiden (vgl. Eberhart und Hinderer 2014, S. 133). Atempausen werden genutzt, um Atem zu holen, Staupausen sind dazu da, den Sprechfluss kurz zu unterbrechen, um das Gesagte wirken zu lassen (vgl. „Aus der Praxis: Von der Erde zum Mond").

Aus der Praxis: Von der Erde zum Mond

Der folgende Text stammt aus Jules Vernes *Von der Erde zum Mond* (Verne 1968, S. 1). In meinen Präsentationstrainings nutze ich diesen Text, um Betonung und Pausensetzung zu trainieren. Ich habe Satzzeichen weggelassen und den Text stattdessen mit einem senkrechten Strich für eine *Staupause* und mit zwei senkrechten Strichen für eine *Atempause* versehen.

Während des Sezessionskrieges | wurde in Baltimore | von alten Soldaten ein Klub gegründet || der in kurzer Zeit | großen Einfluß gewann || Es ist bekannt || dass sich auch der militärische Instinkt | bei den Amerikanern || diesem Reeder- | Kaufmanns- | und Techniker-Volk | kräftig entwickelt hat || und dass sie in kurzer Zeit von den Kriegskünstlern der Alten Welt gelernt hatten || man siegt am besten | wenn man reichlich Kugel- | Dollar- | und Menschenmaterial | bereitstellt.

Aber in einem | waren die Amerikaner ihren europäischen Kollegen ganz sicher | weit voraus|| in der Ballistik || Ihre Geschütze | waren nicht nur die genauesten || sondern auch die größten | und schossen deshalb am weitesten || Die Engländer | die Franzosen | und die Deutschen | verstanden sich auf rasante Schüsse || auf Senk- | oder Horizontalschüsse | auf Schräg- | Längs- | und Ariere-Feuer || aber ihre Mörser | und Haubitzen | wirkten neben den Schießgeräten | der amerikanischen Artillerie || wie Taschenpistolen.

Wenn ich diesen Text laut vorlesen lasse, fällt es den meisten Teilnehmern zunächst sehr schwer, alle Pausen vorgabegemäß einzuhalten. Die Vorlesenden haben zwar subjektiv den Eindruck, sie würden Pausen machen und sich extrem viel Zeit mit dem Text lassen, aber die Wahrnehmung der Zuhörenden ist in der Regel eine andere: Aus ihrer Sicht wird viel zu schnell und ohne echte Pausen vorgelesen. Erst im zweiten oder dritten Anlauf werden die Pausen so eingehalten, dass sie von den Zuhörern auch wirklich wahrgenommen werden. Das ist für die meisten die deutlich angenehmere Variante.

Ein letztes Mal möchte ich auf Jürgen von der Lippe zu sprechen kommen. Auch, was das Pausentiming angeht, ist er ungeschlagen. Er schafft es, Pausen so meisterhaft zu zelebrieren, dass sich die Gedanken in den Köpfen der Zuhörer vollständig entfalten können.[31] Und genau das ist auch der Grund dafür, dass Pausen beim Sprechen so wichtig sind: Unser Gehirn braucht Zeit, damit sich ein Bild entwickeln kann. Nicht langsames Sprechen ist hierfür wichtig, denn unser Gehirn ist eine rasend schnelle Assoziationsmaschine, sodass wir auch bei schnell ausgesprochenen Begriffen sofort erfassen, was gemeint ist. Aber die Entwicklung der Assoziationen zu einem Bild, das Schritt für Schritt weiter wachsen kann, braucht Zeit. *Dafür* sind Pausen essenziell.

Und wann ist eine Pause sinnvoll? Eine Staupause sollten wir zumindest nach jedem *Schlüsselbegriff,* also den Wörtern, die für unsere Argumentationslogik entscheidend sind, setzen, sodass sich ein passendes Bild in den Köpfen unserer Zuhörer formen kann. Eine Atempause kommt in der Regel ganz automatisch beim Sprechen, allerdings dürften wir diese ruhig etwas länger ausfallen lassen, als sie nur zum Luft holen eigentlich nötig wären. Um ein Gefühl für das Pausentiming zu bekommen, empfehle ich folgende Übung: Nehmen Sie sich eine Zeitung und einen Stift. Markieren Sie nun in einem beliebigen Artikel Staupausen mit I und Atempausen mit II und lesen Sie ihn dann laut und mit übertrieben langen Stau- und Atempausen vor. Schritt für Schritt wird sich Ihr Gefühl für das Pausentiming entwickeln, auf das Sie bei der nächsten Präsentation dann zurückgreifen können.

Pausen zwischen den Folien
Neben Pausen beim Sprechen gibt es einen weiteren Zeitpunkt, zu dem eine Pause sinnvoll ist, und zwar immer *zwischen zwei Folien*. Diese Pausensetzung schließt natürlich überhaupt nicht aus, dass wir auch *auf einer Folie* Pausen machen. Allerdings wird auf einer Folie ja meist ein geschlossener Gedanke vorgestellt, bei dessen Argumentationsgang wir mit Stau- und Atempausen arbeiten. Die Notwendigkeit einer Pause zwischen zwei Folien ergibt sich daraus, dass wir oft verleitet sind, von einer Folie nahtlos auf die

---

[31] Auch hierzu lohnt es sich in den witzigsten Vorleseabend der Welt hineinzuhören, bereits nach acht Minuten bekommt man durch einen von Jürgen von der Lippe vorgetragenen Text einen guten Eindruck, was ich mit herausragender Pausensteuerung meine.

nächste zu springen, weil unsere Idee für uns ja einen geschlossenen logischen Gedankengang darstellt. Aber ohne diese Pause zwischen den Folien fehlt uns die regelmäßige Gelegenheit zu überprüfen, ob jeder einzelne argumentative Baustein auch so beim Publikum angekommen ist wie geplant. Verlieren wir unser Publikum beim einem dieser Bausteine, können weder den nächsten noch den übernächsten Gedanken sinnvoll platzieren.

Die Reihenfolge der Pausensteuerung zwischen Folien ist wie folgt:

1. Ausführungen zur aktuellen Folie beenden.
2. Auf die Augen des Publikums und auf Anzeichen für Unklarheiten achten.
3. Wenn keine Anzeichen für Unklarheiten vorliegen, nächste Folie aufrufen.
4. Wenn Anzeichen für Unklarheiten vorliegen, zum Beispiel fragende Mimik, Unklarheiten erfragen und besprechen. Erst dann nächste Folie aufrufen.
5. Wenn die Augen des Publikums Erschöpfung und Müdigkeit anzeigen, zum Beispiel unfokussierter Blick oder langsamer Lidschlag, über Dynamik und Interaktion Aufmerksamkeit zurückgewinnen.

Damit gönnen wir unserem Publikum, aber auch uns selbst, nach jeder Folie einen kurzen Moment, in dem sich das Aufmerksamkeitsreservoir wieder füllen kann.

Empfohlene Dosierung
Wie Sie meinen Ausführungen entnehmen konnten, ist mir die Pausensteuerung etwas wichtiger als die Frage der Sprechgeschwindigkeit. Ich bin der Auffassung, dass man zwar zu langsam sprechen kann, kaum aber zu schnell, solange man ein gutes Pausentiming hat. Daher empfehle ich vor allem, Pausen hoch zu dosieren – sowohl innerhalb einer Folie als auch zwischen ihnen –, damit das Aufmerksamkeitspotenzial unseres Publikums nicht überstrapaziert wird.

Auf einen Blick
- Langsames Sprechen wirkt schnell einschläfernd, sodass der Kanal zum Publikum zusammenbrechen kann. Schnelles Sprechen hingegen ist nicht so schlimm, wie häufig behauptet wird, denn es verkörpert vor allem Dynamik.
- Entscheidend für das Verständnis unserer Ausführungen sind die richtigen Sprechpausen. Sie geben unserem Publikum Zeit, damit sich aus unseren Gedanken in ihren Köpfen Bilder formen können.
- Besonders wichtig sind Pausen nach unseren Schlüsselbegriffen, die sogenannten Staupausen, sowie Pausen zwischen unseren Folien. Letztere schaffen Raum, um etwaige Unklarheiten zu beseitigen, und dafür, dass sich das Aufmerksamkeitsreservoir unseres Publikums wieder etwas füllen kann.

4.3.2.3 Natürlich sprechen

Von der Man- zur Ich-Kommunikation
Vor einiger Zeit sprach mich während eines Seminars ein Teilnehmer an, als es darum ging, die Reihenfolge für die Präsentationen zur Videoanalyse festzulegen: „Kann man auch etwas später mit der Videoanalyse drankommen?" Ich war etwas verdutzt: Sollte die Videoanalyse insgesamt nach hinten verschoben werden oder ging es der Person um die eigene Startposition? „Man hat gestern an der Theke ganz schön zugeschlagen", so mein Teilnehmer weiter. Aha! *Er* hatte etwas zu lange und etwas zu tief ins Glas geschaut und wollte deshalb eine Schonfrist aushandeln. Daher fragt ich nach: „Hat *man* oder haben *Sie* ganz schön zugeschlagen?" „Äh, ich. Die anderen waren schon im Bett".

Man-Aussagen sind eigentlich nur zulässig, wenn sie *alle* oder zumindest *fast alle* Menschen betreffen: „Man ist vor einer Präsentation in der Regel etwas angespannt." *Man* wird aber auch sehr häufig anstelle von *ich* verwendet, wahrscheinlich, um der eigenen Aussage einen etwas neutralen Charakter zu geben oder um sich als Teil einer Gruppe zu sehen. „Ich würde heute gerne etwas später präsentieren", hätte es präziser getroffen.

Die Frage von Man- oder Ich-Kommunikation hat eigentlich nichts mit der Sprache beim Präsentieren zu tun. Denn es geht ja nicht um eine bestimmte Wortwahl, sondern um die Unterscheidung zwischen der eigenen Person als Individuum oder als Teil einer Gruppe. Aber dennoch möchte ich diesen Aspekt hier thematisieren, denn es geht mir mit dem Ansatz des exzellenten Präsentierens ja darum, den Menschen wieder stärker in den Fokus einer Präsentation rücken. Man-Kommunikation wirkt dem entgegen, weil man sich damit (ganz generell) sprachlich nicht mehr als Individuum darstellt. Daher möchte *ich* Sie bitten, immer dann von sich in der Ich-Form zu sprechen, wenn dies gerade angebracht ist, zum Beispiel wenn es um Ihre ganz persönlichen Ansichten, Wünsche oder Gedanken geht. Ihr Publikum wird diese sprachliche Klarheit zu schätzen wissen, und Sie werden Ihrem Publikum nicht nur sprachlich, sondern auch emotional näher sein als mit der Man-Kommunikation.

Wie zu Bekannten sprechen
In den allermeisten Fällen bedeutet, *natürlich* zu sprechen, dass wir uns so ausdrücken sollten, als würden wir zu einem Bekannten sprechen. Wir sollten ganz normale Alltagsbegriffe verwenden, ohne dabei zu umgangssprachlich zu werden. Nur weil wir auf einer Bühne stehen, müssen wir uns noch lange nicht gestochen ausdrücken. Das heißt auch, dass wir Fremdwörter sehr sparsam einsetzen sollten, wobei ich damit nur solche Fremdwörter meine, die noch keinen Eingang in unsere Standard-Ausdrucksweise gefunden haben. Denn die intensive Nutzung unbekannter Fremdwörter führt mit jedem weiteren dazu, dass die Augenhöhe zwischen uns und unserem Publikum stärker aus dem Gleichgewicht gerät. Und das ohne Not, denn für die allermeisten Fremdwörter gibt es einen

passenden deutschen Ausdruck. Und durch eine übertriebene Verwendung von Fremdwörtern schreibt uns unser Publikum ganz bestimmt keine Kompetenz, sondern eher Abgehobenheit oder Arroganz zu.

In Bezug auf unsere Ausdrucksweise hat die Art unserer Zielgruppe, also ob es sich um ein Fachpublikum handelt oder nicht, in der Regel lediglich einen Einfluss darauf, ob wir Fachtermini erläutern müssen oder nicht. Die Verwendung von Fachausdrücken ist grundsätzlich absolut legitim und dabei etwas völlig anderes als die Verwendung von Fremdwörtern, auch wenn Fachausdrücke ebenfalls oft aus einer anderen Sprache stammen. Aber für Fachausdrücke gibt es eben oft keine gute, also kurze und prägnante, deutsche Übersetzung, sodass sie nützlich sind, um ein Phänomen oder ein umfassendes Konzept auf den Punkt zu bringen. Vor einem Fachpublikum besteht allerdings in der Regel keine Notwendigkeit, Fachausdrücke zu erläutern, vor einem gemischten Publikum oder einem Laien-Publikum hingegen sehr wohl.

Im Zweifel sollten wir Fachausdrücke lieber einmal zu viel als einmal zu wenig erläutern, denn für viele Fachausdrücke gibt es mehrere gängige Verständnisse, sodass sich der Umweg über eine Definition lohnt, um inhaltliche Klarheit zu schaffen. Demnach ist die Verwendung von Fremdwörtern eher kontraproduktiv, was die Begegnung auf Augenhöhe angeht, die Verwendung und etwaige Erläuterung von Fachausdrücken hingegen eher hilfreich.

▶ Sprechen Sie mit Ihrem Publikum so, wie Sie mit einem Bekannten sprechen würden. Das stärkt die Begegnung auf Augenhöhe.

Schließlich sollten wir die Wahl unserer Sprache *nicht* von akademischen Graden oder Hierarchien abhängig machen. Egal, ob Sie zu Professoren, Doktoren, Vorständen, Bundeskanzlern oder Pastoren sprechen: Eine Idee von Mensch zu Mensch zu vermitteln, bedeutet auch, dass wir im Dialog als Menschen gleichberechtigt sind. Akademische Hintergründe oder verantwortungsvolle Positionen spielen hierbei keine Rolle. Und genauso wenig ist es sinnvoll, die jeweilige Jugendsprache zu imitieren, wenn wir vor einem jüngeren Publikum sprechen (und selbst schon etwas älter sind). Niemand schafft es, sich authentisch jugendlich auszudrücken, außer der Jugend.

Empfohlene Dosierung
Natürliches Sprechen ist ein absolutes Phänomen: Sie können es nicht steigern oder abschwächen. Zwar ist es möglich, sich unnatürlich, also künstlich, hochgestochen oder allzu umgangssprachlich, auszudrücken. Aber Sie können nicht besser oder schlechter natürlich sprechen. Daher ist meine empfohlene Dosierung für dieses Werkzeug recht unspektakulär: Achten Sie einfach auf eine natürliche Wortwahl. Damit erreichen wir unser Publikum am besten.

> **Auf einen Blick**
> - Menschen reden oft von *man*, obwohl sie sich selbst meinen. Man-Kommunikation ist unpersönlich und bringt Distanz zwischen uns und unser Publikum, weswegen wir auf Ich-Kommunikation setzen sollten, wenn wir uns selbst meinen.
> - Grundsätzlich können wir zu unserem Publikum wie zu guten Bekannten sprechen, wir müssen nicht auf eine besonders formale Ausdrucksweise achten.
> - Wir sollten so wenige Fremdwörter wie möglich nutzen und Fachbegriffe erläutern, wenn wir nicht vor einem entsprechenden Fachpublikum präsentieren.

4.3.2.4 Moderierende Sätze nutzen

Inhaltliche Sätze vs. Meta-Sätze

Was ist der Unterschied zwischen den folgenden beiden Sätzen: „Gleich sage ich etwas über Kommunikation", und: „Kommunikation ist der Austausch von Botschaften zwischen Sender und Empfänger"? Der zweite Satz ist ein *inhaltlicher Satz*. Durch ihn erlangen wir einen inhaltlichen Informationsgewinn, in diesem Fall lernen wir etwas über die Natur von Kommunikation. Beim ersten Satz ist das anders. Er bringt keinen Informationsgewinn mit sich, wir lernen nichts über Kommunikation. Es ist vielmehr ein Satz, der einen inhaltlichen Satz *einleitet*. Damit ist er ein sogenannter *moderierender Satz* oder *Meta-Satz*.

Meta-Sprache ist Sprache über Sprache. Damit hat Meta-Sprache keine inhaltliche Dimension. Sie ist inhaltsleer. Dass man viel Zeit mit inhaltsleeren Aussagen verbringen kann, sehen wir häufig bei Politikern (vgl. hierzu den „Exkurs: Loriot im Bundestag"). Beim Präsentieren dient Meta-Sprache aber nicht dazu, Zeit totzuschlagen oder Worthülsen aufzubauen, sondern sie dient zum *Priming* unseres Publikums. Unter *Priming* hatte ich ein Voreingenommensein aufgrund bestimmter Vorabinformationen verstanden. Ein moderierender Satz bewirkt eine *Voraktivierung* bestimmter Hirnbereiche. Bei dem genannten Beispiel sind es die Strukturen, also solche Nervenzellen und deren Verknüpfungen, die an der Vorstellung und dem Verständnis von *Kommunikation* beteiligt sind. Wir sind also, nachdem wir einen moderierenden Satz gehört haben, in eine bestimmte inhaltliche Richtung voreingenommen. Dadurch fällt es unserem Gehirn leichter, dazu inhaltlich passende Informationen aufzunehmen und zu verarbeiten. Dazu ein Beispiel: Menschen, denen zunächst das englische Wort für *essen* (eat) gezeigt wurde, vervollständigten das Wortfragment *so_p* eher mit einem U für *soup* (Suppe) als mit einem A für *soap* (Seife, vgl. Kahneman 2012, S. 72). Die Macht des Primings können wir beim Präsentieren durch den zielgerichteten Einsatz von moderierenden Sätzen nutzen, um die Gedanken unseres Publikums in eine bestimmte Richtung zu steuern und damit dafür zu sorgen, dass sie sich unsere Gedanken und Idee besser merken können.

4.3 Medium

Exkurs: Loriot im Bundestag
In einem seiner vielen Sketche hält der wunderbare Loriot als Mitglied des Bundestags Karl-Heiz Stiegler eine Rede im Bundestag (zu finden bei YouTube unter *Loriot* und *Bundestagsrede*). Sie beginnt so:

> Meine Damen und Herren, was kann als Grundsatz parlamentarischer Arbeit betrachtet werden? Politik im Sinne sozialer Verantwortung bedeutet, und davon sollte man ausgehen, das ist doch, ohne lang drum herumzureden, in Anbetracht der Situation, in der wir uns befinden. Ich kann den Standpunkt meiner politischen Überzeugung in wenige Worte zusammenfassen: Erstens, das Selbstverständnis unter der Voraussetzung, zweitens, und das ist es, was wir unseren Wählern schuldig sind, die konzentrierte Beinhaltung als Kernstück eines zukunftsweisenden Parteiprogramms.

In dieser Form geht es noch einige Zeit weiter: Immer wenn der eigentlich Inhalt einer Aussage kommen sollte, kommt stattdessen die nächste moderierende Passage. Damit reiht Loriot einen Meta-Satz an den nächsten und hat am Ende eigentlich gar nichts gesagt.

Natürlich ist es wenig sinnvoll, moderierende Sätze ohne dazu passende inhaltliche Aussagen zu verwenden, das macht die Rede von Karl-Heinz Stiegler deutlich. Sie zeigt aber auch, welche Macht moderierende Sätze haben. Sie sind in der Lage, Erwartungen hinsichtlich inhaltlicher Aussagen zu schüren. Werden diese Erwartungen nicht erfüllt, ist das unbefriedigend (und im Falle von Loriot dann irgendwann sehr lustig).

Einsatz moderierender Sätze
Auch wenn *Meta-Sätze* und *moderierende Sätze* mehr oder weniger das Gleiche sind, werde ich den Ausdruck *moderierende Sätze* verwenden, da er zum einen etwas griffiger ist und wir diese Sätze zum anderen in der Tat dazu nutzen, bestimmte inhaltliche Aussagen *anzumoderieren*. Wir können moderierende Sätze in vielen verschiedenen Momenten unserer Präsentationen verwenden. Allerdings bietet sich ihr Einsatz insbesondere dann an, wenn wir vom Erklärungs- bzw. Sweet Spot aus präsentieren. Auf dem Erklärungsspot sind sie hilfreich, weil wir ja gerade deswegen dort stehen, weil wir Details auf einer Folie oder einem Flipchart erklären. Die in diesem Moment dargestellten Inhalte sind also nicht selbsterklärend, sondern besonders erklärungsbedürftig, sodass die systematische Steuerung der Aufmerksamkeit unseres Publikums durch moderierende Sätze verständnisfördernd wirkt. Aber auch auf dem Sweet Spot in der freien Rede sind moderierende Sätze hilfreich, weil wir dort nicht auf Text oder Abbildungen zurückgreifen können, die die Gedanken unseres Publikums leiten. Ich möchte auf die Nutzung moderierender Sätze auf beiden Spots etwas genauer eingehen.

Bei der Erläuterung von Folien oder Flipcharts vom Erklärungsspot aus bietet sich der Einsatz moderierender Sätze an drei Stellen an. Erstens können wir damit Hinweise zum *Aufbau* der entsprechenden Seite einleiten: „Zunächst möchte ich Ihnen vorstellen, wie diese Folie/dieses Flipchart/diese Abbildung logisch aufgebaut ist." Im Anschluss an diesen Satz können wir die Struktur der Darstellung, mit allgemeinen Hinweisen beginnend und dann immer spezifischer werdend, erläutern. Diese Art der Erklärung bietet sich insbesondere bei umfangreichen Tabellen oder Schaubildern an: „Als Erstes möchte ich Ihnen den Aufbau meiner Tabelle/meines Schaubildes erläutern, bevor ich Ihnen die wichtigsten Inhalte/die Kernaussagen vorstelle." Bei Tabellen sollte zunächst die Vorstellung der Zeilen- und Spaltenüberschriften folgen, bevor wir die wichtigsten Inhalte der Tabelle, also einzelne Zellen, vorstellen. Bei Schaubildern bietet es sich an, zunächst die Bedeutung unterschiedlicher Formen und Symbole zu erklären (wofür steht ein Kasten, was bedeutet ein gestrichelter Pfeil etc.), bevor wir einzelne Zusammenhänge darlegen. Auf diesem Weg können wir sicherstellen, dass die Logik anspruchsvoller Darstellungen von unserem Publikum gut nachvollzogen werden kann.

Während der moderierende Satz zum Aufbau einer Darstellung vor Beginn der eigentlichen Erläuterung genutzt wird, bietet sich der Einsatz eines moderierenden Satzes zweitens am Ende der Erläuterung an, um auf die *wichtigste Erkenntnis* der Darstellung hinzuweisen: „Mit dieser Darstellung wollte ich insbesondere einen Aspekt deutlich machen:" oder „Was Sie sich hiervon bitte besonders merken, ist Folgendes:". Bei der Vielzahl an Gedanken, die wir zu einer Darstellung äußern, können wir über einen moderierenden Satz die Aufmerksamkeit unseres Publikums noch einmal auf die Kernbotschaft der jeweiligen Folie oder des jeweiligen Flipcharts richten.

Moderierende Sätze können drittens genutzt werden, um von einer Folie zur nächsten *überzuleiten:* „Gerade habe ich Ihnen die wichtigsten Erkenntnisse zu [...] vorgestellt, als Nächstes möchte ich zu [...] kommen." Die Nutzung solcher überleitenden moderierenden Sätze ist vor allem daher sinnvoll, weil wir ja nicht nach jeder Folie oder nach jedem Flipchart die vollständige Agenda unserer Präsentation zeigen (abgesehen von den Hauptgliederungspunkten am Folienrand). So können wir dennoch den Zusammenhang zwischen verschieden Folien bzw. Flipcharts darstellen. Damit werden sowohl der rote Faden unserer Präsentation als auch der Bezug zur Agenda durch den Einsatz moderierender Sätze deutlich.

Auf dem Sweet Spot ist die Nutzung moderierender Sätze nicht an Beginn oder Ende einer Darstellung oder deren Übergänge gekoppelt, weil wir auf dem Sweet Spot ja ohne Unterstützung von Folien oder Flipcharts auskommen müssen. Hier stehen vielmehr die Nähe zum Publikum und ein besonderer Fokus auf uns selbst im Vordergrund. Gerade weil wir auf dem Sweet Spot nicht auf Visualisierungen zurückgreifen können, ist die nachvollziehbare Argumentation häufig besonders anspruchsvoll. Wie kann es dann dennoch gelingen, in den Köpfen unseres Publikums Strukturen zu schaffen? Uns stehen dafür zwei sehr wirksame Werkzeuge zur Verfügung: Wir können den *Einsatz der Hände* derart steuern, dass wir Strukturen körperlich darstellen und so visualisieren. Denn jeder unserer Finger kann einen Gliederungspunkt repräsentieren, sodass wir theoretisch eine Argumentation mit zehn Punkten rein unter Nutzung unserer Hände strukturieren können. Hinzu kommen die *moderierenden Sätze,* mit denen wir Strukturen verbal unterstreichen können, zum Beispiel Sätze wie:

- „Drei Punkte sind mir besonders wichtig",
- „Das war mein erster Punkt, lassen Sie mich nun zum zweiten kommen",
- „Drittens ist mir Folgendes wichtig" oder
- „Das sind die für mich die entscheidenden drei Punkte gewesen".

Diese Sätze in Kombination mit eindeutigen Zahlengesten machen den roten Faden unserer Argumentation für unsere Zuhörer beinah greifbar.

▶ Nutzen Sie moderierende Sätze, um einen roten Faden in den Köpfen Ihres Publikums zu schaffen. Kombinieren Sie diese mit Zahlengesten und unterstreichen Sie damit die Struktur Ihrer Argumentation.

Im Folgenden habe ich einmal eine Auswahl meiner liebsten moderierenden Sätze aufgeführt:

- „Kommen wir nun zu etwas anderem: …"
- „Richten Sie Ihre Aufmerksamkeit nun bitte einmal auf folgenden Punkt: …"
- „Das wollen wir uns einmal genauer ansehen: …"
- „Bitte verdeutlichen Sie sich den folgenden Gedanken noch einmal: …"
- „Und das möchte ich besonders herausstellen: …"
- „Bitte machen Sie sich klar: …"
- „Wenn Sie dachten, der letzte Punkt sei etwas Besonderes gewesen, dann sollten Sie den nächsten einmal ansehen: …"
- „Wenn ich einen Aspekt herausgreifen sollte, der mir besonders wichtig ist, dann wäre es der folgende: …"
- „Fassen wir die wichtigsten Punkte noch einmal zusammen: …"
- „Am Ende geht es doch vor allem um einen Punkt: …"

Noch eine letzte Anmerkung zu moderierenden Sätzen: Wir können diese natürlich auch als rhetorische Fragen formulieren. Statt eine Darstellung mit „Zunächst möchte ich Ihnen den Aufbau der folgenden Tabelle erläutern" einzuleiten, können Sie natürlich sagen: „Ich habe Ihnen hier eine Tabelle mitgebracht. Wie ist die aufgebaut?" Rhetorische Fragen haben oft den Vorteil, dass sie eine besonders aufmerksamkeitsfördernde Wirkung haben, wie ich es im Rahmen des Werkzeugs *Gute Fragen stellen* (Abschn. 3.2.3.1) schon gezeigt habe. Denn unser Gehirn ist es gewohnt, zu denken anzufangen, sobald eine Frage gestellt wurde.

Empfohlene Dosierung
Was passiert, wenn man es mit moderierenden Sätzen übertreibt, wird bei Karl-Heinz Stieglers Rede im Bundestag deutlich. Moderierende Sätze funktionieren also nur, wenn es auch einen Inhalt gibt, der anmoderiert wird. Aber natürlich sollte nicht jede inhaltliche Aussage über einen moderierenden Satz eingeleitet werden. Vielmehr geht es darum, unsere Kernaussagen oder die für unseren Argumentationsgang entscheidenden Gedanken oder Darstellungen über moderierende Sätze hervorzuheben. Im Zusammenhang mit solchen Passagen können moderierende Sätze ruhig hoch dosiert werden, denn allzu oft werden sie überhaupt nicht angewendet, so zumindest meine Beobachtung in der Praxis. Also: Nutzen Sie moderierende Sätze ruhig ausgiebig, um die Gedanken Ihres Publikums zu lenken.

Auf einen Blick
- Moderierende Sätze leiten inhaltliche Aussagen und Argumente ein. So können wir die Aufmerksamkeit unseres Publikums in eine bestimmte inhaltliche Richtung lenken.
- Der Einsatz moderierender Sätze eignet sich besonders vom Erklärungs- und vom Sweet Spot aus. Damit können wir wichtige Gedanken einer Folie oder des Flipcharts herausstellen und zwischen verschiedenen Folien oder Flipcharts überleiten bzw. in Kombination mit dem Einsatz unserer Hände unseren Argumentationsgang hervorheben.
- Moderierende Sätze können auch als rhetorische Fragen formuliert werden. So kann ihre aufmerksamkeitsfördernde Wirkung noch gesteigert werden.

4.3.2.5 Geschichten erzählen

Geschichten schaffen Emotionen

Der Psychologe Paul Ekman, auf den ich mich bereits bei der Vorstellung des Werkzeugs *Innere Haltung des Lächelns finden* (Abschn. 3.1.1.1) bezogen habe, war schon früh der Auffassung, dass menschliche Emotionen universell gleich seien. Um seine These zu untermauern, begab er sich nach Papua-Neuguinea, um dort die Kultur der Fore, eines in absoluter Abgeschiedenheit vom Rest der Welt lebenden Bergvolks, zu studieren (vgl. Ekman 2010, S. 9). Ausgehend von seinen vielen Untersuchungen kam er in der Tat zu dem Ergebnis, dass menschliche Emotionen unabhängig von ethnischer Zugehörigkeit oder Kultur gleich sind, auch wenn sich ihre Darstellung nach außen und der Umgang mit ihnen stark unterscheiden. Er identifizierte sieben Basisemotionen: Trauer, Zorn, Überraschung, Angst, Ekel, Verachtung und Freude (vgl. Ekman 2010, S. 82).[32] Und jede dieser Basisemotionen verfüge über einen universal charakteristischen Gesichtsausdruck, so die bahnbrechende Erkenntnis von Ekman.

Fünf von sieben Basisemotionen werden von den meisten Menschen als negativ wahrgenommen (Trauer, Zorn, Angst, Ekel und Verachtung), eine als neutral (Überraschung) und eine als positiv (Freude). Der Grund hierfür liegt in der Funktion von Emotionen: Trauer hilft uns bei der Verarbeitung belastender Erlebnisse. Zorn stellt uns Energie zur Verfügung, um gegen Menschen oder äußere Umstände anzukämpfen, die uns bei der Erreichung unserer Motive oder Ziele im Weg stehen. Angst lässt uns fliehen (oder manchmal auch totstellen oder angreifen), um einer Bedrohung oder Gefahr zu entkommen. Ekel schützt uns vor dem Kontakt mit giftigen Nahrungsmitteln oder kranken Menschen. Verachtung lässt uns Personen meiden, denen wir Eigenschaften oder

---

[32]Ekman ist zwar der Auffassung, dass es mehr als ein Dutzend positiver Emotionen gebe (vgl. Ekman 2010, S. 264), davon sei aber nur Freude eine Basisemotion.

Verhaltensweisen zuschreiben, die uns oder der Gemeinschaft, in der wir leben, schaden könnten. Damit haben die eher als negativ wahrgenommenen Basisemotionen eine Schutzfunktion. Sie sollen uns vor Gefahren oder Risiken bewahren, um – aus evolutionärer Sicht gesprochen – unser Überleben zu sichern. Und da die Überlebenssicherung das oberste Gebot der Evolution ist, sind die negativen Emotionen vielfältiger als die neutralen oder positiven.

Aber nicht nur die negativen Emotionen haben eine Funktion. Überraschung macht uns wachsam und aufmerksam für Reize, die eine Bedrohung oder Gefahr ankündigen könnten. Und Freude schenkt uns Motivation und Lebensmut, die uns unsere Ziele und Motive leichter erreichen lassen. Alle Emotionen haben also eine nützliche Funktion, auch wenn sie uns natürlich manchmal im Wege stehen. Und nur, weil es rein zahlenmäßig mehr negative Basisemotionen gibt, heißt das noch lange nicht, dass wir uns öfter schlecht als gut fühlen. Nur sind die Ursachen für schlechte Gefühlslagen eben vielfältiger als für positive. Außerdem ist ja nicht jede negative Emotion per se unerträglich, sodass wir sie meiden. Teilweise setzen wir uns bewusst und aktiv Situationen aus, in denen negative Emotionen ausgelöst werden: Filme sind in der Lage, uns in Angst und Trauer zu versetzen, Nachrichten können uns zornig machen, und so manches TV-Format erfüllt uns mit Ekel oder Verachtung (wie zum Beispiel das Dschungelcamp). Solange wir uns in einem sicheren Umfeld befinden (zum Beispiel auf unserem Sofa) und dem Auslöser der negativen Emotion entkommen können (Augen schließen oder umschalten), haben diese Emotionen durchaus ihren Reiz. Deswegen darf es eigentlich auch nicht *negative Emotionen* heißen, sondern es sollte von *Emotionen, die wir eher als negativ empfinden,* gesprochen werden. Solange die Intensität der Emotion nicht zu hoch ist, empfinden wir die dadurch ausgelöste emotionale Erfahrung als durchaus positiv.

Inwiefern helfen uns diese Erkenntnisse nun beim Präsentieren? Nicht nur der Hirnforscher Gerhard Roth weist darauf hin, dass Emotionen unserem Gehirn das Speichern und Erinnern von Informationen maßgeblich erleichtern – ich bin beim Werkzeug *In Bildern sprechen* (Abschn. 4.2.2.2) darauf eingegangen. Auch die Psychologin und Expertin für Entstehung, Veränderung und Abrufen von Erinnerungen, Julia Shaw, unterstreicht die Rolle von Emotionen bei der Informationsverarbeitung (vgl. Shaw 2016, S. 37). Wenn wir beim Präsentieren eine Idee von Mensch zu Mensch vermitteln wollen, dann wünschen wir uns natürlich, dass diese Idee möglichst fest in den Gehirnen unseres Publikums verankert wird. Und der Schlüssel hierfür sind Geschichten. Sie sind in der Lage, Informationen derart *emotional* zu verpacken, dass sie hängen bleiben. Bildhaft ausgedrückt reiten Informationen durch den Einsatz von Geschichten auf einer Welle von Emotionen, die sie direkt in die Gehirne unsers Publikums gleiten lassen. Und wie man Geschichten aufbaut, damit Information und Emotion optimal ineinandergreifen, zeige ich Ihnen jetzt.

Storytelling
Der mittlerweile gängige Ausdruck für die Technik des Geschichteerzählens ist das *Storytelling*. Ausgangspunkt für eine Geschichte sind immer *Bilder,* die wir in den Köpfen

unseres Publikums erzeugen wollen. Diese Bilder beschreiben wir nach und nach, und so ergibt sich eine Geschichte (vgl. „Aus der Praxis: Das Telefoninterview").

> **Aus der Praxis: Das Telefoninterview**
> Seit mittlerweile fast zehn Jahren arbeite ich mit meinen Kollegen unter anderem in der Personalberatung. Für die Besetzung von Führungspositionen greifen einige Unternehmen auf unsere Expertise zurück. Zu Beginn dieser Tätigkeit durfte ich einmal die Position eines Geschäftsführers bei einem regionalen Tourismusbetrieb besetzen. Nach Sichtung der Bewerbungsunterlagen wollte ich mit einigen Kandidaten Telefoninterviews führen, bevor ich sie unserem Auftraggeber im Rahmen von Vorstellungsgesprächen präsentieren würde. Also rief ich alle Kandidaten vorab einmal an, um mit ihnen Termine für die Telefoninterviews zu vereinbaren, schließlich sollten sie sich mental darauf vorbereiten können.
>
> Irgendwann im Januar 2009 greife ich also zum Hörer und rufe Herrn Neumann[33] an. Nach Lage der Bewerbungsunterlagen scheint er gut geeignet zu sein, im ersten Telefonat zu Terminabstimmung hatte er einen freundlichen Eindruck hinterlassen. Ich stelle ihm die üblichen Fragen, um ins Gespräch zu kommen: „Warum wollen Sie den Job wechseln? Was macht Sie zum geeigneten Kandidaten für die Position? Was reizt Sie besonders am Unternehmen?" Herr Neumann antwortet, und ich merke: Irgendetwas stimmt nicht. Seine Antworten sind anders als die der anderen Telefonkandidaten. Nicht unbedingt vom Inhalt her, aber irgendwie anders.
>
> „Was sind die besonderen Herausforderungen für Tourismusbetriebe in den nächsten zehn Jahren und wie kann man diesen bei knappen Budgets begegnen?", frage ich weiter. Es kommt eine lange, für mich inhaltlich unverständliche Antwort, die aus aneinandergereihten Floskeln besteht und keinen roten Faden hat: Man müsse das Internet im Auge behalten und den ausländischen Wettbewerb, aber vor allem mit den Partnern vor Ort kooperieren und so weiter. Ich werde skeptisch. Ist das wirklich ein geeigneter Kandidat? Ich komme zu meiner letzten Frage: „Wie würden Sie vorgehen, um aus den Mitarbeitern der Tourismus GmbH ein kundenorientiertes Team zu formen?" Zunächst Stille. Dann donnert es aus dem Telefonhörer: „Draufhaun! Ich würd immer nur draufhaun!"
>
> Ich zucke zusammen und starre ratlos den Telefonhörer an. Mit einer solchen Antwort habe ich nicht gerechnet, weder inhaltlich noch von der Wucht der Aussprache her. Wie kann denn ein potenzieller Geschäftsführer derart einfältig ... Und dann dämmert es mir: Herr Neumann ist betrunken. Alles deutet darauf hin: Seine seltsame Aussprache, die sich bei rechter Überlegung als Lallen herausstellt, sein zusammenhangloses Gefasel, sein aggressives *Draufhaun*. Der ist sternhagelvoll und hat sich nicht mehr im Griff, denke ich.

---

[33]Der Name wurde von mir geändert. Parallelen zu echten Personen mit diesem Namen wären rein zufällig.

"Äh, vielen Dank, das war's auch schon mit meinen Fragen, wir melden uns wegen der Einladungen zu den Vorstellungsgesprächen", beende ich das Telefonat und bin immer noch ganz perplex. Kopfschüttelnd notiere ich mir *ungeeignet* auf den Bewerbungsunterlagen und frage mich, was mir wohl in der Personalberatung noch alles passieren wird. Es sollte nicht die letzte überraschende Erfahrung in einem Bewerbungsverfahren gewesen sein. Aber sie lehrte mich, stets mit allem zu rechnen, selbst wenn es um die Besetzung von Top-Management-Positionen geht, wo man doch eigentlich mit höchster Professionalität rechnen müsste.

Funktioniert diese Geschichte für Sie? Wenn ja, dann hat sie Sie in irgendeine Emotion versetzt. Vielleicht fanden Sie sie lustig, weil sie so eine überraschende Wendung genommen hat? So ergeht es meist meinen Studierenden, wenn ich die Geschichte erzähle. Vielleicht fanden Sie sie auch traurig, weil das Verhalten von Herrn Neumann ja Anzeichen für eine schreckliche Krankheit sein kann? So erging es meiner Frau, als ich sie ihr das erste Mal erzählte. Oder Sie sind ärgerlich geworden, weil ich ja jemandem einfach unterstelle, er habe getrunken, ohne dass ich das wirklich nachprüfen konnte? Vielleicht empfinden Sie auch Verachtung, weil sich Herr Neumann nicht unter Kontrolle hat? Wenn Sie irgendeine dieser Emotionen verspürt haben, dann hat die Geschichte ihren Zweck erfüllt.

Die Technik des Storytellings zielt darauf ab, Geschichten so zu konstruieren, dass sie Emotionen erzeugen und damit den Nährboden für gute Informationsaufnahme und -speicherung bilden. Dazu sind fünf Schritte notwendig.

Erstens sollten wir bestimmen, *welche Emotion* wir mit einer Geschichte erzeugen wollen. Es ist zwar möglich, mehrere Emotionen zu kombinieren, aber ich empfehle, immer nur auf eine Emotion zu setzen (mit einer kleinen Einschränkung, auf die ich gleich noch zu sprechen komme). Lassen Sie uns also traurige, verärgernde, spannende, verängstigende, ekelige, Verachtung erzeugende *oder* lustige Geschichten erzählen. Dabei ist es durchaus sinnvoll, die Geschichte mit eindeutigen Hinweisen einzuleiten: „Ich habe eine etwas traurige Geschichte für Sie." So Nutzen wir das Prinzip des Primings, um die folgende Emotion leichter erzeugen zu können.

Bei der Wahl der Emotion können wir durchaus auch auf den Einsatz negativer Emotionen setzen. Viele Werbespots funktionieren so, auch wenn sie zumeist ein emotional positives Ende nehmen.[34] Negative Emotionen haben zumeist den Vorteil, dass sie stärker sind als positive, auch wenn sie mit der Gefahr einhergehen, dass sie die Stimmung unseres Publikums verschlechtern. Daher ist die Wende zum Positiven bei der Nutzung negativer Emotionen essenziell, so viel zu meiner kleinen Einschränkung von eben:

---

[34]Ein gutes Beispiel hierfür ist ein Spot für die Ergo-Versicherung aus dem Jahr 2010, zu finden bei YouTube unter den Stichworten *Ergo Versicherung versichern heißt verstehen Werbespot* (wobei sich die Macher des Spots wohl von dem Film *High Fidelity* mit John Cusack haben inspirieren lassen).

Wenn wir auf eine negative Emotion setzen, dann sollten wir auf eine (zweite) positive Emotion zum Schluss unserer Geschichte achten. Extrem negativ wird die Stimmung unseres Publikums allerdings auch bei negativen Emotionen kaum werden, denn ähnlich wie beim Fernsehen zu Hause auf der Couch werden diese Emotionen das Publikum niemals vollständig einnehmen. Der Grund hierfür ist, dass die Emotionen einer Geschichte ja keine ursprünglichen Publikumsemotionen sind. Sie entstehen, weil die Zuhörer empathisch sind und die Emotionen einer Geschichte deshalb *nachempfinden* können. Aber sie resultieren nicht aus einem direkten persönlichen Erlebnis. Das Publikum verfügt also über einen emotionalen Schutzwall, der es vor allzu negativen Gefühlsempfindungen bewahrt. Daher ist der Einsatz negativer Emotionen durchaus legitim, allerdings – wie gesagt – nur, wenn wir die Wendung zum Positiven hin schaffen.

Zweitens müssen wir die Frage beantworten, *wie* wir die jeweiligen Emotionen hervorrufen wollen, also auf welche Bilder wir zurückgreifen möchten. Trauer entsteht durch die Darstellung schicksalhafter Ereignisse, etwa Naturkatastrophen oder Unfälle, oder durch Berichte über Unglück oder Tod von Menschen (zum Beispiel Hurrikan Matthew auf Haiti). Zorn entsteht bei den meisten Menschen durch Berichte über Ungerechtigkeiten oder Willkür (beispielsweise den Umgang mit regimekritischen Journalisten in der Türkei). Angst entsteht, indem negative Zukunftsszenarien gezeichnet oder die Existenz anderer Bedrohungen dargestellt wird (zum Beispiel Auswirkungen des Klimawandels oder Möglichkeit eines neuen Kalten Krieges). Ekel entsteht vor allem durch die Darstellung schlechter hygienischer Zustände, verdorbener Lebensmittel sowie durch Krankheit oder Unfall entstellter Menschen (etwa in Anlagen der Massentierhaltung). Verachtung entsteht vor allem durch Berichte über unmoralisches Verhalten (wie über die postfaktische Rhetorik von Donald Trump). Spannung schaffen wir dadurch, dass unsere Geschichte mehrere mögliche Ausgänge hat, davon in der Regel mindestens einen negativen. Oder es wird deutlich, dass unsere Geschichte eigentlich zu schön ist, um wahr zu sein, sodass unsere Zuhörer skeptisch werden und die Vermutung entsteht, dass noch etwas Unvorhergesehenes eintreten wird. Positive Emotionen bis hin zur Freude schaffen wir über Freundlichkeit, Witz und Humor, über die Darstellung eigener und fremder Missgeschicke oder Unzulänglichkeiten sowie über positive Überraschungen und Wendungen (weswegen Menschen in Zaubershows so gut gelaunt sind).

Drittens ist es wichtig, die *Ausgangssituation* der Geschichte zu bestimmen. Jede Geschichte braucht eine Herleitung zum eigentlichen Inhalt, eine Einleitung. In dieser Einleitung wird die Ausgangssituation dargestellt. In meiner Geschichte nutze ich den ersten Absatz, um die Ausgangssituation darzustellen: Es ist 2009, ich arbeite als Personalberater, ich bin mitten in einem Verfahren, um eine Führungsposition zu besetzen, dazu muss ich Telefoninterviews führen. Würde ich einfach mit dem Telefonat beginnen, würde die Geschichte nicht funktionieren, weil ich die Zuhörer inhaltlich nicht abgeholt habe. Außerdem wäre sie weniger unterhaltsam, denn ich stelle mich ja selbst als durchaus versierten und kompetenten Personalberater dar, der dann einsehen muss, dass seine Kompetenz, insbesondere seine Menschenkenntnis und sein Situationsgespür, noch nicht ganz ausgereift sind. Damit nimmt die Geschichte irgendwann Bezug zur Ausgangssituation.

4.3 Medium

Eine Geschichte braucht also eine Einleitung, in der die Ausgangssituation dargestellt wird, um das Publikum abzuholen und eine inhaltliche Bezugsgrundlage zu schaffen.

Viertens geht es darum festzulegen, aus welchen *Szenen* eine Geschichte besteht und wie sie aufgebaut sind. Eine Szene ist eigentlich nichts anderes als ein sogenanntes Panel in einem Comic, also ein Einzelbild in einer Sequenz von Bildern. Jedes Panel besteht aus grafischen und textlichen Elementen. Die grafischen beschreiben die Szenerie sowie die beteiligten Personen, die textlichen geben Hintergrundinformationen, stellen Dialoge dar oder untermalen lautmalerisch Actionszenen. Beim Storytelling ist es ähnlich: Wir müssen bestimmen, aus welchen sprachlichen und bildlichen Elementen eine Szene aufgebaut ist. Hierzu ist es sinnvoll, die einzelnen Szenen im Kopf unter Berücksichtigung sprachlicher und bildlicher Elemente nachzuzeichnen.[35] Meine Geschichte besteht aus vier Szenen, die sich wie folgt beschreiben lassen:

- Szene 1: Ich telefoniere mit Herrn Neumann und stelle ihm meine ersten Fragen. Alles läuft nach Plan, ich empfinde das Gespräch als konstruktiv, was man an meinem positiven Gesichtsausdruck sehen kann.
- Szene 2. Ich stelle meine Frage nach den besonderen Herausforderungen in der Tourismusindustrie der nächsten zehn Jahre bei knappen Budgets. Die Antwort von Herrn Neumann ist lang und unverständlich. Ich bin irritiert, was sich in meiner Mimik widerspiegelt.
- Szene 3: Ich stelle Herrn Neumann die Frage nach seiner Strategie zur Bildung eines kundenorientierten Teams. Seine Antwort „Draufhaun" schallt aus dem Hörer. Ich bin fassungslos, was man an meinem offenen Mund und meinem ungläubigen Blick sieht.
- Szene 4: Mir kommt die Einsicht, dass Herrn Neumann betrunken ist. Ich bedanke mich für das Gespräch und beende das Telefonat. Dabei schreibe ich *ungeeignet* auf die Bewerbungsmappe und blicke immer noch völlig verstört.

Fünftens braucht jede Geschichte einen Schluss im Sinne einer *Pointe*. Was ist die Moral der Geschichte? Was ist der Lerneffekt? Der Schluss ist damit nicht Teil der Geschichte an sich, sondern greift bestimmte Aspekte heraus und arbeitet auf ihrer Basis eine Moral oder einen Lerneffekt heraus.

---

[35]Beim geistigen Nachzeichnen der Szenen haben wir beim Storytelling etwas mehr Spielraum als bei einem Comic, weil wir nicht so sehr auf die Chronologie der Ereignisse achten müssen. In einem Comic ist es essenziell, dass dem Leser klar ist, in welcher Reihenfolge Text zu lesen und Bilder anzusehen sind, damit der Spannungsbogen der Geschichte gewahrt bleibt. Beim Storytelling können wir verschiedene Dinge so nachzeichnen, also würden sie gleichzeitig passieren. Wir müssen nur beim Erzählen der Geschichte auf die richtige Abfolge achten. Dadurch brauchen wir fürs Storytelling weniger Szenen, als wenn wir die gleiche Geschichte in Panelen als Comic zeichnen wollten.

Verknüpfung von Geschichten und Informationen
Meine Geschichte verfolgt in allererster Linie Unterhaltungszwecke. Ich setze sie ein, wenn ich *Brüche schaffen* (Abschn. 3.2.2.1) möchte oder um *Längen zu meistern* (Abschn. 4.2.2.3). Ihr Informationsgehalt ist gering: Sei auf alles gefasst in der Personalberatung, selbst wenn es um die Besetzung von Top-Management-Positionen geht. Damit repräsentiert die gesamte Geschichte *eine* Information. Diese Information hätte ich auch ohne Geschichte vermitteln können – und kaum einen Zuhörer hätte sie wirklich überrascht. Aber mit einer Geschichte bleibt sie einfach besser hängen.

Wie aber muss eine Geschichte aufgebaut sein, wenn sie einen höheren Informationsgehalt haben soll? Schließlich sollen Geschichten Emotionen schaffen, die den Nährboden für gute Informationsaufnahme und -speicherung bilden. Dazu sei als Erstes gesagt, dass *gut* nicht mit *viel* verwechselt werden darf. Es ist besser, wenn *eine* wichtige Information wirklich hängen bleibt als wenn zehn Informationen nur bruchstückhaft in Erinnerung bleiben. Geschichten sind nicht so sehr dazu geeignet, *viele* Informationen zu transportieren, sie eigenen sich eher dazu, wenige Informationen *nachhaltig zu verankern*. Diese Einschränkung bedeutet natürlich nicht, dass nicht mehr als eine Information in einer Geschichte vermittelt werden kann. Wir können die Szenen unserer Geschichte so aufbauen, dass sie mehrere Informationen enthalten, und am Schluss diese Informationen noch einmal explizit herausstellen. In meiner zweiten Geschichte sind es fünf Informationen: vier psychologische Fallen, in die man als Personalberater tappen kann, und eine Maßgabe, die man zu deren Vermeidung auf jeden Fall berücksichtigen sollte (vgl. „Aus der Praxis: Das Vorstellungsgespräch").

Aus der Praxis: Das Vorstellungsgespräch
Im Rahmen eines Bewerbungsverfahrens durfte ich eine Geschäftsführerstelle bei einem mittelständischen Stadtwerk neu besetzen. Das Verfahren lief schleppend, wir bekamen nur wenige vielversprechende Bewerbungen, lediglich eine sehr gute und ein paar mittelmäßige waren dabei. Mit den entsprechenden Kandidaten führte ich Telefoninterviews, bevor ich sie vor dem Stadtwerke-Aufsichtsrat vorstellen wollte. Insgesamt sechs Personen lud ich dann zu Vorstellungsgesprächen ein. Insbesondere von einem Kandidaten war ich sehr überzeugt und entsprechend zuversichtlich, was die Erfolgsaussichten des Verfahrens anging.

Der Tag der Vorstellungsgespräche läuft nicht gut. Die ersten beiden Kandidaten entpuppen sich als ungeeignet, sie können weder den Aufsichtsrat noch mich überzeugen. Nachdem wir vier von sechs Kandidaten gesehen haben, ist noch immer niemand gefunden, der für die Stelle infrage kommt. Bevor die Mittagspause beginnt, werde ich vom Vorsitzenden des Aufsichtsrates angesprochen: „Wir sind nicht sehr glücklich. Da haben Sie uns bislang keine überzeugenden Kandidaten vorgestellt." Darauf antworte ich: „Das stimmt wohl. Aber es kommen ja noch zwei. Und direkt nach der Mittagspause kommt mein Favorit. Seien Sie sich sicher, der ist auf jeden Fall geeignet, sowohl seine Bewerbung als auch das Telefoninterview mit ihm haben mich

4.3 Medium

überzeugt." Der Aufsichtsratsvorsitzende sieht mich etwas skeptisch an und nickt. Wir gehen in die Mittagspause.

Nach der Pause und vor dem Gespräch mit dem nächsten Kandidaten wende ich mich an den Aufsichtsrat, insgesamt acht Herren, alle erfahrene Regionalpolitiker, da ich die schlechte Stimmung spüren kann: „Meine Herren, der Tag ist bislang nicht sehr erfolgreich gelaufen, das ist mir wohl bewusst. Die bisherigen Kandidaten konnten weder Sie noch mich überzeugen, und es kommen nur noch zwei weitere. Aber seien Sie sich sicher, der nächste Kandidat ist absolut geeignet, er hat mich bislang in allen Punkten überzeugen können. Ich gehe so weit zu sagen: mit Herrn König[36] sehen Sie gleich Ihren neuen Geschäftsführer." Zuversicht verbreitet sich, die Mienen der Aufsichtsräte hellen sich auf. Dann geht die Tür auf und mein vermeintlicher Super-Kandidat kommt herein. Die Katastrophe nimmt ihren Lauf.

Erwartet habe ich einen gestandenen Manager Anfang 50. Auf dem Bewerbungsfoto trug er einen akkuraten Kurzhaarschnitt, hatte einen klaren und starken Blick und eine sympathische Aura. Ich schätzte ihn auf ungefähr 1,80 m. Hinein kommt ein Männlein, 1,65 m groß, mit langen fisseligen Haaren, die im wirr ins Gesicht hängen. Sein Blick geht zum Boden, die Herren aus dem Aufsichtsrat schaut er kaum an, und setzt sich auf den Bewerberstuhl. Hatte er meine Fragen am Telefon noch ausführlich und eloquent beantwortet, so gibt er sich jetzt einsilbig und schaut beim Antworten nach unten. Er schwitzt stark, muss sich mit einem Taschentuch immer wieder die Stirn abtupfen. In mir steigt Panik auf: Wie konnte das passieren, ich war doch so sicher gewesen, dass Herr König ein Top-Kandidat ist? Was wird der Aufsichtsrat sagen?

Nach nur 25 min habe ich alle meine Fragen gestellt und auf keine eine vernünftige Antwort bekommen. Normalerweise brauche ich 45 min für diese Fragen. Selbst Nachfragen haben nicht zu ausführlichen Antworten geführt. Ich verabschiede Herrn König und stelle mich dem Aufsichtsrat: „Es tut mir leid, ich weiß nicht, wie das passieren konnte." Ich möchte im Boden versinken. Auch der letzte Kandidat ist ungeeignet. Das erste und bisher einzige Mal schaffe ich es nicht, einen geeigneten Kandidaten für eine Stelle zu finden.

Was war denn nun passiert? Über diese Frage habe ich lange nachgedacht und bin schließlich auf *vier Fehler* gekommen, die man im Rahmen von Bewerbungsverfahren nicht machen sollte, die mir aber unterlaufen waren. Erstens, ich hatte mich von einem Foto beeinflussen lassen. Man spricht hier auch vom sogenannten *Halo-Effekt*, weil das gute Aussehen eines Kandidaten wie ein Heiligenschein alles andere überstrahlt. Zweitens war mir Herrn König sehr sympathisch, wohl durch sein Foto aber auch durch seine Antworten auf meine Fragen am Telefon. Ich hatte mich vom *Sympathie-Effekt* beeinflussen lassen. Drittens war mir wohl der sogenannten *Übertragungsfehler*

---

[36]Der Name wurde von mir geändert. Parallelen zu echten Personen mit diesem Namen wären rein zufällig.

unterlaufen: Es gibt empirische Belege dafür, dass man Menschen allein aufgrund ihrer Namen bestimmte Eigenschaften zuschreibt (vgl. Silberzahn und Uhlmann 2013). Man überträgt also fälschlicherweise Eigenschaften eines Namens auf eine Person, was dazu geführt hatte, dass ich Herrn König wohl Führungskompetenz zugeschrieben hatte. Viertens war ich übertrieben stark davon überzeugt gewesen, dass es zumindest mit diesem einen Kandidaten schon klappen würde. In der Vergangenheit hatte es ja auch immer geklappt. Man nennt dieses Phänomen der Selbstüberschätzung *Overconfidence*, man könnte es aber auch *Dummheitsfehler* nennen. Es ist einfach dumm, Vorstellungsgespräche anzuberaumen, wenn man nur einen vermeintlich guten Kandidaten in Petto hat. Dass es nur ein guter Kandidat war, wusste ich eigentlich schon von Anfang an. Ich hätte weitere Maßnahmen ergreifen müssen, um weitere und vor allem bessere Bewerbungen zu bekommen. Und das besonders Ärgerliche war: Halo- und Sympathie-Effekt, Übertragungsfehler und Overconfidence hätte ich vermeiden können, wenn ich mir nicht von Anfang an eingeredet hätte, Herr König sei schon geeignet. Wenn ich mich früh auf die Suche nach Punkten gemachte hätte, die *gegen* seine Eignung sprechen würden, wäre es gar nicht so weit gekommen. Diese Punkte hätte ich in einem persönlichen Treffen sofort gefunden. Seither stelle ich keinen Kandidaten mehr einem Aufsichtsrat oder einem anderen Kunden vor, den ich vorher nicht persönlich gesehen habe.

Schließlich gibt es eine indirekte Möglichkeit, um mit Geschichten Informationen zu verankern. Dazu integrieren wir die Informationen nicht in die Geschichte, sondern präsentieren sie *direkt im Anschluss*. Denn eine gute Geschichte wirkt nach, die vermittelten Emotionen sind auch nach dem Ende der eigentlichen Geschichte noch spürbar und damit auch noch aufmerksamkeitsfördernd. Die Tür, durch die die Informationen ins Gehirn fließen können, bleibt noch eine Zeit geöffnet. Wenn wir direkt nach unserer Geschichte besonders relevante Informationen darstellen, ist zudem die Chance groß, dass die Informationen gemeinsam mit der Geschichte abgespeichert werden und auch wieder mit ihr abgerufen werden können (vgl. Roth 2015, S. 107). Nicht ohne Grund verwenden Gedächtnissportler Geschichten, um Informationen an sie zu koppeln (vgl. Stenger 2014, S. 227 ff.).

Bleibt noch eine Frage hinsichtlich der Verknüpfung von Geschichten und Informationen offen. Was kommt zuerst: Geschichte oder Information? Also suchen wir zur Vermittlung von Informationen passende Geschichte aus unserem Leben? Oder konstruieren wir eine Geschichte so, dass sie die Informationen transportieren, die wir vermitteln möchten? Letzteres ist ja durchaus legitim, denn niemand behauptet, Geschichten müssten wahr sein. Wir dürfen Geschichten durchaus erfinden, solange sie funktionieren. Oder glauben Sie ernsthaft, dass Mario Barths Freundin all den Quatsch wirklich erlebt hat, den er über sie erzählt, wenn er betont „Dit is wahr, dit is wirklich passiert"?

Geschichten so zu konstruieren, dass sie zu den zu vermittelnden Informationen passen (also erst Information, dann Geschichte), ist nicht so einfach. In der Regel bedarf es dafür entweder eines besonderen Talents, einer langjährigen Ausbildung oder sogar beidem. Gute Geschichtenschreiber sind Gold wert und rar gesät, sie verdienen gutes Geld damit, für Comedians oder Produktionsfirmen Geschichten zu schreiben. Die meisten von uns, mich eingeschlossen, sind nicht derart talentiert oder gebildet, sodass ich vom Konstruieren von Geschichten abrate. Die besten Geschichten schreibt eh das Leben. Daher empfehle ich den anderen Weg: Nehmen Sie eine passende Geschichte, mit der Sie eine bestimmte Information transportieren können.

Eine dritte Möglichkeit besteht darin, eine erlebte Geschichte aufzubohren und mit Informationen anzufüttern. Dann bleibt ein wahrer Kern bestehen, aber die Geschichte ist ein wenig mit relevanten Informationen ausgeschmückt. So wie im Kino, wenn es heißt: nach einer wahren Begebenheit.

PPP-Regel

Was unterscheidet gute von schlechten Geschichten? Natürlich zum einen die Geschichte an sich: Ist sie wirklich spannend, lustig oder traurig? Aber viel entscheidender noch ist die Art, wie eine Geschichte erzählt wird. Und dazu möchte ich Ihnen die PPP-Regel vorstellen. Aus einer Geschichte wird eine gute Geschichte, wenn Sie die PPP-Regel befolgen.

▶ Wenn Sie Geschichten erzählen, achten Sie auf die PPP-Regel: mit einem Protagonisten, Power beim Vortragen und einer guten Pointe werden Sie Ihr Publikum begeistern.

Das erste *P* steht für *Protagonist.* Dazu ein kleiner Exkurs: Einer der erfolgreichsten deutschen Geschichtenerzähler ist Mario Barth – ich bin schon mehrfach auf ihn eingegangen. Mario Barth hält laut Wikipedia sowohl den Weltrekord als Live-Comedian mit den meisten Zuschauern, aufgestellt 2008 im Berliner Olympiastadion vor rund 70.000 Menschen, als auch den Rekord des größten Publikums für einen Komiker in 24 h, aufgestellt am 7. und 8. Juni 2014, ebenfalls im Berliner Olympiastadion, mit über 116.000 Zuschauern. Egal, ob wir ihn lustig finden oder nicht: Er ist mega-erfolgreich. Und er erzählt Geschichten, den ganzen Abend lang. Auffällig dabei ist, dass viele seiner Geschichten ein und dieselbe *Protagonistin* haben: seine Freundin. Aus ihrer Sicht betrachtet er die Eigenheiten von Männern und Frauen und deren Umgang miteinander.

Eine gute Geschichte hat immer einen Protagonisten. Der Protagonist ist die Person, aus deren Perspektive eine Geschichte erzählt und erlebt wird. Mit dem Protagonisten freuen wir uns, leiden mit ihm oder begleiten ihn bei spannenden Wendungen. Wie Mario Barth uns lehrt, müssen wir überhaupt nicht selbst der Protagonist einer Geschichte sein, unabhängig davon, ob wir es bei der wahren Begebenheit, auf die unsere Geschichte zurückgeht, waren oder nicht. Der Protagonist kann unser Partner sein, es können unsere Kinder sein, der Nachbar, Arbeitskollege oder der Herzchirurg, den wir im Urlaub kennengelernt haben. Bei der Wahl des Protagonisten unserer Geschichte sollten wir aber eines berücksichtigen: Wir brauchen eine starke emotionale

Verbindung zum Protagonisten, damit wir es schaffen, ihn möglichst lebendig darzustellen. Wenn es also Nachbar, Arbeitskollege oder neuer Bekannter aus dem Urlaub ist, dann muss uns irgendeine Emotion mit ihnen verbinden. Das kann Freude sein, weil es sich um einen lustigen Kerl handelt, der immer die stärksten Sachen erlebt, bis hin zu Ärger, weil der Kollege eigentlich ein Kollegenschwein ist. Je stärker unsere emotionale Bindung zum Protagonisten ist, desto authentischer wird unsere Geschichte und desto leichter fällt es unserem Publikum, die Emotion nachzuempfinden.

Manchmal ist es ratsam, nicht selbst die Rolle des Protagonisten zu übernehmen. Wir kommen unbefleckt aus der Nummer raus, wenn die unglaublichen Geschichten dem Partner passiert sind und nicht uns selbst. Wenn wir ein bestimmtes Bild von uns wahren wollen, ist das manchmal taktisch klüger. Mit etwas Distanz fällt es dem Publikum oft leichter, echte Emotionen aufzubauen, denn es muss dann ja nicht über uns lachen oder auf uns böse sein, sondern auf unseren Arbeitskollegen. Andersherum gibt es natürlich Geschichten, in denen wir der Protagonist sein müssen. Vielleicht gerade deswegen, um unser Bild etwas zu relativieren und uns Eigenschaften zu geben und Verhaltensweisen zu offenbaren, die unser Publikum von uns nicht erwartete hätte. Das kann ein hilfreicher Ansatz sein, wenn wir unserem Publikum auf Augenhöhe begegnen wollen und unsere Flughöhe dazu vielleicht etwas verringern müssen.

Das zweite *P* steht für *Power*. Eine Geschichte sollte immer mit Schwung und Kraft vorgetragen werden. Sie sollte begeistern und mitreißen, spannend oder aufregend sein. Es ist ein bisschen wie beim Daumenkino: Wenn sie zu lange die einzelnen Bilder ansehen, wird kein Film daraus. Nur wenn die Bilder zügig ineinander übergehen, werden sie lebendig. So ist es beim Storytelling auch: Eine Szene muss gerade so gut beschrieben werden, dass unser Publikum sie im Kopf nachzeichnen kann, und dann muss auch schon die nächste Szene kommen. Nichts macht eine Geschichte unattraktiver als langatmige Detailausführungen oder ein Protagonist, der sich in Exkursen verliert. Das ist beim Storytelling nicht anders als im Kino. Eine Geschichte muss also Dampf haben. Dazu können wir als Geschichtenerzähler folgende Kniffe einsetzen:

- Frei sprechen: Eine gute Geschichte wird frei vom *Sweet Spot* aus vorgetragen, nicht vorgelesen. Nur so wirkt sie authentisch und lebendig.
- Echte Bilder einbauen: Um die Wirkung einer Geschichte zu steigern, können wir echte Bilder (zum Beispiel Fotos) einbauen. Dabei sollten wir bedenken, dass Geschichten immer im Kopf entstehen und sich auch dort abspielen. Wenn wir Bilder verwenden, sollten wir nur wenige oder ein einziges repräsentatives Bild nehmen und es nur am Anfang zeigen und dann wieder ausblenden, damit sich unsere Geschichte in den Köpfen unseres Publikums frei entfalten kann.
- Geschichten in der Gegenwartsform erzählen: Nachdem wir die Ausgangssituation unserer Geschichte in der Vergangenheitsform vorgestellt haben, können wir mit der ersten Szene ins Präsens wechseln. Damit bekommt unsere Geschichte mehr Dynamik.

4.3 Medium

- Auf Highlights statt auf Vollständigkeit setzen: Eine Geschichte muss nicht in der Form erzählt werden, wie sie passiert ist. Viele Facetten sind für den Ausgang der Geschichte irrelevant, sodass wir uns auf die Highlights eines Erlebnisses konzentrieren können.
- Maximal fünf Szenen: Eine kurze Geschichte ist aufgrund der begrenzten menschlichen Aufmerksamkeitsspanne tendenziell unterhaltsamer und damit auch eindrucksvoller als eine lange. Wir sollten uns daher auf maximal fünf Szenen beschränken.
- Auf sprachliche und bildliche Aspekte einer Szene eingehen: Ich habe bereits dargelegt, dass Szenen aus sprachlichen und bildlichen Aspekten bestehen. Die Darstellung der sprachlichen Aspekte, also Aussagen unseres Protagonisten oder Dialoge, die er führt, ist unabdingbar. Aber wir sollten auch auf bildliche Aspekte eingehen, sofern sie für unsere Geschichte relevant sind: Wie ist die Szenerie aufgebaut, in der sich unser Protagonist befindet? Welche Stimmung herrscht dort? Was ist auffällig oder besonders ungewöhnlich?
- Emotionen vorleben: Damit die Emotionen unserer Geschichte auf unser Publikum wirken können, müssen wir sie vorleben. Schließlich ist die Empathie der Zuhörer der Schlüssel für das tatsächliche Erleben von Emotionen. Damit sich die Empathie unseres Publikums überhaupt entfalten kann, müssen wir Emotionen sichtbar machen. Wir müssen mitleiden, uns mitfreuen oder mitärgern und diese Gefühlslagen in Mimik und Körpersprache widerspiegeln. Viele Comedians machen es ebenfalls so. Im Laufe ihrer Geschichten halten sie kurz inne und lachen – auch hier ist Mario Barth ein gutes Beispiel. Das tun sich nicht etwa, weil sie ihre eigenen Aussagen so lustig fänden, sondern um eine Emotion vorzuleben und das Publikum damit anzustecken.
- Spannungspausen und Drops einbauen: Auch beim Storytelling sind Pausen mächtige Hilfsmittel. Wir sollten jede Szene durch eine Spannungspause kurz sacken lassen, bevor wir zur nächsten kommen. Vor allem sollten wir eine Kunstpause vor dem Highlight unserer Geschichte machen – den *Drop*. Der Drop kommt eigentlich aus der elektronischen Musik. Dort wird die Spannung eines Liedes oft über Minuten, teilweise sogar über Stunden hinweg aufgebaut. Kurz vor dem Höhepunkt hört die Musik schlagartig auf, der Song scheint vorbei zu sein. Doch dann kommt er mit einem Knall zurück – laut, wuchtig, mitreißend. Der absolute Höhepunkt. So sollten wir es bei unseren Geschichten auch machen: Kurz vor unserem Highlight hören wir auf zu sprechen, behalten aber Körperspannung, eine den Höhepunkt ankündigende Mimik und einen festen Blickkontakt mit dem Publikum bei. Dann lassen wir unsere Pointe krachen.
- Regelmäßiges Training: Das Vortragen von Geschichten muss regelmäßig trainiert werden. Es gibt eine Vielzahl an Anforderungen und Bestandteilen, die aufeinander abgestimmt werden müssen. Erst regelmäßiges Training führt dazu, dass eine Geschichte trotz ihrer Komplexität mit Leichtigkeit und dennoch emotional vorgetragen werden kann. Das ist der Grund, warum Comedians teilweise Jahre brauchen, um ein neues Bühnenprogramm auf die Beine zu stellen. Sie müssen jede einzelne Geschichte wieder

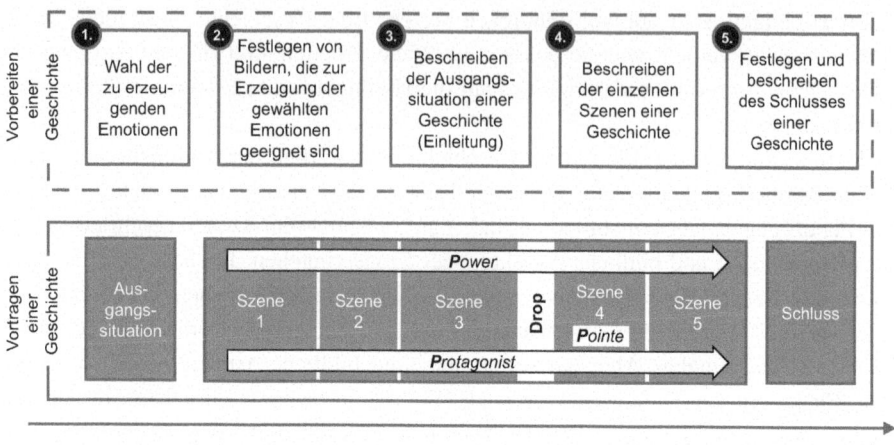

Abb. 4.12 Vorbereiten und Vortragen einer Geschichte beim Storytelling

und wieder trainieren, bis Timing, Körpersprache, Betonung und Emotionalität passen. Deswegen ist das Storytelling die Königsdisziplin des Präsentierens.[37]

Das dritte und letzte P steht für *Pointe*. Jede gute Geschichte lebt von ihrem Höhepunkt, ihrer Pointe. Wir sollten keine Geschichte ohne Pointe erzählen, sonst ist es nur Gerede und das Publikum fragt sich, worauf wir hinauswollen. Eine gute Pointe ist unerwartet, komisch, geist- oder lehrreich. Die Pointe ist entweder Teil der letzten oder der vorletzten Szene unserer Geschichte, je nachdem, ob sie ein inhaltliches Nachspiel hat oder nicht. Bei meinen Geschichten war sie jeweils Teil der vorletzten Szene („Draufhauen" von Herrn Neumann und Erscheinung und Verhalten während des Vorstellungsgespräches von Herrn König), da beide Ereignisse noch nachwirkten. Der Schluss unserer Geschichte bietet dann die Möglichkeit, die Pointe noch einmal zu reflektieren und in ein Verhältnis mit dem Rest der Geschichte zu bringen.

Die einzelnen Schritte bei der Vorbereitung und dem Vortragen einer Geschichte habe ich noch einmal in Abb. 4.12 dargestellt. Darin wird deutlich, wie komplex das Storytelling ist und wie viele Bausteine sinnvoll aufeinander abgestimmt werden müssen.

---

[37]Wenn Sie hierzu einmal eine Benchmark haben wollen, dann sehen Sie sich Sascha Grammel an. Er ist Bauchredner und Puppenspieler und ein wahrer Meister der Leichtigkeit bei einer der anspruchsvollsten Bühnendisziplinen überhaupt. Er schafft es auf beeindruckende Weise, Körpersprache, Mimik, Gestik, Betonung sowie Emotionalität aufeinander abzustimmen. Und das nicht nur bei sich selbst, was schon anspruchsvoll genug ist, sondern auch bei seinen Puppen. So entsteht für den Zuschauer tatsächlich der Eindruck, es mit zwei unterschiedlichen Charakteren zu tun zu haben. Ich möchte nicht wissen, wie viele Wochen und Monate er übt, um ein solches Niveau während einer abendfüllenden Show aufrechtzuhalten.

Geschichten-Logbuch

Wir müssen unsere Geschichten nicht erfinden. Die Konstruktion von Geschichten ist höchst anspruchsvoll, und das Leben schreibt eh die besten Geschichten. Daher ist es sinnvoll, Geschichten festzuhalten und nach Bedarf auszuschmücken. Grundlage hierfür kann ein Geschichten-Logbuch sein: unsere ganz persönliche Geschichtensammlung. Dabei müssen in unserem Geschichten-Logbuch nicht nur eigene Geschichten stehen. Auch die unserer Kinder, Kollegen oder solche, die wir aus der Zeitung, dem Fernsehen oder dem historischen Lexikon (oder welcher Quelle auch immer haben), können wir ins unser Geschichten-Logbuch aufnehmen.

Ein Geschichten-Logbuch ist ganz einfach aufgebaut. Sie können eine Kladde nehmen und geben einer Geschichte einen Titel und legen Protagonisten sowie Pointe fest. Oder Sie gestalten es etwas strukturierter, wie in Tab. 4.5 dargestellt, und verwalten Ihre

Tab. 4.5 Aufbau und beispielhafte Ausgestaltung eines Geschichten-Logbuchs

Titel der Gesichte	Das Telefoninterview
Protagonist	Ich
Zu vermittelnde Emotion	Freude
Dafür zu verwendende Bilder	Mein überraschter Gesichtsausdruck nach „Draufhaun"-Statement von Herrn Neumann
Einzubindende Informationen	–
Ausgangssituation	Beschreibung, wie es zum Vorstellungsgespräch kam
Szene 1	Ich telefoniere mit Herrn Neumann und stelle ihm meine ersten Fragen. Alles läuft nach Plan, ich empfinde das Gespräch als normal, was man an meinen neutralen Gesichtsausdruck sehen kann
Szene 2	Ich stelle meine Frage nach den besonderen Herausforderungen in der Tourismusindustrie der nächsten zehn Jahre bei knappen Budgets. Die Antwort von Herrn Neumann ist lang und unverständlich. Ich bin irritiert, was sich in meinem Gesichtsausdruck widerspiegelt
Szene 3	Ich stelle Herrn Neumann die Frage nach seiner Strategie zur Bildung eines kundenorientierten Teams. Seine Antwort „Draufhaun" schallt aus dem Hörer. Ich bin fassungslos, was man an meinem offenen Mund und meinem ungläubigen Blick sieht
Szene 4	Mir kommt die Einsicht, dass Herrn Neumann betrunken ist. Ich bedanke mich für das Gespräch und beende das Telefonat. Dabei schreibe ich *ungeeignet* auf die Bewerbungsmappe und blicke immer noch völlig verstört drein
Szene 5	–
Drop nach Szene …	2
Schluss	Lerneffekt: Auch bei der Besetzung von Top-Management-Positionen ist mit allem zu rechnen

Geschichten auf Ihrem Rechner. Gut ist, was Sie dazu bringt, Ihr Geschichten-Logbuch regelmäßig anzuschauen, mit neuen Geschichten anzureichern oder bestehende Geschichten zu ergänzen.

Empfohlene Dosierung

Ich hatte es schon angesprochen: Das Storytelling ist die Königsdisziplin des Präsentierens. Es ist höchst anspruchsvoll, gute Geschichten zu erzählen, daher empfehle ich dieses Werkzeug eher für erfahrenere Präsentatoren. Und auch für die gilt: Das Vortragen einer Geschichte muss immer wieder geübt werden, damit sie die Vermittlung unserer Ideen sinnvoll unterstützen kann.

Als guter Geschichtenerzähler haben wir die Emotionen unseres Publikums ein Stück weit in der Hand. Wir können durch die Wahl der Bilder, die wir tatsächlich verwenden oder in den Köpfen unseres Publikums erzeugen, positive, aber auch negative Gefühle wecken. Damit ist auch eine Verantwortung gegenüber unseren Zuhörern verbunden, sodass wir sorgfältig überlegen sollten, wie intensiv wir welche Emotionen wecken wollen. Nicht ohne Grund werden im öffentlich-rechtlichen Fernsehen bestimmte Bilder nur verfremdet gezeigt. Die Zuschauer sollten nicht unvorbereitet mit Szenen konfrontiert werden, die sie emotional erschüttern können. Diesen Respekt vor den Emotionen des Publikums sollten wir beim Storytelling ebenfalls wahren.

Und letztlich dürften wir trotz aller hilfreichen Eigenschaften des Storytellings nicht vergessen, dass es lediglich ein Hilfsmittel ist. Wenn Sie schon einmal eine Geschichte so gut erzählt haben, dass Ihr Publikum begeistert war, dann kennen Sie das schöne Gefühl, das danach einsetzt. Viele Bühnenstars leben nur für dieses Gefühl, es kann süchtig machen. Und auch wenn ein exzellenter Präsentator noch lange kein Bühnenstar ist, kann auch ihn dieses Gefühl ergreifen und ihn dazu bringen, Geschichten öfter als vielleicht nötig einzusetzen. Wir sollten daher immer auf den maßvollen und vor allem ersthaften Einsatz dieses Werkzeugs achten. Denn im Fokus jeder exzellenten Präsentation steht eine Idee, die es zu vermitteln gilt.

> **Auf einen Blick**
> - Informationen können dann besonders gut von unseren Zuhörern abgespeichert werden, wenn sie emotional aufgeladen sind. Geschichten sind durch die damit vermittelten Bilder besonders gut in der Lage, Informationen mit Emotionen zu koppeln.
> - Die Technik des Geschichtenerzählens wird als Storytelling bezeichnet und umfasst fünf Schritte: Wahl einer geeigneten Emotion, Entscheidung darüber, wie wir diese Emotion erzeugen wollen, Beschreibung der Ausgangssituation, Festlegung der einzelnen Szenen einer Geschichte sowie Darstellung der Pointe.
> - Geschichten eignen sich eher dazu, wenige Informationen zu vermitteln, diese aber nachhaltig in den Köpfen unseres Publikums zu verankern.

- Am besten verwenden wir Geschichten, die wir selbst erlebt haben, und erfinden sie nicht von Grund auf, dann wirken sie glaubwürdiger. Im Zweifel füllen wir eine Geschichte mit relevanten Informationen auf, bewahren aber ihren wahren Kern.
- Eine gute Geschichte folgt der PPP-Regel. Sie hat einen Protagonisten, wird mit Power erzählt und schließt mit einer Pointe.
- Um immer wieder auf unsere Geschichten zugreifen zu können, empfiehlt sich das Anlegen und Pflegen eines Geschichten-Logbuchs.

Literatur

Beck, H. (2013). *Biologie des Geistesblitzes – Speed up your mind!* Berlin: Springer Spektrum.
Berndt, C. (2015). *Resilienz – Das Geheimnis der psychischen Widerstandskraft.* München: Deutscher Taschenbuch.
Berthel, J., & Becker, F. G. (2010). *Personal-Management Grundzüge für Konzeptionen betrieblicher Personalarbeit* Stuttgart: Schäffer-Poeschel.
Birbaumer, N. (2015). *Dein Gehirn weiß mehr, als du denkst – Neueste Erkenntnisse aus der Hirnforschung.* Berlin: Ullstein.
Coblenzer, H., & Muhar, F. (2006). *Atem und Stimme – Anleitung zum guten Sprechen.* Wien: öbv & hpt.
Drucker, P. F. (2009). *The practice of management.* New York: HarperCollins.
Dutton, K. (2013). *Gehirnflüsterer – Die Fähigkeit, andere zu beeinflussen.* München: dtv.
Eberhart, S., & Hinderer, M. (2014). *Stimm- und Sprechtraining für den Unterricht – Ein Übungsbuch.* Paderborn: Schöningh.
Ehrlich, K. (2007). *Stimme – Sprechen – Spielen – Praxishandbuch Schauspiel.* Frankfurt a. M.: Lang.
Ekman, P. (2010). *Gefühle lesen – Wie Sie Emotionen erkennen und richtig interpretieren.* Heidelberg: Spektrum.
Habermann, G. (2003). *Stimme und Sprache – Eine Einführung in ihre Physiologie und Hygiene.* Stuttgart: Thieme.
Haussmann, M., Scholz, H., & Neuland, G. (2016). *Bikablo 1 – Das Trainerwörterbuch der Bildsprache.* Eichenzell: Neuland GmbH & Co. KG.
Hüther, G. (2008). *Wie man sein Gehirn optimal nutzt. Original-Vortrag, Hörbuch.* Bern: Jokers hörsaal.
Hüther, G. (2015). *Die Macht der inneren Bilder – Wie Visionen das Gehirn, den Menschen und die Welt verändern.* Göttingen: Vandenhoeck & Ruprecht.
Jäncke, L. (2013). *Lehrbuch Kognitive Neurowissenschaften.* Bern: Huber.
Kahneman, D. (2012). *Schnelles Denken, langsames Denken.* München: Siedler.
Kasten, E. (2009). *Einführung Neuropsychologie.* München: UTB.
Krämer, W. (2008). *So lügt man mit Statistik.* München: Piper.
Locke, E. A., & Latham, G. P. (1990). *A theory of goal setting & task performance.* Englewood Cliffs: Prentice Hall.
Malik, F. (2007). *Führen, Leisten, Leben – Wirksames Management für eine neue Zeit.* Frankfurt a. M.: Campus.

McGowan, B., & Bowman, A. (2014). *Pitch perfect – How to say it right the first time, every time.* New York: HarperCollins.

Minto, B. (2005). *Das Prinzip der Pyramide – Ideen klar, verständlich und erfolgreich kommunizieren.* München: Pearson Studium.

Mischel, W. (2014). *The marshmallow test – understanding self-control and how to master it.* Lodon: Penguin Random House.

Pantalon, M. V. (2015). *Motivation – Wie Sie sich und andere schnell und erfolgreich motivieren.* München: dtv.

Pease, A., & Pease, B. (2006). *The definitive book of body language.* London: Orion.

Reynolds, G. (2010). *Zen oder die Kunst der Präsentation – Mit einfachen Ideen gestalten und präsentieren.* München: Addison-Wesley.

Roth, G. (2014). *Persönlichkeit, Entscheidung und Verhalten – Warum es so schwierig ist, sich und andere zu ändern.* Stuttgart: Klett-Cotta.

Roth, G. (2015). *Bildung braucht Persönlichkeit – Wie Lernen gelingt.* Stuttgart: Klett-Cotta.

Schulenburg, N. (2016). *Führung einer neuen Generation – Wie die Generation Y führen und geführt werden sollte.* Wiesbaden: Springer Gabler.

Seibold, B. (2015). *Visualisieren leicht gemacht – Talentfrei Zeichnen lernen und professionelle Flipcharts erstellen.* Offenbach: Gabal.

Seifert, J. W. (2006). *Visualisieren, präsentieren, moderieren.* Offenbach: Gabal.

Shaw, J. (2016). *The memory illusion – remembering, forgetting, and the science of false memory.* London: Random House.

Silberzahn, R., & Uhlmann, E. L. (2013). It pays to be Herr Kaiser. *Psychological Science, 24*(12), 2437–2444.

Spitzer, M. (2011). *Dopamin und Käsekuchen.* Stuttgart: Schattauer.

Spitzer, M. (2015). Wie wir lernen – Erkenntnisse aus der Gehirnforschung zum Einfluss von Alter, Motivation und Emotionen. *Die Wirtschaftsmediation, 2,* 24–29.

Stenger, C. (2014). *Lassen Sie Ihr Hirn nicht unbeaufsichtigt! – Gebrauchsanweisung für Ihren Kopf.* Frankfurt: Campus.

Taleb, N. N. (2014). *Der Schwarze Schwan – Die Macht höchst unwahrscheinlicher Ereignisse.* München: dtv.

Thompson, R. F. (2012). *Das Gehirn – von der Nervenzelle zur Verhaltenssteuerung.* Heidelberg: Spektrum.

Verne, J. (1968). *Von der Erde zum Mond.* Frankfurt a. M.: Fischer.

Wiswede, G. (2012). *Einführung in die Wirtschaftspsychologie.* München: Reinhardt.

Übersicht der Werkzeuge exzellenten Präsentierens

5

Jetzt kennen Sie alle Werkzeuge des exzellenten Präsentierens. Bevor ich Ihnen den Werkzeugkoffer mit allen Werkzeugen vorstelle, möchte ich noch auf die Chronologie des Werkzeugeinsatzes eingehen.

5.1 Chronologie des Werkzeugeinsatzes

Wie sind 41 Werkzeuge in eine sinnvolle zeitliche Reihenfolge zu bringen? Alle Werkzeuge verfolgen zwar das Ziel, uns bessere Präsentationen halten zu lassen, aber sie werden – wie ich im Laufe meiner Ausführungen dargestellt habe – ja nicht alle während einer Präsentation eingesetzt. Manche werden davor angewendet, manche währenddessen, manche erst danach. Ich möchte daher alle Werkzeuge noch einmal aus einer zeitlichen Logik übersichtsartig betrachten. Denn bei der Herleitung der Werkzeuge bin ich aus einer theoretisch-inhaltlichen Richtung gekommen, ausgehend vom signaltheoretischen Kommunikationsverständnis, um alle Werkzeuge wissenschaftlich zu fundieren. Aus Anwendungssicht bietet sich aber eher eine chronologische Darstellung an, die der tatsächlichen Vorbereitungsreihenfolge einer Präsentation entspricht.

Ich habe mich für fünf zeitliche Hauptkategorien entschieden (vgl. Abb. 5.1), die ich zum Teil in dieser Form bereits im Abschnitt *Nervosität in Energie verwandeln* (Abschn. 4.1.1) betrachtet habe:

1. Ca. drei Wochen vor der Präsentation,
2. am Tag der Präsentation,
3. direkt vor Präsentationsbeginn,
4. während der Präsentation und
5. im Anschluss an die Präsentation.

5 Übersicht der Werkzeuge exzellenten Präsentierens

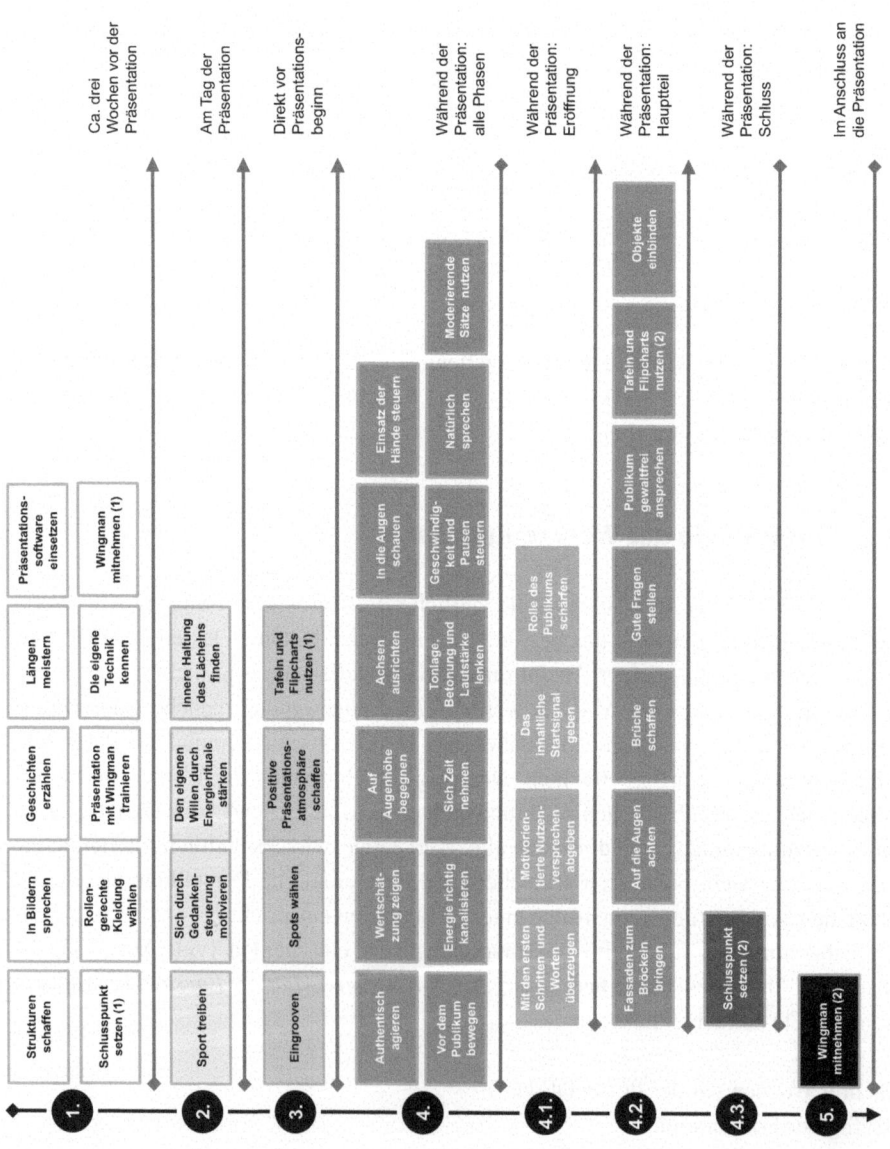

Abb. 5.1 Chronologie des Werkzeugeinsatzes

5.1 Chronologie des Werkzeugeinsatzes

Die Kategorie *während der Präsentation* habe ich noch einmal weiter unterteilt. Sie umfasst zum einen Werkzeuge, die während der gesamten Präsentationsdauer eingesetzt werden können (4), aber auch zum anderen solche, die sich lediglich zur Eröffnung (4.1), während des Hauptteils (4.2) oder während des Schlusses (4.3) eignen.

Den Beginn meiner chronologischen Betrachtung habe ich mit ca. drei Wochen vor der Präsentation angesetzt. Ob Sie drei Wochen für die Vorbereitung brauchen oder zwei Monate oder vielleicht nur vier Tage hängt von vielen verschiedenen Faktoren ab, aber es braucht auf jeden Fall eine bestimmte Zeit, um eine Präsentation zu entwickeln. Ich gehe von drei Wochen aus, da die meisten von uns nicht den ganzen Tag allein für diese Aufgabe Zeit haben, sondern sich während des Tagesgeschäfts dafür immer wieder etwas Zeit nehmen müssen. Daher scheint es mir sinnvoll, dass wir ca. drei Wochen vor der Präsentation mit den ersten strukturellen Arbeiten beginnen.

Wenn Sie sich die chronologische Darstellung der Werkzeuge des exzellenten Präsentierens in Abb. 5.1 ansehen, werden Sie feststellen, dass ich drei Werkzeuge an zwei Stellen angegeben habe. *Schlusspunkt setzen* habe ich sowohl in die Kategorie *ca. drei Wochen vorher* als auch in *während der Präsentation: Schluss* eingeordnet. Der Grund hierfür ist, dass wir einen großen Teil unseres Schlusspunktes sorgfältig vorbereiten müssen: Was sind unsere Top-Aussagen und wie wollen wir diese zusammenfassen? In welcher Form wollen wir unser Nutzenversprechen aufgreifen? Wie lautet unser starker letzter Satz? Fast könnte man meinen, dieses Werkzeug falle vollständig in die Vorbereitungsphase. Aber vor allem der letzte starke Satz lebt von der Art, wie wir ihn vortragen. Sie muss zur aktuellen Stimmung unserer Präsentation passen und kann daher nur eingeschränkt vorbereitet werden. Aus diesem Grund gehört das Werkzeug *Schlusspunkt setzen* auch an den Schluss unserer Präsentation.

Tafeln und Flipcharts nutzen fällt ebenfalls in zwei zeitliche Kategorien. Denn Flipcharts lassen sich im Gegensatz zu Tafeln sowohl vorbereiten und dann zu einem geeigneten Zeitpunkt vorstellen als auch spontan zur Sammlung von Gedanken oder Darstellung von Skizzen nutzen. Daher ist dies ein Werkzeug, das sowohl *direkt vor Präsentationsbeginn* als auch *während der Präsentation* im *Hauptteil* genutzt werden kann.

Schließlich gehört *Wingman mitnehmen* meines Erachtens in zwei Kategorien. Der klare Beobachtungsauftrag, den wir unserem Wingman geben, ist Teil der Präsentationsvorbereitung, also der Kategorie *ca. drei Wochen vor der Präsentation*. Damit wir aus diesem Werkzeug den gewünschten Lerneffekt ziehen können, ist die Nachbesprechung des Beobachtungsauftrages entscheidend, und die kann nur *im Anschluss an die Präsentation* erfolgen.

Warum habe ich mich nur bei diesen drei Werkzeugen dafür entschieden, sie in mehrere Kategorien einzuordnen? Nun, in der Tat würden sich auch weitere dafür anbieten, aber dann würde die Darstellung irgendwann zu komplex werden. Daher sind es nur diese drei geworden. Denn insgesamt folgt die Darstellung der Chronologie des Werkzeugeinsatzes der Frage, wann die *Hauptarbeit* mit diesem Werkzeug entsteht. Es geht nicht darum, wann wir die *Ergebnisse* dieser Arbeit sehen, denn die gibt es immer während einer Präsentation.

Die meisten Kategorien haben auch in sich mehr oder weniger eine zeitliche Logik. Meines Erachtens ist die Schaffung von Strukturen beispielsweise der erste Schritt überhaupt, erst später stellen wir uns die Frage, wie wir Inhalte mit einer Präsentationssoftware abbilden. Die Werkzeuge der Kategorie *ca. drei Wochen vor der Präsentation* folgen also einer zeitlichen Reihenfolge. Das gilt allerdings nicht für die Kategorie *während der Präsentation: alle Phasen*. Die dort genannten Werkzeuge werden zu keinem vorher festgelegten Zeitpunkt eingesetzt, sondern ihr Einsatz ergibt sich flexibel und spontan aus der jeweiligen Situation. Daher ist diese Kategorie in Abb. 5.1 auch nicht mit einem Pfeil unterlegt, die anderen sind es sehr wohl (sofern sie mehr als ein Werkzeug umfassen). Das bedeutet allerdings nicht, dass dieser zeitlichen Logik innerhalb der Kategorien streng zu folgen wäre. Aus praktischer Sicht bleibt uns oftmals nichts anderes üblich, als den Einsatz der Werkzeuge mit anderen Tagesaufgaben abzustimmen, sodass die genannte Reihenfolge nur eine generelle Orientierung geben soll.

5.2 Der Werkzeugkoffer

Generischer Werkzeugkoffer
Insgesamt habe ich Ihnen 41 Werkzeuge des exzellenten Präsentierens vorgestellt. Sie sind Teil eines großen Werkzeugkoffers, der aus zwei Seiten – Hauptfächern, wenn Sie so wollen – besteht (vgl. Abb. 5.2). Jedes Werkzeug habe ich mit einem Kürzel versehen, das zur jeweiligen Kategorie des Werkzeugs passt. Daraus ergeben sich sieben (Unter-) Fächer des Werkzeugkoffers. Auf der einen Seite befinden sich die Werkzeuge, die ich aus den *Kernfeldern* des exzellenten Präsentierens abgeleitet habe. Zur Steuerung der Sympathie sind es vier (S1 bis S4), zur Steuerung der Klarheit acht Werkzeuge (K1 bis K8). Für Dynamik und Interaktion gibt es zwei Werkzeuge, die zu beiden Kategorien passen (DI1 und DI2) und jeweils zwei, die eindeutig der Dynamik bzw. der Interaktion zuzuordnen sind (D1 und D2 sowie I1 und I2). Auf der anderen Seite befinden sich die Werkzeuge, die ich aus den unterstützenden Feldern des exzellenten Präsentierens abgeleitet habe. Es sind acht Werkzeuge mit Bezug zum Menschen (Men1 bis Men8) die ich nochmal in Werkzeuge zur Nervosität bzw. Motivations- und Willenssteuerung unterteilt habe. Es sind sieben mit Bezug zur Materie (Mat1 bis Mat7), die ich nochmal in Werkzeuge zur Eröffnung und zur Dramaturgie unterteilt habe. Schließlich sind es acht Werkzeuge mit Bezug zum Medium (Med1 bis Med8), die ich nochmal in Werkzeuge zu visuellen Hilfsmitteln bzw. zur Stimme und Sprache unterteilt habe.

Individueller Werkzeugkoffer
Der generische Werkzeugkoffer ist Grundlage für eine individuelle Zusammenstellung von Werkzeugen für Ihre persönlichen Zwecke, für Ihren ganz persönlichen Werkzeugkoffer sozusagen. Wie ein solcher aussehen könnte, habe ich in exemplarisch in Abb. 5.3 dargestellt.

5.2 Der Werkzeugkoffer

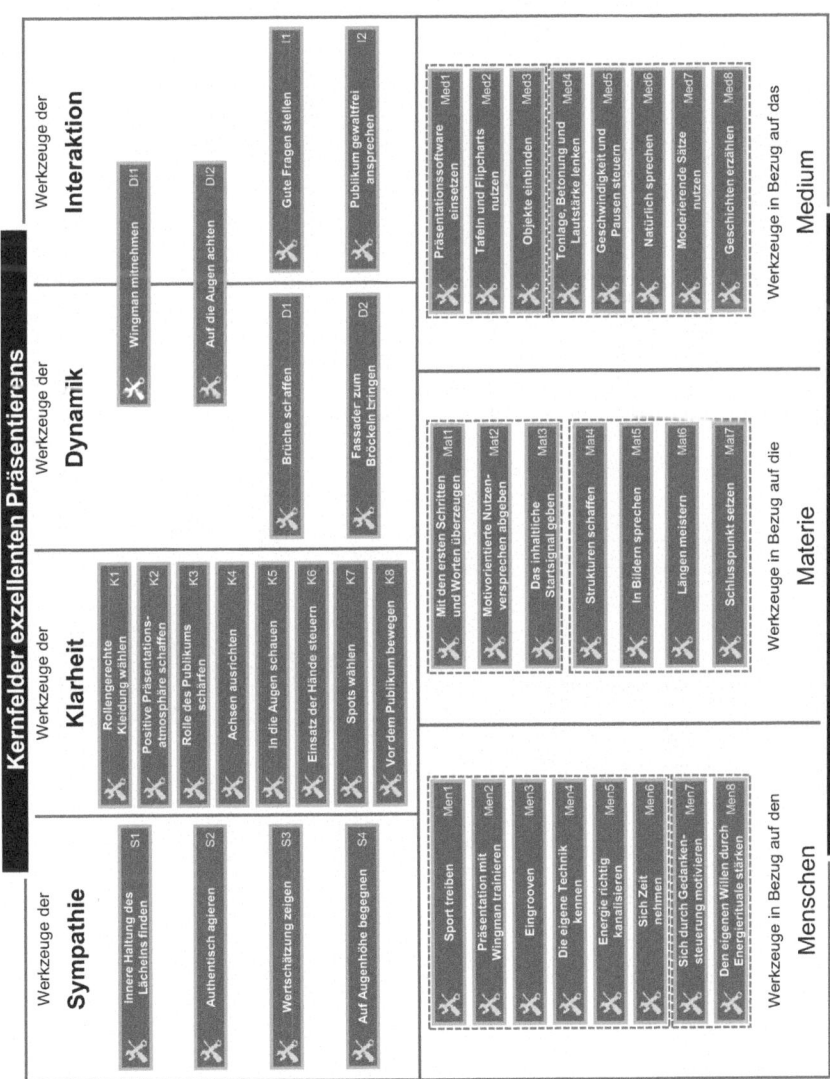

Abb. 5.2 Werkzeugkoffer des exzellenten Präsentierens

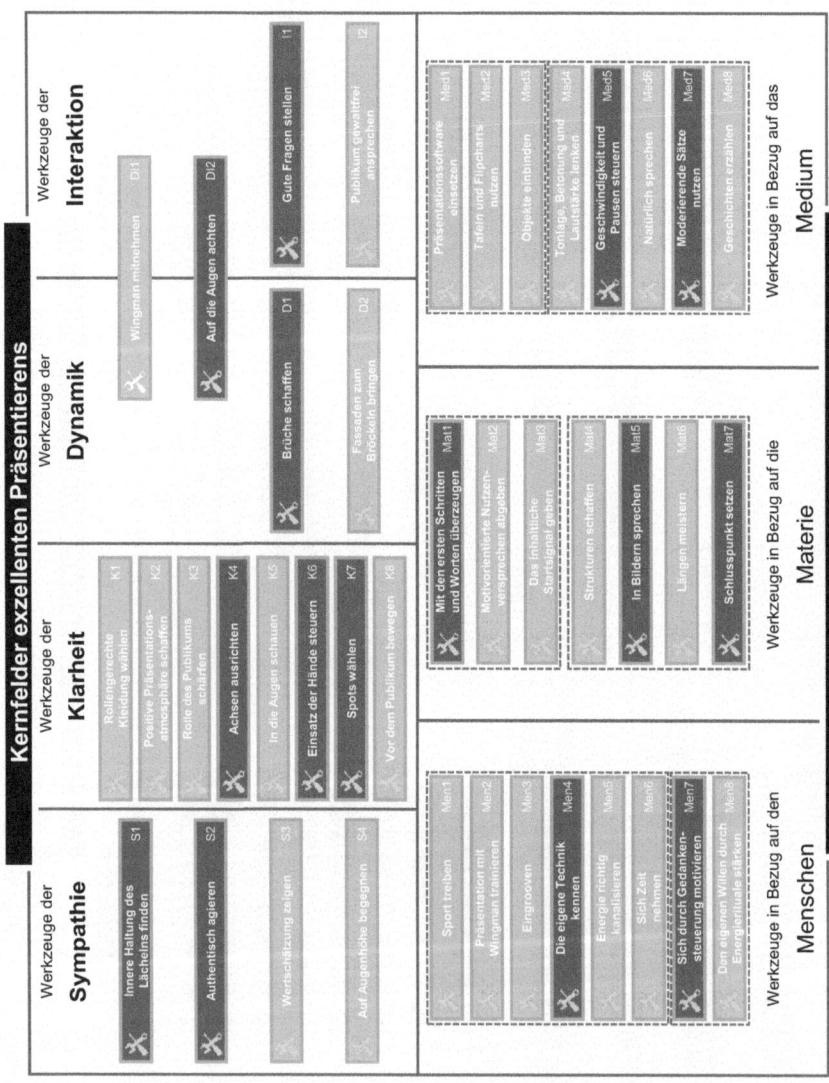

Abb. 5.3 Individuelle Zusammenstellung von Werkzeugen des exzellenten Präsentierens

5.2 Der Werkzeugkoffer

Die dunkel markierten Werkzeuge sind solche, auf deren Einsatz Sie in Zukunft mehr Wert legen wollen, weil Sie zu der Überzeugung gelangt sind, dass Sie damit Ihr Präsentieren verbessern können. In meinem Beispiel sind es insgesamt 15 Werkzeuge. Sie alle auf einmal bei der nächsten Präsentation einzusetzen, ist natürlich nicht ratsam, es wären einfach zu viele. Die 15 Werkzeuge stellen vielmehr Ihren ganz persönlichen Entwicklungsplan für die nächsten Monate oder womöglich sogar Jahre dar. Schritt für Schritt, Präsentation für Präsentation, können Sie das eine oder andere Werkzeug davon anwenden und sich darin ausprobieren sowie im Anschluss an eine Präsentation den Werkzeugeinsatz reflektieren. So verbessern Sie sich kontinuierlich, bis Sie irgendwann alle ausgewählten Werkzeuge beherrschen und sich dann für den Einsatz weiterer Werkzeuge entscheiden. Das ist der Weg zum exzellenten Präsentieren.

Einen Hinweis habe ich noch zu den hell dargestellten Werkzeugen. Wenn diese *nicht* in Ihren individuellen Werkzeugkoffer kommen, heißt nicht, dass Sie sich in ihrer Anwendung nicht verbessern wollen. Vielleicht beherrschen Sie ein Werkzeug von Haus aus schon so gut, dass Sie sich auf dessen Anwendung nicht wirklich konzentrieren müssen. Oder Sie stellen es erstmal nach hinten, weil andere Werkzeuge zunächst einmal wichtiger für Sie sind.

Zu guter Letzt habe ich Ihnen den Werkzeugkoffer noch einmal in einer etwas anderen Darstellung vorbereitet (vgl. Abb. 5.4). Jeweils links neben einem Werkzeug finden Sie einen Kasten, jeweils rechts daneben eine gestrichelte Linie. Sie können diese Abbildung als Kopiervorlage verwenden. Vor jeder Präsentation nehmen Sie eine Kopie dieser Abbildung zur Hand und kreuzen die Werkzeuge an, auf deren Einsatz Sie in Ihrer Präsentation besonderen Wert legen wollen. Das kann ein neues Werkzeug sein, das Sie erstmalig ausprobieren wollen, oder eines, bei dessen Einsatz Sie sich verbessern möchten, auch wenn Sie es vielleicht schon einmal eingesetzt haben. Auf der gestrichelten Linie tragen Sie dann im Anschluss an Ihre Präsentation eine Bewertung ein. Wie gut ist Ihnen der Einsatz der ausgewählten Werkzeuge gelungen? Nutzen Sie zur Bewertung Schulnoten. Bei jeder Note, die schlechter als 2 ist, stellen Sie sich die Frage, was der Grund für die Bewertung war und was Sie beim nächsten Mal unternehmen wollen, um besser zu werden.

Ein kurzes Schlusswort
Zu Schluss möchte ich noch einmal auf die Frage der Exzellenz eingehen. Ich habe Ihnen zwar nicht versprochen, dass Sie exzellent präsentieren werden, wenn Sie die von mir vorgestellten Werkzeuge nutzen, aber Sie werden sich auf einen Weg begeben, an dessen Ende die Exzellenz steht. Um dieses Ziel zu erreichen, sind hartes Training und konsequente Reflexion notwendig. Nutzen Sie zur Reflexion Ihr eigenes Gespür, machen Sie Videoanalysen oder nehmen Sie Ihren Wingman mit, aber reflektieren Sie, so oft es geht, kritisch Ihre eigene Leistung. Durch den Kreislauf von Training, Präsentieren, Reflexion, Ermittlung von Verbesserungsmöglichkeiten, Training und erneutem Präsentieren werden Sie – so nun tatsächlich mein Versprechen – immer besser werden. Wenn die Exzellenz dabei Ihr Anspruch ist, werden Sie Ihre Ideen bereits nach kurzer Zeit so

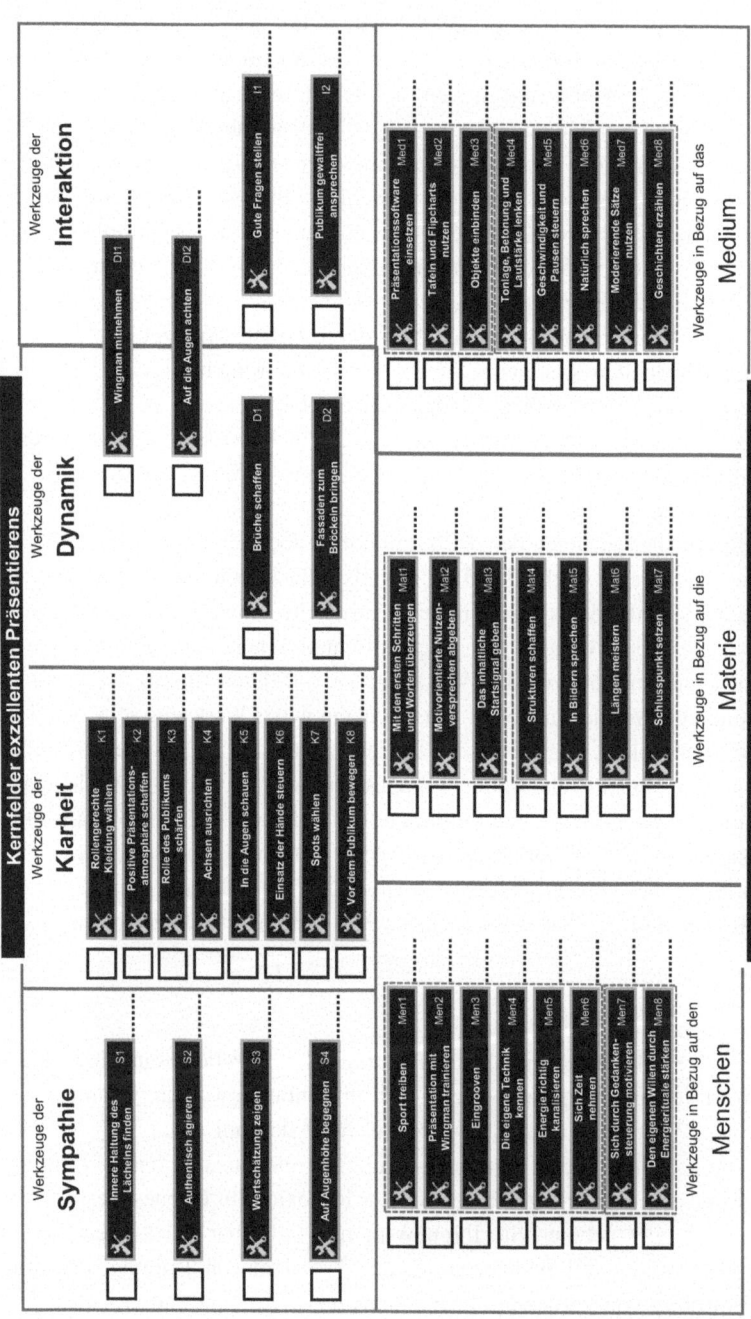

Abb. 5.4 Kopiervorlage Werkzeugkoffer

5.2 Der Werkzeugkoffer

erfolgreich von Mensch zu Mensch transportieren, dass Sie besser präsentieren als die meisten anderen. Damit schaffen Sie einen echten Mehrwert für Ihr Publikum und die Grundlage für das unvergleichliche Gefühl, das Sie am Ende einer jeden erfolgreichen Präsentation erwartet. Genießen Sie es.

Feedback
Welches Werkzeug hat Ihnen noch gefehlt? Wo wünschen Sie sich weitere Informationen, Hintergründe oder Hinweise? Über Ihr Feedback freue ich mich. Wenn Sie mögen, schreiben Sie Ihre Wünsche und Anregungen an exzellent-praesentieren@web.de.

Stichwortverzeichnis

A

Abschweifen, 209
Adrenalin, 40, 157
Advocatus Diaboli, 164
affektiv-vegetative Ebene 1, 259
Agenda, 200, 236
Aktionsfenster, 91
Aktions-Funktions-Logik, 20
aktive Mitarbeit, 68
aktives Zuhören, 71, 128, 131
amerikanisches Lächeln, 32
Amygdala, 157
Angstzentrum, 157
Ankereffekt, 39, 167, 177
Anreiz, 175
Appell, 226
Assoziation, 209
Assoziationsfalle, 209
assoziative Bewertung, 41
Atempause, 259
Aufmerksamkeit, 59, 99, 115
    intensive, 116
Aufmerksamkeitsreservoir, 258
Aufmerksamkeitsspanne, 115, 116, 121
Aufregung, 159, 173, 177
Auftrittsangst, 160, 161, 164, 170
Augenringmuskel, 32
Ausgangshaltung, 90
Authentizität, 36
Authentizitätsfalle, 18
Axiom, 8

B

Backoffice, 126, 236
Barriere, 65, 101
Barrierefreiheit, 62
Basisemotionen, 268
Beispiele, 193
Belohnung, 143, 144, 174
Belohnungszentrum, 174
Benjamin-Franklin-Effekt, 54
Beobachtungsauftrag, 110, 125
Berührung
    wertschätzende, 44
Besitztumseffekt, 208, 233
Bestuhlungsform, 63
Bewegungsnachwirkung, 111
Bias, 15
blinder Fleck, 109, 113
Break, 216
Bruch
    didaktischer, 124
    körperlicher, 123
    räumlicher, 122
    sprachlicher, 122
Bühne, 64
Bühnensetting, 65

C

Cannabinoide, 162
Catering, 64
Charisma, 32
Chilis, 218
Cortisol, 157

© Springer Fachmedien Wiesbaden GmbH 2018
N. Schulenburg, *Exzellent präsentieren*,
https://doi.org/10.1007/978-3-658-12303-1

D
Definition, 24
Denken
  rationales, 13
didaktischer Bruch, 124
Dopamin, 157, 174, 177
Droge, 73
Durchführung, 23

E
Emotion, 141, 196
emotional-motivatorische Ebene 2, 13, 15, 33, 47, 73–75, 78, 82, 92, 117, 142, 143, 157, 160, 174, 233
Empathie, 32
Endorphine, 162, 175
Energieritual, 181
Entscheidungsanomalie, 15
Entspannungspassage, 218
Erfolgsbedenken, 160, 164, 168, 172
erfüllende Rolle, 51, 53
Erklärungsspot, 97, 122, 195, 200, 224, 225, 230, 245, 265
erweiterte Ich-Botschaft, 147
explizite Wertschätzung, 45

F
Fachtermini, 263
Feedback, 139, 140
Fixpunkte, 86
Florida-Effekt, 35
Frame, 216
Framing, 43

G
Geschichten, 195
Gesichtsstrukturen, 83
Gesten, 91
Getting bored, 200
Getting lost, 199
Getting tired, 200
gewaltfreie Kommunikation, 146
Gruppe, 55
gruppendynamische Effekte, 133

H
Halo-Effekt, 27, 275
Heuristik, 15
hirngerechte Präsentation, 199
Hits, 216, 218
Höchststand-Ende-Regel, 16, 223, 248

I
Ich-Botschaft, 147
  erweiterte, 147
intensive Aufmerksamkeit, 116
Interval, 217
intrinsische Motivation, 176

J
Johari-Fenster, 109

K
Killing Darlings, 208, 236
klassische Konditionierung, 177
kognitive Dissonanz, 142
kognitiv-sprachliche Ebene 3, 13, 15, 42, 59, 73, 74, 82, 124, 126, 128, 160, 208
Komfortzone, 19, 23, 45
Kommunikationsstörung, 7
Kommunikationsverständnis
  signaltheoretisches, 5
Konditionierung, 177
Konstruktionsprozess, 83
Kontingenz, 140
Kontrolle, 24
Kontrollverlust, 109, 156
Konzentration, 59
Kopfkino, 34, 150
körperliche Brüche, 123
Körperspannung, 78
Körpersprache, 6
Kreuzschritt, 105

L
Lachyoga, 33
Lernen, 59

M

Man-Kommunikation, 262
Mauer
  unsichtbare, 29
Meditation, 34
Menge an Einzelpersonen, 55, 102
Merkel-Raute, 18, 88, 90
Meta-Satz, 264
Mimik, 32
mobiles Objekt, 245
Moderatormonitor, 96
Modus, 197
Motivation, 174
  intrinsische, 176
Motive, 175, 189
Motivierung, 175
motivorientiertes Nutzenversprechen, 224, 229
Multitasking, 72, 238
Muskelrelaxation, 181

N

Nachrichten, 193
Nähe-Effekt, 54
Name, 46
Nervosität, 76, 157
nicht-mobiles Objekt, 245
Noradrenalin, 157
Notizenfeld, 135, 137, 236
Nucleus accumbens, 174
Nutzenversprechen, 224

O

Objekt, 196
  mobiles, 245
  nicht-mobiles, 245
Opening, 244
Opportunitätskosten, 186
optimales Bühnensetting, 65
Overconfidence, 276
overenergized Präsentator, 163

P

Parallelschritt, 105
Planung, 23
Plastizität, 12, 19
PPP-Regel, 277

Präsentation
  hirngerechte, 199
Präsentationsnotizen, 65, 96
Präsentationsraum, 60
Präsentationsspot, 95, 122, 190, 194, 195, 224, 225, 230
Priming, 35, 39, 107, 183, 197, 264, 271
progressive Muskelrelaxation, 166, 181

R

rationales Denken, 13
räumliche Brüche, 122
Reaktanz, 73, 145
Reduktion, 241
Referentenansicht, 96, 169
Reframing, 43, 159
Rolle, 57
  erfüllende, 51

S

Satz
  inhaltlicher, 264
Schlüsselbegriff, 255
Selbstmotivierung, 177, 178
Selbstreflexion, 24
self-fulfilling prophecy, 132
Sender-Empfänger-Modell, 5
Serotonin, 162
Sheriff-Effekt, 60
signaltheoretisches Kommunikationsverständnis, 5
Sitzordnung, 61
sokratische Gesprächsführung, 134
Spiegelneuronen, 31, 131, 252
Sprache
  wertschätzende, 44
sprachliche Brüche, 122
Standardsprache, 255
Status, 51, 52
Staupause, 259
Störung, 60, 70, 74
Supporter, 86
Sweet Spot, 98, 102, 104, 105, 122, 143, 168, 171, 185, 190, 193–196, 224–226, 229, 230, 245, 265, 278
Sympathie, 26
Sympathie-Effekt, 275

T
Teilnehmerbuch, 52
Ticks, 113

U
Übertragungsfehler, 27, 76, 275
Über-Unterordnungs-Verhältnis, 26, 49, 103, 104
unsichtbare Mauer, 29, 99, 104, 127
Unterwürfigkeit, 75

V
vegetativ-affektive Ebene 1, 12, 27, 42, 49, 78, 82, 83, 103, 123, 128, 131, 151, 157, 160, 183
vegetativ-affektive Ebene 2, 146
Veränderungszone, 19
Verbindung, 51, 52

Verhalten
   wertschätzendes, 44
Videoanalyse, 107
Vorbereitung, 23

W
Wahrnehmungsauftrag, 246, 248
Watzlawick, Paul, 6
wertschätzende Berührung, 44
wertschätzende Sprache, 44
wertschätzendes Verhalten, 44
Wertschätzung, 44, 186
Wille, 181

Z
Zitate, 195
Zungenbrecher, 255
Zwerchfellseitenatmung, 254

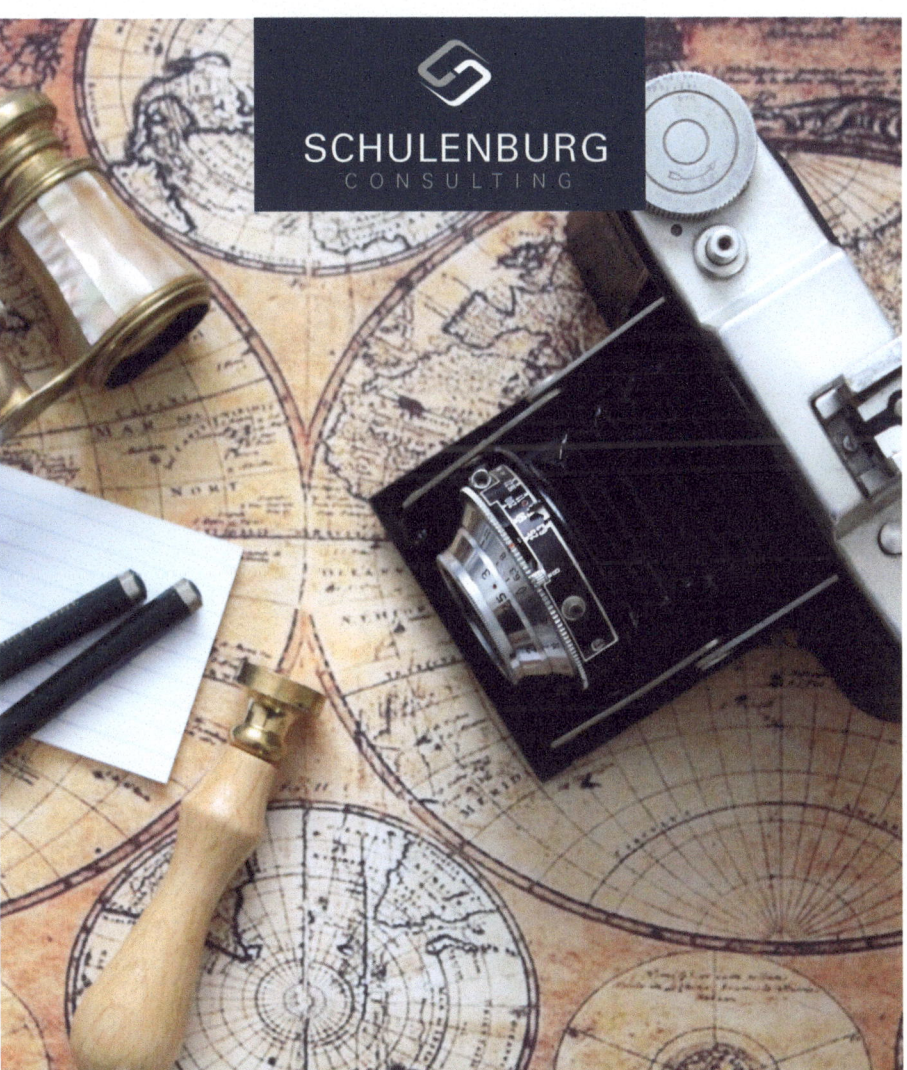

The manufacturer's authorised representative in the EU is Springer Nature Customer Service Centre GmbH, Europaplatz 3, 69115 Heidelberg, Germany. If you have any concerns regarding our products, please contact ProductSafety@springernature.com

Printed and bound by CPI Group (UK) Ltd, Croydon, CR0 4YY
23/03/2026
02076666-0019